U0576653

总 主 编　李红权　朱　宪
本卷主编　李红权　朱　宪

近代蒙古文献大系

军 事 卷

◇ 第 一 册 ◇

中 华 书 局

图书在版编目(CIP)数据

　　近代蒙古文献大系.军事卷/李红权,朱宪总主编;李红权,朱宪本卷主编. —北京:中华书局,2020.12
　　ISBN 978-7-101-15011-7

　　Ⅰ.近… Ⅱ.①李…②朱… Ⅲ.蒙古族-民族历史-中国-近代-文集 Ⅳ.K281.2-53

　　中国版本图书馆 CIP 数据核字(2020)第 265679 号

书　　名	近代蒙古文献大系·军事卷(全六册)
总 主 编	李红权　朱　宪
本卷主编	李红权　朱　宪
责任编辑	吴冰清　杜艳茹　刘冬雪　李闻辛　张荣国
出版发行	中华书局
	(北京市丰台区太平桥西里 38 号　100073)
	http://www.zhbc.com.cn
	E-mail:zhbc@zhbc.com.cn
印　　刷	北京瑞古冠中印刷厂
版　　次	2020 年 12 月北京第 1 版
	2020 年 12 月北京第 1 次印刷
规　　格	开本/880×1230 毫米　1/32
	印张 108½　插页 12　字数 2720 千字
印　　数	1-300 册
国际书号	ISBN 978-7-101-15011-7
定　　价	590.00 元

本卷目录

前　言

第一册

第二册

第三册

第四册

第五册

第六册

前　言

　　《近代蒙古文献大系》（以下简称《大系》）是一部将 1833—1949 年百余年中，散见于各种期刊杂志、报纸文摘、回忆录，及各类公报中，关于蒙古的中文文献，进行分类编辑整理而成的史料集成，旨在全面系统地汇总近代蒙古文献，为研究近代蒙古历史提供可用的史料。

　　这里的"蒙古"一词，含义有二。一为地理含义的蒙古，即指蒙古高原。蒙古高原地域辽阔，物产丰富，自古就是多民族共同生活的家园。匈奴、鲜卑、柔然、突厥、回纥、契丹、蒙古、女真、满、回、达斡尔、鄂温克、鄂伦春等民族，均曾在此生息繁衍。二为民族含义的蒙古族。蒙古族居住和活动的区域，遍布于我国北部的内蒙古、黑龙江、吉林、辽宁、河北、陕西、宁夏、甘肃、青海、新疆等省区，及今蒙古国的广大地区。

　　自元至清，蒙古问题已经不是单纯的区域性问题，而是关系到中国乃至世界的全局性问题，是中国北部边疆最为重要的问题之一。鸦片战争以后，中华民族饱受内忧外患之苦，蒙古亦不例外，且有过之而无不及。为挽救危亡，包括蒙古民族在内的中华民族作了种种努力。本民族的自救尝试、帝国主义势力的侵略与宰割、内地移民的大量涌入，三者共同作用于这片广袤的土地之上，使得该地区的社会结构、阶级关系、行政建制、经济文化、社会面貌等，都发生了急剧的变化。

这种急剧的变化，自然引得各种各样的目光投向这里，各方出于不同的目的，对蒙古的关注和研究空前增加，这就为今天的我们提供了大量的史料。

道、咸以降，清政府与俄国勘界立约之事，时常发生。清廷使臣不谙边务，不明界域，交涉中每每失地，动辄千里。激于此，部分学者开始了对边疆史地的研究，产生了诸如《蒙古游牧记》、《蒙古志》、《朔方备乘》、《藩部要略》等著作。但其研究均以西部舆地为主，旨趣皆在讲求中俄边界交涉沿革，冀以挽救时艰，且由于体例的限制，涉及社会生活等领域的篇幅不多。

20 世纪以来，特别是辛亥革命后，随着民族危机的加深，国人对蒙古地区的研究活动呈现出蓬勃发展的态势，例如：

翻译外国文章。主要是将日本、俄国早期的关于蒙古的调查文章，翻译而揭载于报刊之上。

成立研究组织。赵守钰在重庆，马鹤天在榆林，顾颉刚在成都，分别成立了边疆学会，均以促进民族团结、考察边疆情形、研究建设方案为宗旨。

开展实地调查。政府部门、社会团体、民间组织、机构，以及名人学者等，纷纷前往，并撰写和出版了大量调查报告、考察日记、访古实录等。

创办刊物。内蒙地区仅在 1928 至 1937 年的短短 9 年时间内，就有约 90 种期刊问世。[1]

京、津、平、沪等地创办的边疆期刊，更是不胜枚举。

俄国很早就开始了对蒙古地区的研究。俄国政府不惜耗费巨资，数次派探险队深入蒙古地区进行实地调查，搜集了大量资料。

---

[1]　讹莫勒：《内蒙古近代报刊事业发展概述》，《内蒙古旧报刊考录》，远方出版社，2010 年。

日俄战争后，日本在中国构建了庞大的谍报机关网，用以收集情报。其间谍组织，遍布山海关、张家口、多伦、百灵庙、归绥、包头、额济纳旗，及凉州、西宁等处。① 日本政府还在东京外国语学校开设蒙古语文班，培养精通蒙古语文的人员，以作侵略的工具。所训练的"蒙古通"，不断出入蒙古地区，平日旅行、调查、测量工作极为紧张。② "常见日人乘坐汽车，出入蒙古草地，只凭地图与指南针，在此茫茫草海中，未尝下车一询土人，丝毫均未错误。"③

通过这些活动，日、俄等帝国主义势力对蒙古地区的了解，令国人自叹弗如。有人感慨："蒙汉本是一家人，我们一向的漠视这一家人，彼此不能了解的地方已很多，我们研究蒙古问题，反要在日文书籍中找材料。""一望近数十年来帝国主义者的调查工作和出版工作，好像水银泻地无孔不入的，真使得我们又痛恨又惭愧。"④

当时的报刊上，也登载了一些欧美人士对蒙古问题的评论和观感。

由以上所述，可知《大系》的文献来源，很是广泛。这些文献的体裁，有论述文、社论、论战、史抄、消息、报导、报告、通讯、调查、考察、旅行记、探险记、访谈、电文、计划、大纲、译文、日记、演讲、讲议、年鉴、诗歌、小说、散文、歌曲等，十分多样。文献涵盖的地方行政区划层级较为完整，大到整个内

①　黎小苏：《日本对于蒙古之间谍工作》，《边疆》1941 年 5 期。
②　谢再善：《日寇侵略蒙古阴谋的失败》，《塞风》1939 年 4、5 期合刊。
③　锋：《"九一八"事变后日本对于蒙古之侵略》，《中国新论》1936 年 2 卷 8 期。
④　顾颉刚等：《中国边疆学会丛书总序》，许崇灏：《漠南蒙古地理》，正中书局，1945 年。

外蒙古，黑龙江、吉林、辽宁、河北、宁夏、新疆、青海等省区，小到旗县村镇，均有所涉及。作者来自中外，身份各异。这些，都是《大系》史料丰富性的体现。

　　驳杂的内容，使这部《大系》有了近代蒙古"百科全书"的色彩，我们把这些文献分类分卷整理出版，想来当是研究者和爱好者所乐见的。

　　各篇文献的底本，因年代久远、印数有限、使用频繁、保存不善等诸多因素，流传稀少，加以馆藏分散、缺藏破损严重，我们虽然做了广泛搜罗、精心比对等等工作，仍不能实现影印出版的初衷。同时，多用繁体竖排，有许多文章没有标点，有标点者，既有"新式标点"，也有"句读"，但其"新式标点"，与今日标点规范仍有很大差距；且由于印刷技术的局限、出版节奏的变化、从业人员的专业水平等问题，原文中的错漏衍舛问题突出，这些，都会给读者的使用带来不便。为此，我们就花了很多时日和精力，把它进行了整理。

　　各卷的篇目，以发表的年、卷、期先后排序。发表年代相同的文章，不分卷者居前，分卷者居后。连载的文章，以第一期著录的年、卷、期、刊名为排序标准。多期合刊，按首起期数排序。年、卷、期相同者，以刊名、作者、篇名的拼音顺序排序。

　　重复发表而内容差别甚微的文章，取最先发表者，若文字改动较大，则兼收并存。

　　各篇之出处，标注于篇末。原刊的出版频率，或称"号"，或称"期"，今悉依其旧。若某刊，封面与内文，"期"与"号"杂称，以原刊封面为准。连载文章出处的著录，如1911年2卷5—7期，表明此文连续刊载在2卷5期、2卷6期、2卷7期上；2卷5、6期，表明此文刊载在2卷5期、2卷6期上；若是双期合刊，则标为"2卷5、6期合刊"。

著述方式，用以下办法处理：1. 若原刊未标明著作方式，则统一加"撰"字。2. 若原刊有"著"、"作"等字样，则一仍其旧。3. 原刊没有标明作者和著述方式，但从通篇内容中可以知道的，按所述添加，如《西北考察团经过》，标题下说明这是"徐炳昶之报告"，用"徐炳昶报告"表示。4. 作者不详的文章，标为"作者不详"。5. 原刊在作者名字后出现"女士"、"先生"等字样的，予以保留。

在文字校勘上，以忠实于底本原貌为基本原则。1. 将异体字、俗体字，规范为简化字，有特殊含义者除外。2. "异形词"用字，不作改动，如"真象"、"真像"，予以保留。3. 对与今天用字不同的"专有名词"，不作改动。4. 对人名、地名等的音译用字，不作改动，如"乌生旗"，不改为"乌审旗"。

校勘符号使用如下：1. 正文中的（），皆为原有，并非整理者所加。2. 原刊缺字或漫漶无法识别之处，以□标识。3. 错字随文更正，改正字置于〔　〕内。4. 增补的脱字，置于<　>内。5. 衍文，置于［　］内。6. 疑有讹误者，以［？］标识。文义不通之处及其他疑难问题，以"整理者注"的方式加以说明。

各篇文献的作者，立场不同，身份各异，自然观点不一。特别是站在日伪立场上叙事者，其言辞之荒谬，逻辑之带有强盗性，至为明显。为保持资料的完整性，我们在按出版规范加以处理后，予以收录，请读者明鉴。

编者识

2018 年 9 月

目　录

绥远城将军永覆奏旗营操练情形折

永德　撰

　　奴才永德跪奏，为遵旨覆奏，绥远城驻防向无标兵勇营，谨将旗营操练情形，恭折奏闻，仰祈圣鉴事。窃于本年四月二十间接兵部咨：准户部咨开：三月初四日奉上谕：户部奏，冗兵耗财过巨，亟宜大加裁减，精选训练，镇抚地方等因，钦此。自应恪遵谕旨，将绿营、旗营，大加裁减，以节饷需，相应通行各该处遵照等因。准此，奴才恭读之下，感悚莫名，仰见圣虑周详，洞悉积弊，自应合例通筹，以顾时局。奴才世受慈恩，力图报效，当此时艰饷绌之际，理宜汰弱留强。然旗营巡缉分防，更宜认真精练，以固边围。奴才查案件，同治年间甘回变乱，口外各厅，近临黄河，多与甘、陕接壤，始因调拨各处兵勇，并添派绥远城旗兵，统计驻扎官兵已逾万数，继缘宁灵吃紧，复经奏调各处客军数营，分驻防维而资镇摄。嗣因西路军务渐次肃清，已将各军次第裁撤，仅留绥远城马队二百名，俾时巡防缉捕等因在案。奴才莅任后，详查原定饷额，领催、前锋、马甲二十名，步甲、养育兵、津贴兵共一千四百余名，马队二百名，实缘生齿日繁，无饷壮丁，闲散尚有千人。奴才伏思归绥所属之包头镇，地广人稠，五方杂处，近依后套以及鄂尔多斯旗，其山路崎岖，久为奸宄匿迹之薮，西达宁夏，北连草地，而绥远迤东察哈尔游牧，南与丰镇、宁远等处毗连，道路纷歧，处处可通，且黄河岸口甚多，又兼大青山后素为伏莽盘踞之区，抢劫之案，层见叠出，实有防不胜防之势，全赖留防马队官兵，不时派令分赴山后、河西一带，远出梭巡，并令各路会哨，缉捕游匪，保护行旅。现值时事多艰，上烦宸虑，奴才具有天良，深知饷项奇绌之时，但能议减者，自必遵办，不敢饰词搪塞，致负圣意。惟是绥远城既无标兵，又无勇营，仅止绥远城额设官兵并留防马队，奴才惟有督饬八旗协领、佐领等官，认真常川操练，以期仰副皇上整饬戎行之至意。所有绥远城驻防八旗官兵向无标兵勇营，理合遵旨覆奏，并谨将操练情形，恭折奏闻，伏乞皇上圣鉴，谨奏。奉朱批：知道了，钦此。

《萃报》

萃报馆

1897 年 10 期

（丁冉　整理）

驻蒙古之俄军

作者不详

俄国之在蒙古地方，既于政治、通商二事，亟亟经营，不遗余力，然其目的不止政治、通商二点。今则于军事，亦有极力经营之渐。据近来之报告云，俄国去年九月托保护居留民之名，由欧罗巴及西伯利亚各处陆续派遣军队前来。十月初八日，为满洲第一次撤兵之期，乃忽加增其数，为永久驻屯之计，或建筑宏壮之兵营，或贮蓄数年之粮食，以库伦府驻屯队本营大佐古略仆术欺氏为司令官。其各兵最强壮者为哥萨克兵，合骑、步、炮各兵，其数竟至三千。若使士民稍背司令官行政之令，或拒绝衣粮，以强压使其服从，有时或拘禁之，甚至使小民亡家荡产，无以为生。如此等事实，已数见不鲜，由是士民畏之如鬼神。然从事生业者，安得绝迹不出此地乎？俄兵之骄暴如斯，中国官吏即使目见，亦不将此情形禀知北京政府，以故俄兵暴横愈甚，此皆中国官吏豫受俄国司令官所贿嘱，反自进而为其手足故也。且俄国于政略之手段，多派宣教师，以宗教之旨教育士民，有时给与食品、物件等，以结愚民之欢心。故今日操俄语、服俄服者颇多。由是观之，俄之经营及至于此者，在于有强壮之驻兵，及有宽和之宣教师，故能使士民不知不觉，至于感服也。俄国侵略政策渐进之势，亦可谓速矣。其驻蒙古全部俄国兵，总计约有二万六千数百人。

《鹭江报》（旬刊）
厦门鹭江报馆
1902 年 20 期
（李红权　整理）

论急宜防备蒙古

录乙巳四月三十日《时报》

作者不详

第一国之土地为第二国所干涉，第一国不能自处理之，而至来第三国之关系，则无论第二国之胜第三国也，第三国之胜第二国也，第三国而亦有取土地之心也，第三国而无取土地之心也，总之，其土地之主权决不能完全无缺而归之于第一国。是故凡有土地者，皆当自守之，决不可使第二国有干涉，更不可使第三国有关系。

满洲之于俄也，辽东半岛之于日也，更推而上之，高丽之于日也，安南之于法也，我国数十年来之外交败史，无一不由土地而起者也，无一不由第一国之土地与第二国交涉致来第三国干与而成者也，无一不由第三国出而干涉而其土地之权遂至为第三国所篡夺者也，于往事证之，谁云不然。

推其故，一则由于国势之衰弱，一则由于外交之愚缓。国势之衰弱，其因不一端，其功非一时所能奏，今且不论。若外交之愚缓，则外交大臣之过，其咎不能辞也。外交之道，阴取而阳违，行恶而言甘，得寸即尺，得尺且丈矣。我国之外交大术，只有言语文字，而言语文字，彼固始终不自承也。用实力以营其内，用言语文字以敷衍其外，迨至实力成，而后言语文字亦无复用，此第二国之干涉所以得成也。我自昏昏，人则昭昭。第三国见第二国之伸权力于不应伸之地，恐其害之及于己也，并见第一国之无用，且可因以利之及于己也，此第三国之关系所以得成也。

已往之事，无能为力，今且不必论。试再论现在与将来，已往之外交败史，皆因土地而起，皆因第一国与第二国交涉，第三国来干与而起。而今之所谓土地，今之所谓第一国与第二国之交涉，其事又种种成矣。其足来第三国干与之原因，其线又种种伏矣。西藏之交涉，其主权必归之英，山东之交涉，其究必至及于日，广州之交涉，其究必至及于英，蒙古之交涉，其究必至及于英、日，非多事也，其故有不得不然者也。迨其及于人焉，则其土地之主权亦即随人以去，此又无可逃避者也。

更推而近之，于此种种危险之中，其危险而又危险者，则蒙古之于俄兵，本报二十六日所记伦敦电云：俄国向中国政府要求假道蒙古，伦敦之外交界闻之，大为震动。《太晤士报》评论此问题之重要，谓俄国之要求，实与限制战局之约全然相反云云。又本报二十八日所记北京电云：俄国新任驻华公使，二十四日从俄京起程。其陛辞时，俄皇以接有日军侵入蒙古破坏中立之报，命其一到北京，即当提出抗议于中国政府云云。又本报二十九日所记伦敦电云：各新闻纸现在仍就蒙古中立问题反覆议论云云。是则此数日来蒙古之问题，无日不腾于报纸也。所谓震动也，所谓抗议也，所谓议论也，皆由第一国与第二国之交涉而递入之于第三国也。我愿我之当外交之冲者速行第一国应尽之分内事，扩清此蒙古中立，勿再蹈数十年陈陈相因之覆辙，而致再来第三国之干与。

《东方杂志》（月刊）

上海商务印书馆东方杂志社

1905 年 2 卷 6 期

（李红权　整理）

论俄兵入蒙古事

农 撰

国际法上军队之入人国也，与军舰异。军舰之入人国领海，但使其国无特别之禁止，即已无害。军队之入领土，则非与其国有特别之条约（国际地役权之类是也），或临时合意不可。今俄兵之入蒙，既非临时合意，吾人谫陋，实不能发见中俄两国有俄兵任意得入蒙境之约，乃一旦以其重兵，闯而然〔然而〕来。此事若当日俄协约之先，吾知日本之挺身抗议者，必不让于俄兵入满洲时，必不让于俄国遣派远东大〔太〕守时。今何如矣？呜呼！日俄协约之内容，吾人虽尚未得详细之报告，然观于歃书方定，而重师已临吾境，则前途可想见耳。外部一询来历之后，即不闻有所主张。呜呼！吾国民听之。吾人殆坐漏舟以待覆溺耳。

《宪志日刊汇订》
北京预备立宪公会所
1910 年 5 期
（丁冉 整理）

审察蒙古用兵大势论

仙舟　撰

今之言汉、满、蒙、回、藏者，一则曰五族一家，再则曰五族同胞。夫一家犹叔之于侄也，同胞犹兄之于弟也，试问叔侄、兄弟，其能用诛抚之术乎？然侄之不俏，弟之不俊，家之丑也，亦父兄之尤也，试问其忍于不用诛抚之术乎？故势之所至，理之必然，诚恐不诛则威不立，不抚则众不怀。顽而弗良，不能不诛；真而无伪，不能不抚。诛也者，所以贬其恶也；抚也者，所以褒其美也。邻家对我而侮辱，则家政凌夷，势必与之理论；属国为人所煽惑，则国权损失，势必与之交涉，此人情公道之经常，而国际外交之至理也。蒙古久属于我，久托于我，久以我之力为力，久以我之势为势，平日甘苦相与，祸福相同，有事之秋，自宜一体连气，引我为昆季，同心协力，联我为友朋。语曰"兄弟阋于墙，外御其侮"，理之正，事之顺者也。复何至伺我之懈，袭我之险，而假人以欺我，依人以谋我哉！吾决其断断乎否也。虽然，其动其伏，其强其败，其治其乱，其严其怠，虚虚实实，退退进进，不能不烛照无遗者，盖或谋虑不详，而可直揭其表；或事机未发，而可隐揣其微。故凡历史、地理之变迁，物质生产之丰歉，人情气候之更替，皆与理势之安危、事局之竟究、战争颠末之利害，而有绝大之关系者，岂可不审察哉！

一、审察其历史也。当夫十三世纪之初，成吉思汗以锐师劲骑，直驰北京，称号曰元。元之兴也，迭主中夏，略及西欧，文物典章，于焉隆盛。迨相沿既久，宫纪紊乱，国势凌夷。顺帝之时，黄河泛滥，岁苦饥荒，暴官贪吏，恣意收敛，由是盗贼蜂起，海内鼎沸。朱太祖出，乃为所灭，而遗属余孽，徙于太耳喀湖，复迁至林和格伦（即今之库伦），遂蹶而不起。蒙古未尝无伟人、巨侠也，明代之时，慓悍极甚，骚扰边患，迄无宁岁。征讨之师，以五十万众，深入朔北，而达傲嫩河之上。当是时也，准噶尔独立称汗，兴师抵抗，绝不慑服，此蒙古未当〔尝〕无继起之豪杰也。明代寝衰，上下无道，适有察哈尔汗林丹者，振发威武，凭凌部属，独立称汗，采纳方策，迫使明朝纳贡，此蒙古未尝无雄谋智虑之士也。崇祯之季，明祚已尽，而长白、葱岭之裔，乃入华称帝，不多时而统一神洲〔州〕，攻略四邻，精练马队，北征蒙古，准噶尔汗噶尔丹等与之反抗，两军对垒，颇费时日，固力不能久支，乃率其土地而归顺焉，此蒙古未尝无持久战之师也。

二、审察其地理也。蒙古荒野苍茫，界于西北〔伯〕利亚与中国满洲之间，森林疏少，人烟稀薄。西北之山地，则起自额耳齐斯河，东方之平原，则迤于黑龙江省。而其平原乃为戈壁高原之一部，系俄与我互相冲要之区，俄之侵我，舍此更无捷路可由矣，故俄之筑西伯利亚铁路者，其用意以易于侵入蒙古各境故也。而我之欲至蒙古，反较彼为困难焉，此今日有心于边事者，不能不感慨之也。蒙古一带之地，与俄接壤者，为五千六百余里，其戈壁地势，高出海面约三千七百五十英尺，途多沙砾，人马行动，车炮转移，诸多不便。而沙漠之间，有太古之原路，天然之蹊径，自西伯利亚铁道告成之后，则昔所谓"千山鸟飞绝，万径人踪灭"之景，而今稍除却之也。沙漠之道路，坚牢硗确，行军于此，步兵必重伤其足，马匹必大损其蹄，所以减战斗力者，往往有之。惟幅员广阔，大兵运行，前后无碍，左右无阻，则举止从容，进退便利，且列数可以多排，长径可以减少，而备战亦极容易，此行军之有利害也。浩浩沙漠，一望无垠，前无所遮，后无所蔽，步兵战斗，必多损伤，然利于冲锋突击，一往无前，故骑兵、野炮之用，最为适宜，此战斗之有利害也。戈壁之地，村落稀薄，漠中房屋，多为牧民所居住，军队至此，必行野营，若用舍营及村落露营之法，乃绝无仅有之事耳，此宿营之有利害也。行军也，战斗也，宿营也，皆知之详而审之精矣。然则欲出兵于蒙古，将从何途以前进乎，抑将从何途以后退乎？试以前清康熙亲征噶〔丹〕耳〔尔〕丹之去途，俄将勃加脱计画之来路，及今日中俄已设未设之铁道，互为比较，以备有志者之参考也。康熙三十五年四月一日，大兵发自京都，向蒙北进，分为四军：第一军为三万五千六百人，取道于土拉河之上流；第二军为三万四千四百人，接续第一军之后，亦向土拉河方向进行；〈第〉三军为三万七千七百人，康熙自率之，取道于塘子口而指乌尔稽之方向；第四军为百〔四〕万人（伙勇、杂役、雇夫，咸在其内）。出发之后，经土拉河、塘子口，而入乌里雅苏台、察汉、搜尔等地，六月八日，乃抵于克鲁伦河之上流，十一日，达于绥尔非特乌地点（俄与我相邻接之壤）。是役也，出发日期不同，路程亦各异，故其抵于蒙古有先后，然以全军集合之时计之，则为七十有一日矣；而其最长之路，则约二千四百余里也。俄将勃加脱，谓由俄国进兵于我，分为六大路：自恰克图，经贡关、赛尔乌苏等，过长城，乃至于北京，其为第一路也；自恰克图，通乌尔稽，经贡关、乌达吴厄派，乃抵于北京，其为第二路也；自恰克图，至乌尔稽，及奈来哈，由贡关、亚耳噶里，乃达于北京，其为第三路也；自恰克图，至乌尔稽，由多伦诺尔等，过塘子口，乃至于北京，其为第四路也；自恰鲁苏台及克鲁伦，经多伦诺尔，乃到于北京，其为第五路也；自土耳扈特站，经多伦诺尔，沿兴安岭山脉西部，乃至于北京，其为第六路也。总六路而言之，其第一路为中俄贸易所必由之路，而两国驿传亦取道路于此，以第一、二、三、四之四路，皆约长二千五百余里，较之五、六两路为延长，然总须六十有余日之久，乃可抵于北京也。中俄已设及未设之铁道，可以达于蒙古及俄国者，其数约有六：一则由芦沟桥干路之一端，东北出喜峰口，沿阴山之麓，穿过蒙古旗境，而贯于恰克图；二则由〔于〕芦沟桥干路之一端，西北出张家口，沿阴山之麓，通过蒙古各界，而直抵于恰克图；三则自珲春西走，而接于西比〔伯〕利亚之铁道；四则自海参威〔崴〕起，〈经〉海平斯克，经澳姆斯克，而达于库伦及库耳干；五则自黑龙江之西，至吉林之东，而接于西伯利亚铁路之支路；六则由海参威〔崴〕，北接于乌苏里江，及开摆落扶斯克，南至黑龙江，达于勒登斯克，而接于西伯利亚之铁道。六条之路，其长其短，其速其慢，当以行军之路途，时间之长短，及兵力之多寡，而分配适宜者也。

三、审察其气候也。蒙古之地，西北跨寒带，其气候极为酷烈，东南邻温带，其冷度渐觉平和（北直隶及满州〔洲〕西北等处）。故以中华内部北方之军队，置之于黑龙江省，其气候尚无不相宜，置之于蒙古，则难于习惯矣。北方军队且然，若易以南方军队，不更凝冻而致疾乎？闻之蒙古当严冬之际，无日不雪，无地不冻，其冰雪之厚，以数尺计，行军宿营之际，兵士宜多穿雪中皮衣，马匹宜多带冰上蹄铁。且漠地时有飓风，其起也，飞沙走砾，拔屋摧林，军队遇及斯时，行军则惟有停止休息，宿营则惟有严密防御而已，风衣、风帽，勿使有缺，帐棚之制，须极坚牢，否则失寝于内，困苦而致疾者有之；暴露于外，冻伤而立毙者有之。今新式帐棚，疏而不密，脆而不坚，置之于沙漠大风之际，其不摧折而破坏者鲜矣。沙漠之中，雨水稀少，军队所恃者，惟临时掘井取水耳，故用水之法，极宜留意，省其一杯、一瓶者，可以活一人也。行军之时，若遇严寒大雪，冻伤者，必时有之，故最忌在野外久停不行，且毋令士卒空腹，则寒气易入，休止之顷，当给以茶水，且令热浴，衣服被湿者，宜更易之；野营既定之时，当以酒食慰之，若有冻伤者，不可以火热，否则致毙。又盛暑之日，沙砾为日光所晒，则起极燥之热气，此时行军，多生日射病，更宜慎防之为要也。闻诸蒙军善于风战，沙砾晦冥，乃其所利，康熙征讨之时，其间清军为蒙军所袭击者，即大风之日也。蒙军伏兵两旁，以诱击清军之腹背，顺风而猛进，逆而佯退，清军明暗不辨，敌我莫认，勉强抵抗，卒为其所败也。故遇大风之时，宜严为防御，精于备战，否则必陷于彼术中也。此外暴寒暴热，骤雨骤风，沙漠气候，时有变迁，总在处其地而临其时者，着着留心，步步致意焉耳。

四、审察其人民也。蒙古人口，约有三百万，散处各部落，多以游牧为业，人情风化，素称不驯，其勇猛之气，过于粤、楚；质直之风，愈乎齐、鲁；以之竞力则有余，以之角智则不足，且其耐劳坚忍之情，百折不回之心，中华各省之人民，其可以企及者，盖鲜矣。是以诸部落所练之军，英锐坚劲，善于骑术，风霜所不屈，饥饿所不馁，以战斗力言之，则中华之兵，除北方军队外，多非其敌手也。然而鲁莽蛮悍，顽铟蠢动，将则未学夫战术，兵则不谙于教育，以智术言之，则又去我倍蓰。他如器械之精锐，教育之方法，训练之技能，较之内地，则又十不及一矣。清军之征蒙古也，两军对垒之时，初则势力平均，无甚胜负，继则清军竟为蒙军所袭击，几陷于危境，终则蒙军大北，而清军未能追击，当时谋臣能将，实繁有徒，兵器辎重，亦称简易，然屡经挫折而乃奏凯旋者，虽地方气候使然，而蒙古军队之善战，亦于此可见矣。虽然，康熙以百战之师，驯化蒙古慄〔慓〕悍之俗，以为游牧之民，故清国大皇帝之威望，印于彼脑筋之中，确乎其不可拔，而所谓五族共和，则彼诚莫测其究竟，莫知其意旨矣，于是乎，桀骜不训〔驯〕之气，复见于今日也。

五、审察其物产也。蒙古漠地，土质坚硬，沙泥混合，故五谷不生，其间有水源之处，皆为牧民所栖息，而四周广野，多属蓄养之场，纵有萌芽，经牧民、兽畜之蹂躏，往往无寸蘖之遗也。故有水源者，则无秫草，有秫草者，则无水源。且水源不能于充沛，秫草不能于丛翠，此时得水源，移时则失之，此处有秫草，彼处则无之，若使马匹之喂养适宜，部队之卫生得法，惟有携带饮水、输送饲草而已。然其所携带、所输送者，不仅有限，而且繁难也。闻诸戈坠〔壁〕沙漠之中，沿道之旁，可以掘井取水，惟水源所在则有之，否则挖掘虽深，亦弗得之。且其水多咸水，每有硫矿杂质，于卫生上，殊有妨碍，不能不细为审查之也。查漠地原有之井，自水面至地面，约七英尺以至二十英尺之间，仿此开掘井，工程既易，而泛水亦不难，倘有无水源，弗能辨认，则土人牧子，可询而得之。惟沍寒飞雪之天，少饮而寡浴，掘井取水，尚可敷用，而盛夏炎热，日射之病，顷刻即能杀人，预防之法，当饮水以时，且多盥漱，则掘井取水，尚难豫决其敷用否也。采取燃料，颇不易易，夫沙漠非无灌木丛生之地，然不能随地皆有之，惟深入漠中，穷于搜罗，其所获乃较多也。材料缺乏如此，采取材料之困难如此，则行军之时，势不能不携带燃科〔料〕者明矣。兽畜之肉，无地不有，购之亦匪难，如牛、豚、山羊之类，少则千百，多则十万。据牧者云，一时之征求，而十万之军旅可以无饥；且食其肉而衣其皮，而十万之军旅，可以无寒；证诸清军征蒙之日，此语殊不诬也。即征之俄将苦鲁巴金所言，亦如之。故沙漠之秫草，皆为此等牧民所割取，苟欲求之，除购买外，无地〔他〕法也。马、牛、骆驼诸畜，于搬运军需物品之时，实为不可少之物，盖马之重要，固不待言也，而骆驼亦可令之以担荷，其致远之速率，一日夜约可行百里，若有十万之军，必需二十万之骆驼，然一时聚集此数，其难乎，抑否也。闻之蒙古人运茶于恰克图之市场，当集马匹、骆驼等畜至七万五千匹有余，据土人云，此数未有多也，不过得沙漠中二十分之一耳。蒙古之牛，高大而有力，以二匹驾车，能当一骆驼，且可以代马之用，盖其商人行旅于沙漠者之所实验也。如饮水，如秣草，如畜肉，如马、牛、骆驼等，孰多孰少，孰易孰难，孰有孰无，其于行军宿营之时，皆当种种计画，足备无虞者，盖其与兵力之多少，时日之长短，行军之迟速，进兵之能否，皆有着着之关键，而用兵所不可忽略者也。

由以上之观察，历史为古今沿革、豪杰出没之书谱，而今已知之矣；地理为攻守、进退、胜负判决之场所，而今已知之矣；气候为军队动作所攸关，而今已之知矣；人民为材能对待、强弱比较之地位，而今已知之矣；物产为军队生活所寄托，而今已之知〔知之〕矣。夫知之则如何，曰将校惟其材，士卒惟其壮，器械惟其精，金钱惟其赢〔赢〕，给养惟其丰，纪律惟其严，备之而已；备之则如何，曰欲攻则攻，欲守则守，欲袭则袭，欲伏则伏，欲掩则掩，欲饵则饵，操纵如意，进退自由。然后能以我之实，击彼之虚；以我之智，折彼之愚；以我之强，夺彼之弱，如破竹所向皆裂，如压卵所摧皆碎，此噶耳〔尔〕丹之兵所以大败于清军也。虽然，后人而待之者，待其衰也，师久则老，老则可击，我思逼战，而彼则坚其壁以守之，我将诱击，而彼则按其师以避之，相持既久，我懈则彼来，我饥则彼至，出其不意，攻其无备，此康熙之军所以受袭击于噶耳〔尔〕丹也。盖噶耳〔尔〕丹之侥幸于一捷者，乃以逸待劳，以静待动，以沙漠之将，驭沙漠之兵，以沙漠之兵，用沙漠之地，形势无不熟，险要无不谙，指挥行束无不易，进退起伏无不快，屡战之中，只求一胜，不亦宜乎？而康熙亲征之情形，乃系悬兵万里，奔走异域，深入漠地，誓不生还，语云"致之死地而后生，置之亡地而后存"，故其军不约而亲，不令而信，终得战胜之结果，观此则用兵蒙古者，可以知所适从矣。

《陆军学会军事月报》
北京陆军学会
1912 年 2 期
（李红权　整理）

征蒙意见汇录（以来稿先后为次序）

稔 编

俄蒙事起，举国激昂，本会分子，悉系军人，责有攸归，焉能放弃，故边警初来，即奋然以起，由本部发起，联合在京军界各团体，组织军界协会，专行研究征蒙方略及一切计画，同时通告各支部，广征意见。卒得报告、通告、条陈、意见书等，堆积如山，其堂正之言论，详细之计画，无不出于爱国之诚，成于绵密之思。本部同人，更集其大成，复参以所见，而作《征蒙全策》。但〈其〉间关于蒙、满、新、藏之兵要地理，彼我陆军之现在配备，及预定之作战方针等，大半属于军〔其〕事机密范围，拟嗣后作为本报附录，慎重发布。兹特将各人意见，节其正确而无须秘密者，先行汇登，以慰先睹为快之渴望，且以证吾国军人之敌忾云尔。稔志。

其一 拟请仿日本黑龙会办法组织国防协会意见书

章驾时

盖闻立国之要素有三，曰人民，曰土地，曰主权是也。三者膨胀，则其国强，三者剥损，则其国弱，匪微弱也，亡且随之。自俄罗斯经营西伯利亚铁道以来，远东问题，遂为全世界视线之所集，日俄之图我满蒙，英人之窥我西藏，眈眈虎视，密相联合，以期达侵略之目的者，非一日矣。而暴俄乃首先发难，迫库协约，均势将不可维持。论世者谓二十世纪中，难保无最激烈之战争发现于东亚，是无论俄、库问题为若何之解决，而外观世局，内度国情，鉴往察来，窃以为当今急务，莫重于国防计画，莫重于军事上谋种种方面之准备。准备之策，似又以实地调查、秘密侦探为先务。欲定出奇制胜之计，未有不潜窥默度，洞悉敌情，而能措置裕如者。昔日本战胜强俄，其先曾有黑龙会之组织。黑龙会者，义取调查黑龙江一带情形，为后备将校秘密之团体，上自文武官吏，下至贩夫走卒，苟利于事，皆得为会员，由国家暗助经费。其宗旨在秘密坚忍，一致进行，其职务在测绘地图，侦察险要，并考察一切有关系于殖民作战之重要事件，其目的在以调查所得者，随时密报政府，或笔之于书，用为训练军人之资料。查该会所有纪录，除守秘密未曾刊行者外，其最著者，如《白山黑水录》、《满洲地志》、《西伯利兵站》、《鸭绿江之上迷宫》等作，类皆发前人所未发，裨益于殖民政策与作战计画者，厥功甚伟，事后且推为元勋。以日本蕞尔之邦，一战胜俄，雄飞东亚，震骇全球，人第服其开疆辟士〔土〕之本能，而不知其阴谋秘计，非一朝一夕之故，有如此者。我国今不为国防之筹备则已，倘筹备及之，则一切进行，平时不预为研究，骤履其地，何异盲人瞎马，以云制胜，其可得乎。拟请依照日本黑龙会办法，由陆军学〈会〉组织一秘密团体，定名为国防协会，以退职之军官允〔充〕会中之干事，求政府暗助经费，或即移近来属官之饷项，作会员之薪资。就现情势论之，应定为五部，东部满洲，北部蒙古，南部滇、桂，西北部新疆，西南部青海、西藏，择其尤急者，先行设立机关，慎选会员，分途支配，有事则为军事之计画，无事则行殖民之政策，并直接受陆军、参谋两部之秘密指挥，而总其成于陆军学会，以国防为名义，以秘密为进行，经费取助于公家，事实概编为秘志，所有宗旨、职务、目的，悉以黑龙会为准则，盖彼此性质之〔之性质〕与手段，本无异同之点，不过黑龙会专属侵略外部之行为，而国防协会则以防御外入之侵略者，兼为侵略外部之预备也。总之国防大计，须从根本上解决，外交为前提，武备为后盾，而国防协会之组织，实为外交、武备之先导，不此之务，而徒托诸空谈，以希望和平解决，行见边患日深，主权日削，而欲满、蒙、西藏各领土人民，不为朝鲜之续者，固在不可知之数；而激烈者，愤领土之存亡，系乎全国之生死，致欲各涂肝脑，宁四万万人战死疆场，而为最大之流血，究何补于救亡之实际哉。《易》曰思患预防，《传》曰〔曰〕预备不虞，《兵法》曰知己知彼，百战百胜，逆料将来之险，不可不为今日之筹备，此固区区之志也。刻闻陆军学会本部，联合北京军界各团体，组织临时军界危〔之〕筹边协会，并征集意见，以利进行，此乃专指俄蒙问题而言。驾时对于此问题，固亦主战者，然不悉蒙边实在情形，未敢以冥思默索之所得，冒妄陈说，惟肝〔盱〕衡全局，确有所见，于黑龙会类之组织，为我国万不可缓之举，一得之愚，敢以上贡，是否有当，尚希裁夺。

其二

梅永贵

蒙事日亟，战声四起，吾辈军人，舍铁血主义外，更无可研究之价值。大局安危，在此一举，亦惟有誓师大汉〔漠〕，痛饮黄龙，与爱国健儿，咸出其决心毅力，以争之于战。上而政府，下而国民，金曰征蒙征蒙，而六军不发，鼙鼓不闻，长此因循，窃

恐外蒙不旋踵而失。外蒙失，斯内蒙动摇，而西北诸省，亦为之
糜烂。况今日直按〔接〕对蒙，即是间接对俄，俄苟退让，则与
俄协力以谋我之日本，将望而却步，而若英、若德、若法，亦于
此群戢其野心，是一战而可以弭外患。俄苟横加干涉，则曲在彼，
而直在我，宜宣布其破坏国际平和之罪状于友邦，而用武力为最
后之解决。日俄亦外强而中干耳，革党内讧，在在堪虞，以天时
言，我军不利严寒，而俄军亦来自温地，以地利言，俄虽有铁道
以便运输，而库伦距西伯利亚干路之奔驰，其劳顿何异我北军之
移动。试思吾民国成立伊始，列强待衅而动，终必战胜一国，乃
能扫除外交上之障碍，以巩固我主权，是一战而可以奠国基也。
虽然，战议决矣，而作战之准备，或攻或守，此时尚有最重要而
亟待解决者两大问题：

（一）军费是否能继续　吾国军费，经常绝少，平时剜肉补
疮，日虞不继，益以蒙事，将更不支，其危险何堪设想。政府前
欲在征库军未发之先，解决大借款，以如此关系命脉至重且大之
需要，徒仰鼻息于外人，适足为我民国羞。且是时巴耳干虽战云
将息，而欧洲金融市场，久现紧迫，未必能出余力以助我，况银
行团昨已有禁用于蒙事之宣言，是借款之事，终不可恃，所可恃
者，犹是吾爱国之民耳。各省之乐输，华侨之资助，军债票之发
行，在在皆可作征蒙之军费，然皆临时的而非继续的，徒恃此以
为挹注，窃恐无确定巨数，而远水不能救近渴也。应询之各省，
是否能确定月筹军费若干，而后通盘计算，庶于军事上无虞缺乏。
近人有倡盐斤加价者，此议果行，每月可得绝大巨款以济要需，
较之散漫筹集者，更有把握。凡我国民，咸膺义愤，当亦共谅此
时不得已之举，而无异议也。

（一）军械是否能适用　武器为军队之要素，处今日而言战
事，是非精良之器械不为功。《兵法》云，知彼知己，百战百胜，

吾人欲知哲布尊丹军队之何若，当先派人调查其所用军械为何种。夫库伦无兵工之厂，蒙兵悉乌合之徒，蠢尔活佛，非具有宏大之法力，能御人于千里百里之外，我军一出，直摧枯拉〈朽〉耳，此何事长虑却顾为也。然彼得暴俄之助，意其所用之军械，或较我为精，设仍用旧械与之敌，则成败利钝，可不烦言而决。去年汉阳之役，南军失利，虽或有训练不精之处，而器械不良，亦其一大原因也。今日长驱塞外，北望蒙边，广汉〔漠〕无涯涘，欲增长我军之战斗力，窃以为野炮、机关枪，在武器中最为适用，吾国既不能自造，而现有者又不敷用，宜如何购备，如何增添，如何令兵工厂赶造子弹，此在平时已属万不可废之计画，况其为战时之所必要者耶。

兵饷也，器械也，苟有可以应其急而济其用，则攻可也，守可也，然亦有一定之方针在。试再言防御与进取之要点：

（一）防御之要点　西北边防，甘省接壤外蒙，新省毗连俄境，强邻虎视，实逼处此，应如何增加兵力，以固藩篱。乃近日政府用兵计画，未闻遣一师一旅以协助甘、新两省边防，窃未见其可也。夫以五十八万六千英方里之区域，约计所有军队，（中略）兵力薄弱，自守且不足，遑言远攻，万一俄人乘虚而入，则伊犁、迪化、科布多、塔耳巴哈台、哈密、镇西等处，处处堪虞，窃恐甘、新两省震动，而全局因以不支，唇亡则齿寒，势所必至者也。是以从兵要地理上观察之，沿长城一带，亟宜调集军队，设立要塞，非特可以保新、甘固有之边疆，且能助诸路进攻之声势。

（一）进取之要点　政府议决征蒙军五十万，大概北方军队占多数，其将以南军性质不及北军之耐寒乎，（中略）以言乎战守并行，西北边疆，既须驻防，又须御敌，非特兵力有所不给，而以此等关系大局之事，在南方各健儿，亦不忍使北军独任其劳也。

况南方军队，日言裁遣，其实裁遣亦须筹给饷项，且一失业，不免为地方害，莫若趁此抽调赴北，使屯驻满洲诸要隘，而使北军专意于守内蒙，一俟战开端〔端开〕始，再南北相合，径出张家口，经察哈尔以直捣库伦，较之奉天、兰州两路进兵之迂回，其难易奚止倍蓗。否则北军已疲于奔命，而南军尚安坐以听中央之调遣，万一交涉无功，蒙事决裂，旦暮之间，实行挞伐，始征集南方各军队，恐缓步徐行，未及北方，而外蒙已不为我有矣，是在主裁军事者之急于准备也。此外尚须万众一心，南北一致，临之以谋，鼓之以勇，夫而后可以扬中华民国之五色之旗，以保东亚和平之福。蠡见所及，犹是人云亦云，然作战之计画，窃以为（下畸〔略〕）。

其三

彭明俊

天下之事，有前种其因，而后收其果，则非蠡管之见者，所能计及也。去岁光复之役，非但满清政府所不及料，亦一般人民、官吏所不及料，非但一般人民、官吏所不及料，即革命诸公，亦不料若是之神速。殊不知压力愈重，则反抗力愈大，而收效之结果愈良。以此推之，俄人之甘冒不韪，破坏东亚和平，非但不能为民国祸，将为民国树声威也。夫中国之受制于列强也久矣，前此屈服于异族专制之下，吾施吾与，人民不得过问，今一旦大梦初醒，推翻专制，民气蓬勃，烘然如初胎之奇化，一旦发泄，有若决江河而莫之能御者。不观今日之时势乎，征蒙之声腾于全国，排俄之举已见实行，嗟尔俄人，安得以昔日之中国，视今日之中国也。顾我政府笃念邦交，仍愿以和平解决，然和平者，有武装而后可言和平，处今之世，苟无兵力为之后盾，则和平二字不过为理想之一名词，维有张骞之使，苏秦、张仪之智，恐亦无所施矣。为今之计，备战是一事，对俄是一事，二者相因而不相连，不可并言亦不能偏废，无论俄人不愿以和平了结，即暂能以和平了结，西北之设备，岂可一日缓乎。库伦为我外藩之一部，背叛独立，我以兵力讨之，谁能阻止，苟俄人甘冒不韪，悍然助逆，则我以讨库之兵力，（中略）（凡秘密不便表布者均从略）此兵备上之决心也。苟俄人顾念邦交，翻然受计，不为祸首，则我以兵力取消库伦独立，固无伤于国际上之感情，此外交上之决心也。今俄国与库伦既为连带性质，则我以用兵于库者，不能不兼及于俄，则应研究之利害如左：

（甲）理想上之研究

（子）国势

（1）俄国为专制之国，内部分崩，亲戚离畔，日俄战役之后，元气未复。

（2）民国为新造之邦，戮力图存，万众一心，新脱专制羁拌〔绊〕，锐气方盛。

（3）下略

（丑）兵力

（1）俄国　日俄之役，俄国兵运至满洲战地者，不过五十万人，今新败于日，而又有巴尔干半岛之设防，今能与我战斗者，充其量不过四十万人。

（2）民国兵力，每省平均以最小限计之，能出精兵三万，共计得六十余万人。

（3）下略

（寅）攻防之利害

（1）民国若专主和平，势不得不取防守，以防库匪侵犯，则害如左：

（一）沿边数千里，库匪可随意侵入，而我则顾此失彼，防不胜防，幸而小胜，亦已疲于奔命，得不偿失，如不幸而失败，则已成为腹心之患，而俄国以逸待劳，坐收其利。

（二）略

（三）俄国之所以口演和平者，以巴尔干半岛之风云日急，及内乱未靖也，苟一旦措置裕如，势必悍然不顾，为瓜分之戎首矣。

（2）民国若以兵力取消库伦独立，则取攻势，其利如左：

（一）兆众一心，志气方盛，众志成城，战无不克。

（二）瓜分之议，各国尚未一致，我以兵力征服藩属，除野心之俄国外，殆无有违背公理以阻挠者。

（三）我若进攻库伦，库匪自无暇攻我，我大军长驱直入，取库伦指顾间事耳。

（四）苟俄国人，甘冒不韪，意出干涉，则我不得已，惟有出于一战，战而得利，民国之声威，于是乎立，东亚和平，永远可保；战而不利，蒙古去，而瓜分之祸可立见，然不战亦亡，等亡也，不如一战，宁为自由死，不为奴隶生，我政府我国民，当亦念及此也。

（乙）备战上之研究

（卯）征集兵力

（1）去岁光复之后，各省兵力多至十余万人，少亦五六万人，今退伍之后，挑选精锐平均计算，每省可得三万人。

（2）兵卒当按各省士气之习惯酌予增减。

（辰）器械弹药之筹画

（1）器械之统一，以每师为单位，其有缺者，宜速行补充，坏者宜速行修理。

（2）北地适用陆炮，山炮之效力甚微。

（3）机关枪多多益善。

（4）调查每种器械，有弹药若干，分配各师，未开战以前，可由各国购买若干，既开战之后，由各厂制造，每日能制造若干，务使源源接济，用之不穷，某师由某厂接济，某师由某处补充，不可不预先分配也。

（巳）粮饷之筹画

（1）责成各省都督、省议会，每月筹饷若干粮若干，专供战时之用，勿使临时有缺。

（2）运粮之路，亦宜分配，某省之粮，由某处至某处，亦应预先计画。

（3）下略

（午）服装之筹画

（1）北地苦寒，除惯例服装外，每兵须备皮衣一套，皮外套一件，皮帽子一顶，皮袜子一双，风镜一付。

（未）器具材料之筹画

（1）工程材料，须多备通信器具，此外皆可适用，又可临时征集。

（2）输送器具，皆可适用，除铁道、船舶之外，尚有骆驼可利用。

（申）军队之策动

（1）以湘、鄂、川、黔、滇五省军队由甘肃出新疆，屯驻于迪化、伊犁一带，此一路不必捣库，一以防库匪西窜，一以威摄俄人之后路，苟不与俄战，则按兵不动，如中俄决裂，则此一路为奇兵，甚为紧要。

（2）以北各省之兵，为第一战线，分为两路，一路出张家口，经察哈尔直捣库伦，此为主攻，一路由奉天西北，经车臣汗部之西南直捣库伦，此为助攻。

（3）以关外兵，驻扎黑龙江齐齐哈尔一带，一以防库匪东窜，一以监视西伯利亚铁道俄人之运动，如中俄开战，此一路亦为奇兵。

（4）组织游击队，专为破坏铁道之用，苟俄人与我开衅，将西伯利亚铁道，节节破坏，以防害俄人之交通。

（5）以南各省之兵，为第二战线，填驻于北省各要隘。

据以上观之，敌以曲，我以直，敌以侵略主义，我以正当防御，敌以鬼鬼祟祟之行为，我以堂堂正正之义举，敌以亲戚离畔，我以五族共和，敌以远道攻人，我以边防设守，两相比较，优劣判然，苟行开战，何敌不摧，我政府，我国民，盍兴乎来。

其四

王治馨

库伦独立，破坏共和，强俄嗾使于其外，内蒙观望于其间，藩屏震撼，牵动全国，于是函电交驰，征蒙之说，日喧于耳。其间有作未雨之绸缪者，如苏省则立垦植学堂矣，吾陕榆林则立植边学堂矣，愚窃以为心非不热也，而于边防事宜，有未尽合者。何也？夫私淑诸人，不如亲炙，以其见闻切也，即使壤地相接，交涉可通，无非征逐有素，娱悦融洽，学成之后，终费转手，况远隔数省者乎？然则榆林之植边，可谓中肯矣，虽然，犹未也。

五族共和，边在蒙俄之间，不在内地也，即使库伦之独立果成，然内蒙服从，尚未背叛，若显然划分界限，是自树之敌也，况俄尔多斯，犹在黄河流域之内乎。乃者亲履冰天雪窖，考查边内外之形势，漠南北之情形，阅古人之成迹〔绩〕，筹现今之事宜，窃以为大好机会，在前清之开行省也，失此一筹，后患难以设想。兹者阻隔横生矣，西北大局关系全国，三省毗连，亦必多方筹画，硕算宏谟，无须鄙人借箸，仅就耳目所历，心力所及者，窃为之发其覆，则筹画三边，及俄尔多斯一部分也。夫吾陕之边线，西起横城，东抵黄甫，横城则黄河出塞也，黄甫则黄河入塞也，其间营堡林立，不下四十余处，前代之措置，可谓详密矣。以河套而论，东接山西偏头，西至宁夏镇，相距二千里之遥，即《禹贡》之析支渠搜也，秦为新秦，汉为朔方郡，隋唐之间，犹属内地，五代及宋，李夏并之，旋经元人所灭。明初追逐王保保，筑东胜等城，并立屯戌〔戍〕。厥后毛里孩等入河套，侵大同，自此一还，茫茫禹迹，遂为寇薮，明季迭经名将悉心筹度，非不欲复河套，寻东胜之陈迹，然委任不专，权奸构衅，元勋凋谢，功败垂成，若杨一清、曾铣辈，其前鉴也。前清入关，抚有内外蒙旗，臭味相投，自易安绥。兹者共和之形式虽成，共和之精神未洽，况外人煽惑乘隙而入，窃恐外蒙去而内蒙随之，内蒙去而河套随之，开省之谋，一堕而为联络之谋，再堕而为守边，守边之谋，三堕而不可问矣。夫保之于未失之先易，争之于既失之后难，筹之于边外易，筹之于边内难，及今战衅未开，成败未著，观望未决，千钧一发之时，批隙导窍，先事预防，厥有二端：一则巩固基础，使敌生畏，二则融化界限，鼓铸感情。巩固之策有四，一曰兴屯田。夫屯田之利，明清已有成绩，试以现在论之，延府以北，由安塞至靖边，荒山旷地，随在皆是，其平地可耕，其土原可牧，此关于开垦者也。边内若洛水，若交河，若白翟河，近边若东河、西河，若无定河，若榆溪河，处处可修稻田，此关于水利者也。边外有教堂赔款地，东起消滩，西至别泥甲，南北宽四十里，东西长二百里，其中沃壤，可耕可牧，练兵养马，无乎不宜，若以原银赎归（原银十万两），则较他处为尤佳也。总而言之，北方地旷人稀，若广为招徕，半用屯兵，半用土著，五年以后，屯之所出，养北方之兵有余矣。二曰练兵队。关外气候与内地迥殊，若以内地未尝习惯之兵，骤使之踏沙漠北，饮马长城，此不待智者，亦知其不宜，况外蒙之寒度，尤加于内蒙乎。窃谓北方民气刚劲，去岁反正，民团颇为劲旅，如萧桥畈、宁条梁以及安边堡诸团，防匪守城，俱著成效，若加以教练，再招土著，编入兵籍，使之出入风沙，练习寒冷，一旦有事，左右逢源，自无人地不宜之虑。况现在驻扎之军，兵力薄弱，巡防两营，仅可屯田，如双山堡、鱼河堡以及定边营、花马池，俱属要冲，而毫无兵队，此速宜筹画者也。三曰修马政。边外马匹之良，首推蒙古，产地既佳，传种亦异，而喂养之法，亦与内地不同，加之蒙人多好游猎，故枪火之声惯于耳，猛异之形惯于目，风沙之驰惯于足，忍耐之力惯于性，宜于安边堡、宁条梁、张家畈及榆林等处，择佳地段，构〔购〕买蒙产，仿其喂养，再加以改种之法，教练之术，则习惯既宜，操纵自易，不然以内地之马，骤与蒙马较，相形之下，已见拙矣，况用于战事乎。四曰复营堡。边地营堡林立，多成于明时余子俊〔俊〕，东起黄甫川，西至定边营，增置三十六营堡，长延千二百余里，横绝河套之口，今则坏堞颓垣，在在皆是。全为修补，无此财力，宜择其要者，为双山堡、定边营、花马池、鱼河堡、横城堡等，皆为要冲之地，先为修葺，然后量力扩充，庶乎有险可守矣。融化之法有五：一曰整顿商务。蒙地不产五谷，织纺亦无，凡衣食之属，皆仰给于内地，彼以畜牧，我以谷布，交易之间，彼盈我绌，加之沿边各商，无大资本，且贪小利，不洽蒙情，宜以国家之权力，扩充商务，去欺诈而昭信乎，毋贪小利，毋图近效，斯沿边互市，自日形优胜矣。二曰握彼权。沿边富室，以及商贾，多以放债取息，食蒙人之利，而蒙人之饵此者亦多。然彼小民之假贷，既无关乎利源，其王公之拖延，又多损我财力，宜以国家之力，设银行，设钱局，或直接或间接，以次贯注，使彼之势力，范围于我财力之中，斯无损失之弊，而有吸收之益矣。三曰立蒙汉学堂。与文明交际，易而难，与野蛮交际，难而易，其转移之机，全在教育，智识开而世局明，文语通而隔垓〔阂〕去，同化之法，莫优于此。宜于榆林先设一校，合蒙汉而冶之一炉，不惟汉人之调查蒙情者，为力甚易，而蒙人之见化于汉人者，亦较各界为优。文明之象，既印于脑筋，斯学成以后，以蒙化蒙，尤有水乳交融之妙，即他日开行省之朕兆，亦胚胎于此矣。四曰改良宗教。蒙之奉佛，与藏同也，唪贝叶而礼莲花，贪争久归戒除，奚为匈匈扰扰，忽起兵戈，则以昔之活佛，为补助之品，今之活佛，为作祟〔祟〕之端也。考喇嘛之繁衍，有两大支，一在藏坐床者，一来〔在〕蒙住持者。当其初，达赖、班禅，谅亦各有宗旨，厥后遗传既久，流弊滋多，诞妄荒唐，聪颖者变为狡黠，愚鲁者蠢如木石，当此人道发生之日，蒙人犹在浑噩之世，若骤施以教育、政治及各种文明之办法，则反形隔碍，断难破症结而启彼光明。宜从宗教入首，组织新教，注重同化，先易其迷妄畛域之心，然后逐渐设施，自无冰炭不合之弊矣。五曰化合种族。蒙人形体，与内地无殊，惟习惯不同，故性质亦因之而异。然边地蒙汉交涉，日近日亲，其妇女之来边者，与汉人游戏娱乐，宛如家人，若与之婚姻相通，则性情日洽，习惯自化，游牧旗族，半归烟〔姻〕娅，无形之中，自生种种感情，消伏祸，祛阻隔，可以永久免外顾之忧矣。二端之外，尤有四要：一曰选贤能。夫有非常之功，必待非常之人，得人者昌，失人者亡，古今之通论也。况苦寒之区，风沙之地，尤非坚忍耐劳，贤明廉干，阅历甚深之员，不足以胜其任。加之屯田牧马，练兵治民，筹画既非一端，用人自当适宜，破格求贤，全在行政者之目光、手腕。二曰一事权。头绪纷繁，运用尤宜划一，稍一掣肘，则种因既紊，果熟难期，条理更宜分明，机关必须归总，扫轴在胸，锤炉在手，自可运筹裕如，一切就理。三曰专委任。朝令夕改，徒眩人之耳目，一国三公，空乱人之心志，但须慎之于始，选择得人，自宜推心置腹，收其成效。四曰宽期限。朝栽树，而夕求阴，即细小之事，亦无此理，况边防创始，箸筹多端者乎。不求速效，不图近功，循序施设，逐渐就理，小效三年，大效五年，十年之后，自得非常之良结果，不然非欲速不达，即功败垂成，前代筹边者，殷鉴固不远也。况共和之世，欲促进文明，归于同化，尤非一朝一夕所能竟其功者也。夫古代与今时异其势，专制与共和异其政，藩属与内地异其情，联络与化合异其性，因地制宜，审时度势，尤在当轴者，一心之妙用，又非区区规画，所能穷端而竟其委也。

《陆军学会军事月报》
北京陆军学会
1912 年 4、5 期
（李红权　整理）

征库问题之研究

血儿　撰

征库！征库！政府之宣言，国民之愤慨，全国之心，已成定见，固无待今日之研究而始决也。然今日亦有不可不研究者，非库伦之征与不征，而在征库方略之究何出也。征库之方略不定，则进行之道无由，征库之说，亦终等于激烈之空言，不可得而实践也。譬之航海，抱探极之志，不预测极之方向，以为舟行之标准，则极终不可探而已矣。设遭猛烈之风浪，其危险且不可胜言焉。故征库之方略，宜如何始可万全，此吾全国人士所当悉心研究者也。记者请举其所当研究者，以发其凡，而研究之责，则望之全国救蒙之团体也。

一、军力之当研究也。吾国军力，现有几何，孰为前锋，孰为后援，孰为精旅，宜先调遣，孰宜战，孰宜守，各省能派几何，全国能战精旅共有几何，以若何之军力可以平库伦，以若何之军力可以敌暴俄，此所当研究者一也。

一、用军之当研究也。全国军队，如何区画，第一军属之何省，第二军属之何省，第三、四军又属之何省，后援军属之何省，何者为东路，何者为西路，何者为中路，而气候之宜，又宜加意，此用兵所当研究者二也。

一、统将之当研究也。征库统将，宜如何遴选？兵心之所悦服也，军律之所严守也。若者为大将，若者为谋将，若者为勇将，若者可以筹画有方，若者可以奋勇前敌，此统将所当研究者三也。

一、形势之当研究也。今之形势，无异于古，地理与行军有密切之关系，军用地图之宜详细测绘也。进取库伦，有何数道可以出师也，孰出正师，孰出偏师，如何包举合击，如何三面进攻，此喉咙耶，彼门户耶，毋蹈死地，毋入危境，此形势所当研究者四也。

一、军械之当研究也。全国军械，共有几何，有何数即可供征库之用，器之不利乎，炮之不精乎，器械之力，能否胜敌乎，器械供给，能否不绝乎，兵工厂，宜赶制若干，向外国，宜定购若干，此军械所当研究者五也。

一、军费问题之当研究也。征库军一发，军费共需何数，筹饷之策，宜出于何种，何种确有把握，何种确有速效，外债乎，内债乎，加税乎，劝捐乎，抑尚有其他之美策乎，所筹得之军费，如何始可以不致竭蹶，如何始可以支持久远，此军费之当研究者六也。

一、外交之当研究也。用兵前，对外政策，宜取何种，用兵后，外交政策，宜取何种，对俄宜如何令其严守中立，对列国宜如何宣布理由，俄国决裂，外交政策，宜如何转变应付，如何可使列国为我臂助，此外交所当研究者七也。

以上所述，此其荦荦大者，而亟宜研究，共定其进行之方略者也。有一疏忽，俱足败衄。我国民既欲达征库救蒙之志，则此研究诸事，所不可少也。爱国之士，其殚精竭虑，以筹之乎。予日望之。

立国今日，非武装，不足以言和平，自俄库之私约生，而国人之愤慨激，迄今数月，有虚声而无实备，设使祸机一发，孰能制挺〔梃〕以挞秦？空言误国，景延广所以贻笑于历史也。血儿斯篇，不啻当头棒喝，吾国人顾可玩忽视之哉。

　　　　　　　　　　　　　　　　　　　　醉生谨识

《西北杂志》（月刊）
北京西北协进会
1912 年 1 卷 1 期
（李红权　整理）

论《俄蒙协约》及国民对付之方法

斐青 撰

　　《俄蒙协约》之警告纷传以来，国民之间，骤增愤慨之气，敌忾同仇，理固宜然，然必当为条理之研究，始可为实行之助，非徒事客气者可以致胜也。欲使国人真能众志成城，必先使国民真知其利害，然后始能如饥寒者之于衣食耳。《时事新报》斐青君，自事实、法理两方面立论，以证明当以武力解决俄事，其言足以坚我同仇者之心，今录其文如下。

　　必独立国家始能为缔结条约之主体，否则即为无效，此国际公法之原则也。我外蒙虽倡言独立，而其实仍为中国之藩属，何能有此缔结条约之特权？故此次《俄蒙协约》以国际法衡之，本无效力之可言。然或者谓外蒙虽未能举独立之实，但独立一日未取消，似亦俨然国家也，则与他国缔结条约，亦不能竟视为无效。记者今姑不深辩，惟所欲问者，库伦之独立，可视为外蒙之全体乎？抑视为外蒙之一部分乎？如视为一部分之独立，则缔结条约之范围，自以不出库伦为限矣。今即一让步，库伦之独立，实包括外蒙全体，而内蒙固完全在中国势力之下也，绝非库伦活佛所能过问，乃《俄蒙协约》四条，均浑言之曰蒙古，不啻隐隐将内蒙包括在内。盖俄人未尝不欲借是以扩张势力于内蒙，而其实愈足以证明其无效。盖该约如仅言库伦，或即仅言外蒙，犹可借独立为口实，认活佛有缔结条约之权，若明明其地，并未叛离民国

（如近日内蒙会议赞成共和等事），活佛有何权力，能代为缔结条约？故以名义言之，外蒙尚为我藩属，不能与外国结约，以事实言之，外蒙与内蒙，本为水火，即与外国结约，亦万无兼及内蒙之理，是该条约可认为两重无效。所可笑者，据本报昨日专电，外交部尚屡向俄公使索阅秘密附约，无论既称为秘约，万无与人阅视之理，而在我亦〈无〉知此种无价值条约之必要声明不承认足矣，索阅胡为哉？虽然，今日之事，非可以口舌争也，惟有战而已。其理由有二：一、从政治上观察。我国至今日赖以不亡者，均势之力居多，今俄国首先发难，攘夺外蒙，是均势之局将破，若我不能设法阻止，则日之于满，英之于藏，法之于滇，固将援例而起也。其他若德、若美，亦必持利益均沾主义，而向我有所要求。豆剖瓜分，意中事耳。至是我虽欲有所抵抗，亦无能为役。盖列强之利害既同，则对我自不能不一致耳。盍若及今为背城借一，以对付外蒙，俄苟出而干涉，我亦持以最后之决心，而列强中安知不有嫉俄之横出而仗义执言者，故为维持均势起见，不可不战者一。一、从军事上观察。语云，瘠牛尚足以偾豚。我国虽弱，用以制服外蒙尚觉有余，今日所惮不敢发者，惧俄为之后援耳。殊不知俄将有大欲于近东，又惧奥出而□其后，闻德、奥、意三国，倾向于土耳其方面，英、法、俄三国，倾向于巴尔干诸小国方面，势均力敌，相持不下。近土败乞和，就诸小国观之，可谓千载一时，我于此时有事于蒙，俄国政府虽欲舍近东而与我相见于疆场，亦格于势而有所不能，盖巴尔干诸小国，皆为斯拉夫人种，俄向欲借此以扩张势力于巴尔干半岛内，今诸小国正有席卷土耳其之势，岂能使之功败垂成。若然则俄即不克助蒙，以俄一动，则奥必加压力于诸小国也。或者谓俄虽不能以全力助蒙，然亦未尝不可以一部分出为之援，殊不知我兵现驻于科城方面者，已九千余，而蒙人势甚薄弱，设一旦进攻，不崇朝可下，由科城直捣库伦，其势甚捷，出其不意，几疑将军从天而下，迨俄兵抵库时，我已收复库伦，亦未可知。即不然，以彼远来疲乏之兵，且无后援，而与我战，亦未见其必能获胜。设蹉跎复蹉跎，俟近东问题解决后，彼有余力，而我气已竭，虽悔何及。故为利用时机起见，此不可不战者二。不但此也，我慑于虚声，而为之屈，则彼不费一兵，不折一矢，而目的已达，不如以兵戎相见，即不幸而败，而彼亦有损失，不观英与南阿之杜国战，耗兵费五亿元，阅四年之久，杜虽终为英败，然英亦大受损失矣。即如此次意土战争，虽"得利波里"终为意所占领，而损兵费至数亿之巨，其结局尚负担债务之一部分，论者莫不谓得不偿失。是以记者之主战，非敢谓即操必胜之权，但我虽丧失外蒙，不可不使俄与我以代价，军费也，兵士死伤也，皆绝好代价也。绝不愿效老成持重之谈，拱手以让人，况兵家之事，本无常局，幸而战胜，其得失又何如？

《独立周报》

上海独立周报社

1912 年 1 卷 8 期

（李红权　整理）

论对俄战备之不可缓

蒙事急矣。全国上下一致主战，日、法二使出而调停于其间，使俄国果能取消《俄蒙协约》，与我为和平之协商，我固非好战者，有何不可，窃恐彼暴俄方自恃兵强，不肯息其侵略东方之野心，则固舍战而外无他法也。夫今日吾国民之言战，为自卫也。自卫之本义，在使人无攻我之隙，英人有恒言曰"The true defence was never to let the foe land"，故真言自卫者，须使国土之内无一敌兵足迹，是必非有强大之兵力以备之不可。日本海军大佐佐藤氏有言曰："自卫即国防，国防即军备。"又曰："自卫二字，决非守势作战之谓，亦非守势防御设备之谓，欲达自卫之目的，必行攻势，作战必为攻势之设备。"今俄兵已入吾境矣，当局者不能先事预防，已失自卫之道，矧尚迟迟不进，坐以待毙乎。或曰："今俄人尚未与我宣战，而我乃亟亟于修战备，得无失之过早乎？"曰：不然。有史以来，两国纷争，未有不于谈判未决裂之前，各整战备者，其于未经公布宣言而开战者，亦不知凡几。试略举之。千七百一十八年，英将 Byng 全灭西班牙舰队，实在公布开战六月之前，千七百二十七年西班牙之包围 Gibralte，又如千七百四十四年之侵略英国，皆在未宣战以前之事。千七百五十六年，西班牙之急袭 Minorca，其准备虽极雄大，然系出其不意，并未公布开战。千七百五十七年，普鲁士王 Frederick 提兵七万五千，突进 Saxony，

亦系于未宣战以前开始。千七百九十二年，英国之急袭和兰殖民
地，千八百七年，英军对丁抹首府 Copenhagen 之军事行动，千八
百十二年之英米战争，均未经宣言而开战。千八百二十七年 Na-
varino 海战，千八百六十年 Sicily 之役，皆不待公布宣战而开始。
其经正式宣言而后开战者，于近世仅见于普法战争而已。最近如
甲午丰岛之役，日俄战争时之仁川冲海战，皆未经正式宣言而开
战之例。以上不过举其数例而已，先发制人，后发则制于人，此
兵家之常也。今平和会议虽有不宣战而开战之禁，然各国罕遵守
之。日本海军大佐佐藤氏有言曰："无论何种协约，揆之国家存亡
之道，有不利益时，则无坚守之义务。"守约于梁下尾生之信，不
可用于国际之间，而况今之所谓平和会议者，强国所利用之一机
关耳。不观其发起者之行动乎？夫发起斯会者，今之俄皇也，彼
盖阳唱和平，而实行侵略之大野心家，而弱者乃欲依此以享国际
平和之幸福，难乎其难矣。故吾国今日苟不欲自卫也则已，诚欲
之，则舍速筹战备外，无以为外交后援，舍速筹战备外，无以抵
抗强敌。虽然，此非可以徒责望于政府也。俾士马克有言曰："国
人国人，不可不倾全力以铁与血贡献于普王。"于是则普王得以实
行国人之所欲。若欲恃演说、视察、请愿以求达其目的，是缘木
而求鱼也。达目的之道，惟黑铁与赤血耳。愿吾国人细玩斯言。

《独立周报》

上海独立周报社

1912 年 1 卷 8 期

（李红权　整理）

开鲁失守及克复之实在情形

本社调查员　稿

　　按内蒙各旗，每岁有湖北难民沿门勒索，滋扰不堪，俟积有多金，即行南下，秋去春来，岁以为常。壬子阴历三月间，此等难民，约六七十人，在东札鲁特旗屯聚，各蒙户照例摊供财物，讵该难民等嫌其太少，争执不休。时该旗协理官保札卜、台吉土们尔吉、梅林阿宁嘎及明暗图等，邀集各蒙民，将该难民诱至北山，尽行杀害。开鲁县钟令闻知此信，当即备文该旗长，拟追提到案备讯。该旗长覆称，官保札卜等在本旗向不安分，旗主亦无法约束，请派人捕拿云云。文函往复，延至六月间，钟令即派兵往该旗守提。官保札布〔卜〕等自觉案情重大，旗主又为之被获〔祸〕，乃深衔之，于是邀集党羽，经西札鲁往西北一带逃逸，意在投入大库伦（究竟是否为哲布尊丹所收容，或受有爵号，皆无确据。不过该逆等回窜本旗，抢王府，捆贝勒，焚烧杀掠，皆云受大库伦命令，且各戴红顶，并滥以官爵予人，皆谓其与大伦库〔库伦〕相通而已）。时正阴历八月下旬，据其离旗之日，按日计程，其云来自大库伦，亦甚相符。该旗猝遭此变，即赴阿鲁科尔沁旗昭乌达盟长处请兵援救。时热河派出宣慰使汉公及李道龙彰，并北路统领张五春，带队若干（数未详），适在盟长处。九月二十二日，钟令知张统领已至该旗，即专差特函，求其莅开鲁（由开鲁至阿〈鲁〉科尔沁旗仅三日路程）。讵林西一方防务，又报称吃紧，张统领南行二日，又折而西行（有谓张统领、宋管带皆有产业在林西，是以不愿赴开）。是时开鲁凶耗，一日数传，附近乡民，纷纷逃入城内。驻防之兵，共北路巡防马队一营（约八十人），管带车殿元，步队一营（约二百余人），管带董书麟，又有钟令招降之胡匪吴、高两喇嘛，约带本城巡警二十余人。然侦探未详，谣传日甚，于匪人确数，尚未明晰，仅知其意在南侵而已。廿七日，传闻开境东北约一百廿里处，地名昭根庙者，有匪人盘踞，车管带率所部及高、吴两喇嘛，又邀集四乡巡警多人，同赴该处迎击。廿八日早，会战于昭根庙之南，敌与我互有死伤，胜负未分也，官军未悉何故骤行引退，时高喇嘛临阵逃逸，传闻逃赴西札鲁特镇国公处。廿九日晚，官军回至县街〔衙〕，适建平巡警官王合者被钟令函邀来县，帮同防御，共带马巡四十七人，亦于是晚到县。时四乡逃难民人，并前敌退回之兵，纷至沓来，县为之满（按开鲁本新设县治，并无城郭，沿居民街市四周，掘成宽丈余之围壕一道，即用掘出之土以作城）。讵巡防步队见此时秩序大乱，乘机抢掠，巡防马队亦随之，先仅向商号买物，抗不交价，嗣竟搜括骚扰，三十至十月初一两日内，各兵掠去之物，枪担肩荷，满街皆是。又建平巡警四十余人，多乘马而来，巡防兵丁，抢物既多，携带不便，久欲抢用该巡兵马匹。初一日晚，贼已大至，约不过五六百人，分头防御，尚能维持纪律也。贼由东绕至县南沙岗上，相距二里余，先将围城左近民房焚烧，一时火光四起，居民惊惶（闻是时居民有请求出城逃避者，钟令不允），建平巡警守南面，适当贼冲，巡防马、步队分守东、西、北各方面，始终不见一贼，未发一枪。至初二日拂晓，建平巡警子弹告罄，并阵亡郭姓巡兵一人，因派人往县署求发子弹。钟令即往巡队商借若干，以备急需，先坚执不允，嗣经钟令再三央求，乃借给子弹三百粒，然为数太少，登时净尽。先是钟令虑贼若大至，仅巡防兵力，或不足抵御，始商借建平巡警，继有人谓贼本不多，若借用外兵，反使巡防因猜忌而离协〔携〕，且高、吴两喇嘛，狼子野心，终恐难恃，必预防之，钟令不从。是晚建平巡警因子弹用尽，退至县街〔衙〕，钟令先从衙署逃至烧锅，以其垣墙高厚，可作第二层防御也。各兵巡、难民等见县令既逃入烧锅，乃争趋之，而巡防步队因欲乘势抢用巡警马匹，一时城内排枪之声四起（前热河昆帅报告中央谓，有阵亡哨官一人，其实即是晚分赃不均，经各兵枪毙者），妇孺啼号，横肆抢掠，幸而火尚未起，贼不敢近，然吴喇嘛又于是日早叛去矣。时又有人劝钟令，谓重赏之下，必有勇夫，贼必不多，城确可守者。其实〔时〕四乡难民，将近万余，经数日抢掠，巡防队久无杀贼之念，果悬重赏，募死士，尚能与贼抵抗，否则皆在不可知之数也。于是钟令携眷先逃，各兵巡、难民等随之，践踏之妇孺老弱，沿途皆是，而巡防在半途截劫难民之事，尤层见叠出。初五日，至北山根，蒙匪实于初四日占开鲁，前报称初二日失守，乃据其逃去之日，张惶入告耳。开鲁之西一百里，地名海留图者，约有汉民二百余家，就中有朱姓，家颇殷实，乃本村乡团团长，索〔素〕与蒙户有隙。当初三日，风传开鲁失守，各汉民均拟逃避，本地蒙户，极力挽留，并许互相保护，各汉人安土重迁，亦暂安之。讵初五日早，蒙匪焚烧开鲁以后，即行西来，比及抵村，遇汉人即杀，朱姓尤甚，而本村蒙民，反随之抢掠。是役也，官保札卜之弟明暗图亦经朱姓家人枪毙，现朱姓尚誓必报复也。赤峰为口外商业之中心点，距开鲁约六百里，开鲁未失守之先，张牧屡接钟令请兵公文，乃于九月廿五日，电禀昆都统，拟着驻赤陆军，开赴前敌救援，二十六得回电报可。二十七日催陆军北行，讵蒙长普年畏缩不敢进，委连长玉华带步队二排，马、炮队各一排赴援，经张牧一再敦促，该陆军故意迁延，不肯就道。二十八日前赴援开鲁之巡防马队管带宋道凤，带队来赤，张牧即催宋管带赶速回援，宋慨然允诺，且预计初二日准至开。二十九日早，宋带队先行，三十日陆军始出发，讵宋则日行二十里，至〔玉〕则日行三十里，初四日夜半，始陆续至奈曼营子、五十家子两处，与钟令相遇，距开鲁尚三百廿里也。查开鲁蒙匪，计其兵力，不过千人以下，实无力南侵，然以交通不便，讹传实甚，赤峰四周各蒙旗，纷纷调兵，皆云虑匪人南窜，援〔爰〕及本旗，是否与匪相通，皆不敢定。就中敖汉海留王旗属汉民甚多，有腾七者，在该旗汉人中公认为领袖，每与王旗有交涉，一听腾七主张。十月初四五间，开鲁凶耗传至，该旗海留王乃借狩猎为名，传知各蒙户，订期聚集；又以腾七在汉人中颇有声望，拟招来王府，共商防御之策。讵是时蒙人仇杀汉人之谣，已布满各旗，腾七见招，亦不能显违王命，濒行谓其家人曰：我明晚不归，即毕命于王府矣。次早王府又差蒙人二名来腾七家，催其速来，至则行矣。该蒙人犹通汉语，并不明晰，腾七之子问曰，蒙人杀蛮子确否，蒙人应曰，杀了。又问曰：见我父否？应曰：没了。于是腾家大骇，以为腾七果被王府杀害矣，乃当将该蒙人二名枪毙。其实腾七至该旗，海留王备极款待，傍晚回家，家人逃散一空，尚不知为何故也。此信一出，四周各屯汉人，纷纷往赤峰逃窜。是时赤峰风鹤频惊，加以此信，惊噩〔愕〕愈甚。税关总办麟祜首先电请辞职，刻日携眷南逃。而北路巡防之驻赤者，又拟借端抢凉〔掠〕，李道龙彰已同汉公及张统领玉春由阿鲁科尔沁经林西于十月初五日到赤，尚未接营务处差事，即住张统领处。自初八至十二三日，防营哨探，每夜捏报蒙匪数千南来，已至某处之信，日必七八起，意在摇惑众心，希图抢掠，幸李道不为之动，乃商同张牧，通饬巡警，严密梭巡，更商同张统领，严饬巡防各营，各回本营，如夜间有在街市闲游者，枪毙无论，因之秩序未乱。北事日极〔亟〕，昆帅急催张统领带队赴前敌，其接仗情形，散见各报。自阴历［月］十月二十、二十一两日，在沙力岗接〈仗〉，幸［仗］练军汪管带用炮轰击，匪始北逃。三十日，张统领报告前敌接仗情形，文中未叙及汪管带一炮之功，此信为汪管带暗中拆阅，因之激成嫌隙，当将炮队撤回，借称朝阳防务吃紧，急于回防，张知之，亦无如何。时距开鲁仅六十里，其所以迁延三日，不敢入开鲁者，皆以此也。

《武德》（月刊）

北京武德社

1913 年 1 期

（朱宪　整理）

梦平库逆记

开甲　林立　撰

　　有某生者，布衣读书，经济学问，器宇胆略，罕有其匹。尤邃于兵法，韬居海峤，留心华洋交涉之事，尝慨然有安内攘外之志。自叹无可进身，将闭户著书，落拓诗酒以终焉。去年间库伦叛乱，暴俄煽焰，私结《俄蒙协约》，政府诸公，关于此事，颇形棘手，其间有主剿者，主抚者，主战者，主和者，纷议不一，各省都督函电交驰，力请主战，国民捐输恐后，热诚急公，但车〔军〕备尚未完全，外交亦未破裂，不得遽出雄师，声罪致讨，延宕至今，莫得解决。生用是义愤激发，不能自禁，每语其友曰，库逆未平，暴俄无状，必也吾辈出，而后庶有裨乎，大丈夫树功名，取斗大黄金印，封万户侯，时乎时乎不再来，或目其狂不顾。生甚以时势为忧，自恨乏资斧，不能诣阙上书，痛陈利害，数发议论，条陈要事，登载报端，以冀当世之采择。会中央命令各省都督选精通俄蒙边事者，力为荐用，生又自恨一介寒士，不获蒙其推毂，谓堂堂中华民国，何见窘于俄蒙乃尔，时复痛哭流涕，几不欲生，举杯狂呼，拔剑斫地，自是其狂益甚。一日酩〔酩〕酊大醉，隐几〔几〕而卧，忽有舆马驺从，造谒其门，乃本省都督府之高等副官也。言顷奉中央命令，转饬召君星速启程赴都，有秘要军事商议。生惶愕不知所为，而行李已具登程，径发抵都，竟以布衣谒见大总统，款坐茶叙，十分优待。大总统曰：鄙夜得异梦，知阁下姓氏、里居甚悉，且知阁下才可大用。今库逆鸱张，暴俄煽乱，国务诸公，有主剿者，主抚者，主战者，主和者，然对库亦尝遣便〔使〕理谕，而彼无礼实甚，对俄久已专使交涉，而彼毫无让步，鄙本不忍负公仆之责，失国民之望，惟有一意征剿而已。究之宜剿宜抚宜和宜战，愿阁下一决，直言毋隐。生惶谢曰：某本匹夫，安知大计，然自问颇有血性。窃以为内外蒙古，民国领土，寰球周知，因该地人民开化稍迟，不知共和幸福，致有此叛乱。而其叛乱仅库伦一部，并非全蒙，其敢明目张胆者，借暴俄为后援已，否则不难一鼓而平矣。《俄蒙协约》，系俄、库私约，未得全蒙之通过，亦未得民国之许可，并未得列强之承认，于国际公法上，不能生效力。溯俄自前清康熙年间，始出首于东亚，屡乘中国艰危顾虑不及之际，得寸得尺，着着进行，先侵据我领土，复要挟我立约，乃暴俄惯用之手段也。今又乘民国创始，边省行政莫克同一施行之时，煽惑库逆内叛，借口进兵，私相结约，发见此种老手段，殆复可济乎。噫，俄人之心险矣哉。尔来日窥南满，英伺西藏，其进行手段，皆以暴俄为前驱，故不和则已，和则他患随之，金难收抚。是与其束手以待，何如背城借一之为愈。况俄内则革命军党羽蔓延，外则巴尔干风云日紧，天予我开战适宜之机会，万不可失，以故某对库但知宜剿不宜抚，对俄但知有战不知有和。若和固无所用某，若战某则请提一派〔旅〕之师，征库拒俄，不胜愿以头颅为质，正某轻妄之罪谢天下。大总统嘉悦，拊其背曰：阁下真与鄙一德一心者也。鄙意决矣，命陆总长与俄严重交涉，毋容让步，所提出草案，限克期答覆，命黎、段两总长，对于军备一切，绵密计画。今特命阁下为陆军中将加上将衔，星速出关，代姜桂题督师征库，姜桂题副之。生鞠躬固辞，吁请收回成命，大总统未许。生从客〔容〕言曰：某观姜桂题老成持重，谋勇兼富，威望素孚，其所将皆朔方健儿，耐劳苦，勇悍善战，现分驻于内蒙及各口，扼库逆南下，保地方安宁，厥责靡小。按乌诺布尔、承德、归化、张家口等处，地居要冲，非大军不敷用，请速命禁卫军及近畿各师，迅速出发，联合毅军及各军队，择适宜地点，集中兵力，以待后命；更命湘、鄂、浙〔浙〕、粤各军，陆续出发，驻屯京畿附近，以便调遣。某当勉竭〔竭〕驽骀，独当一面。非不欲与征库诸公同其艰苦，实以正北一路，既有统将，可无用某。大总统省悟，命生督办新疆方面军务。生谢命讫，又言曰：某衷悃未尽，敢渎陈之：

（一）征库之举，不宜再缓，星火不灭，已成燎原，一误岂容再误。

（二）中俄谈判，不容延宕，俄人外交狡猾手段，世界周知，迩来在库伦阳为外交谈判，除〔阴〕为配备兵力，彼殆巴尔干问题解决后，转移全力于库伦方面，万不可堕其缓敌之计。

大总统曰：依阁下之言，当如何处置？生曰：除与俄政府严重谈判，限期答覆，一面筹画军备为外交之后盾外，更有要项如左：

（一）电各省都督编成军队，为征库之后援，以待命。

（二）将库逆罪状，暴俄蛮理，及不得已开战之理由，通告各国，预使之告守中立。

（三）将如何开战之原因，及开战之必要，宣布各省，以提起全国民之感念及敌忾心。

（四）请颁法令，战时军令为独立机关，凡关于战争之事宜，及其行动，参议院及行政官不得妄为掣肘。

兹择其概要，更有细项不赘。如此而后人心可恃，士气可振，则胜算可操矣。然某亦不敢自耽安逸，拟请将秦、晋健儿编成一军，并连合甘、新军队，悉数交某统率，招延敢死之士，共同甘苦，悬以重赏，励以大义，运以机密，出西北口以外，作待机之行动，若俄守中立则已，否则某长驱十万，直抵西北部，分为二路进攻，一以主力出嘉峪关，经哈密，迂回乌里雅苏台东北，捣其侧背；一以一部利用水路（库苏湖、西湖等河流）通贝加尔湖，大破坏其回湖线之铁道，又出轻骑经科布多沿西北潜进，断其后路，俄军腹背受敌，不败何待。纵俄陆军甚众，于西北利亚各军团，或本土输送来之军队，必将蹑某之后，拼命击扑，此亦势所不免。然某亦不惧，所要者兵贵神速且机密，使之迅雷不及掩耳，彼前军挫败，后方部队，必心惊胆怯，气丧神沮，某更誓死与决最后之一战，利用其仓皇失措之时机，定可得手。脱有不幸，愿以身死，而敌受某牵制，兵必分而力益少，其在库伦方面者，必无斗志，止〔正〕北口诸军乘此痛击之，俾其一败不可收拾。俄军既败，库逆无援，某当折回库伦方面，察阅其情形，与督师诸公，及各部盟长，分别剿抚之，库伦自平矣。于是媾和结约，解甲释兵，国威以彰，国耻以湔，国仇以雪，某愿亦始毕。大总统嘉悦其言，悉纳之，立发电催驻俄代表刘人镜限俄政府迅速答覆，一面电湘、鄂、浙、粤诸军，陆续出发，刻期到达，秦、晋诸军，编组完备，付某督师，余悉如所请。民国之内，望风逖听，踊跃欢呼，同仇敌忾，为之一伸，爱国热心，为之一振。东西各国闻之，以为民国于创巨痛深之后，能发愤为雄，必转败而为胜，转弱而为强，不可谓民国无人，蠢尔强俄，真自遭败衄矣。然犹未知民国有何奇才异能之人出，将若何用兵也。

生于是轻车简从，星驰南下，与旧日结纳豪杰，并诸同学，相约会于沪上，敢死之士，纷纷投效而至者，不下数千人，生量其材识胆略，兼收并蓄之。黎副总统素知生名，恨未一觌，派代表到沪欢迎。生命投效诸公，先驾轮北上，至太原再相见，亲抵武昌。副总统迎劳，置酒高会，避席而前曰：敢问足下与俄交战，不与北伐诸公，出长城以北，逐节而进，必欲进师西北，独当一面，特不虞危险乎？生慨然曰：副总统未尝〈闻〉库伦方面，俄军当战争开始，不过为平时配备远东之军队，计有二十万兵力，以毅军及各陆军抵之足矣。况战略与战术，行正面攻击，难以奏功，而克拉斯约斯克以西，距俄国境甚远，地形险峻，不易进兵，彼料我不能来，防范必不周到，而平时沿贝加尔湖以西铁道，俄之配兵，俱为常备，目下其大部必调用于前线，所留余于后方者，只一部已，若乘虚而袭击之，□卷风驰，安有不唾手而得者乎。语云，不入虎穴，焉得虎子，若虑危险，古今来功铭竹帛，名垂宇宙者，岂有人哉。且前年民军起义，革命诸子，牺牲身命而弗惜者，皆为国民造幸福起见，某岂独不忍牺牲一身，为民国救危亡于一发耶。副总统曰：壮哉，足下所言！幸其勉旃。翼日生告辞北上，径抵太原，与在沪投效诸公邀见秦、晋都督，遂将秦、晋陆军，并诸健儿，编成一大军，克期出发，如火如荼，铙歌载道，几忘行军之苦矣。于是按前进计画，倍道而行，士卒皆不辞跋涉，旬日间抵乌里雅苏台附近，得种种情报而判断之，即命主方〔力〕转进库伦方面，攻其侧背，以一部附轻骑经锡巴里蒙丁斯几潜出，破坏回湖线之铁道，占据其要点。俄人见我军至，惶恐骇汗，不知所为，以飞将军从天而下不是过〔过是〕也。

生督师并力进攻，俄军将校以至士卒，死伤无数，适会正北诸军尾追夹击，俄军大败，狼奔鼠窜，人辟马易数百余里，不得恢复。生急电报捷，京都人士，并军警政商各界，欢声震动，一日千里，莫不曰天祚中国，有此胜战，从此各列强应不敢欺我耳。大总统得报告，即授生勋一位，一等白鹰章，并慰劳词一道。生固辞，其电文略曰：

> 某一介儒生，忝膺重寄，得雪国耻，夙愿足矣。此次战胜，系同胞之福庇，与将士之精诚，某何功之有。吁请收回成命，毋污某以利禄二字，则铭感不尽云云。

此时生即以为最后战争之结局，以待各国〈调〉停，库逆知俄军失败,己则孤立无援,哲布尊丹、陶什陶及各刺嘛等,皆面缚请罪,生乃悉去缚,详加慰问,诛抚得宜,招集蒙族喇嘛、各部落王公、台吉、盟旗长等,大开谶会,其演说之词目次如左:

（一）蒙古古今之历史。

（二）中蒙之密切关系。

（三）五族同胞之幸福。

（四）波兰、印度、安南、朝鲜之亡国惨史概要。

（五）宣慰内外蒙古各盟旗之序文。

落落数万言,无一不俯首帖耳。既而金曰:吾蒙固知识幼稚,被俄人喉使播弄,始有此种行为。兹谨聆先生之言,如醉初醒,如梦方觉,今而后愿结五族国体,使我五色旗飘扬于全球上矣。于是欢腾沸耳,鼓掌大呼曰:先生万岁,五族万岁,共和万岁,民国万岁,大总统万岁。后始尽欢而散。

生即乘自动车南下,越数日甫抵京,通衢中车水马龙,皆疑生为异人,欲一观面以为快。生若驰若骤,直到总统府,面谒覆命。内阁总理、国务总长及议院议长等,逐一称酒致贺曰:先生真再造民国之伟人也。生婉谢诸公而退。翌日生邀会国务总长及议院诸公,到总统府开特别会议,关于媾和谈判之事,拟出条件若干,均得通过。大总长复命生为中俄媾和全权大使,速赴美京(媾和谈判地),与列国公使商议,提出要求条件如左:

（一）阿尔泰山山脉以南,俄人永远不准入界。

（二）赔偿兵费五百兆元,但庚子赔款准其抵销。

（三）旅顺、大连两港,须由俄国担负代价,赎还民国。

（四）海参威〔崴〕要塞,归还民国。

（五）贝加尔湖以东铁道,尽归民国所有。

（六）库伦与俄国私订一切条约一律作废。

（七）沿海洲方面被逐之华人所有损失,按清国庚子例赔偿。

　　右之七项，特举其要件，余略之。时适俄国革命风潮大形剧烈，巴尔干半岛问题，外交又着着失败，遂悉从所要求。而和议甫定，生驾轮东返，扣舷而歌曰：不图中国，亦有今日，转危为安，其乐无极。忽闻一人大声疾呼曰：先生作何好梦，直如此呓语耶？生怒曰：屈服强俄，弭平蒙古，名垂寰宇，功盖乾坤，彼何人斯，敢来戏我？瞋目大叱，豁然而醒，盖故人经纬子某，适来相访，见其醉梦，因唤之也。生推枕而起曰：奇哉此梦，快哉此梦，然吾愿足矣！自是其狂若失。

《陆军学会军事月报》
北京陆军学会
1913 年 3、4 期
（李红权　整理）

论库伦问题宜急用武力解决

仙舟 撰

俄库之事起，吾国筹对付者有二派，其一派皆主于武力解决，其他一派皆主于和平解决。天下事，不进则守，不和则战，存亡胜败之间，只争一发而已。然俄库私约，迄今两月，俄廷持坚硬之毅力，俄使运油滑之手腕，于不知不觉之际，而使吾国之二派，皆跌于和则不可战则不能之间，进退狼狈，俯仰艰难。吁！今日之中国，又蹈满清之覆辙，而堕俄人之术中欤。语云："黔驴之技，技止此耳。"吾国所谓武力解决，皆发于虚张，而未见诸实际。俄人有鉴于此，乃先发制人，横冲直撞，绝无所虑，左胁右吓，忝不为怪。明知革命剧烈，内廷之倾，不顾也；明知列强愤恨，外务已败，不顾也；明知奥国将倾全境之三军，而竞争于巴尔干，不顾也；明知中国将作孤注之一掷，而征讨外蒙古，不顾也，惟一味蛮悍，无理取闹。今日纵兵于大岭，明日肆军于天山，再明日则修筑圣、库之铁路，占据呼兰之要城，种种霸道，层出不穷，其势如水之泛滥，自西而流于东，如火之燎原，由回而燃及满。修书问罪，置若罔闻，对面诘责，拒之不理，公法不足化其锢，众论不足诱其衷，惟蠢然暴动之行为，以冀逞其欲。呜呼！是亦鸡鸣狗盗之雄也，乌可以为国哉。虽然，竞争世界，弱肉强食，谁之过欤，抑亦循用和平之尤也。夫今日对俄之道，宜统筹全局，谨审其刚柔缓急进退之机，而收和战兼施之益，偏于主战，偏于主和，皆非今日对俄之手段也。盖循用武力，则彼此不留余地，兵连祸结，致成不了之局，且列强亦难于转圜也。循用和平，则俄人窥见我之情实，益肆滋扰，无所底止，俄人得志，则英、日、德、法，必起而效尤矣，中国将何以自存耶。俄库私约发生之日，其时政府即当以和为体，以作欲战则战之势为用，外交必不至棘手至是也。昔者，英人之援土也，广调战舰，还迫黑海之外，以作即日可战之势，然隐微中，仍劝土耳其与俄讲和，于是俄人有所顾忌，而和约乃成。即如中国庚午天津之事，失于未调重兵，预为布置，故临机仓皇，而受制于法人。甲戌〔戍〕台湾之役，虽有重兵镇压，然又误于讲和太速，其后伊犁改约，未受巨损，以东北边有调重军防俄之事故也。朝鲜告变，日人气沮受盟，以其有雄师电迈故也，此皆其明验也。战国时，苏代之论秦王曰：“必令其言如循环，其用兵如刺蜚〈绣〉。”夫蹂躏人之国都，而且甘言厚貌，自饰并无恶意，其立言可谓循环矣；借强欺弱，不终夕而取东京，其用兵可谓刺蜚〈绣〉矣。今俄人袭用此意，而吾国筹对付法者，其洞彻之欤。溯自俄库私约以来，政府皆曰征蒙，各省皆曰征蒙，报馆、谴场，以及人民、军队，亦莫不皆曰征蒙，是全国上下人民之胸臆、之脑筋、之手足耳目，所思虑者，蒙古，所愤怒者，蒙古，所指摘注视者，蒙古，以蒙古为形迹上之防点，俄人亦以蒙古为形迹上之攻点。噫！声东击西，俄人之用心亦狡矣。且夫俄人抱彼得之妄想，怀南下之谬思，乃西嗜于新疆伊犁，中逐于内外蒙古，东涎于吉林、黑省，欲一旦乘机，而果其腹，饫其欲，故于去年以来，远东之布置，边境之展施，着着进步，不遗余力，其锋芒，盖已昭昭然显著也。语云：“司马昭之心，路人皆知之。”其俄人谋我之谓欤。然昔则畜无形之思想，今则见有形之举动，如无理通牒，查觇舆情，调兵入蒙，密谋袭满，其不止思吞蒙古者之明证一也。占据东清铁路，开采外满矿产，增加满、回重兵，测绘满、回要图，其不止于思吞蒙古之明证二也。移设恰克图之税局，强驶海参崴之炮舰，私筑帕米尔之炮台，侵收黑龙江之渔业，其不止于思吞蒙古者之明证三也。夺阳关坪（吉林珲春属之阳关坪）而竖界牌，求喀什噶尔而接电线，占大五登（张家口外大五登）而作牧场，劫庙台子（在呼兰府西）而筑枝路，其不止于思吞蒙古者明证四也。诸如此类，不胜枚举，今日不过借俄库私约之事，而行其调遣军队、广〔席〕卷边地之实，是以四方八面，星棋罗布，白昼黑夜，络绎不绝，如吉林、伊犁、新疆、奉天、库伦、大赍诸地，而俄兵乱闯之；如察哈尔、科布多、牛拉站、土谢图、车臣汗、洮南府诸地，而俄兵横行之；如呼伦贝尔、札萨克图、喀什噶尔、三音诺颜、乌里雅苏台、塔尔巴哈台诸地，而俄兵骚扰之，其心极危，其计极险，其希望极奢，其行为极毒。今日之事如可要求而和平，则按兵布置，静若处女，任其进退弃取，绝无空碍，如不可要求而决裂，则纵兵四驰，疾若脱兔，西顾东盼，双管齐下，左指北满，右顾回疆，而蒙古亦在怀抱。尔时俄人必曰彼得之志竟矣，必曰南下之局成矣，必曰炎黄华美之族、广袤艳丽之邦灭矣。与波斯、犹大同其苦，与路德、芬兰同其惨，此日此时，此情此景，我国民其安乎，我国民其安而为之乎？故与其吁嗟怨叹于事后，奚若慷慨激斗于事前，与其奄奄一息，惨于既往，奚若赫赫一死，拼于未来。语有云：“履霜亡〔之〕属，寒于坚冰；未雨之鸟，戚于漂〔飘〕摇；痹痿之疾，殆于痈疽；将萎之华，惨于稿〔槁〕木。”今日中国之情形，盖仿佛于此也。所以俄人送〔逆〕来，而我则顺受之；俄人强压，而我则柔伏之。今日满洲密探来一电，曰：“俄人于某地强行某事，请与俄使交涉。”政府覆之曰：“即与俄使严重交涉。”越一日，新疆都督又来一电，曰：“俄人于某日强占某地。”政府又覆之曰：“已与俄使严重交涉。”一事起，则交涉一次，交涉一次，则无效一次，无效一次，则损失国威一次。
我惟俄使是赖，而俄使乃得行其狡猾之计；我惟俄使是望，而俄
使乃得肆其欺慢之辞。揆今日之情形，察今日之事局，而料将来
之结果。中国边事之吃紧，边地之沦亡，边民之涂炭，其不误于
俄使之鼓掌上者，必不止也，其不误于倚赖俄使、希望俄使者之
脑筋胸臆里者，亦必不止也。呜呼！今日之政府，岂仍是满清时
柔懦寡断之政府耶？今日之各部，仍岂〔岂仍〕是满清时尸位素
餐之各部耶？今日之都督，岂仍是满清时翰林学士之督抚耶？今
日之将士，岂〈仍是〉满清时不学无术之将士耶？倘其不然，如
各部有所谓非行强硬手段不可者，有所谓非以兵力难期消灭者，
有所谓宜以剿抚兼施者，而今可协同动作矣。如各省有所谓征蒙
决死队者，有所谓征蒙炸弹队者，有所谓毁家纾难以集饷糈者，
而今可勇往直前矣。举全国慷慨激昂之魄力，以防范于外境；举
全国奋发沸涌之血气，以抵抗于边防。一蹶俄人，则慑英、日，
一收战功，则振国体，何迟疑之有，何顾虑之有，更何趑趄不前
之有。全国同胞，岂不知今日俄廷已无可挽回之希望乎，岂不知
今日政府已不能再用和平之政策乎，更岂不知列强已声明为最后
之调停乎？坐视皮肤之不完，而招腹心之疾；忍睹边境之吃紧，
而召内部之灾，是中国不亡于满清衰弱之时代，而亡于民国开创
之时代，不亡于昔日专制之政体，而亡于今日共和之政体，岂不
骇人听闻哉。是故疑者，事之害也，决者，事之利也。审毫厘之
小计，遗天下之大数，智诚决之母，然不敢行者，乃百事之祸也。
猛虎之犹豫，不若蜂虿之致螫；骐骥之局躅，不若驽马之安步。
虽有舜、禹之智，吟而不言，不如喑聋之指麾也。凡事贵能行之，
不贵乎空谈无补，且今日困难忧威之俄国，非昔日富裕英强之俄
国可比也，今日衰乱不能战争之俄国，非昔日威严不可犯之俄国
可比也。闻之俄京某报登载云，革命党已占有斯慕速斯克省及维

尔那等地，且声言不日进攻京城，风潮汹涌，为历来所未有。首相勾色夫、陆军大臣可里多任，业已会议抵制之法，并号召国人以全力救援斯省云云。此对于革命激烈而不能与我战〈者〉，一也。

又闻之俄国社会党曾组织《公论报》，持论激烈，立说恳切，而对于俄库一事，尤极力痛诋政府之非理，其说甚长，今略举六条于左：

（1）中俄邦交，素敦和睦，国际上不应决裂。

（2）外蒙系中国领土，强行侵夺，实于公法有悖。

（3）国家方多事之秋，不宜施此侵略政策，反招外患。

（4）政府曾负有三百万万之罗比公债，若一旦中俄交战，则饷项从何而出。

（5）俄、法虽为同盟之国，然有战事，则法必守中立，而不能接济。

（6）现今多数人民，反对专制，朝廷命令，势必无效，设或中俄交战，中国必胜，俄国必败云云。

此对于报界公论而不能与我战者，二也。

又闻之驻外财政员章宗元，曾致电财政总长，谓俄亚银行，现在伦敦会议，谓"俄、奥为巴尔干事，行将开战，军用浩大，外蒙交涉，所费尤巨。且国内革命风潮，日紧一日，号召军队防御，亦在在需款，尚无着落，仍拟酌借外债，方能接济，何有余款，转借外国，是以本银行按此理由，决计引退，此后诸事，概不与问"等语。又驻俄刘代表来电，据留俄美斯科大学生等呈称，"俄国关于财政上，自败日后，加税甚苛，银行钞票，几无现金可兑，近虽整理海军，发行债券，然民不信用。巴尔干问发题〔题发〕生之后，又向法国借债四千万佛郎，财源枯竭，较我尤甚。又库伦独立之后，俄知中国有征库之举，大有东西不能兼顾之势。迩来巴尔干俄兵二十余万，屡向俄政府索款甚急，俄政府已无法应付之，且前后借库伦二十万卢布，借法国金币二十万磅，以为目前敷衍之计。至于俄国能否以兵力助库，须俟财政筹出后，方能解决"云云。此对于财政缺乏而不能与我战者，三也。

又闻之留俄事〔美〕斯科大学生致电总统府云："俄国政府，素不得民心，若一开战，常备兵必不甘心远征，续备兵，非逃亡，即为党人出力，我若出师，必能夺西伯利亚之一部。"又谓"俄京军队，计分两种，一马队，均高加索人，全无知识，只求饱暖而已，若应战事，势必溃散逃亡。一炮队，尚未成，此外军队，或为党人所利用，或调往巴尔干，若与中国宣战，实无兵队可调"云云。此对于调兵艰难而不能与我战者，四也。

又闻之美总统威尔逊屡在政府宣言，对于俄库一事，大有不平之意，拟有两策，一思要求各国承认民国，二思忠告俄使和平解决。又外交部封呈总统府密电一件，乃系由在美张代表电部转呈大总统密报。美国为俄国外部大臣赴美之问题，已开国务会议一次，现已取决，不能赞同俄国侵略外蒙之政策，并有通告某某两国，预为一致之进行云。又外交部消息，驻京法公使康悌氏，于近日接到该国首相颇安略列氏由巴黎拍来一电云，"近日俄人在库之势力，日益扩充，肆行无忌，此事关系中华前途犹小，关系东亚实大，吾法不能坐视，任其猖獗。盖俄人之势力益张大，则从此中原多事，吾法之东亚商务，必大受其损害。除由本首相电达俄首相哥剌可鄂氏，请其取消俄库私约，易为中外条约外，请将贵公使迭与中政府、俄公使西〔两〕方面调停最近情形，随时报告"云云。此对于列强愤怒而不能与我战者，五也。

又闻之近日奥国已与德、意两国同盟，主张一致拒俄。驻京奥使馆传出消息，谓奥政府痛恨暴俄，轻视俄国侵夺民国之主权，已决定准备图书，承认民国，拟约同中、奥两国，同时与俄宣战，使俄国双方受敌，以挫其凶焰。此对于奥国痛恨而不能与我战者，六也。

又闻此次俄库私约，不过朝廷一二野心家之动作，而一班国民，多不谓然，且各国亦皆反对之。俄国政府睹此情形，殊见懊悔。据外交团传来消息，谓各公使均以此举有碍东亚和平，俄使亦以为然，增〔彼〕已电达政府，力主取消该约云。此对于东亚和平而不能与我战者，七也。

又闻之俄国虚无党已著有军队所矣。近日外蒙密探致电总统府云，伪总理松彦光汗，近以财政奇窘，横征暴敛，无所不至，蒙民等不堪其扰，多起而反抗。现三音诺颜汗部右翼后旗及中右翼末旗，皆被虚无党暗中煽动，业已畔离。库伦中翼前旗及中后末旗，亦随声附和云云。此对于虚无党到处煽动而不能与我战者，八也。

职是之故，若中俄宣战，俄国其在于胜负之间，不待智者而决矣。虽然，此皆俄国标末之微恙，犹非其膏盲〔肓〕之大疾也。《书》曰："民为邦本，本固邦宁。"东西瀛自立议政院以来，或君民共主，或民主，政俗大变，上下同心。故美、法及中国有共和之政，英国有变政之徒，德国有强国之会，日本有维新之党，莫不协力同心，与国为体而痛痒相顾，休戚相关者也。若夫俄国，则独重君权，专夺民权，霸道虚政，蛮悍威暴，恃压力之重，揭私会之怨。其灭波兰也，禁语言之惯；其掠回部也，断科举之途；其并芬兰也，严行习之教，驱民实荒地，老幼骈死道路亡算，而彼不之恤，其用心乃秦皇之罪偶语，汉武之徙豪杰于关中也。且逐路德之徒于境外，黜犹太之种于欧东，故五洲之贼道害理者，莫俄为若。是以触怒于天，瞰鬼于室，愤商于场，怨农于野，怒士于庠，诅女于房。一暴君武断于前，数民贼助虐于后，乃至亿兆国民，皆愤激侧目于下，上下兵民，人人皆敌国也，行止坐

卧，处处皆危机也。决裂之象，在于旦夕，糜烂之灾，在于须
臾，一夫夜号，乱者四应，暴秦覆辙，其为殷鉴。所谓病入骨
髓，脉已沉微，虽有卢医扁鹊之能，亦无不望而吐舌者也。其势
实自谋不暇，奚暇与我宣战哉？敌情如此，而我军之情况果何
若者？

夫中国有征蒙之军界协会，有筹蒙之垦殖协会，有各界之救蒙
大会，有对蒙之政团联合会，吾国会党之可战者，一也。

有大总统实行北代〔伐〕之完善布置，有各部长主张挞代
〔伐〕之成见，有各都督提倡征蒙之勇敢，有陆外交力任艰巨之恳
挚，吾国执政之可以战者，二也。

浦军之愤怒，全皖军士之奋发，粤省军队之摩拳擦掌，沪上军
伍之激昂，吾国军心之可以［以］战〈者〉，三也。

青年工界之宣言，关东人士之怒发冲冠，毁家纾难之助饷，敢
死队、决死军报名之踊跃，吾国民气之可以战〈者〉，四也。

清后之助饷，华侨倾家荡产之筹款，各都督之担任饷项，人民
之自愿投捐，吾国财政之可以战者，五也。

伊克明安（蒙古王公）之愿往内蒙劝慰，枉萨删（曾为伪廷
内阁总理）之悔过电，内蒙之筹御，外蒙逆佛之有懊悔心，吾国
对于蒙古情形之可以战者，六也。

中山之赴日，友邦之公论，美人之爱我，各公使之热心，吾国
对于列强情形之可以者战〔战者〕，七也。

方今地运转变，民智大开，士农工商，其卒伍也，学会议院，
其营垒也，地利人和，其韬钤也。武王曰："予有三千人一心，纣
有亿万人亿万心。"是故光武以数千之锐卒而兴汉，华盛顿以二万
五千之雄师而立国，是其得人和也，得人和，乃得天也，中国今
日所恃以挫强俄者，此也。古人有言曰："天与不取，反受其咎；
时至不行，反受其殃。"时乎时乎不再来，吾政府其勉旃，吾国民

其勉旃，吾军人其勉旃。

《陆军学会军事月报》

北京陆军学会

1913 年 3 期

（李红权　整理）

俄库私约与中国军队之关系

南航　撰

俄主历代相传，以侵略为政策，其吞并蒙古之规画，远在数十百年以前，而特发表于民国方兴之日者，盖以吾民国缔造伊始，中央与各省尚未实行统一，重以偿款浩繁，民穷财尽，乘此时而愚弄活佛，拥护库伦，据蒙古之中心，以巩固其西伯利亚铁路之形势，而新疆一方面，亦可渐入其囊中，匪独北满为其势力圈也。俄人常云，若即今不图，旷日持久，待中国成立强有力之政府，财力兵力，渐增雄厚，张家口铁路，行将直达库伦，以迄于恰克图，一旦有事，中国腹地之兵，朝发夕至，西伯利亚之铁路，将有横断之患，而东西声气，不能相应，遑论席卷漠北乎，此俄人所为日夜兢兢，未敢或忘者也。其与库伦定约也，与日本于马关之约承认朝鲜之独立用意相同，非如欧洲诸国之于土耳其，留以为瓯脱之地也，或者谓俄人经营蒙古，为图经济一方面之发达，真皮相之论矣。

我国陆军在晚清时代，其成立者，已有二十镇矣，虽国防计画一切茫然，而其军队服从之形式，固依然存在也。中央之命令，能行于各省军政长官，各省军政长官之命令，能行于所属军队，此固昭然在人耳目者也。今也不然，侥幸内地革命之成功，趾高气扬，嚣然不靖，至谓四千年专制之淫威，以吾军人数月之武力，即摧陷而廓清之，驯至凌轹欧美，亭毒八荒，亦指顾间事耳。此其高谈大睨，不深维事势之终始，直视军事为儿戏，以全国为孤注也。氛矜之雄，为害势必至此。又其甚者，日为内部之竞争，而外人之日伺旁以图一逞者，转若熟视无睹焉。各师官长之互相倾轧无论矣，而兵士之对于官长，感情甚薄，动则〔辄〕挟故要求，官长怵其有变也，亦降心以相从。平时如此，一旦临敌，欲驱之于炮火之下，使其进退不乱，乌可得乎？夫服从为军人之天职，今乃弁髦视之，名为数十万军，而实无所以钤束之具，一蚁穴堤，江河为决，抚全局而重思之，真令人不寒而栗也。

兹者，俄库私约发表，一声霹雳，潜蛰皆苏之，全国人奔走骇汗，不可终日，而为军人者，亦遂震于对外之不易，鉴于客气之难恃，始平心筹御侮之方，合力为作战之备焉。多难可以兴邦，盘根乃见利器，惧斯奋，奋斯强矣。西儒孟德斯鸠有言，共和国民最重道德，普通国民且如此，则军人可知，是知道德即服从之根本也。世界各国，无论君主民主，而军队之服从，若合符节，吾军人当此危急存亡之秋，诚尊崇道德，而以服从为〔为〕天职，如木有根而技〔枝〕自茂，泉有源而流自畅，由是主持军政者，裁汰老弱，修造器械，改良编制，划定军区，慎固边圉，或出师数万，或出师数十万，皆若手之使臂，臂之使指焉。以汤武之仁义，行桓文节制之师，吾恐俄人虽强，亦不能以无相当之代价，而攫我领土也。岂惟俄国，凡环而伺我者，罔不视此。兵力为外交之后盾，此言不吾欺也。孟子曰："无敌国外患者，国恒亡。"安见俄库协约，不大有造于中国军队也哉。

《陆军学会军事月报》

北京陆军学会

1913 年 4 期

（朱宪　整理）

阻止库匪分路南犯策

——上海《民立报》

不惧　撰

语有之："逆水行舟，不进则退。"史有之：汉贼不两立，王业不偏安。库伦独立之事之发生也，非一日矣。俄库协约之事之出现也，亦非一朝矣。我政府始误于因党见之纷歧，而御侮迄无成议，继误于倚外人之和解，而远征徒托空言。一误再误，迁延至今，驯致狂寇生心，狡焉思启，近日竟有分三路南犯之说。试历陈夫地理之关系，与军事上之豫防，以为政府告，其庶几借为羊牢之裨补、鸱室之绸缪乎。

（一）该匪东路进兵之策。闻将由西伯里亚路线，取道海拉尔，达洮南、热河也。考海拉尔，即呼伦贝尔，以山脉言，东据伊克古克达之巴彦孟克，及阿尔齐诸山，西与外蒙之肯特山脉相联接，皆名山也。以川流言，就中包有呼伦池，其南连缀贝尔池，海拉尔河西流，横贯之（一名哈尔哈河），折而东北，为额尔古纳河，与黑龙江合，源流二千余里，皆巨川也。以历史言，元成吉思汗初起时，常与诸部族角逐于此，清代名将海兰察，即此地之额鲁特种人，皆伟大人物也。以宗教言，贝尔池北有寿宁寺（俗称赶集庙），每岁五月，南自张家口，西自恰克图，数千里内蒙族来此礼佛，因而互市贸易甚盛，列帐百里，皆甚深魔力也。库匪如果取道于斯，窃恐不独全蒙之哲、卓两盟风鹤皆兵，且惧延及近畿之奉、直诸边，烟狼告警矣。此其关系一也。

（二）该匪西路进兵之策。闻将由乌里雅苏台侵入归绥也。查乌里雅苏台在外蒙之三音诺颜部西北孔道，约四百余里。自西而东，由齐齐尔里克盟南逾瀚海，则接乌剌特、阿拉善、额济纳诸部。更迤而东，由汗阿林盟南绝大漠，则接喀尔喀右翼、苏尼特右翼、四子部落诸部。且夫乌剌特、四子部落、喀尔喀右翼诸牧地，皆与归化、绥远城毗连。库匪由此进兵，将内蒙之乌兰察布一盟藩部无复完肤，即晋边之大同、朔平诸郡腹地，亦成喋血矣。此其关系二也。

（三）该匪中路进兵之策。闻将率精锐马队，由叨林、乌特、沿江草地，直袭张家口也。按口北张家口、多伦诺尔、独石三厅中，其地点之冲要、交易之繁盛，莫张家口若，论通蒙古各军台与恰克图商埠惟一之要道，亦莫张家口若。张家口在直隶、宣化府北，宣化府在顺天府之西北，是与畿辅相逼近者，尤莫张家口若。蒙古之距张家口有二道、一台站、一草地，由台站者迂而稳，由草地者捷而僻，然马队不畏荒僻，而亟需水草，若由外蒙循沿河各草地南下，乘春草怒生、河冰正泮之际，计数日间可径达张家口。至张家口业已被扰，则长城以南、神京以北，黄帝、蚩尤旧时宣战之涿鹿山，金源、蒙兀迭次指兵之飞狐岭，皆将蹂躏不堪，拉攉在即矣。彼区区居庸一关，讵能夸称地险，限制天骄哉。此其关系三也。

丁今之时，处今之势，为今之计，救今之急，当以攻外为守内之谋，以进兵为御敌之策。将遏其东路内犯也，则宜以热河为我军事之根据地。盖热河山川雄丽，殖产丰饶，最为近边富庶之区。由是进攻，筹兵筹饷，致不难也。将拒其西路内犯也，则宜以归化为我军事之根据地。盖归化南跨河套，田质沃饶，北阻阴山，地势高险，由是进攻，筹兵筹饷，亦颇易也。将绝其中路内犯也，则宜以张家口为我军事之根据地。盖张家口为山脉结穴之乡（阴山之脉至此低落为坡陀形），当水泉众多之地，且京张铁道终点于斯，中国诸路线，我有主权者，当以此路为最。由是进攻筹兵筹饷，更转便也。吁！桑榆之收，在此一举，徘徊观望，乃事之贼。我政府其急从事于夬之决，慎毋再为需之滞也。

《西北杂志》（月刊）

北京西北协进会

1913 年 4 期

（李红权　整理）

外蒙与俄国军事上之关系

作者不详

蒙古专使告俄政府，谓："中国近于蒙古边境，确有军事布置，其在科布多交界地方，有兵数千，然仅屯于中国境内，尚未侵入科境，且此项兵多未训练，不足为虑。其在张家口以北，中国亦集军队，是皆训练之师，较在科者为佳。自太原府至古城间，中国驻兵，共计约七十大队。"俄曾以此诘问中国，外交部答言："此为预防内蒙乱事起见，并无他意。"即此可见内蒙之欲归附库伦者之多矣。俄知中国军事，无能为役，遂亦淡漠置之，中国即欲真进兵于外蒙古，亦断非开春和暖以前所能办到，彼时蒙或已能有力自为抵御也。森彼得堡宣言，俄既承认蒙古独立，必当尽力要求中国，尊重十一月初三签定之《俄蒙协约》，不许损及蒙之独立，即使以武力相助，亦非俄所能辞云云。现时俄已担任军事所需军械，以及战时用器，并以武员代蒙教练新军。北京中俄谈判，虽未断绝，在俄必将令其承认《俄蒙协约》，万难作废，无论如何，俄当派使驻库伦，〈库伦〉亦派使驻森彼得堡，此已确定不易。惟蒙请由俄介绍派使遍驻欧陆各国，此时尚觉太早，亦非俄之所愿，已暂作罢。

日来俄政府得瓦西里野夫少佐报告，其人为哥萨克骑兵士官，乃俄派往库伦代练蒙军之领袖也。据言蒙兵进步迟缓，教练极困难。俄政府既贫乏不肯多筹经费，各兵食物、衣服皆不完备，所造兵房，又不合法，室内温度，仅在零点以上七度，而室外则零点以下二十五度，万非血肉所能堪受。瓦氏为兵士请皮衣，俄政府坚拒不与，以此几起冲突，后虽终徇所请，瓦氏已大不悦。瓦又与俄政府所派督练大臣，积不相能，屡请俄王更换，俄王卒未听许。刻特电俄政府，请向蒙使要求，务在必行所志。瓦氏谓蒙人习惯，不愿为兵，多视兵为贱役；而喇嘛宗教，尤与军备精神，两不相容，视练兵为罪恶，方百计阻挠之。蒙政府所共事者，毫无知识，种种牵制，事倍功半。顷尽力之所能，仅练得六索提亚，每索提亚约百人，迨至开春，当可得骑兵千人，此数虽微，然为蒙军基础，使能布置得法，将来可望发达。若在现时有战，仍须俄军抵御，蒙力单弱，决不足以当中国也。俄得瓦报告后，颇与蒙使交涉，并谓蒙须以练兵为亟务，不可专靠俄国，现固以俄首当其冲，将来终须蒙自当之。是俄政府已为瓦言所动，蒙亦以瓦氏跋扈，未尝［致］不〈致〉怨于俄也。

《大陆国报》（月刊）

北京大陆国报社

1913 年 1 卷 1 期

（李红权　整理）

北满俄军之调查

作者不详

　　暴俄在北满一带所驻之军队，原系步兵三协、马兵六标、炮兵一协。自外蒙独立以后，暴俄陆续增兵一万有奇。人数既增，与原制不符，故名称亦变。如协之名称，现改曰队，每队以将军统之。又将分驻各段之兵，名曰边队。每边队以统领统之。队即协，边队即队〔标〕，每队之中，步骑相兼，炮兵附焉。试将其分配之法，及其驻扎之地点，列表于下。

　　第一队（原名第一协），司令部驻博克图：

第一边队扼守海拉尔一带	步兵	第三支队	满洲里
		第十三支队	海拉尔
		第十六支队	扎赖诺尔
		第五十一支队	海拉尔
		第十四支队	免渡河
	骑兵	第一支队	均驻海拉尔
		第十支队	
		第十一支队	满洲里
		第三十支队	札赖诺尔
		第五十一支队	免渡河
		第五十二支队	

第二边队扼守博克图一带（此队内哈林炮甚多）	步兵	第二支队	博克图
		第廿九支队	
		第四十四支队	贝德勒
		第四十五支队	兴安岭
	骑兵	第五支队	博克图
		第十六支队	
		第廿九支首〔队〕	
		第四十七支队	驻兴安岭
第三边队扼富拉尔基一带	步兵	第十支队	分驻札兰屯、成吉思汗
		第十一支队	
		第廿三支队	
		第卅三支队	富拉尔基
		（此四队时常调换）	
	骑兵	第廿六支队	札兰屯
		第廿七支队	哈拉苏
		第四十五支队	成吉思汗及碾子山
		第五十四支队	富拉尔基
第四边队亦扼守富拉尔基	步兵	第干〔十〕二支队	分驻昂昂溪、烟筒屯、小蒿子
		第卅九支队	富拉尔基
		第四十支队	
		第五十四支队	喇嘛甸子
	骑兵	第十支队	喇嘛甸子、沙尔图两处
		第廿二支队	
		第四十四支队	富拉尔基
		第三十五支队	昂昂溪
		第五十五支队	

第二队（原名第二协），司令部驻哈尔滨：

第五边队扼守哈尔滨一带	步兵	第十六支队	哈尔滨
		第十九支队	
		第廿七支队	
		第廿八支队	
	骑兵	第四十八支队	哈尔滨
		第二十支队	
		第三子〔十〕七支队	
		第三十六支队	安达站
		第四十九支队	对青山
第六边队亦扼守哈尔滨一带	步兵	第六支队	哈尔滨
		第〔第〕六十五支队	
		第〔第〕三十七支队	
		第〔第〕四十七支队	
		第〔第〕四十八支队	
	骑兵	第八支队	哈尔滨
		第二十二支队	
		第二十三支队	
		第四十二支队	
		第四十三支队	
		第五十支队	
第七边队扼守老少沟一带	步兵	第二十五支队	乌吉密、双城堡
		第二十六支队	
		第三十五支队	老少沟
		第三十六支队	
	骑兵	第二十四支队	乌吉密、双城堡
		第四十第〔支〕队	
		第四十口支队	
		第三支队	老少沟
		第七支队	

续表

		第二十支队	窑门（即张家湾）
第八边队扼守 长春一带	步兵	第四十三支队	
		第四十二支队	长春
		第五十三支队	米沙子
	骑兵	第三十八支队	长春
		第三十九支队	米沙子
		第三十四支队	窑门
		第四十八支队	

第三队（原名第三协），司令部驻横道河子：

		第四十支队	三家子、阿什河
第九边队扼守 一面坡一带	步兵	第四十一支队	山领子及帽儿山
		第十八支队	乌吉密
		第一支队	一面坡
		第五十五支队	苇沙河
	骑兵	第三十四支队	分驻三家子、阿什河
		第十七支队	分驻双城堡、帽儿山
		第二支队	分驻一面坡、乌吉密
		第二十八支队	苇沙河
第十边队扼守 乜河一带	步兵	第三支队	分驻高领子、石头河
		第二十二支队	横道河子
		第九支队	海林
		第七支队	牡丹江
		第二十八支队	磨刀石

续表

第十边队扼守乜河一带	骑兵	第十二支队	分驻牡丹江、磨刀石
		第十四支队①	石头河
		第十四支队	牡丹江
		第三十一支队	磨刀石
第十一边队扼守穆陵一带	步兵	第四支队	穆陵
		第十八支队	马桥河
		第十七支队	细鳞河
		第二十四支队	五站
	骑兵	第十五支队	穆陵
		第二十五支队	五站
		第三十三支队	拉马沟

　　此中步兵共三队，分五十九支队，每支队约四百五十名，统计二万二千九百五十名。骑兵共六标，亦分五十九支队，每支队约百人，统计五千九百名。炮兵一协，第一队驻乜河，第二队住〔驻〕哈尔滨，第三队驻老少沟，第四队驻富拉尔基。野战炮兵第五队驻博克图。第六队驻哈尔滨南香房。第七队驻老少沟。炮兵共七队，每队一百二十人，炮八尊，共炮兵八百四十名，炮五十尊。铁路工程队共二大队，第廿三、廿四，共兵一千六百余名，分驻东清路各站。马步巡警共三千名有奇，在哈尔滨一千名。统计各军，三万二千三百五十名，现在陆续增加，亦达五万有奇。至于军装总库则在齐都，分库则在哈尔滨，存粮处在富拉尔基、横道河子、长春老少沟、（水路）哈尔滨、老汶屯。现在北满总司令马尔诺夫，驻哈尔滨秦家岗，防军总司令洛德臣廓亦住秦家岗。

---

　　①　原文如此。——整理者注

此俄军近日在北满之确实情形也。

《民国汇报》（半月刊）

上海民国汇报事务所

1913 年 1 卷 1 期

（李红权　整理）

边防筹画种种

作者不详

民国边防紧急，属土内叛，强邻生心，筹画之道，诚不容已。袁总统拟在本府防设国特〔特设国防〕会，以为筹画国防之机关。已令军事处组织一切，军事处处长将国防会官制拟出草案，呈请总统核准：

（一）设会长、副会长各一员，由各参议互选。

（一）每省派代表一人，作为参议。

（一）设军务、军费、军械三科，内以科长、科员、书记等组织之。

又当局以中俄交涉棘手，预备战事，以待决裂。总统府曾开一次特别军事会议，续议征库手续。闻决定先由编练卫边联防军为入手办法。内容系分三面：

（一）北面：绥远、察哈尔、热河、陕西、山西各出军队若干营，编为北面联防军。

（二）东面：奉天、吉林、黑龙江各出军队若〔若〕干营，编为东面联防军。

（三）西面：阿尔泰、新疆、伊犁、塔尔巴哈台、甘肃各出军队若干营，编为西面联防军，业饬由陆军部妥拟详细辨〔办〕法矣。

陆军、参谋两部于八日会议。边防事宜，议派往关外防守各军，约计五处：

（一）孟恩远统吉、黑两省军，驻自恰克图、满洲里、贝加尔湖以迄长春为一路。

（一）冯德麟、吴俊陞自洮南，经东西札鲁特至奉属各处为一路。

（一）以毅军住赤峰以至围场，北范〔苑〕二标住西林，禁卫军马炮各一标住多伦诺尔，防守热河为一路。

（一）姚锡光守古北口，以保定州〔卅〕二混成协住喜峰口，淮军驻丰宁等处，耿军住朝阳等处，麟营守达里岗崖，合关外为一路。

（一）张将军绥远〔绥远张将军〕以所调潼关军守高阜，晋北军自大同、归化至包头镇合归德为一路云。

此五路计画尚未知已否实行也。

政府以俄人在蒙古增兵，较去岁尤多，于国防实属危险，电饬新疆都督杨增新、阿尔泰办事长官帕勒塔、塔尔巴哈台参赞毕桂芳、吉林都督陈昭常、黑龙江都督宋小濂，派妥靠军队分往托穆斯克省察布禅达巴山、巴什山、罕腾尔格山，叶尼塞斯克省萨扬岭、齐什克穆国古淖尔，伊尔库次克省布鲁奈岭、克斯尼克图山，萨拜喀勒省恰克图昆古尔额林特达班岭、恃列察山、呼伦贝尔等处驻扎防范，以固边围矣。

《民国汇报》（半月刊）

上海民国汇报事务所

1913 年 1 卷 1 期

（李红权 整理）

防御内蒙之军队

作者不详

库伦独立，原系暴俄主持，中俄交涉，俄使故意要挟，至今未得解决。此问题和平解决，恐终难达到目的，故不得不一方面为武力之准备。兹将调查中国内蒙之所驻扎军队，详列于左。

甲　自开鲁县至赤峰、丰宁、古北口、喜峰口、朝阳府附近

开鲁县　毅军第十一、十二、十三、十四营，合计四营，马队一营半，大炮十四门。

开鲁县东北附近　奉天后路巡防队步队二营，马队一营，炮队一营。

阜新县　第四镇步兵第十四标，骑兵第四标第一、二营。

朝阳、赤峰线以北　热河巡防前路四营，马队一营。

赤峰州　热河新军步队一营，炮六门，地方军二百。

老虎山　热河新军步队第三、四、五营，马队第二、三营。

朝阳府　热河新练军步队五营，马队三营。

建昌县　热河巡防后路前营、左营各一营。

榛牛营子　热河巡防后路后营。

干沟镇　热河巡防后路右营。

平泉州　热河巡防中路前营。

喜峰口　第一镇步兵第四标第二营。

六沟　热河巡防中路左营。

三沟　热河巡防中路后营。

承德府　第二十八镇步兵第五十六协全部六营，热河新军步队第一营，马队第一营，炮六门，工兵二中队，侦察队二中队，机关枪十二门。

滦平县　热河巡防中路右营。

丰宁县　热河巡防中路马队一营。

丰宁、古北口间　热河巡防后路步队一营。

古北口　古北口巡防队二营。

乙　乌珠穆沁、多伦诺尔、打马诺尔附近

乌珠穆沁　毅军一营。

达里泊附近　第一镇步兵一营、骑兵一营，第三镇步兵一营、骑兵一营，宣化府巡防马队前营，察哈尔马队（蒙古）二营。

多伦诺尔　禁卫军步兵二中队，骑兵第一营一哨，机关枪六门，淮军马队第一、二、三、五营。

打马诺尔附近　第一镇步兵第一营，骑兵二会〔营〕半，炮六门，机关枪二门，〈宣〉化府巡防马队一营。

丙　张家口、大同、丰镇附近

巴图营子　第一镇骑兵第一标第三中队。

陶赖庙　第一镇步兵第二标第三队之一中队。

张家口　第一镇步兵第二标第三营之二中队，第一镇步队五百

〔万〕（十二月二十八日派遣），骑兵第一标第二营之二中队，炮兵第一标第二营（四中队），工兵第一营（四中队），机关枪十四门，辎重兵第一营（四中队），张家口巡防队三营，马队二营，保卫队六十名，绿营七十名，巡警四百八十名。

宣化府　宣化府新练巡防左路步队一营，马队三保〔中〕队，卫兵六十名，道台附属之巡队六十名，巡警二百名。

项家店　第一镇步兵第二标第二营之一中队，第三标第三营之二中队，骑兵第一标第三队之一小队。

天镇　第一镇步兵第二标，第一营之三中队，机关枪二门，山西巡防中路之一营及一哨。

阳高县　山西巡防中路二哨。

大同府　淮军步队五营，山西巡防步队三营，马队一营，保卫队二哨，绿营一百五十名，民兵一百名，巡警一百名。

丰镇　山西巡防步队二营，马队一营。

丁　归化城、宁远、包头镇附近

宁远　山西巡防后路第二营。

陶林　山西巡防后路第三营。

归化城　第一镇步兵第一标第一营，第二标第一营之一中队，骑兵第一标第一营之二中队，炮兵第一标第二营之机关枪四门，山西巡防后九步队一营，绿营五十名，巡警二百五十名，禁卫军步兵第一四标之二中队，骑兵第二营之一分队，炮四门，绥远城陆军二营，马队二营，炮六门。

包头镇　山西巡防后路步队第四营，马队三营。

龙兴寨　山西巡防步队一营。

特木儿　山西巡防后路第五营。

　　土城子　第一镇步兵第一标第一营之一中队，山西巡防后路步队第二营。

　　可可根　山西巡防后路步队第一营。

　　乌伦霍买　山西巡防后路步队第三营。

　　乌伦霍买西北　第一镇骑兵一中队。

　　以上诸地，可分为四区，合计各种兵数如下：

　　甲区：热河新军　四，〇〇〇

　　　　　第一镇　　五〇〇

　　　　　第四镇　　一，九〇〇

　　　　　第廿八镇　　三，〇〇〇

　　　　　热河巡防队　　五，五〇〇

　　　　　直隶巡防队　　二，五〇〇

　　　　　奉天巡防队　　八〇〇

　　　　　古北口巡防队　　八〇〇

　　　　　毅军　　二，二〇〇

　　　　　民兵　　二〇〇

　　　　　合计　　四，〇〇〇①

　　乙区：禁卫军　　四五〇

　　　　　第一镇　　一，四五〇

　　　　　第三镇　　七〇〇

　　　　　宣化府巡防队　　四〇〇

　　　　　淮军　　五〇〇

　　　　　毅军　　二，二〇〇

　　　　　密〔察〕哈尔马队　　三〇〇②

---

①　应为"二一，四〇〇"。——整理者注
②　应为"六，〇〇〇"。——整理者注

　　　　　合计　　二一，四〇〇
　　丙区：第一镇　　三，五〇〇
　　　　　山西巡防队　　八五〇
　　　　　宣化府巡防队　　一，一〇〇
　　　　　张家口巡防队　　一，一〇〇
　　　　　淮军　　一，二〇〇
　　　　　保卫军　　四〇〇
　　　　　巡警绿营
　　　　　民兵　　九五〇
　　　　　合计　　九，一〇〇
　　丁区：禁卫军　　四二五
　　　　　第一镇　　一，一〇〇
　　　　　绥远城陆军　　一，六〇〇
　　　　　山西巡防　　一，五〇〇
　　　　　各种兵　　四八〇
　　　　　绿营　　三〇〇
　　　　　合计　　五，四〇五

　　共计兵三万九千九百零五人①，大炮五十四门，机关枪四十八门，以上据最近之调查如是。然俄国在外蒙之兵约四万人，炮九十门，机关枪十四门，有过之无不及。阅者［兵］勿谓吾兵力厚，可以无虑也。

《民国汇报》（半月刊）
上海民国汇报事务所
1913 年 1 卷 1 期
（赵红霞　整理）

---

①　应为"四万一千九百零五人"。——整理者注

论俄人增兵北满之诡计

一月十七日载　北京《国光新闻》

作者不详

库约发生之后，吾国民本一致之主张，翕然号呼于众曰战，曰战。不知我国未见有战事之实备，而彼之增兵于北满及各地点，较前不啻倍蓰。吾方托诸空言，彼已厚为实备，此大可为寒心者也。夫〔中〕俄之壤地，东、西、北三面，处处与我毗连，而西比利亚铁路，又成一常山蛇之形势，首尾相应，包我北方全部。据此形势以观，三路进攻之计，是为要着。而其集兵西北，出奇兵以抄其后路，断其铁道，尤为兵家之所宜出。乃观其极东之防备，皆极注重于东方。此其故最足供吾人之研究者也。

自日露战争以后，俄于东部西比利亚之兵力，已加一倍。先为三军团、两独立师，及其他之小部队。至前年从新编制，乃成为正式之五军团，而尼哥里斯克为商业之中心点，在沿海州附近，乃乌苏里铁道附近及东清铁道之交会点也，故其配于尼哥里斯克至高丽界之兵力亦至厚。而其与中国最有关系者，为义耳古德斯两军团之配备。其第二军团配备于后贝加尔州附近，盖为正对库伦之配备也。今观其在北满一带所增加之军队，其分配之法及其驻扎之地点，已尽扼其要塞。其于哈尔滨，又厚集军火。吾人稽其布置之所在，为国我〔我国〕防御计，特设疑问数端，以研究之如左。

（一）俄增兵满洲何为　夫俄之经营外蒙，已匪伊朝夕，其视为囊中物也，固不待言。今俄之增兵满洲，是以外蒙为己所已得，视为不必攻，而必攻满洲未得之物。此其进攻之策之大有利于彼，而不利于我，固昭昭然矣。盖东清铁道已横贯北满，行军之便利已可无虞。兵衅在满，库伦反得以晏然无事，既可免外蒙之蹂躏，又可拥库伦独立，使其出游击之队，以为边彊〔疆〕不时之骚扰。我军北顾方殷，至是，又不得不集战斗力于东方。彼战而胜，蒙境以外又占。其一战而不胜，则退步已卓有余裕矣。是第一疑问之可以解决者也。

（二）俄是否注重库伦　俄以库伦为傀儡，而保其独立。我以库伦为巢穴，而议加征讨。是库伦一隅，何尝非彼所注意者。特以库伦为易守之地，与买卖城又声援遥接。其配置军队于买卖城附近，已周且至。彼在库伦，只分兵驻守，以逸待劳，或酌量其情势遣习于水土熟悉地理之蒙兵，时出游骑，以为暗袭之诡课〔谋〕。我军以满洲之战焰方炽，自不能以大兵直抵库伦，则彼亦无事出重兵以为迎击。是其驻兵库伦者，以满洲为必攻之路，而以库伦为必守之地也。是第二疑问之又可解决者也。

（三）俄亦注意西北否　二十年以前，回回骚动新彊〔疆〕，俄即乘势占领伊犁，以为东下牧马之计。幸曾纪泽以全权公使，争废崇厚之约，而西北之患稍舒。去年喀什噶尔兵变，俄又乘势占领和阗，提出四款。虽经政府批驳，俄人悍然不顾，自行处理一切。是西北一面，为彼之所素注意者。诚以西北地据上游，可逆遏西来之兵，与科布多一气衔接。近来回族不靖，时有所闻，想必系俄人多方煽动，得以乘机布置。是以西北尚有利用者之可图，非若满洲之无逆可拥也，亦何尝不注意耶。是第三疑问之又可解决者也。

由斯以谈，则俄以东方为必攻之地，以西方为防我要截之路，而以库伦为利于保守者也。观其北满驻兵之配置,第一队司令部驻博克图,第二队司令部驻哈尔滨,第三队司令部驻横河道子〔横道河子〕。其进攻之势,已为先发制人之计,一旦开衅,则我之以征库为本题者,必生出一切旁枝之患,使我有疲于奔命之苦。故居今日而言战,当一面屯驻重兵为坚守之策,以老其师,一面专攻库伦,为之摧其中坚,以除其本,是用兵之第一要着也。然征库与对俄,原为两事,不能混为一谈。我声言征讨库伦,俄要无干涉之理,其所以为是言者,不过以征库为本题,而要以防俄为深计耳。愿握兵柄者其熟思之。

《民国汇报》(半月刊)
上海民国汇报事务所
1913 年 1 卷 2 期
(李红权 整理)

库萨勾通之警闻

作者不详

入岁以来，纷纷传说库、萨勾通，派达喇嘛赴库伦，劝其不可取消独立，并谓西藏现在专恃英国为后援，拟与蒙古为一致之行动，而其消息由来，首得之圣彼得堡俄报，外间尚疑信参半，后有种种消息证明，库、萨勾通并非谣传。达赖所次之达喇嘛，系俄领西伯利亚武利耶德族，曾入俄籍，以亲俄为宗旨，现在达赖帷幄，参划枢机，多出伊手，曾奉达赖使命，赴俄京谒见俄皇，筹划俄、藏之联络，事为英国所闻，设法阻止，计不得逞。上年库伦活佛倡议独立时，蒙人传说库伦活佛与达赖喇嘛，不但交游亲善，且活佛举止行动，每奉达赖之命，往来文牍，极为繁颐〔夥〕，此次独立，必与达赖联络一气。现在达喇嘛忽又奉命至库，其志必在联络库伦倡称西藏独立，从此英与俄联，藏与库联，而西北边境，非复我有矣。达喇嘛善操俄语，此次来库，假俄领事馆为行馆，并进谒活佛多次，终日与杭亲王、岑达喇嘛、三音诺颜汗谈叙，并闻带有达赖专书，书中大致谓已自立为藏王，并赞成库伦独立，惟推算须历若干劫数始能巩固云云。又有消息云，西藏达赖独立之期，拟于阳历二月一号，此消息之是真是伪，非研究能知。要之达赖性情狡诈，反覆无常，得达喇嘛从中游说，致有此举，亦在测度之中。我政府，我国民，对于此警闻之来，所宜以敏捷之政策，而有以弭患于无形也。若使拉萨为库伦后尘，见诸事实，则晚矣！晚矣！

《民国汇报》（半月刊）

上海民国汇报社

1913 年 1 卷 3 期

（朱宪　整理）

政府预防库伦南犯之布置

求仁　撰

政府对于征库问题，始终并无决心，后以得库伦有南犯消息，始稍注意，然亦只为防御之准备而已。政府预备防守之手续，可得而举者：（一）令国务院将各省所陈对库办法，择尤呈览；（二）令参谋部将所定计划刻日呈报；（三）令陆军部将军队迅速编定，候令出发；（四）令财政部将军饷及转运办法，与陆军部从速会商；（五）令蒙藏局速拟讨库理由文告，颁布内蒙，咸使闻知；（六）令各省军长查明军队中愿北征者，人数若干；（七）令各省兵工厂、制造局，从速呈报所存军械数目；（八）令外交部通告各国不得干涉。此其落落大者也。政府又恐库逆南犯，必以扰乱附和共和之内蒙为入手，而内蒙各旗兵力单薄，实不足以资防守，设有疏虞，将无以安蒙民而励忠顺，故段陆军总长、陈参谋次长商议，拟责令奉督、黑督、何都统、张将军，各选派部下兵队一二千人，使向锡林果〈勒〉盟、哲里木盟、昭乌达盟、卓索图盟、乌兰察布盟、伊克昭盟之各旗，扼要驻守，一以阻库匪南下之进路，一以为我军征库之先声，一以坚各蒙古〈内〉向之诚心，一举数得，实要着也。政府并将军队分配之方法，详细开示东省都督矣。

参谋、陆军两部，又筹设沿边防御办法，陆军段总长与军事处，及参谋会议分防地点如下：

一、开鲁　责成热河新军第一镇及直隶巡防队；

二、赤峰　责成毅军及热河巡防队；

三、朝阳　责成奉天巡防队及民兵；

四、古北口、喜峰口　责成第四镇及二十八镇；

五、独石口　责成潼、洛防军。

复由参谋、陆军两部，指定沿边军防要区二十八处，由各边军务长严防在案。现闻该两部又查核各处，尚多疏漏，殊于军事有碍，特又增添要险多处，计西蒙三处、中蒙二处、东蒙三处，一律指定为军事要塞矣。

十号晚，军事处奉总统交到密令一件，饬即以军电专码译发热河、绥远、宁夏三处，其内容系饬各该处对于战备事项，妥为筹画。缘总统府近日间连接密探员紧急报告，谓库师南犯，已经决议，并拟由绥、热、宁三处进犯等语，故赶即预备防范云。不图进攻，只曰"防范"，政府之无能，亦可怜矣。

参谋部对于征库问题，亦曾特开会议，因副总统特派代表到京，会商征库机宜，故陈次长约集各高等军官，提出黎副总统之作战计画，金以为筹画精密，闻其条件有数端：（甲）多派密探，赴外蒙侦察地势；（乙）张家口组织总司令部；（丙）南北精兵，除留守各地外，余尽挑送，合编成军，分五路同时进发；（丁）未出发之先，即通告列邦，宣布库逆罪状，不得涉及中俄交涉，以示平定内乱，并非仇视俄人；（戊）每路组织炸弹队一队，暗地出没，随时调用。此外另有条例详细办法十二条，闻此案已议决，封呈总统府核定施行矣。然此第黎副总统一人之意见，而参谋部并无若何主张也。

政府得闻乌泰欲由苏尼特左、右二旗南犯，又密令何都统，饬驻扎宣化之保卫队二营、马队一营，及刘家口之炮、工各一队，绿营、巡警各二营，星夜开往楚伦图直里克、克什克腾旗等处，以防内窜。绥远城将军亦有报告至京。其第一件略谓，逆佛有图南下之势，除下戒严令防患于未然外，归绥五方杂处，良莠不齐，匪徒易于混迹，故着执法营务处，会同风纪卫兵所，认真稽查，凡遇异言异服人，详细诘问，倘语言闪烁，立即拿获营务处严讯云云。其第二件略谓，阴山以北一带地方，最为险要，若论作战，非熟悉地理，万不能为功。旧历年前，特遣测量员，前往后山一带测量，当因天气严寒，暂为停止，目下天气逐渐和暖，已继续派员前往乌兰察布一带测勘云云。张将军第二件之筹画，可谓扼要，政府之回覆如何，则吾人未有所闻也。

至关于东省防御情形，则有宋都督派兵，张师长编军，吴统领筹划，种种事实，今纪其大者耳。

黑督宋小濂，前遣派巡防五营留驻于兹阿冈深谷中，按兵不动，此次宋督虑兵力单弱，未易奏功，又遣步兵二千，携带大炮二尊，与前之征蒙队，合并一处，俟春暖冻融，即开始攻击矣。

陆军二十七师，由巡防改组之后，因奉省库款奇绌，虽按照陆军定章，然一概均从减设。兹因蒙事日急，不能完全编制，以备春暖入关征蒙。该军张作霖师长，已派参谋官晋京，将完全编制章程详情，面呈大总统，总统业已允准，并转饬陆军、参谋两部拨发款项十万两云。

后路统领吴兴权，以外蒙风云日急，非扩充军备，不足以资镇摄，拟添募步兵十营、骑兵二营、炮兵四营，并原有之二十营，合为二〔三〕十六营，借资捍卫，前晋省时，已向张都督面陈一切，都督深以为然，惟以现在库空如洗，巨款难筹，一俟筹有的款，始行招募也。

《民国汇报》（半月刊）

上海民国汇报事务所

1913 年 1 卷 4 期

（赵红霞　整理）

承认蒙古自练巡警之原因

作者不详

　　此次中俄交涉，陆总长前已商请大总统及赵总理，拟即承认蒙古可以自练巡警保护治安。闻此事之原因，系以俄使前曾求陆总长，中国须承认蒙古有自由练兵之权，并准其聘用外人为教练官等语。当时我政府即以军政统一，关系极重，蒙古为我领土，万无准其自由练兵之理。惟中俄既协定平和开议，自亦不能不变通办法，遂决拟允许蒙古招募巡警，保卫地方，中国除原有之军队保护官吏外，不再加兵，以示退让，求平和之意。但聘用外人为教练官一条，万不能承令云云。

《警务丛报》（周刊）

上海警务丛报社

1913 年 2 卷 1 期

（丁冉　整理）

俄国与蒙古军
——译《大陆报》

步洲 译

日月不居，俄势顿张，察数月来之事实，蒙古已渐变为俄之行省，无庸深讳，穷因溯源，约略可得。俄人侵略，盖始于前日要求中政府遵奉俄意，重修千八百八十一年条约之时，夏秋来，煽动蒙古，日不暇给，为山九仞，事已垂成，蒙古其始终非华有矣。使犹有致疑者，则苟一流览圣彼得堡之电音，当知蒙古专使，已要请俄皇，代整军备，俄皇已允许蒙人，拨付军火，仅此一端，野心可见，前途可料。何况往辙昭彰，书不胜书，即无此举，亦可知蒙古早为俄人绳羁练缚乎。

俄人在蒙之步履，悉循常经，不疾不徐，不息不跃。至今乃有练兵消息，扼吭抵喉，中政府欲扫而除之，非外助不为功。特是近东战氛方恶，列强自顾不暇，谁复肯为荆轲、聂政，毅然撄俄人之锋，无宁视如风马牛，任所欲为耳。能与俄争者，惟日本。乙巳以后，俄怀夙恨，思得当以报。蒙人虽不善战，而能为骑兵，能为侦谍，今尽归俄人掌握。将来，日俄在内蒙启衅，俄人之势力必不可向迩，日人宁不知此，而俄人此举，日人独漠视，或者二国早有成约耶？

近日，北来之恶耗，不独此也，俄使催北京政府付欠缴之赔款，苟不如愿，将据海关。夫俄之位置，岂不与他国相同，就财政之关系言，或瞠乎人后，何以他国噤口不发言，俄独不能稍忍，则亦故意为难，以强项之手段，处置无力之婴雏耳。又闻六国团借款，俄人从中作梗，欲中政府先承认俄蒙之位置，乃允签约。同时，法人对于借款，亦时加阻力，杜中国之生机，俄、法二国之政策，或未经协商，不期偶合，然俄与法固同盟国也，苟俄而愿借款之告成也，宁不能善为法人说辞、消灭其阻力耶。

袁总统且已电致哲布尊丹，诏以大义，诚以征讨矣。诚使此文告而有效，吾侪诚当举庀相款，惜乎事势之不许也。中人所宜从事者，非特征蒙，征蒙俄必助之，以华抟俄，如卵击石，徒自摧毁。俄于夏秋之交，曾明告政府，不许运兵入蒙境，言犹在耳，决不遽食。中政府苟用武力，俄之否认，将不终于空言，就使哲布尊丹，自知悔过，必慑于俄而不敢动，稍动而俄胁之矣。一纸檄文，夫复何益，特政府明宣意旨，未始不可快心。苟能迫俄人使用积极之武力，以相对抗，或者世人之目光，渐折而东，以图补救于万一欤。

《独立周报》
上海独立周报社
1913 年 2 卷 4 期
（刘哲　整理）

蒙古盟旗军制观

——录《民立报》

作者不详

蒙古为匈奴、突厥、回纥迭据之地，历为中国屏藩最要之区。当成吉思汗、忽必烈汗祖孙继起，震荡世界，舍日本、阿刺伯外，几合据西欧而有之，强悍之名，由来已久。兼之界邻强俄，每入牢笼，如现今活佛之独立，实为人所主唆。我民国成立伊始，边备宜亟，兹就编制之盟旗，分晰条列，以贡筹边者之研究，而定设施之方针。

蒙古各旗之区分　蒙古之各旗，亦旧准满汉之八旗编成者，男子从十八岁起，即有从军之义务，以终其身。其武器例各自办，而又供给一定之耕牧地，恰与日本屯田兵之组织仿佛，故其行政，亦全基于军政之组织。今将内外蒙古之各旗表示如左：

一　内蒙古

（甲）哲里木盟，位西辽河北。

（一）科尔沁　六旗（分左右两翼，一翼分中、前、后三旗）

图什业图、札萨克图、苏鄂公、达赖罕、宾图、博多勒噶台（以上六所各置一旗）。

（二）杜尔伯特　一旗。

（三）札赉特　一旗。

（四）郭尔罗斯　二旗（分前、后旗）。

（乙）卓索图盟，在喜峰口山外，为木兰秋狩〔狝〕驻跸之所，前清筑有避暑山庄。

（一）喀喇沁　三旗（分左、右翼旗及中旗）。

（二）土默特　二旗（分左、右翼旗）。

（丙）昭乌达盟，据西辽河上游之地，有围场，前清咸丰以前，大驾秋狩〔狝〕至此。

（一）敖汉　一旗。

（二）奈曼　一旗。

（三）巴林　二旗（分左、右翼旗）。

（四）札鲁特　二旗（分左、右翼旗）。

（五）阿尔科尔沁　一旗。

（六）翁牛特　二旗（分左、右翼旗）。

（七）克什克腾　一旗。

（八）喀尔喀　左翼一旗。

（丁）锡林郭勒盟，在围场西北，多泉泊，饶鱼盐之利。

（一）乌珠穆　二旗（分左、右翼旗）。

（二）浩齐特　二旗（分左、右翼旗）。

（三）苏尼特　二旗（分左、右翼旗）。

（四）阿巴哈　二旗（分左、右翼旗）。

（五）阿霸埃　二旗（分左、右翼旗）。

（戊）乌兰察布盟，在四子部落境，为张家口、恰克图商贩往来必经之道。

（一）四子部落　一旗。

（二）茂安明　一旗。

（三）乌喇忒　三旗（分中、前、后旗）。

（四）喀尔喀　一旗（右翼）。

（已）伊克昭盟，即河套鄂尔多斯地，浅草平沙，可耕可牧，匈奴视此得失，以觇强弱焉。

（一）鄂尔多斯七旗（分左、〈中〉、右翼，更分前、后旗，右翼以外，又加右翼前末旗）。

以上之外，有锡呼图伦喇嘛游牧之一旗。

二　外蒙古

外蒙古有喀尔喀及都〔杜〕伯尔特、杜〔土〕尔扈特、和硕特等之各部，共组织成十二盟。

（甲）喀尔喀，分四盟四部八十六旗。

（一）汉阿林盟

土谢图汉部　二十旗。

（二）克鲁伦巴尔和屯盟　二十旗。

车臣汉部　二十三旗。

（三）齐齐尔里〈克〉盟

三音诺颜部　西喀尔喀　二十二旗。

额鲁特部　二旗。

（乙）杜尔伯特　分二盟四部十五旗。

（一）赛因济雅哈图左翼盟。

土〔杜〕尔伯特部　十旗。

辉特部　十旗。

（三）赛因济雅哈图右翼盟

杜尔伯特部　三旗。

辉特部　一旗。

（丙）土尔扈特　分五盟十二旗。

（一）南乌讷畏素珠克图盟　土尔扈特　四旗。

（二）北乌讷畏素珠克图盟　土尔扈特　三旗。

（三）东乌讷畏素珠克图盟　土尔扈特　二旗。

（四）西乌讷畏素珠克图盟　土尔扈特　一旗。

（五）青塞特奇勒图盟　　　土尔扈特　二旗。

（丁）和硕特　分一盟三旗。

（一）巴图塞特奇勒图盟　和硕特　三旗。

蒙古各旗之组织　蒙古各旗，以佐领为编制之基础，一佐领有人员百五十名，但其常备者，不过五十名，其编制如左：

佐领一人，领催六人，骁骑校一人，骁骑五十人。

将此佐领合而为旗，旗长称札萨克，各旗佐领之人员，皆不平等。今将其编制之法，示之如左：

札萨　　　二人乃至四人。

协理台吉　一人。

管旗章京　一人。

参领　　　一人。

佐领　　　一人。

骁骑校　　五人。

领催　　　三十人。

骁骑　　　二百五十人。

合计：二百九十六人。

《东方杂志》（月刊）

上海商务印书馆东方杂志社

1913 年 9 卷 8 期

（朱宪　整理）

蒙古之俄国教练官

作者不详

前蒙古伪政府与俄国陆军教练官所订契约，至本年五月间满期，现闻不日将重订，条件大约稍有更动云。

蒙古人希望采用汇希义哀夫式训练其军人，实则为不可能之事，前蒙古志愿兵，每教以枪械使用及射击，教育一个月后，即行解散，于是此一般已受军事教育之蒙古兵，满期后，遂散处各地，结群为匪，随意掠夺，中国人及俄国人多苦之。刻闻蒙古与俄国教练官所订之新契约，拟改缩兵役义务期限二年为一年，库伦之俄国教练官前为邦特哀词尼大佐，现已改任为某师团参谋长，不再归库伦矣。闻继其后者，大约为勃喇温希汇伊大佐云。

《兵事杂志》（月刊）
浙江兵事杂志社
1914 年 4 期
（丁冉　整理）

口北军队退伍

作者不详

　　口北宣慰使之设置，现已由总统命令取消，故前任宣慰使之那王率其随员人等，已悉数来京。据闻当初政府曾许口北宣慰使署编练骑兵一千，以重口北一带之防御，因而宣慰使署即以原有骑兵数百名为主军，此外复行招募新兵编成军队，目下虽未编成，然已招募兵卒甚多，现因宣慰使既已撤消，则举凡从来所练之军队，势不得不全体解散，故日昨闻有东兵三百余名，已由张家口乘坐特开火车悉送于新民府一带地方，悉行遣散。

《大同报》（周刊）
上海广学会
1914 年 20 卷 15 期
（丁冉　整理）

阴山匪乱消息

秋圃　撰

　　阴山巨匪闯祸鬼前经号召，同党火烧鬼、黑心鬼、冒失鬼、鸦片鬼等聚集鬼匪数千，四出剽掠，连陷恶狗村、孟婆庄各地，所到之处，一般无头鬼，均遭浩劫，惨不忍闻。虽由中央特派大头鬼统领阴兵驰往痛剿，奈毫无布置，一任其东奔西突。闻匪中尚有刻薄鬼、淘气鬼等，暗代闯祸鬼筹划一切，故势更猖獗。近日黄泉路、尖刀山等处又有警告，不知如何了局也。

《余兴》（月刊）

上海时报馆

1915 年 6 期

（丁冉　整理）

蒙军与宗社党

作者不详

东报云，蒙军猖獗，进剿不利，固已为世人所知，近有蒙古军幕僚某来东，与江户郊外之亡命客升允联络。据所言，则曰近日勃发之蒙军，与往日随地蜂起、小规模、无方针之蒙军，全然不同。盖南部革命，既为政府运动帝政之举所促，而见云、贵独立，故北部之蒙军，亦乘反对帝政之机运，以恢复清朝为根本目的而蚁集起事也。蒙军大策如何，固不能言，惟其崖略，则先由东蒙一地，树立义军，其结局，摇动满洲，与潜伏东三省之宗社党，互相结束，并占领三省要冲之某府，而后系连满蒙，拥立某亲王，以宣布满蒙独立。独立之后，蒙军乃由热河方面，满军自山海关一带，直窥北京，以成鸿业耳。目下南部革命之际，陕、甘两省，为升允旧部，及回回教徒等，亦多摇动。此辈宗社党不稳，亦足由侧面以胁京师，而况张勋等部下宗社系之军队，如与上述之满蒙举兵计画，彼此呼应，则中国北方大乱，亦未可知。若近日报传之蒙军行动，唯计画中之第一期战策而已，若夫所以激成云贵、满蒙两面之乱也，由于帝政派之所驯致，亦自然之结果耳，宁有他哉？云云。

绥远城被围，山西革军占据包头镇，进逼绥远城一节，已成事实。兹闻革军已派三千人，围住归化城及歌可，两处戍兵过少，无力防御。惟使城兵频频来往于城内外，以为疑兵。革军谍知内情，围攻愈急，绥远都统，电请政府急派援兵，日前调京之第二十师步兵二营，炮兵一队，已于十一、十二两日，由京张铁路运兵经张家口至大同府，再由大同府至归化，计需七日方能到达，拟计该队抵归化城，约在廿二三日间。又该党首领名禄山，民国二年外蒙事件，曾为领兵员，最长于用兵云。

《护国军纪事》（月刊）
上海中华新报馆
1916 年 1 期
（朱宪　整理）

绥远归客谭

作者不详

近日山西北路共和军起义，归绥旦夕可下，颇为一般国人所注目。兹有新自绥远来者，据述绥远前后政治上之历史如左，亟笔之，以告国人。

绥远所辖十二县，于民国二年冬，由前绥远将军（后改为都统）张绍曾，与政府商定，改为特别行政区域。三年夏，又经政府将东路之兴和、凉城、丰镇、陶林四县，改隶察哈尔，计绥远所辖者，为归绥、武川、五原、萨拉齐、清水河、和林格尔、托克托、东胜等八县。先是，二年夏间，库伦蒙军内犯，张绍曾以晋省拨来之巡防队及绥远旗兵，皆极腐败，故檄调第二十师之八十团、第一师之支队来绥防剿。尔时蒙军已饱掠而归，八十团团长徐廷荣等，遂将蒙地庙宇，焚劫一空，而以大获胜仗报告政府，虽勋位、勋章纷纭下赉，而该处良善蒙民早已痛入骨髓。迨三年四月，张绍曾去职，潘矩楹到任，而军队之骄横、官吏之贪暴、人民之怨嗟，尤有岌岌不可终日之势。

潘矩楹，庸暗贪劣，为绥远各界所共认。其得任为都统也，以六万金运动袁政府之走狗李鸿举、唐在礼诸人，故到任后，即纵其爪牙易兆霖（参谋长）、杨毓泗（总务处处长）、尹铭绩（军需科科长）、袁某（塞北征收局局长）及八十团团长徐廷荣（潘本为二十师师长，八十团为其旧部，故徐廷荣尤有恃无恐），与一般乡亲，肆行收〔搜〕括。即以军饷一项而论，除第二十师之八十团、第一师之支队，毋庸由绥远发饷外，其余军队，每月约支三万三千四百元，而潘矩楹竟以月支四万八千余元开报，又加以临时费，月支二万余元，旋经政府驳令，于三年十一月起，每月止准开支三万五千元。潘矩楹乃大起恐慌，因将各军队改编为一旅，委徐廷荣兼充旅长，兵既无用，数又不足，且次年又经政府将八十团调回奉天，边防空虚，伏莽滋生，识者早抱杞忧矣。

民国二年，有土默特旗员玉禄，率领旗兵一营，叛降库伦，即在内外诸交界大肆滋扰，后因库伦不给兵饷，瞬将自溃。潘矩楹乃不于此时派兵剿平，而任龙、徐廷荣等勒派商人一万元，为招抚玉禄之用，并将余党编成军队，责令商人给饷，且仍令其驻扎原处，不加约束。于是商民皆敢怒而不敢言，而今日之事变，亦即以此为导火线。

包头镇为萨拉齐县所属，在绥远之西，约二日半之程，该镇滨临黄河，与陕西之府谷、神木等县，止一水之隔；迤西则直达甘肃之宁夏，不但军事上占重要位置，而商贩云集，土产丰富，尤为绥西菁华所萃。民国三年春，政府以孔庚为镇守使，统兵一旅（系由山西调来，军饷仍由原省发给），驻扎该镇，表面虽归绥远都统所辖，实则潘之对孔，处处掣肘，意见横生，已非一日。三年之秋，该旅之一部分，猝然生变，孔几不免。兵变原因，闻系由潘矩楹嘱其私人萨拉齐知事周姓，暗中挑动，冀摇动孔庚位置，而以其心腹易兆霈代作镇守使，幸孔庚能将叛兵即时镇压，故仅受政府小小处分。

包头之重要既如此矣，而地系蒙旗，又极辽阔，以故马贼诸匪，及甘肃之回匪，时相出没；本年阴历十月间，孔庚之兵，又有蠢蠢欲动之势。迨十一月间，袁皇帝之出现，已指日可待，于是蒙、回两种人，或痛共和国体之失坠，或虑满清皇室及待遇蒙、回条件之不能继续，无不疾首蹙额，私相訾议。斯时适有大股马贼到包，遂振臂一呼，孔庚之兵，亦同时响应，次日即将萨拉齐县城（距包头一日程）占据。

尔时玉禄所部，已与之暗通消息，故不数日，亦即举旗起事，先后将托克托、和林格尔两县城占据；一面与包头合为一气，所有东胜、五原、清水河三县城又均次第占据，迨十一月底，已移兵入武川县境矣。盖各县向无一兵驻扎，所恃者仅三四十名之巡警，一有事变，万难保全，统计绥远八县，现止有归绥一县，尚未入玉禄等之势力范围耳。

当萨拉齐县城失守之三日后，绥远方面始据逃难商民来绥报告，当道询以孔庚何在，则云不知去向。潘矩楹于束手无措之时，即开军事会议，佥云"令徐廷荣率兵往剿"，徐有难色，然迫于众议，亦无可如何，乃要求发饷五万元。又拉易兆霈同行，易云："我是都统之参谋长，非汝之参谋长，何能与汝同行？"徐云："平日拥厚资，纵声色，我两人共之，今日有苦事，何能使我一人去受。"争论不已，会议遂无结果。

不数日，而失守之各县知事，均逃至绥远，禀报情形。时则风声鹤唳，一夕数惊。塞北征收局局长袁姓，首先携带中国银行钞票数万元潜行逃避，总务处处长杨毓细〔泗〕，正在步其后尘，忽被商民遮回，并将其行李抛掷泥淖中。杨踉跄归来，即假都督命令，严饬警西局，将该商民等五人，拿交军法处，照匪惩办。因之商民愈愤，人心愈慌，潘矩楹乃逼令财政分厅立刻筹解五万元，交与徐廷荣，请其拔队出城，以掩百姓耳目。顾拔队出城之后，其旗兵一部分，仍纷纷逃回，皆云："我辈在前清时，饱食旗饷，今所食之饷，不及从前一半，而欲令我辈拼命，太不公道，不如逃回家中，静待玉禄等来，或转有好处也。"

潘矩楹到此境地，终日以泪洗面，旋由易兆霈建议，另招新兵五营，克日成立，公家无饷，则贷之商会，无如该处商民，素恶长官，至此竟无一应令者，且云“玉禄等虽占城起事，然与其借给公家以款项，不如留以犒赏玉禄，以免其蹂躏地方”，故添招新兵一说，至今尚无成议。予（归客自称）于阴历十二月朔日，仓卒出行，尔时政界中人，亦均纷纷避去，大约各机关人员，已所存无几，故一路宿店，几无容足之地，且抢匪充斥于路，予之获免，亦仅耳。初五，抵张家口，以张、绥电信已断，归绥存亡，不得而知，但张家口谣言之盛，一如绥远，而军队不稳之象，尤无可掩饰，是以该处富室，早迁徙一空矣。

记者接〔按〕，玉禄等虽未必尽有保存共和思想，然声势浩大，其起事之始，实因蒙、回人心伤共和国体之失坠，虑满清皇室及优待众回条件之不能继续，故遂利用时机，以与帝制自为者抗。万一归绥县城被其占据，即可长驱直入，东向而争居庸之险。况张家口既有军队不稳之象，尤易联成一气，以拊北京之背，而制中央之命。彼独夫虽予智自雄，恐至此，亦将如潘矩楹终日以泪洗面矣。

《护国军纪事》（月刊）
上海中华新报馆
1916年1期
（李红权 整理）

内蒙现在之军队数

作者不详

现得个中消息，蒙古兵制除喇嘛僧侣及衰老疾病者外，余者自十八岁以上，终身编入军籍，一时有事，则举以应其役。据调查内蒙古各盟之兵数，列举如下：

（甲）哲里木盟共计一万五千六百四十人：（一）科尔沁九千一百六十人；（二）杜尔伯特二千一百二十人；（三）扎赉〔赍〕特九百六十人；（四）郭尔罗斯三千四百三十人。

（乙）卓索图盟共计一万八千六百二十人：（一）喀喇沁八千五百八十人；（二）土默特一万零四十人。

（丙）〈昭〉乌达盟共计一万六千八百四十人：（一）敖汉三千零三人；（二）奈曼二千人；（三）巴林一千五百六十人；（四）扎鲁特一千九百六十人；（五）阿尔科尔沁三千人；（六）翁牛特三千四百人；（七）克什克腾六百人；（八）喀尔喀左翼六十人。

（丁）锡勒〔林〕郭额〔勒〕盟共计六千七百八十人：（一）乌珠穆沁一千八百人；（二）浩齐特七百二十人；（三）苏尼特一千九百八十人；（四）阿巴哈九百六十人；（五）阿埧〔坝〕垓一千三百二十人。

（戊）乌兰察布盟共计三千一百二十人：（一）四子部落一千二百人；（二）茂明安二百四十人；（三）乌喇特一千四百十人；（四）喀尔喀右翼二百四十人。

（己）伊克昭盟共计一万六千四百四十人。

以上六盟，总计兵数实达七万七千四百四十人云。

《兵事杂志》（月刊）

浙江兵事杂志社

1916 年 23 期

（李红权　整理）

日报中之蒙古兵力

作者不详

《满洲日报》载云：蒙古各旗原于一种军国主义，与国民皆兵之制度，除喇嘛僧徒及废疾老弱者外，举凡十八岁以上之壮丁，一体皆列名兵籍，若一旦有事之时，即手执干戈，身列行伍，服从兵役，皆以为常。至今蒙古人仍有保存此种习惯。兹据最近之调查，现在内蒙古各旗之兵额，其大概如左：

（一）哲里木盟总数一五，六九〇。科尔沁九，一六〇，杜尔伯特二，一四〇，扎赉图九六，郭尔罗斯三，四三〇。

（二）卓索徒盟总数一八，六二〇。喀刺沁八，五八〇，土默特一〇，〇四〇。

（三）昭乌达盟总数一六，五四三。敖汉三，〇〇三，奈曼三，〇〇〇，巴林一，五六〇，扎鲁特一，九二〇，阿尔科尔三，〇〇〇，翁牛特三，四〇〇，喀尔喀左翼六〇〇，克封〔什〕克腾六〇。

（四）锡林郭勒盟总数六，七八〇。乌珠穆沁一，八〇〇，浩齐特七二〇，苏尼特一，九八〇，阿巴哈九六〇，阿霸垓一，三二〇。

（五）乌兰察布盟总数三，一二〇。四子部落一，二〇〇，茂明安二四〇，乌喇特一，四四〇，喀尔喀右翼二四〇。

（六）伊克昭盟总数一六，四四〇。

以上总数七万七千百九十三人。

《兵事杂志》（月刊）

浙江兵事杂志社

1916 年 24 期

（丁冉　整理）

改编内蒙军队之办法

作者不详

内蒙古六盟之兵额，前经陆军部提议，拟就各盟现有兵额，编练新式陆军，原案如下：

（一）哲里木盟现有兵士一万五千六百四十人，拟编为陆军一师。

（一）卓索图盟现有兵士一万八千六百二十人，拟编为陆军一师。

（一）昭乌达盟现有兵士一万六千八百四十人，拟改编为陆军一师。

（一）锡林果勒盟现有兵士六千七百八十人，拟编陆军一混成旅。

（一）乌兰察布盟现有兵士三千一百八十人，拟编为陆军一旅。

（一）伊克昭盟现有兵士一万六千四百四十人，拟编为陆军一师。

其各该盟一律添设兵备扎萨克，以资督理本盟军政云。

《兵事杂志》（月刊）

浙江兵事杂志社

1917 年 38 期

（丁冉　整理）

库伦失陷之原因

作者不详

库伦失守，留心蒙事者，皆知其关系重大，然俱未能具体的辩言其故，且其影响所及者，尚有在吾人意料之外，不可以不记也。敌人方面，所以能举库伦而占领之者，外观所见，知其大得某国之援助，所有枪械俱为某国式，临阵指挥者亦多为某国人，而某国所以如此尽力，其目的盖有两面：一面欲扶植俄国旧党，使与劳农政府为难，而东俄共和国既已确立，俄旧党无复地盘可据，遂转其方向，以外蒙为俄旧党之尾闾；一面欲遂其包举东三省及内外蒙之野心，乘俄国兼顾不遑之际，以旧俄国保护外蒙自治之特权，转移于己国。自俄国革命以来，某国人即百方煽诱外蒙，令其独立自治，许以种种援助，外蒙活佛、王公等，惩于俄国保护之有害无利，不肯受其鼓惑，直至最近仍无允从之意。某国人乃不待蒙人同意，于二月一日，设计掳去活佛，挟之以号召蒙人，用外蒙恢复自治之名义，实崇奉某国为其宗主，如民国二年俄国对我之故事。所以未即宣布者，因库伦未下，无适当之地为其根据。今库伦已入手中，计第一步必为外蒙宣告自治，第二步即为某国对于我国要求外蒙之保护权，揭幕而出，毫不客气，为时当不远矣。

我军方面，所以沦陷库伦，致后患且未知所止者，一由于陈毅之只知大言毫无实力，一由于援库各军之惠口而实不至。自库战发生以来，实在与敌抗战者，惟原在库伦之褚其祥一旅、高在田一团，饷弹俱不甚充足，而又无接济。援库总司令张景惠，驻在北京，遥挥羽扇，其所遣军队，未至叨林，即已屯驻不进。所请奉天拨用之飞机，既一架未与，而向时徐树铮所置之张库汽车一百辆，自徐氏败后，后任者视为犯罪物品，任意处分，甚至分赠朋友、要人，现已一辆不存，以致虽有热心前敌之官兵，亦有不能奋飞为憾。在库军队所以势穷援绝而不能不弃地而去者，此皆其最之大原因也。

《时事月刊》
北京亚洲文明协会
1921 年卷 2 期
（李红权　整理）

对于库伦失守之感想

宪汉　撰

内难未平，边氛忽起，库伦失守之警耗，逐塞雁而飞来，凡我国人，谁不当瞿然兴、赫然怒者，最密切关系之我军界，其感想当何如耶？夫洪水涨于隔岸，而远虑者，且怀俱溺之忧，烈火炽于邻墙，而深心者，早抱俱焚之惧，况溺焚之祸，近在门户者乎？库伦虽介在蒙边，然我国北陲之门户也，对内则为卫蒙之壁垒，对外则为捍俄之藩篱，库伦在敌掌中，则内蒙锁钥，已全操于敌人，晋不必假道于虞，而北京已岌岌乎有虢亡之媒价〔介〕矣。及内蒙之未失，而急图所以收复库伦之策，卖买〔买卖〕城以外，尚未有虎狼之迹，修藩补篱之功，可旦夕葳事耳，奈何边城告急之电，既一日而三来，而援库之兵，尚经旬而未发。呜呼，菌毒之传染，初在皮肤，未有皮肤不医，而保其终无骨髓之患也。今库难之为菌毒，岂仅皮肤已哉。叨林、乌得，相继告亡，病毒已骎骎乎入腠理矣，刀圭不施，药石不下，岂将坐待其入膏肓乎？慨自清季，迄于今兹，护病养痛，成为积习，失地丧师之事，固已史不胜书，决堤溃岸之机，无不始于一孔，而延及全幅。香港一失，则九龙、新安，非吾有矣；越南一失，则北海、广州湾，非吾有矣；朝鲜一失，则辽东、旅顺，非吾有矣。祸由微而至巨，寇由浅而之深，历历前车，可为殷鉴。而况今日库伦之难，其关系至重且大，有十百倍于前之诸役者乎，语有之曰："前事不忘，后事之师。"我军界其亦尝翻旧史而揽兴亡之镜否耶。

　　宋之亡于元也，明之亡于清也，固皆东南半壁，屹然山河，而漠北外一声胡笳，顺风疾吹，卷数万里黄沙，俄顷而掩袭燕、赵、晋、秦之壤，遂使黄河以南诸城池州县，不转瞬而成土崩瓦解之形。一寸山河一寸金，坐视胡首〔虏〕铁蹄之蹂躏，此其事岂我军界诸公尽忘却耶？谓今日之胡虏，即不能演亡宋亡明之旧剧耶。设使向者宋、明诸当道，能于边陲告警之时，即已剑及屦及，不遑启居，急图亡羊补牢之计，亦何至酿成亡国之大患，贻后人以亡秦之哀哉。嗟乎！有宋之亡，而明不之惩，明所以再为亡宋也，有明之亡，而今不之惩，谓今日将再为亡明，恐非徒杞人天坠之过忧矣。闻之今日之谈时事者有曰，民国所急，在内地各难关，库伦边陲，癣疥疾耳，何足为惧。呜呼！为此说者，诚不知其何解也，间尝譬之，如一身然，燕京其心腹，而库伦为脚胫也，脚胫受割，心腹能无痛乎？如一家然，燕京其堂奥，而库伦为后户也，后户入虎，堂奥能终安乎？况彼腰刀肩枪，而行肽箧负舟之计者，其目的固不在库伦耶，谓为不甚痛痒之癣疥疾，毋亦偷小安而忘大敌者。

　　嗟夫！四郊多垒，卿大夫之辱，国家兴亡，匹夫有责，岂有享闾阎血汁之供，荷国家干城之寄，而能委国防大事于度外耶？抑又有忧者，库伦之寇，为旧俄党人所指挥，彼若得志于外蒙，则旧俄之巢穴成，远东共和国必不能高枕而卧，新俄为自卫计，或将向中国而行越俎代庖之谋，新俄一旦观兵库疆，则东邻亦将疾足争先，借捍俄之口实，而行累年来经营满蒙之政策，此种得陇望蜀之野心，彼固蓄虑已深，惟求其有隙可乘耳。设使库伦果不能于最近之时期，由我国自为收复，则其所酿外交之祸者，恐又因一库伦而生出无数之库伦，及此之时，不知我同泽同袍，更有何策以善其后也。小子不敏，忝为军界一分子，抚腰间之利剑，则思杀贼之有期，披身上之战袍，则恐立功之无日，当此外寇突来，内忧正迫，有与我同此感想乎？修我戈矛，与子偕行，不禁诵斯言而距跃三百也。

《兵事杂志》（月刊）

浙江兵事杂志社

1921 年 84 期

（朱宪　整理）

旧历新年之库伦警讯

骨瘦　编撰

予于旧历正月初二日，由沪返信阳白花山庄里第，在京汉车中，闻库伦失陷消息，究其实，不外蒙人被诱，活佛又独立耳。惟援库军开拔多时，闻因借口军饷，不能前进，又谁之咎耶。当此春兴交欢，宾朋酬酢，小则鹊牌斗胜，大则选举经营，夫何暇计及筹边策也。呜呼，塞上风云，从兹多事矣。爰将访稿录下，以儆国民云。

骨瘦

京讯云，某方面所接援库总司令部支日来电，则谓活佛系被匪掠去。电文简单，但失踪之说，固已完全证实。该电略云，冬日接库伦袁支队长无线电报告，敌分三面攻库，血战一昼夜，我军伤亡五十余名，褚旅亦伤亡官兵四百余名，现正激烈战斗中。活佛被掠，库伦不保，退路已绝，死守待援，恳催防军从速进援，否则数十万生命，尽付沟壑等语。查茫营马支队，早经开拔，日内当可到库，除再飞催各该营队星夜兼程前进，以援库危外，究竟能否济事，俟得续报，再行奉闻云云。闻政府接据此项警报后，已电陈毅详确查覆，并令驻叩调查员，密往勘查。一面严电援库总司令部，迅促第五支队长督队向库进发，以资解围云。访函云，库伦褚其祥电，库伦现被俄党四面包围，活佛被劫，毛督庆汗山[1]一带，尽为占领，库伦危岌，边疆动摇。库伦袁大顺无线电，东日俄党三面攻库，血载〔战〕一昼夜，我军伤亡五十余人，褚旅伤亡四百余人，现正在剧战中。活佛被掠，库伦恐不守，退路阻绝，速饬乌、叨军队来援，否则百万生命，尽付沟壑（东）。涝江东日来电，军中粮秣告罄，绝食已三日，士卒嗷嗷不可终日。请速由汽车运粮接济，以救万急而安军心。第二函云，库伦乱事，愈演愈烈。在库监视之活佛，俱〔业〕被蒙匪劫。俄、蒙各匪，并力攻击，凶焰之盛，非始料之所及。库伦为全蒙商务荟萃之区，万一有失，外蒙亦将非复我有。兹将近日外蒙情形详述如下：自上年库乱发生，即经褚旅将活佛迎入军中，名为保护，实系监视。迨陈镇抚使抵库，以俄党为跳梁小丑，不足深虑，以活佛为宅心诚厚，不必严防，强令褚旅将活佛放还河套，即活佛所驻之所，其宫殿在焉。自谓怀柔之策，可以绥服蒙民，而不知河套距毛笃庆汗山仅四十里，该处虽有兵一营驻守，势本薄弱，近来又委一蒙古总管统领此军。当俄党二次来攻时，褚旅高团，专注防务，不及他顾，陈使则仍以活佛为可恃，不加防范，及艳日、东日，毛笃庆汗山一带相继失陷，我军正仓皇失措，敌遂以轻骑逾河而至河套，而管辖该处驻军之总管，又预与勾通，故当时毫无阻碍，即劫活佛以去。此活佛被劫之实在情形，不陈氏之咎而谁咎耶。按蒙人性本愚昧，崇奉活佛，过于帝王，凡活佛言，蒙人咸唯唯从命，使活佛在库一日，则库伦可保全一日。以蒙人陈惊扰其所崇敬之活佛，不敢以大炮轰击，此时活佛既被劫去，在俄、蒙匪党，可以挟活佛以号召各蒙旗。我军四面皆敌，区区兵力，将穷于应付。且敌人已占据毛笃庆汗山等处，居高临下，颇占地利，

我军不易致胜。此又库伦近日危岌之情形也。援库总司令部，自得警报后，一面据实电达中央催发款项，以便援军兼程前进，一面电饬叨林马玉骧之一支队，及范德全一营，星夜赴援。又电乌得吴支队长、高营长，及机关枪二连进驻叨林，以为后援。并电饬叨、乌三处援军，多派侦探觇察附近各蒙旗举动，以资应付。并令时加战备，且探且进，以免蒙匪袭击，及误入敌丛之虞。又电，库伦褚旅长、袁支队长，谓范营于戡日进援，马支队长于三十日进援，计程距库不远，望勉力支持，一二日援军可到等语。但前方各援军粮秣告罄，频催接济。现在滂江绝粮已五日，乌得粮已垂尽，叨林亦仅存二日之粮。道远运艰，立即运往，已恐不及，且寒威未退，士卒冻死之报告，仍接续不绝，又不免激生他变。此援军近日之实在情形也。（喧传活佛已宣布为帝国，恢复旧历，于元宵大开宫宴矣。呜呼民国。）

《新民报》（月刊）

上海圣教书会

1921 年 8 卷第 3 期

（朱宪　整理）

蒙疆战事谈

姜梅坞　述

蒙古为北部屏藩，其民逐水草移居，而不土著，体质强建〔健〕，性情粗暴，长于骑射，好为战斗，故昔时山戎、獯鬻、猃狁、匈奴、鲜卑、突厥、回纥、契丹，每为中国患；成吉思汗，以轻骑健儿，威跨欧亚，雄视一世，为东洋史上第一伟人。近则其人强健不如其先，知识则依然未开，特以毗连俄境，常为俄人煽惑，以背叛中央，故吾人未可轻易视之，对英〔其〕地之经营开拓，宜主急进，对其人民待遇，宜以宽猛相济，斯为得矣。客岁至库伦，调查商业，略识其地情形，此次战事，多所目见，并特录其战事概况，及地势、风俗情形，并附臆说，分上下两篇，上篇在未失败以前所述，下篇则述其失败以后事耳。

上篇（本篇系未失败以前所述）

《京报》记载库事，或略而不详，或详而失实，诚以远隔数千里，交通不便，欲得真相，确非易事。鄙人春间出塞，调查商务，此次战事，身历其境，日后结果，虽难妄断，然自战事发生以至近日，各种情形，略有见闻，特录其事实，并附以臆说，都凡十一节：（一）起因；（二）探敌；（三）作战；（四）攻守；（五）维序；（六）招募；（七）接佛；（八）犒劳；（九）迎使；（十）

剿掠；（十一）论略。留心边事者，庶几采择焉。

一、起因

此次库乱，原因复杂，大抵蒙人知识简单，利禄萦心，从前自治之际，建设政府，分配部院，所有职员，皆蒙人为之，捐税款项，皆蒙人收之，一经撤治内附，公署职务，惟少数明理之蒙人，仍旧办理，一切捐款，皆归公署征收，于是游食无赖之徒，生计因之艰难。况哲佛滥颁赏爵，虽妇人、小子，亦有王公、贝子、贝勒之位，红蓝宝石顶带，偏〔遍〕于境内，或有爵无土，或有土无产，名为王公，实则流氓，既无恒产，奚有恒心？故当皖、直战时，中央无暇北顾，驻库公署，更改官制，正当新旧交替之际，遂有少数王公、喇嘛，乘机煽惑，要求哲佛开御前会议，希图独立。当时公署，派人探查，将略带嫌疑之莽赖王、哈巴图尔王等，带署看视。寻于阴历七月晦夕十一时，佛宫（哲布尊丹巴所驻广教寺俗名）附近忽有人鸣炮放枪，约二十分钟之久，一时居民惶惑，以为独立，询之则曰诵经鸣炮，向属惯例，遂亦不加深究；但人言啧啧，咸谓独立预备，并已有王公联喇嘛出引俄人，以每人四千之酬金，攻破库伦云云。由今视之，其言或亦可信。

二、探敌

阳历九月初，闻车臣汗旗有招募蒙兵之说，公署派白君云峰往查，并令解散，白君去两月未返。至九月杪，有俄国溃兵一百十三人，乘马荷枪，潜入库境，行至东营子，被防军察〔查〕获，解除武装，暂行看守，并检出炸弹、马刀等件，后以其马匹〈作〉价变卖，所得资皆作为彼等旅费，押逆〔送〕出恰克图（亦名甲他城，自库伦至其地，华里九百二十，设十二军台，或〈云〉八百里者，误）。十月二十一日，有商人自东路来库报告，离库三台地有俄兵二三千，向库进行，所过商店，勒索物件，稍明理者，或出金钱若干，闻后队尚有二千云云。当时未知详情，代使桑君宝，邀混成旅旅长褚君其祥、骑兵团长高君在田，共商对付之策。阅二日，闻俄人消息于离库百里地，公署派军事委员陈君峻岭、外交佥事何君增达、秘书宁君荣锦、蒙人公爵车德谕四人，前往探访。车行八十里，势难前进，阅二日未回，哲佛遂派喇嘛二人来署，要求派员同往诘问，公署即派外交主任王君祖培前去。至一喇嘛庙，询诸该庙喇嘛，则云俄人离不远，公等稍前，即能望见。后车稍进，则俄人开放排抢〔枪〕，向车射击，一时汽车上弹落如雨，一弹由车壁穿过，射中司机者右胁，车人相顾失色，王君即命驶回。司机者谓已中弹，辛〔幸〕车机灵活，旋转返奔，其后敌骑追击，纷至迭来，汽车飞驰，得返回署。视司机者之右胁，则其衣袋带有现银三元，弹中银元，为银元所阻，银元已坏，而体得不伤，其不死亦云幸矣。察其情形，确系盗匪，旅长褚君为慎重起见，特派蒙差赍〔赏〕书诘问，当由蒙差转来覆函，略谓"库伦商人为何组织商团，显系欺侮蒙人；驻库军队为何援助红党，该党无异盗贼。如能觉悟，解散商团，与我携手，合攻红党，则贵旅长及公署职员位置，均可仍旧，否则以兵力相见"云云。褚君自接到覆函后，观其辞意矛盾，即与团长高君布置防线，决计作战矣。

三、作战

防军闻俄人逼近库境，于是二十五混成旅骑四团，分防库伦东境山上小毛头沁、大毛头沁各处。十月二十五夜半，闻俄人拟来犯，我军互相报告，东营子无线电局，距其驻兵处甚近，局员即潜伏山沟，时有骑四团一营，先一日派出击贼，适逢大股匪人，即整列备战。内一新兵，未谙战法，误为溃散，奔回团部，向其团长报告，谓俄匪逼近，我军为所击散，团长高君闻此恶耗，即派队迎击，至东营子山麓，则匪已逾山而来，当时有匪人大炮二尊，运入山内，一时炮声隆隆，火光冲天。余等住宿公寓洋楼，离战线不过七八里，房舍为之震动，幸匪人炮弹皆落东南隅汗山一带。以事紧急，遂赴公署，忽闻枪声自南而来，子弹飞越顶上，初以为内应，派兵探查，见一俄人独行河套间，遂带署审究，供称"本国内乱，上月来库避难，以嫌疑被押于南河套第六连，闻前方炮声甚烈，欲求公署保护，并无放枪"云云。公署工人、夫役，多有久旅俄境者，受俄人虐待，恨之切骨，闻捕俄犯来署，无不欲一击罢为快。至午刻得报告，知所闻炮声，均系匪人所放，骑四团连长马君，率队冲锋，击毙匪人无算，夺来大炮二尊、子弹二三百枚，炮机未损，均可利用，而马君以奋勇不顾，竟致阵亡，呜呼，惜哉！马君久列戎行，尝谓人曰："余生平遇战争紧急，每以冲锋一术，制胜敌人，其危险姑不待言，如能奋身不顾，一鼓作气，无不所向披靡，然以冲锋败敌，恐亦以冲锋丧身耳。"噫！马君知其险而故为之，其视死如归，可谓勇矣！吾谓库伦防线之大，当时兵力之薄，匪人出其全力以猛攻，微马君，吾库生灵其涂炭矣。

　　案，库伦，蒙古语，城圈也，哲布尊丹巴呼图克图汗所驻之剌麻〔喇嘛〕木栏如城，故名。昔图理〈琛〉《异域录》，名枯尔布里度地方。又龚之钥《后出寨〔塞〕录》云："至图拉必喇（河之称），逾一岭，往北数十里，即苦另山，山上有番僧奉大佛寺，及诸商贾所谓枯尔苦另，皆即库伦初名。库伦又由《元史·太祖本纪》'古阑'音转，其地为喀尔喀四路蒙古八十六旗适中之处，犹匈奴之龙庭，突厥、回乾〔纥〕之建牙地也。"

四、攻守

　　俄人自攻东营子失炮挫败之后，仍继续猛进两日，见我军防御纂〔綦〕严，遂窜向北方攻击，盘踞于库伦北山之阴乌里雅苏台沟及后庙沟一带，所有粮炮子弹，皆储于前后庙（后庙本名庆宁寺，土人呼寺为庙，犹西藏呼寺为昭）。该庙离库伦北〔由〕约十余里，夜运子弹至战线，黎明则攻击，晨战夜休，殊苦防卫。至二十八日，复来猛攻，又经挫折，俄人欲退，蒙人之在匪队者，均恳乞坚持，向之跪求，俄人不获已，复继续攻击。十一月三日攻击最烈，北方阿坦噶音岭为匪所占，上架大炮，可射库伦四面，一时炮弹落于东西营子（东西营子，亦称东西库伦）公署左右者，不知凡几。哲佛住第一公寓，虽瞽目不见，然炮声振耳，心怯胆寒，时遣蒙人至署访问，并请设法阻止。但炮弹均系匪人所放，除击退匪贼，绝无他法。旅长褚君，见前敌危岌，置大令于山下，令军士往前迎击，宁死勿退，违者枪决。时一新兵畏怯退奔，面涂鲜血，参谋某君询之，则曰中弹，验之，知系假托，遂枪毙示众。后以警长杨君掌炮，向匪山射击，其先四炮，一无效力，量〔其〕后两炮，均中匪炮，匪力不支，携炮向东北窜逃。寻由高团派两营向后地追剿，以疏通北路，而联恰克图，由察哈尔援军派张营向东出发，巡行于毛头沁通明林之路，以保张、库交通，褚旅则仍守库防。其初各蒙民居户，均悬缀红、监〔蓝〕、白三色小旗，人谓其欢迎匪人，庆贺独立，及俄匪败退，则小旗不知去向。当三日下午炮声停息之际，闻有日本江副大尉欲出任调停云。

五、维序

　　库伦防军，为一混成旅，一骑兵团；行政机关，为一公署。其巡警、承审二局，向隶于公署，战事发生，旅长褚君、团长高君，调度有方，军有纪律。市面秩序，则巡监张君书铭负责维持，各商号虽未启户，然交易仍未罢。公署为行政总枢，一动一静，尤关大局，由总务厅司理李君增尧，竭力维持，秩序井然。李君出身行伍，熟谙军务，兼任副官长，与副官陈君峻岭，编组工程队，协助卫队，担任侦查；各工人久旅边塞，均能骑射，荷抢〔枪〕乘马，出入战线，传送消息，厥功尤伟；佥事李君家盛，于炮声猛烈之际，计算款项，综核出入，处若泰然；机要主任王君兆鋬，以电线断绝，赴京乞师，冒险出库，气亦勇壮；其余各职员，亦奋勉从公，不分昼夜云。

六、招募

库伦原有混成旅、骑兵团，以数营拨驻恰克图等处，至战事发生，防兵不过千人，于是旅、团各添募新兵，高团三百余人，派赴前敌，颇勇敢，能死战，且熟于枪法，所发无不中的，一时库地车人马夫及小本营业者，皆弃业从戎，军心为一振，闻以兵单匪悍之故，阵亡者十之六七，殊可悯也。

七、接佛

此次库乱，说者皆谓与哲佛有关，但哲佛性情温良，即上次独立时，蒙民欲虐汉人，赖活佛之力，得免浩劫；然王公、喇嘛，良莠不齐，秘谋招兵，奔走勾引，莫不假活佛之名，以号召蒙人。故战事之起，即有主张迎接哲佛来署，以杜流弊者。当时犹预不决，及猛战一日，库伦栅内，子弹雨下，公署职员力主迎佛，以便保护，代使桑君，偕兵卫厅司理杨君兴奇，带队前赴佛宫。桑君系内蒙人，爵辅国公，向佛跪请，略云俄匪猖獗，库地不靖，子弹横飞，危险万分，公署附近，有公寓，可作行宫，俾资保护。佛初不允，请之再三，始乘汽车来第一公寓楼上居住，随员为御前侍卫一人、喇嘛二人，一切供应，均由署备，每日除膳食外，并需牛乳、烟酒、果品。第一公寓系洋楼，设备完美，哲佛到寓，要求蒙古包，以其惯居也。其妇女佛，因病仍在佛宫。佛有汽车及机关枪、连珠枪、大炮等甚夥，由公署借用，一以新兵增添，军械缺乏，二亦足以妨〔防〕弊也。一日女佛召商人送货入宫，以战争近况询商人，商人答称："俄匪已退。"女佛曰："果退乎？"商人曰："果退。"问之再三，货物一无所购，说者谓其有用意也。自佛来署，库伦蒙人，遥向公署跪拜，时军队缺乏马匹、粮草，佛下令饬供，则各盟旗送来马匹、牛羊、草料不可胜用，其威信有如此者（哲布尊丹巴在蒙之势力，几如达赖剌麻〔喇嘛〕之在拉萨）。佛在公署，其御前王公、喇嘛，如朝王加翰僧等六七人，每日至署为佛办公，如下谕禁止蒙人招兵，饬供马匹、粮草诸事，晨入晚出，颇行忙碌。时哲佛嘱公署，向匪议和，订以条件，拟派俄商务委员某，持书赴匪营商议，俄委员要求二十万，作生命保金，佛议以公署、商家、佛共担其款，如无生命危险，则免出金，议将行，以军士、职员各方反对作罢。

八、犒劳

此次战役，我军扼守山沟，栉风沐雪，昼夜勿息，其辛苦勤劳，诚足令人钦佩。公署庶务司理李君增尧，邀集全署职员，捐薪犒劳：其仍守前线者，则分送爱国香烟，俾其顾名思义，唤起精神；其受伤在医院者，则每名给以四元、十元不等，一时将士，莫不感激。寻俄匪败退，公署出二万金，活佛出一万金，日本居留民会，亦送一千元之犒金云。

九、迎使

陈使自任命之后，因对中央有所接洽，未得莅库，及战讯紧急，单身出塞，行至叨林，公署派职员李君仁怀、陈君峻岭及霍君三人，叩边迎接。其毛头沁一路，为平日汽车必经之道，自战事发生之后，匪人出没其间，遂改由汗山西南绕行，陈使则偕副官二王君、秘书张君及李君等仍由毛头〔入〕沁入库。抵库后，即于当晚十时，各王公及文武职员，在署欢迎，翌日慰劳军士，接见职员，第三日召集各军官，开军事会议，讨论方策云。

十、剽掠

汉人之在库伦者，约十万，其财产在外蒙境内者，约计三万万，其蒙人之户口、财产，更不知凡几。俄匪性情残忍，举动野蛮，凡库伦居民出外刍荛、畜牧者，无不被其杀戮，金矿小工八九十人，悉被枪毙，并有挖心、剥皮之举，惨不可闻，后为我军击退，奔窜库伦附近，以抢掠为事。库伦粮食，全赖后地种植，今年夏秋，雨水适宜，麦穗颇秀，正可收获之际，为匪盘踞，农人不敢往收，被其毁烧者甚多。有商号天德厚，向在后地种麦，并设有磨坊一处，一日与他店，同由后地装运麦粉、豆料等粮食二百余牛车来库，途遇匪人，仅劫其牛，而遗其麦豆，阅二日，由骑四团，派兵赴该地，而车仍在，始将粮食运回。援库察军，至叨林乏粮，公署装运麦粉二万十六斤接济，至毛头沁，遇匪被劫，当由在库察军营长张君士品率队追击，匪散其麦粉而逃窜，一时来告被劫者，络绎不绝。

十一、论略

予曩年在库伦，闻之蒙人曰："库伦二百余年无战事，居民未有闻炮声者。此次之战事，非特为蒙人向所未见，抑亦梦想不到。"其言信然。考库伦兵事，元太祖微时，为同姓蔑儿乞部人所困，避难不儿罕山，蔑儿乞人，绕山三匝，搜之不获，见《元秘史》。不儿罕山，即今汗山，山出长城三千里，岭上有明太宗勒铭纪功碑，则永乐十二年，亲征瓦剌马哈木，追至土剌河也。土剌河，即今图拉河，亦即元丞相伯颜北征叛王所至之脱喇河、秃兀剌河。河东有东库伦，亦名昭莫多，清康熙三十五年，西路大将〔争〕费扬古、提督欧〔殷〕化行，大败准噶尔噶尔丹处。自康治〔熙〕三十五年，准噶尔部众不能越阿尔泰山而东牧，漠北安谧，已二百余年矣。元年，亲俄独立，客岁撤治来归，均未有战争之举。此次之乱，实出于少数王公、喇嘛之鼓动，其意谓前次独立，举如反掌，驻库防军，不值一击，遂勾引俄人，希冀自治，以图目前之爵禄，不计将来之利害。盖其人民知识未开，懒惰成性，故易于引诱，好为妄动。予尝谓政府欲立外蒙屏藩，亟宜竭力进行，毋稍疏忽，如徒设公署，派少数防兵，以因循塞责，非特不能保守领土，裨益国家，恐亦空劳兵力，虚掷金钱耳。

至订条约，议优待，或笼络，或羁縻，乃腐败政府之下策，非共和时代之政治也。观库伦战事，将届三月，匪人出没无常，交通时或断绝，诚以土地广大、防线过长，虽派援军，增厚兵力，如欲肃清，恐非旦夕之事；倘得酌派飞机，协助探剿，当可事半功倍。但经此次战后，蒙人虽觉畏惧，然其仇视汉人之心，亦必加甚。欲为长治久安之计，莫若开其知识，裕其生计，如此，虽无防兵，乱亦不作矣。故教育、实业，为治蒙之急务，而犹以便利交通为其先导也。兹以管见所及，略述一二，或足以供善后之采择。

其一曰奖励入学，以兴教育；注重汉文，以便同化。蒙人崇信黄教，主张灵魂不灭、轮回因果之说，其民除习蒙文经典以外，别无其他学问，故其人愚暗懒惰，风俗败坏，虽交际礼节，略存古风，近亦渐渐退步矣。即以骑射而论，向为胡人擅长之艺，观今年七月库伦骑射贯〔掼〕跤大会，皆平庸无足可称。至卫生之不讲，性情之淫乱，犹为罕〔常〕见，视其赴医院诊治者，大半皆花柳、梅毒，生育既难，户口渐少，吾恐其有绝种之患也，然蒙人仍不知所以挽救。现在库伦全境，只一小学校，学生则不见一人。如欲振兴教育，惟有以利诱主义，奖励入学，凡子弟入学者，其学膳费用，皆由公备，并如明制，岁时赐布帛、文绮、袭巾、衣靴，令节赏节钱，有司给鱼肉之类（蒙人最喜受人赏物，如赏赐不及者，无异大辱）。其有中学程度者，令其游学京师。学校教科，则以汉文为主，如英国人以纳氏文法教印度，专编简易之汉文法以教之，其能诵习汉文书籍者，则援汉代"士通一经，得被选举"之制，厚给廪饩。蒙人见此优待，未有不愿入学者，如此则蒙人识汉文，兼能汉语，其本地文字，渐渐淘汰，以期汉、蒙人文言一致，则其知识亦渐与汉人相等，感情自然融洽，吏治当亦易易矣。

其二曰推广垦牧，移民殖边，提倡林矿，开拓利源。夫外蒙地大民稀，货弃于地，逐水草转居，而不土著，生植之地尽未垦，山泽之利尽未出，若能移内地之穷民，给以旅费，护送出塞，一夫授地百亩，使其掘井、造屋，建设村落，则蒙古土地逐渐开垦，其利无穷。如张家口至库伦，及库伦附近一带，未有不可种植者，至瓜、茄、薯、菔、葱、韭、蒜各种菜蔬，以及麦、小米之类，尤其宜者也。其麦之收成，常在一与七之比例。昔清康熙五十四年，屯田图拉及鄂尔坤河（图拉河发源库伦东北，向南流，又折西流，又向北会鄂尔坤河），以裕军食。雍正六年，收获青稞〔稞〕麦粒二千八百四十石有奇，七年收获大小麦、糜子七千五百五十石有奇，九年至一万六百三十石有奇，可见其地，均宜屯田。倘汉人以种植之术教蒙人，蒙人以畜牧之法教汉人，化无用之荒土，为肥沃之良田，民尽归农，不致游食，汉、蒙人民，混合一处，携二〔贰〕之心，自不生矣。

　　蒙古矿产之富，尽人知之，盐、金之类，遍地皆是。路过二岭，满地白屑，不下数百里，夏秋浮涨，任人采食，不须制造；乌梁海之岩盐，形如水晶，色兼红、黄，烧而食之，功能清火；阿尔泰以金得名，其产之富，更不待言，即如图拉河上流之砂金，土人取砂淘洗，足以度日；库伦附近之森林，广袤数百里，汗山为哲佛禁林，即《元秘史》所云，王罕卓帐之土元〔兀〕剌河边黑林子，迄今犹如东省窝稽，松木之茂盛，实内地罕见。库伦全境，燃料用松木，造屋建栅，亦用松木。其松木每根长六七尺、直径尺余者，价仅二角，至秋冬最贵不过七八角，皆可为铁道枕木之用，采取有人工，有捐费，而获利仍厚者，盖因木皆无主，无偿取得也。此皆天产之物，取之不尽，用之无穷，若能移民提倡，讲以培植之法，则林矿之力，不特足以裕边，亦且可以富国矣。

　　其三曰推广台站，以便交通，既利商运，亦资防守。蒙古民智之不开化，实业之不发达，防守之不容易，无不以交通不便为其原因。今其商业，仍多物物交换，借贷利率，则在七八分以上（如英、美各文明国，交通便利，借贷利率甚微，至银行活期存款，则大半不给利息）。经商者，非汉人，即俄侨，未见有蒙人者，亦未始不阻于交通也。现阁议缓办张恰铁路，则目前之交通，惟有赖汽车之运转，但张、库汽车，辆数不多，运价昂贵，一人乘车，须百五十元左右，行旅不易，于此可见。予谓宜扩充交通部车处，由部添购车辆，减少运价。自张家口至库伦，约二千三百余里，现有大小车站十处，但此车站距离约三百里或四百里不等，仅足备汽车之停息，行旅者未必皆能出重价，乘坐汽车。须于此二千三百余里之汽车道，每距百里，设一台站，置一兵营，建一货栈，驻骑兵一连，则往来行人，一日一站，朝发暮达，虽负载徒步，亦足行旅于张、库之间。无事则令沿站兵士，出而耕植，有事则彼此联络，应接甚易，可进可守，既利商运，复便防护，实于边防有莫大利益也。噫！内地有人满之虞，蒙疆则遍地荒芜，倘移民以殖边，不特可以开拓土地，而亦足以融洽民情。政府岁费有限，国家利益无穷，现时镇抚使公署编制，以教育、实业、交通、台站诸大端，包括于内务一司，不啻以外蒙行政全权委诸该司，而主其事者，其亦知责任之綦重乎。

下篇（本篇系失败以后所述）

鄙人对于蒙事得失，留心考查，近则土地相继失陷，风云变幻，瞬息千里，兹特参酌异同，录其当时失败情形，并附以蒙地风俗、地势，及逃难者之苦况，援蒙之议论，都凡八节，与关心边事者，共研究焉。

匪入汗山

库伦四面环山，南为汗山，山颇高峻，松木甚茂，为活佛禁林，平日绝无人迹，惟西南一路，可通山南，并可由东南以通毛头沁。其山口约七十有二处，其山阴即库伦，山北麓为图拉河所经过，其山为元太祖微时避蔑儿乞部人难处。图拉河源出肯特山西麓，经贴〔昭〕莫多，折而西北，沿汗山北麓而西行。活佛宫殿三处，均在库伦西南隅，当汗山之麓，图拉河畔。由汗山西南，可绕道出库伦，北过图拉河，通西营子。图拉河上有木桥，长里许，名谓活佛大桥，夏秋之际，绿树成荫，长流掩映，风景既佳，形势亦险要。佛宫有洋房、汉屋、蒙古包，甚华丽，有卫队，并有枪械。记者在库伦时，闻一商人云，活佛有枪弹，藏房间地窟内，上设一铁床，我军队曾向之借枪械，随查其地窟，终以秘密，未得发现。佛宫驻汉兵一连，佛宫之东约三里许，如河套，亦驻汉兵一连。战事发生时，旅长褚君，即召佛来署保护；及十二月中旬，陈使派军队军乐，送佛回宫。至二月一日，遂有匪人自汗山之阳，潜入汗山，山内本派有侦探，以其地大树密，不易察觉。昔元太祖藏此山，蔑儿乞人绕之三匝，搜之不获，故守库者，于此山尤为注意。盖匪人一登此山，居高临下，形势险要。现于各山口均派有兵土〔士〕二三十不等，以为扼守。但匪党逾山，高揭我国五色国旗，由山下来，约四百余人，进行徐徐，库内人民，以为前方军队，取道他去，或且疑援军新到，不悉路径，跋山而来，未有疑及匪队者，防军亦不敢开击，各自散避。该匪队即进围佛宫，守宫之汉兵，悉被枪杀，匪党遂分其半数，护佛南去。守山口之兵士，各口各负其责，彼此不相接应，匪过一口，即毙其口之守兵，沿途杀掠，以至七十余处守兵，无一存者。而佛则安居匪营，大召蒙匪，匪队益加扩大。其留佛宫之半数匪队，我军以小炮环攻，以形势不敌，死者甚众，而匪则仍居宫内。公署大门，适面汗山，原设大炮二尊、机关抢〔枪〕二架，此时见佛宫危急，汗山发现匪人，欲开炮射击，子弹存储军械库，同时毛头沁亦危急，发弹匆迫，仓皇失措，竟不得炮弹，以机关抢（枪）射击。自一日至二日，战争一昼夜之久，而库伦秩序已乱矣。

失毛头沁

　　库伦东出二十里，为小毛头沁，再出二十里为大毛头沁，地当汗山之东端，为拉图〔图拉〕河经流，有大桥长二三里，名俄国大桥，前系俄人所建，因以为名，地势崎岖，多水泉，山多灌木，错杂丛生，非复如汗山松木之茂盛。由叩林入库者，必经其地（由汗山西南，绕至叩林，多二百里），实库伦东路之咽喉也。此次俄党来库，自车臣汗直达其地，潜伏林内，我则搜剿不易，彼可乘我不备，据山水之便利，断库、叩之交通，故俄匪于去年九、十月，屡次攻库，迭经败北，而于毛头沁一地，仍恋恋不舍，即无大队来攻，亦必潜伏少数匪徒，出没无常，劫掠时闻，仿如人患喉症，足致死命。由南而逾汗山，足击库伦之面；由北而潜入后庙沟，可拊库伦之背。去年十月，始攻毛头沁，挫折而北，以乌里亚苏台沟、后庙沟为根据地，后复扰后地，毁我粮源，分我兵力，窜奔驼骡盖（即托罗盖，在库南二百里地），以阻南路交通，绝我援军。而其重要地点，则在毛头沁，故该地驻有褚旅翟营一营，掘沟架炮，昼夜防卫。不意二月一日，当佛宫危急之时，突来匪党千余人，将该营完全包围，一时机关枪齐发，全营覆没，而营长翟君，胸腹中弹二处。旅长褚君闻报，即派一营援助，至则翟营已没，又为匪人猛扑，死伤殆尽，于是毛头沁完全失守。匪人进逼东营子，褚旅长又竭力抵御，匪党不敢前进。高团兵士甚勇壮，去年败匪于毛头沁，威望颇著，此次调驻后地，闻警，派兵一营入援。该营于三日早四五钟，尚未至东营子，正当褚旅烈战之际，该营即折回不进，还抵公署后身，至褚旅之旧旅部地方，为岗兵所阻，谓前方正战斗，胜负未分，如〔汝〕等何可无故退却。该营不顾，即向西库伦岗塘赴后地而去，沿途放枪，于是蒙人住户，及侨居俄人，亦开枪相应，喇嘛圈喇嘛均持梃出击，凡遇汉人，无一幸免，由是杀机大开，枪声四起，军械库焚烧，外交司署（即前财计厅）为炮弹击燃。褚旅内外受敌，又无援救，死伤二三千之众，于是秩序大乱。褚旅虽未退出，然存者无几，库伦已非吾所有矣。营长翟君，兵败枪伤之后，送入医院，胸背流血，不省人事，然一息犹存，尚能言语，人有视其伤者，则曰："我系军人，死属应当。"其惨状，不忍卒睹。噫！武将不惜死，其翟君之谓乎。

焚烧书簿

库伦金融颇流通，境内有中国、边业两银行，公私通用，皆以两行纸币为主。俄国羌帖，市价低落，不便应用，非特中国人不用，即俄人亦未有用之者。中国、边业两行，在库伦不兑现，而所发纸币，可至张家口兑现。其副币有一角、二角、五角等票，角以下则用圆眼铜元，十枚为一角，十角为一元，皆以十进，币制划一，故市面流通，除铜元外，无有现款。其纸币信用甚著，不特行之库伦，行之恰克图、科布多、乌梁海、乌里雅苏台等处，即俄属西伯里亚一带，俄人受授，亦有用之者，故西北金融之势力，全在两行掌握之中。边行设于西营子，中行设于东营子，又设分所于西营子。自匪人攻入毛头沁，与褚旅交战于东营子时，东营子秩序大乱，中国银行行员，将行内书簿，并未发行之纸币，付之一炬，乘汽车及驼马向西营子逃避，匪人在后追击，驼马驱散，汽车疾驰，得免于难，旋亦向北赴恰克图去矣。该两行储现款不多，纸币又经焚烧，其损失当不至过巨云。

岗塘演说

李君增尧，字笠岑，天津人，出身行伍，夙在热河毅军，膺陆军上校衔，前为筹边使署司理，现作镇抚使署兵站处处长，办事老练，前编工程队，维持秩序，成绩卓著。此次匪人东入东营子，抵二里半滩；南入汗山，直扑公署。库伦已完全陷落，兵士纷纷向西北退却，李君见大势已去，佩刀带枪，只身乘马，行至库伦西隅，离公署十里地之岗塘，该地为库伦西出赴恰克图所经之路，驻有褚旅兵一连，以资扼守。李君在岗塘，向退却之兵士，开诚布公，以大义相劝勉，职员中有过此者，李君则谓之曰："吾辈不可脱身逃避，须向各兵士演说，使其奋勉，以挽此狂澜。"虽处急岌之秋，仍侃侃而谈，从容自若，士气为之稍振，若非平日自修得力，临事奚能有此。

汉人逃难

蒙人智识简单，性情悍桀，民国元年，勾引俄人，图谋独立，驱逐官吏，虐待汉人，曾有主张逐汉人于汗山，付之一炬，以实行其一网打尽之毒手者，赖活佛之否决始罢，其凶恶，路人皆知。自独立之后，见汉人即加鞭扑，大有以奴隶等视之慨。至八年撤治内归，政府加意整顿，行政、司法之权，均归筹边公署，开拓蒙地事业，启发蒙人智识，于是虐待汉人之行动亦稍减；然图治未久，感情未甚融洽，观其视汉人之心，无异昔时汉人之视西人。及九年夏秋，官制改革，蒙人有会议谋叛之消息，汉人之旅外蒙者，莫不惊慌，恐昔时拳匪仇西人之恶剧，将演于外蒙矣。迨十月，引俄匪来攻，惨杀汉人，绝无人道，如小工、商贾之被杀戮，刍荛畜牧者之被枪毙，甚至挖心剥皮，种种野蛮，惨不忍闻。故旅居库伦者，目接情形，无不相率而谋自卫，如协助粮饷，出外侦探，运送军需，犒劳将士，商店每铺日出馒首百斤，车人马夫，弃业从戎，诸如此类，无非借冀保全，以免涂炭。不意匪党乘其疲乏，出其不备，自二月一日，潜入汗山，掠去活佛，同时又攻入毛头沁，着着进逼。至三日，俄匪入库，我军尚未完全退出，喇嘛圈内喇嘛，蠢蠢蠕动，侨居俄人，及境内蒙民，或荷枪射击，或持梃敲扑，一时库伦境内，枪声齐发，血肉横飞，杀机大开。而旅库汉人观祸患已至，惟持百死一生之心，冒险出走，其东则东营子，方在激战；南则汗山、佛宫，为匪所据；北则后庙，亦在匪手；惟西出岗塘，过西大梁卡伦，为通恰克图大道，由西大梁西北，行至恰克图之间，广袤数百里，可种植，以在库伦之北，总称后地，驻有高团三四百人、轻骑队陈君峻岭一营，为向日保守粮道者。其地既有官军保护，复有粮食可觅，此去三百里为莽哈台，有电报局，过莽哈台六百里，则恰克图矣。于是一般可怜之汉人，均纷纷向北逃避，或汽车，或马车，乘马者有之，骑骆驼者亦有之，徒步者则十居八九，以致十室九空，遗物于地，无拾之者。出西大梁，在西北道上之难民，前后相继，约百里之长，二万余人之多。其地雪厚数尺，寒风刺人，老弱者跋涉过劳，以致精力疲竭，气塞汗流，甚有倒卧雪中，或悬木自尽者，有手足冻僵者，有结伴同行者，则互相扶持，常以一壮者扶一弱者，二稍壮者扶一弱者，老幼者负载以行，饥渴则食以雪，其情形之狼狈可怜，大如戏剧中演《南天门》之概。及至莽哈台附近，难民分两路以去，向北者赴恰克图，向西南者由乌里亚苏台通绥远一道，输〔逾〕大青山而至包头。其赴恰克图者，本有十二站，去年俄蒙匪在后地抢掠之后，台站已坏，一月杪，恰克图民政员路邦道到库，陈述修复台站，路君奉命出理其事，北发不数日，而库伦已陷，台站尚未修复，路君乘马车，途遇逃难者，始知其事。各难民昼夜奔驰，其马力速者，六七日抵恰，稍弱者，十余日始到，徒步者不能计程，陈使趁汽车，三日出库，四日到恰，而十余日到恰者，皆疲于奔走，面无人色云。

骑牛出境

汉人旅库伦者，约十万，均系男子，女子不过数十人，而以山西人民为最众，因北省经商者，首推晋人。汉人在库伦，无非商贾及工人，商、工两界之低等职务者，月入薪工不丰，兼以库伦生活程度之高，甲于全国，当然不能携眷同去；至大商号之经理，入款虽富，大半更番轮值，或二年一回内地，故携眷者亦绝少；至军政界职员，则携眷者更无闻矣。此数十之汉妇女，大都以妓女居多。从前汽车未通，山西大同、绥远包头、察哈尔张北一带妓女，或乘马车，或乘驼轿，赴库营业。去年夏间，筹边公署以殖民主义，关于妇女出塞者，汽车特别减价，始有南方妓女至库，商务亦从此发达。妓女整理营业诸规则，一照内地成例，非复如蒙古可可之制矣。先是，可可如内地私娼，蒙语"可可"，姑娘之义也。去年十月，战事发生，商业萧条，而娼妓几致息业，各妓女亦避居他商店，或居户。此次失守，匪人大起杀戮，赁雇车辆，大非易事，即觅马匹，亦属难得，况内地妇女，素性孱弱，乘马亦觉难能。当坚〔紧〕急时，见一南方妓女，乘一黄牛，由西库伦出岗塘而去，牛虽能负重，特行路迟绥〔缓〕，该妓女心急欲速，牛则徐徐而行，若加以鞭，则蹶跳不行，其情状之难堪，殊难形容。又某君长于骑术，竟偕其素识之妓女，合乘一马以去，现某君与该妓早已至恰，而骑牛者不知去向。观此亦知当时汉人之苦况，不独泛记趣闻事也。

难民南归

库伦失守，除少数难民向绥远逃归外，大半由恰克图逃避，故到恰克〈图〉难民不可胜计。恰克图当清雍正时，设为中俄互市之处，汉名谓买卖城，地当中俄交界，中立界碑。界碑之北，即恰克图前后营子，多俄国人、汉人在此经商，约二三千人，以栏栅为城，有东、南、西、北四门，面积甚少，周围不过三四里。现民政员公署，即前佐理员衙门，房屋狭小，库伦公署职员到恰，皆席地而睡，拥挤不堪，其余难民，无处投宿，均露天度日，粮食亦缺。难民由西伯利亚铁道归国，须远东政府发护照购车票，所过地方，必须其长官签字，然后放行。铁路车站，在上乌金斯克，由恰克图旱道至上乌金斯克，约六百里，须六七日可到。至乌金斯克，须经其检查，然后准入，闻检查时，至危险船品，当然禁止，即银钱、纸币，亦被其搜去。其地有汉人朱相模者，旅俄三十余年，现任俄官署翻译，而其在俄势力则甚大，远东政府未成立以前，伊本主张共产，为社会主义之党魁，曾组织大同会，以实行其主义，与商会竭力反对；现远东政府成立，大同会亦散，又新组一共和党，而其心意，仍不忘社会主义。对于此次逃难之汉人，表面虽许援助，其内容则多所作难，俄地方官，对于难民护照签字，悉承朱之意志，闻此次归国之难民，曾集五百金馈朱，朱稍不为难，后朱被人告发，始入狱。近来远东政府新发行之羌帖票，三万六千，只值吾国现银一圆。近日以防疫关系，乌金斯克火车隔五日一开，赤塔隔二日一开，由乌金斯克一日至赤塔，由赤塔二日至满洲里，由满洲里过海拉尔至哈尔滨，又须二日，由哈尔滨至长春、奉天，以达天津、北京，先后共须八日。此次难民在乌金斯克、赤塔候车数日，均须出钱购票，至满洲里中东路以及京奉路，均免费，现留寓乌金斯克者甚多云。

援蒙议论

库伦失陷，继之以叨林、乌得，再继之以恰克图，边事不可问矣。而议者皆曰"守备无方，致失领土，咎有应得"，吾则曰：当去年驻蒙官署改组，蒙人即有会议之举，旅蒙者，莫不蹙额相告，引为危惧；陈使奉命，以经济之故，留京多日，迟迟莅库，以代拆代行之权，委诸桑宝；及俄党深入库境，告急之电，日以数起，京中各报，亦时有记载，当局非不见也；俄党攻库十余日，大小战争十余次，兵士阵亡数千人，商家填款数十万，库伦之危险，千钧一发，乞援乞饷，力竭声嘶，当局非不闻也。库伦为外蒙都会，库伦一失，则全蒙摇动。其乱事萌芽于去年七、八月，实现于九、十月，失守于今年二月三日，叨、乌相继陷落，今则恰克图亦不保，先后计算，有八九月之久，而当局依然无若何举动，竟知之而不为，为之而不力，一若风马牛之不相及，以致边陲北虏之患，重见于今日，其过岂不重在当局哉。将谓边荒无足取欤？则外蒙为北部屏藩，库伦实外蒙机枢，有唇齿相依之势，失库伦，则弃外蒙，无外蒙，则北部失屏藩，影响所及，足以摇动京师，奚可轻易弃之。将谓蒙匪无足轻重欤？则活佛虽瞽目，其王公、喇嘛、俄党，筹谋者大有人在，蒙人智识虽愚，其强健善斗，胜于汉人。前战事发生，褚、高力主迎佛，即使我军败绩，亦必挟佛退去，以抵制蒙、俄，此最谙蒙情，实战略上之善策也。及活佛释放，蒙民果出其忠主之心，制梃鞭挞，乐于效死，我军不敢撄其锋，此其服从效忠之心，亦优于汉人，况元代入主中华，威振欧亚者，宁与人以轻视哉？鄙人前述库伦战事，曾言如欲肃清，恐非旦夕之事，亦虑匪党狡悍，当局保救不力，以引起国人之注意耳；后言库伦防线之大，我军单薄，匪人出没无常，交通时或断绝，若派飞机，协助探剿，则事半功倍，盖以外蒙地大，飞机、汽车，实战事上必须之件，冀得军事当局加意预备也。况匪党生长漠北，惯于寒苦，我军出自关内，积习暖活，故其在库防守者，日夜冒雪，每致手足麻木，不克举枪，向的射击，无有把握，实战事上无穷之苦痛。至援军向北进发，雪厚数尺，步履维艰，虽以马队，徐徐而去，日行不远五六十里，自张家口北发至滂江，约十日，由滂江至乌得，又约十日，由乌得至叨林，又须十余日，仆仆风雪之中，行此数十日之路程，而兵士疲劳已极，尚堪战斗乎？故援者力疲，守者气衰，匪党则挟活佛，声势重振，攻库则库伦破，击叨则叨林失，围恰则恰克图下，我有瓦解之象，彼成破竹之势，守备者，纷纷北退；进援者，仆仆南回。北退者，由库伦而后地，由后地而恰克图，至恰克图，非溃散为流寇，即解装至乌金斯克，听人遣送；南回者由叨林而乌得，而滂江，至滂江已无战斗能力。考其失败情形，实非匪党之猛烈，确系历时过久，彼逸我劳，总之则由当局不迅速筹策耳。倘集大队汽车，运载援兵，限日到库，则不数日，而大军集库伦左右，守者见有后援，胆壮气振，援者便于出发，声势勇张，既免跋涉疲劳之害，而得振作士气之利；再加以飞机，蒙地旷芜，自上察下，丝毫不爽，匪东则向东，匪西则西向，免分兵散力之弊，致匪无藏身之地。如此则俄党胆寒，蒙匪心怯，我则耀武扬威，彼必鼠窜鸟散，虽不击贼，而贼自退，何至有全日之失败哉？孰知京城中多备汽车，终日征逐，以作娱乐之具；学校设航空，逢典庆祝，则出而飞翔，以作观览之品；各军官招募兵士，以为自卫之计：以种种有用之件，投诸无用之地，欲地不削，何异缘木求鱼哉！人以援军不战自退，多所疑虑，而援军当局，谓无险可守，此亦诚然。如叨林、乌得等处，除叨林附近，略有小山，余均一片平坦，驻兵数营，实不足以资战守；况天寒地雪，食粮既乏，饮水亦少，燃料惟赖牛粪，无怪伐电杆以焚烧。但滂江地势，亦与乌得相似，若在〔再〕不设法，势必由滂江退至加布施、兴化城而后已。嗟乎！费许久光阴，仍无办法，致兵士仆仆北去，仆仆南回，是诚古今所罕见也。今则时已危急，势将奈何，惟有速图恢复矣。恢复之道惟何？曰绝源，曰进攻而已。查去年俄党，自东北入蒙，以车臣汗为根据地，由车臣汗西向攻库，其粮饷储于车臣汗，枪械亦由东北运来，以其有绝大后援，故枪炮、子弹，取之不尽，用之无穷；且闻活佛向某国借款，以昭莫多金矿作抵。倘于东北中东路一带，严为防堵，以断其接济，则源自绝，源绝则处置较易。且蒙人平日无有存储，一经战事发生，兵士增加，畜牧者减少，外则交通阻塞，货物不入，内则消耗之路广，而生植之力缩，即欲自保，恐亦难以维持，此绝源之不可不注意也。进攻则分三路，曰西南，曰东南，曰东北。西南又分两路，一由绥远之归绥、包头出兵，逾大青山，向土谢图汗、三音诺颜汗交界北进，以攻库伦之西，复分兵西向，以入乌里亚苏台，此路惟大青山一段，崎岖难行，余皆平坦，可行汽车；一由新疆出阿尔泰，直抵科布多，以保西蒙。东南由张北派大队汽车，出兴化城，而至滂江、二岭、乌得、赛尔乌苏、叨林、驼骡盖、毛头沁以达库伦，按站接近，着着进逼。东北由黑龙江之海拉尔、满洲里出兵，直抵车臣汗之克鲁伦一带，以扫其巢穴，并由满洲里分兵，假道赤塔，经乌金斯克，以攻恰克图，而拊其背。其绥远、新疆、黑龙江之军队，久戍边疆，耐寒善骑，可用马队；张北出发之军队，载以汽车，略用步兵，特外蒙地大，须以骑兵为宜，况蒙地马群颇多，得马亦易。以东南路为中坚，东北、西南为两翼，取包攻之势，加之以飞机，空中探察，则边事尚可有为，否则不堪设想矣。吾国人于山东，于福建诸问题，则大声疾呼，力争挽救，而于外蒙，则置之不顾，岂以鲁、闽之地，优于外蒙，而以外蒙为无足轻软？不然，何其寂然无闻也？噫！

　　按右文系姜君投赠本会者，上篇曾披露于都中《益世报》，下篇则未。此文姜君撰于今年春，以今视昔，情势又略有变更矣。然其述失陷情形及扰乱状况，则固可资考证也。

编者识

《地学杂志》（季刊）
北京中国地学会事务所
1921 年 12 卷 5 期
（李红权　整理）

蒙古宣慰使那彦图为俄红军
扰乱蒙边电（十二月二十六日）

那彦图　撰

　　大总统，参众两院，国务院，各部院衙署，检阅使，卫戍总司令，卓索图盟长，贡亲王，蒙古王公联合会，蒙古旅京同乡会，报界联合会转各报馆，总商会，保定曹巡阅使，洛阳吴巡阅使，承德王巡阅使，天津王省长，各省各督军、督理、省长、总司令、省议会、商会都〔及〕各法团，承德、归化、张家口都统，上海护军使，《新闻报》转各报馆，福州镇抚使，长春电局转哲里木盟长，张家口都统转西林果勒盟长，归化都统转乌兰察布、伊克昭两盟长，承德都统转昭乌达盟长钧鉴：天方荐瘥，丧乱孔多，比年以还，邦人君子，每戚戚于阋墙之争，未暇远顾，而土地广袤、物产丰富之外蒙古，荡离析居，且数载于兹矣。彦图猥袭王封，世称藩服，常惧金瓯之脱，竟伤铜柱之移，老病侵寻，家山残破，黍离麦秀，无泪可挥。乃者宣慰膺命，惶痛集怀，为国为乡，责难旁卸，受任伊始，而俄蒙新协定及组织特别公司诸恶耗相继传来，惊愤之余，曾于十月元日通电各盟，一致反对，顾秦庭之哭，本乙会社之谋。弥殷迩来，治边红军，骤增巨额，棋布星罗，数逾十万，中东路已濒颠危，扎兰站又被袭击，外蒙一带，设关加税，苛敛横征，屠戮王公，等于草芥，劫掠商民，视同鱼肉。而库、乌、科、唐等处新来俄人，渐成村落，搜罗牲畜，敲吸货财，片语未谐，便饮弹而殒命，诛求或抗，全部落而为墟。近并明目张胆，发表宣言，既已暴露永占库、恰〔恰〕之心，又拟建设蒙古缓冲之国，得陇望蜀，虎视狼贪。俄人自实行共产主义以降，国内生产之力破坏无余，物质缺乏，达于极点，故决计吞噬满蒙，就食于我，且借为宣传其主义之根据地，联结东西俄之大枢纽，谋逞志于东方，足以对我之外交政策一仍其十九世纪来之诡诈手腕，绝未稍变。观于优林前次提瞳〔议〕与中国通商草案，共〔其〕第三十四条关系蒙古事项，多采自俄帝制政府时之《俄蒙协约》，足证新俄旧俄讨〔对〕我侵略俨瞳〔同〕一，标榜人道，适为人道之仇，昭揭大同，实乃大同之贼。势既若此，理难为喻。夫国家领土，尺寸亦所必争，况以蒙地形势而言，屏藩北塞，捍卫宗邦，蒙如云亡，中原必殆，故图东南，必先图西北，守外蒙，然后可守内部，历史具征，可为殷鉴。且五族一体，人皆有责，与其同室操戈，为同胞所疾首，何如一心御侮，为人类捍横流。彦图不材，亦侧闻世界潮流所届矣。风云账下，敢恃遥城大号之尊；鼓角灯前，早抱只手难扶之痛。方今生齿日繁，世患人满，而蒙疆旷野绵亘〔亘〕，漠然无营，设斯后故步，自知放弃，犹昔纵能拒苏俄之蚕食，亦难逃他人之鲸吞。诸公智珠在握，谈〔谋〕国素周，值此阽危之时，安得筹边之计，尚乞共策万全，急起以图。倘卫愜〔箧〕之有方，惟驰驱之是命。持节待罪，交布腹心。蒙古宣慰使喀尔喀车臣亲王那彦图。马。印。

《众议院公报》（不定期）

北京众议院公报处

1922 年 3 期

（李红权　整理）

规复外蒙疆土宜军事与外交并进论

李垣　撰

　　事有相因而成者，不明其相因之理，仅就其一端而图之，则症结益固，纠纷益多，徒劳而无功，欲速则不达，今日外蒙问题，与中俄交涉问题是也。此两项问题，就平常观之，一为内政，一为外交，判然其不相涉也，就其实际而言，则有相因之势，非先决外蒙古问题，而交涉不易告成，即使勉强告成，而外蒙古仍不能收回，交涉仍不能得圆满之果。盖中俄交涉，舍外蒙古外，其他皆属俄政府有利益之事，故以外蒙一事为要挟，以求外交之胜利。而外蒙古又托俄人为依庇，明知我国不以武力解决，仅在外交进行，俄蒙之勾结益固，中俄之交涉益难，而规复外蒙古，益不知其在何日矣。

　　俄人思占外蒙之野心，非一日矣，外蒙古之背叛，已三年矣。其始也，蒙匪与俄白党勾结，驱逐我官民，占据我城池，继则赤党政府，派遣重兵，联络蒙古青年，借剿平白党为名，事定之后，以蒙古为外府，屯兵不退，唆弄蒙人，使其独立，握其政权，统率其军队，垄断其路矿，互派代表，签订协约，竟认外蒙为独立国，以脱离我五族共和国。而横征暴敛，苛税繁兴，凡我国商民赴外蒙贸易者，无不受其鱼肉，汉蒙之情谊日疏，俄蒙之私交愈密，骎骎乎我疆我里，无收回之望矣。夫蒙乱初萌，其势固未炽也，而我国上下，频年以来，疲于政争，对于蒙事，既乏兼顾之实力，后〔又〕无一定之方针。初拟以兵力规复，而时机变迁，继欲恃口舌谈判，而岁月遽〔迁〕延，坐视失弃五千方里之地，而北部屏藩随之以撤，疚骨痛心，莫此为甚。且俄人对于外蒙既以独立国名义愚弄之，复以大蒙古之义煽惑之，宣传其"赤化"，隐肆其鲸吞，将来援助外蒙，窥伺内蒙，皆在意中。而东三省，三特别区，以及甘、新一带，处处堪虞，防不胜防，兵分力薄，来日方长，殷忧未已，不知何以善其后焉。故当此羽翼未成之时，亟图规复外蒙，则东隅虽失，收之桑榆，犹未晚也。

迩来我国对于蒙事，偏重于外交方面，夫岂不曰军事之行动，困难较多，若外交顺利，俄军尽撤，对于外蒙不加援助，蒙失外援之力，或生内向之心，不烦矢石之劳，收效樽坛之上，洵如是也，宁不甚善。顾苏俄近年，迭派代表来华，如优林、约飞、巴依开斯，皆无果而去，其无诚意可知。加拉罕来后，中俄交涉，渐见进展，又因种种原因，交涉破裂，是交涉一日不成，即蒙古一日不能收回，瞻望前途，旁皇中夜。夫俄之助蒙，岂真有爱于蒙哉？不过阴行其侵略政策而已。交涉未成之先，其助蒙无论矣，即使交涉幸成，而对蒙之播弄，对蒙之协助，孰从监察之，孰能禁止之，俄虽博撤兵蒙地之美名，我不能得收回蒙地之实惠，此又可断言者也。

愚以谓就敌情言，欲中俄交涉之胜利，必先定规复外蒙之计画，就国势言，欲收复外蒙之疆土，当以军事为外交后盾，以外交为军事之驱前〔前驱〕。二者并进，不可偏废。如此则军事之行动，固与大举征蒙不同，只须简率师徒，分三路前进，由呼伦贝尔沿克鲁河而西，为东路之师；由张家口取道滂江、乌德、叩林而北，或由绥远经伊克昭盟①，入三音诺颜汗而东北，为南路之

---

① 原文如此。——整理者注

师；由新疆入科布多而东，为西路之师。每路暂编骑兵一混成旅，由中央特派军事大员，并熟悉蒙情者，主持其事，陈师外蒙边界，相机进止。一面由政府与苏俄代表切实谈判，通知派兵接防之意见，隐示收复外蒙之决心。苏俄代表迭次宣言："俄国驻兵外蒙，专为防范白党，并无侵略野心，中国政府若有实力取缔白党，俄兵立即撤退。"我果预备接防，彼亦势难反汗，纵使彼方不顾信义，提出条件以难我，此时权衡利害，可容纳者允许之，无理由者，拒绝之。以军事为外交之后盾，交涉自易妥协。数年以来，师徒未曾征发，交涉徒托空言，俄人方藐视我国无图蒙之实力，以挟外蒙为奇货，今既失其所恃，或能就我范围。而蒙人素富依赖性质，平日惟信仰俄人，果见大军压境，俄国幡然变计，亦将易其依赖俄人之心，对于宗国而发生信仰。不劳血刃，收复北藩，岂非国家之福哉！

　或谓万一交涉依然停滞，谈判依然决裂，将如之何？不知我之驻军蒙边，原为接防，并非对俄开战，况俄经革命之后，苏维埃政府成立未久，干戈饥馑，无岁无之，国力久亏，元气未复，对于外蒙，虽有侵略之念，亦感控驭之难。加以列宁新死，群情动摇，急欲与我订约通商，希得粮食物品之接济，情已迫不及待。其所以久占外蒙者，原欲以肆无厌之求耳，计不得逞，遂衡其国中渴望接济之心，必当让步行成，决不至以接防问题，与我兵戎相见，是俄中战事，固无庸□过虑也。

　又或谓派兵入蒙，在俄即无问题，独不虑蒙人反抗乎？不知赤军占据库、恰后，竭力宣传劳农主义，服从者不过少数青年，其王公、盟长，以及蒙民，性近保守，惮于改革，而所尊奉之活佛，又事事受俄人之束缚，不能自由，大失蒙人之心，其不敢昌言反抗赤党者，慑于势耳。我若一面派遣素为蒙人咸服之大员，或倾心向〔内〕向之蒙人，先赴东西各盟，许以权利，示以笼络，活佛觉悟，蒙情自附，则军行无阻。虽少数青年，稍持异议，而政府对蒙开诚相见，则亦不虑其抗拒也。敢将此议，以质当事之筹蒙事者。

《边事》（季刊）

北京筹边协会

1924 年 1 期

（朱宪　整理）

外蒙收回实地巩固的方法

仁　撰

中俄会议争执之焦点，尤以赤军撤退库伦，为最要关键。将来和约告成，外蒙终有收回之一日，然收其名，而略其实耶，抑名实兼收耶，此系北门锁钥安危之长久问题，国人须大注意，不能不聊贡刍荛，以供热心边事者研究之预备。

外蒙林木富饶，土地肥沃，五金、皮羊之属，列强皆垂涎已久，使苏俄拱手退让，合浦珠还，我国对此先〔失〕而复得，遍地矿区之膏壤，必以尾间视之。屯田也，殖民也，调剂内地人口之过剩，吸收边围经济之来源，意非不善也。然宣统三年，俄向清廷抗议，第二项要求，有中国须与外蒙订约声明（甲）不驻兵外蒙、（乙）不在外蒙殖民等语。民国元年，今孙总理宝琦，充任外长，与俄成就此约，不将兵队派驻外蒙古，及安置文武官员，且不办殖民之举云云。蒙已先事预防，即使此约将来取消，而外蒙具此印相〔象〕，其疑鬼疑神之迷离梦想，犹必畏中华如畏虎，何也？惧其寸金山河，吮脂敲髓，以供汉族牺牲故也。夫外蒙以有限之财源，供内地无穷之欲望，耽耽〔眈眈〕虎视，背道而驰，势必局踏不安，益滋反侧如故，试举实例以证之。

民国八年，俄将谢米诺夫勾结内外蒙匪徒，议在海拉尔设立政府，统一全蒙，自立为国，曾有乌丁联合之会议。布里雅特者，隶属于俄，而与蒙古同种同教，诱蒙赴乌丁与会，托言俄境难居，欲移住外蒙，悉入版籍，实拟借此盘据蒙境，挟制其独立，抑知此等行为，适中蒙人所深忌。缘布人自命受俄教育，程度较高，轻视蒙族如无物，又常有越境占地游牧镣輵之事，外蒙倘与联合，势必喧宾夺主，令蒙无立足地，拒绝未允，盖亦自知联布愈亲，受害愈大，犹千金之子，盗贼拟之以刃，其不张皇错愕，挺身抗拒，以图幸免一朝之患者，未尝有也，外蒙何以异是。

且外蒙对于中俄宗旨之向背，其基因果何在耶？溯夫喀尔喀四都〔部〕，自入满清版图以来，清置大臣、将军、参赞等官以镇之，优游北鄙，相安于无事者，二百余年。清季派三多为库伦办事大臣，励行新政，如宪政筹备处、兵备处、巡防营，及交涉、垦务、商务调查、实业调查、车驼捐、木捐、总分各局等，俱系就地筹款，民力不给，上下自是离心。俄复暗中激荡风潮，随机鼓惑，于是我数百年奉命惟谨，不侵不畔之忠藩，突然宣告独立，揆厥渊源，外蒙之岐〔歧〕路徘徊，铤而走险也，可笑，亦可悲矣！

巴龙恩琴，俄之亡将游魂，累累丧家之犬也。退据库伦，税敛苛虐，以为反攻赤军之准备，情或可原，而赤俄兴堂堂仗义之师，以驱除白党为饵，外蒙饥不择食，揖盗入门。俄军始犹向华商会声明"此次进兵，只剿白党，已得中国允许，华军不日开到，尔等安居勿恐，决不扰民"云云。讵知其言则是，其行则非。借口军民一体，隔居不易融洽情感，竟废兵营，饬军分驻商民店宅，盖其用意，一以就食商民，一以监视行动，倘言语或信函有一二小点，译不通晓者，便指为谜语侮蔑意图不轨，往往被疑而冤死。于捐税则任意增加，与白党之残苛无二，且有甚焉。此正外蒙同胞茕茕无告之时，我国一旦收回，尤而效之，殖流民以蹙其生计之日穷，屯重兵以启其危疑之发动，一遇嫌疑，鸿沟立划，是岂长治久安，无诈无虞，五族一家之本旨耶。

　　我谓以外蒙幅圆之阔，物产之多，弃利于地，而不一开拓耶？抑谩藏诲盗，饵强邻之窥伺，任其空谷生风耶？曰：否之。武侯之平蛮也，七纵攻心。今外蒙屡经扰攘之后，非有孟获跋扈之雄，况受黄教渐浸甄陶，化桀骜为慈善之性已久，于元朝以杀伐为生之心，已付无何有之乡矣。故欲收其心，先顺其性，学校兴而平民知识开矣，铁路修而世界文明入矣，扩银行以活其金融，采五矿以兴其实业，则向者所弃于地之利，除妨碍其游牧生涯外，皆欢迎投资之不暇，而各项应行急办之新政，顺序具举矣；不然，紧行无好步，三多覆辙犹在，收其名而丧其实，是为苏俄驱鱼者也。海内贤达，未识以为然否。

《边事》（季刊）

北京筹边协会

1924 年 1 期

（赵红霞　整理）

苏俄意欲何为？

作者不详

外蒙增兵二万人

最近中俄关系上，问题最大者，即为蒙古撤兵与中东路收回。前据日人方面消息，言俄国对于外蒙，近来确有放弃之意向，而实行撤退库伦之军队，同时《华北明星》亦载称苏俄不久将撤退库伦驻兵，即加拉罕前接见某记者亦云：莫斯科政府拟撤退外蒙俄军，正式声明。吾人以为苏俄实行撤兵蒙古之期，或将不远。乃据最近消息，苏俄竟在外蒙增兵两万人，不知其意究欲何为耶？

《西北半月刊》

北京中华西北协会

1924 年 1 期

（朱宪 整理）

俄蒙交涉之英讯

——俄军举行示威运动

作者不详

东京电，伦敦《泰晤士》载里格通信曰：据莫斯科报道，嘉拉亨为蒙古苏维埃共和国之宣言，以作加盟苏联共和国之素地，苏维埃军队驻屯蒙古，虽不为蒙古人所喜，然过激派为要求继续军事上占领蒙古，近来已数次举行示威运动。缔结蒙俄通商条约，今尚在继续交涉中。莫斯科政府因骑兵供给乘马之必要上，极注意于蒙古马云。

《西北半月刊》

北京中华西北协会

1924 年 2 期

（朱宪 整理）

外蒙王公恳请冯军入蒙

作者不详

外蒙前经王公推举车林颇尔勒来京，向府、院、国会请愿，要求令知西北边防督办冯玉祥，即日派兵入蒙，并谓彼等愿任乡导，辞极恳挚。其原呈文，探录于下：

（上略）白宫正位，亦既半年，当百度维新之时，正下民苏息之日，又逢冯陆军检阅使，兼任西北边防督办，精细擘画，力策进行，将见巩固边围、保障外蒙，此实旷代难逢之良机，亦我外蒙人民之深幸，自当静以待命，何敢再事渎陈。无如俄国红党，勾结不肖蒙民，盘踞蒙地，野心勃勃，日甚一日，不独外蒙之祸，抑亦全国之忧，务祈大总统乾纲独断，俯赐令知冯边防督办酌派劲旅，即日入蒙。代表来自蒙疆，持有符节，窃愿力任向导，执芟〔殳〕前驱，并执照退驻蒙边，能战军队，秣兵厉马，起为内应云云。

昨政府令边防署与陆军部议覆，闻冯督办已与陆长会覆，略谓外蒙独立，非全由俄人诱惑，亦蒙人多所疑误，现在对蒙，须先使蒙人了解信服，且出兵有后援计画方可。若徒事远略，益生反感，恐非得计。故宜定步骤，由近及远云。

《西北半月刊》
北京中华西北协会
1924 年 7 期
（朱宪 整理）

苏俄增兵绥边

日昨外交部接到奉张来电：现在绥远边境窝里铺大乡屯一带，驻有俄国军队，计步兵、骑兵三团，炮兵、机关枪队各一营，并有铁甲兵车多辆，颇有备战之势。请向驻京俄代表加拉罕提出质问云云。

又日昨外交部方面接前方报告：绥远边境窝里铺大乡屯一带，突来俄国军队，计步骑兵三团，炮兵、机关枪队各一营，并有铁甲兵车多辆，大有积极备战之表征。而绥西、宁夏之间，近日股匪更大形猖獗，在包头镇以南，大肆劫掠。此项股匪，半系受红党煽惑，骚扰绥西，以图牵制内地法〔治〕安。而东北部满洲里方面，赤俄且有两路南攻之警讯，中东路北段岌岌可危。总计东北三省北部，及外蒙边境一带，遍布俄军已达十五万人。外蒙领土，几完全断送于俄人之手。若不预为防范，则俄人之势力，不日将渐伸于三特别区矣。又新疆西北部，亦为英、俄两国互欲染指之目的地。阿山道不啻为俄军之殖民地。塔城道尤时有俄军结队掳劫华人，当地长官无如之何。而英人则主疏勒地方，借口领馆换防，时有大批武装军士出入，新疆当局派兵拦阻无效，虽未肇何争端，然亦可见英人在新之野心不小矣。

《河南通俗教育报》（旬刊）

开封河南通俗教育报社

1924 年 5 卷 19 期

（李红权　整理）

苏联撤去外蒙驻军

西北边防督办公署注意

素昧　撰

苏联政府，以表示对华不侵略，对蒙无野心之诚意，不待中俄会议开始，即毅然自动撤去驻在外蒙之赤军，由加拉罕大使正式照会我国外交部。此事发生而后，中外舆论，虽不一致，然皆认为我国收回外蒙之绝好机会，则无可疑者也。收回之方法，吾人数年以来之主张，皆排斥武力压迫主义，而提倡抚绥感化主义。以地理言，其责任应完全归诸西北边防督办，今已时机成熟，不可不为积极之准备。政府尤当速以"事权、经费"从速划定，庶不致阻滞西北边防之进行。同时与俄国方面，当彻底谅解，使知我国本部对于外蒙，除纯用感化主义外，且于可能的范围，培养蒙人自治之能力，令与中央一致对外，杜列强侵略之野心。此系收回外蒙之根本方针，愿政府及西北边防督办注意。

《西北周刊·京报附设之第七种周刊》
北京京报社
1925 年 5 期
（丁冉　整理）

察、绥治匪之根本计画

设立六处以教养贫民　以粮食出境捐而筹经费

作者不详

察、绥两区，近年以来，几成为土匪世界。察、绥当局，有鉴于此，除派兵剿匪，先行治标之方策外，一面设立六区：

（一）恤老院。以收容无所依靠之老年人，与以衣食，教以工作。

（二）育婴院。以收容四岁以下之小儿，而抚育之。

（三）称孤〔孤儿〕院。以收容四岁以上之小儿，教以相当职业与知识。

（四）贫民医院。对于贫民施医，而预防流行疾疫。

（五）戒烟所。改良居民习惯，化弱为强。

（六）因利局。借贷资本于小商人，使之有所营业，而不取其息。

此项机关组织极为宏大，其一切经费，取之于粮食出境捐，严定规程，不许分文挪移。舆论甚为赞助之。

《西北月刊》

北京中华西北协会

1925 年 23 期

（丁冉　整理）

收复库伦办法

——先派专员赴库调查

作者不详

收复外蒙问题，当局以中俄会议不日开议，事前亟须由关系各部、院，会拟一切实办法，始可正式派员前往接收。因以外交、内务、财政、陆军、交通五部及蒙藏院，前曾开会一次，协议收复外蒙办法。金以外蒙形势，极为复杂，而库伦地方，距京又远，其中真相如何，尚欠明了，若遽简派正式大员前往接收，则一有障碍，诚多未便。因议决先行派人员赴库调查，俟外蒙政府表示意见后，再由中央政府颁布明令，正式派一大员前往接收云。

《西北月刊》
北京中华西北协会
1925 年 23 期
（朱宪　整理）

规复外蒙之意见

李垣　撰

李君曾学于俄国大学，通晓俄文，旧任科布多办事长官，代理镇抚使，为政界中熟习蒙情之人物。此文乃其拟提出于善后会议之理由书也。

俄国自革命后，赤党之共产主义，弥满全国。旧党失势，亟图恢复，遂与蒙人勾结，欲借库伦为根据地，以冀反攻赤党。民国九年冬间，俄旧党进攻库伦，我驻蒙军队，以众寡不敌，败退。俄旧党将活佛哲布尊丹巴拥去，资以号召全蒙。其时新党亦包藏祸心，在恰克图引诱蒙古青年为之内应，派遣重兵，剿平旧党，乃事定之后，竟视外蒙为外府，索粮草，取牲畜，暴敛横征，无所不至，言之痛心。垣等奔走号呼，几经五载，乃《中俄协定大纲》始于上年五月三十一日成立。该协定第五条第一项规定，苏联政府承认外蒙为完全中华民国"领土"之一部分，及尊重在该领土内中国之主权。同条第二项又云，苏联政府声明，一俟有关撤退苏联政府驻外蒙军队之问题，即撤兵期限及彼此边界安宁办法，在本协定第二条所定会议中商定，即将苏联政府一切军队，由外蒙尽数撤退各等语。是其承认外蒙为我领土，允许撤兵，载之协定文中，已成铁案。现驻库之俄军，虽已由俄使照会我外部云，驻库俄军残部，现已全部移驻恰克图，准于本年五月撤退回俄等语。然库伦之俄兵虽撤，而唐努乌梁海之俄军，又与蒙人勾结，节节进攻，窥我新疆，已非一日。近又有在恰克图增兵一师之举。果如此，则俄无交还外蒙之诚意，已可见矣。此应催政府速开中俄会议，据理力争，以保疆土。期不达该协定之所承认与〔而〕不止，务将我领土及主权完全收回，以重屏藩也。

查外蒙自民九变乱后，俄人竭力宣传共产主义，诱惑青年蒙人，采用劳农制度，订定宪法，组织政府，铲除王公阶级，一切政权，操于俄人掌握。并设内防处，对于王公疾视甚深，其有稍思内向者，一经查出，非被监禁，即没收财产，驱逐出境，甚至有枪决者。对于旅蒙汉商，检查尤严，惟恐其与中央暗通消息。据此情形，我政府似宜稍变政策，俯顺青年蒙人心理，因势利导，宣布对蒙方针，允以不干其内政，俟中俄会议解决外蒙问题后，特派熟悉蒙情大员，从事接收，以免冲突。一俟接收事竣，彼此相安，然后徐图挽回狂澜，从事治理。

外蒙广漠无垠，出产丰富，内地人民，每以行旅之艰苦，裹足不前，以致难于启发。今若由平地泉直接恰克图，敷设铁路，计程不过三千里，路线率皆平坦，建筑之费，轻而易举，工程之速，年计有余。近年水旱频仍，哀鸿遍野，有此懋迁之所，其不肩摩毂击而趋之若鹜者，吾不信也。民乐迁地为良，而国获实边之效。交通既便，商业自兴。况其地与俄比邻，有事之时，军运亦易，增国防之巩固，杜外族之侵陵。此路告成，再添纬线，东自呼伦贝尔起，横亘经过库、乌、科、迪而至新疆，则东、西、北三面之声气可通，而蒙、汉、回各族之感情自洽，文化有灌输之会，民智有开展之机。此关于外蒙交通者也。

外蒙地方，向来无金融之可言。从前之所谓金融者，即俄之纸卢布是也。俄以纸币充满全蒙，蒙之物产，被吸殆尽。前虽设有中国银行支行，然因交通不便，总行不肯多投资本，营业不甚发达。及至俄乱发生，俄币等于废纸，汉、蒙商民，损失不可胜言。

如政府接收外蒙，举凡修筑铁路、移民实边、开垦采矿诸大端，在在需款。亟应募集资本，设立银行，如此则周转既灵，百政自然易举。此关于外蒙之金融者也。

外蒙人民，愚鲁无知，数千百年，毫无进步。揆厥原因，即无教育所致。积重难返，其势使然。故普设学校，乃为当务之急。今宜于库伦暂设大学一处，各盟各设中学一处，以崇教育之体制。而小学更宜多设，使有普通之知识，聘内地之品端学粹者为之教授。优其俸给，宏其奖励，俾专心任事，免作辍之时形，久之则渐吸新潮，涤除旧染，学力富则知识远，文语通则隔膜除。试观晚近蒙人之所以倾向于俄者，以其多习俄国语文，甚至有留学于俄者。假令移彼就此，又何难明取舍之途，就祖国之范乎。此关于外蒙之教育者也。

外蒙地大物博，黄金、水晶、石炭等矿甚富，而荒榛之地，极目无垠。内地有人满之患，外蒙则地广人稀。挹彼注此，诚可弭乱之源。调盈剂虚，更为均富之道。果垦矿同时齐举，斯利源并蓄兼收，数十年后，外蒙荒凉土地，必变为今日之东三省矣。此关于外蒙之垦矿者也。

《国闻周报》
上海国闻周报社
1925 年 2 卷 7 期
（李红权　整理）

关支队长攻克准葛尔旗之经过

作者不详

军界消息云，我军经关支队长颖凯占领河曲后，蒙匪即逃奔老窝杨家湾，关支队长复又率队过河，联络陕军，猛力追击，夺回器面一百余包，当即送交河曲支差局，妥为存储。一面与杨知事处置安民一切事宜，河曲赖以肃清。旋奉令开赴偏关，于十七日复奉令率队进驻老鲁堡，任乃河堡以西防务，并肃清韭菜庄、窝老牛坡一带土匪。二十三日，奉令集中河曲，进攻杨家湾之蒙匪，惟由老营堡出发之时，适值大雨滂沱，山路泥泞，履步维艰，又兼山水暴发，士兵过河十几道，均皆赤足荡渡，间有脱裤而行者，驮骡被水冲倒，行李淹没水中者不知凡几，其苦不堪言状。二十四日下午，直抵河曲。此次强行军，昼夜行一百八十里之山路，仅用二十四小时，即达到目的地，其行军之强可知矣。又编为左支队〔队〕，向杨家湾进攻。关支队长抵河曲时，先招集所部各官长，晓以行军、战斗之要义，并谕令转饬士兵，务各严守军纪，如有不遵，即以军法从事。二十六日下午十一钟，该支队完全渡河西岸，休息三十分钟，即由大河口村，用夜行军出发，安靖如常，秋毫无犯，天明至巴仑沟，稍事休养，即复前进。行至古城之南，探知该处有敌兵二千余，占据古城一带，前后三道防线。关支队长乘其不意，用三面包剿之法，猛扑敌阵，并用大炮轰击，敌随丧胆溃退，派代表前来求和，并言该方以后决不抵抗。当由关支队长提出三大条件：（一）缴械；（二）赔偿损失；（三）谢罪。三者缺一，固无求和余地。该代表即回杨家湾与该方交涉以上条件，关支队长仍率队前进至佛路峪村，搜获敌人地窖，存粮二百余石、干草二万余斤。此时该代表又随蒙府之大公子台吉前来妥商，关支队长还是要将前三条件非达到目的不可，该公子似觉不能作主，还得商之乃父。二十八日上午一钟，该代表随老公爷那来达赖到村云："第二、三条件，均能办到，惟缴械一节，现在奇子俊已率部分住杨家湾各处二三十里，还得与之商议。"言语似觉支吾，关支队长限至上午十钟，若无回话，即向杨家湾攻击。一面通知侯右支队，互相连络，分途痛剿，一面将西方高山即前方要点占据原地。是夜天气甚寒，官兵仅以干粮充饥，兵士皆忍耐用命，警戒森严，毫无懈怠，至九钟时该方仍无回报，关支队长即率部速进。彼时该敌已退至西北高地据守，关支队长即派程营长率领一部，由山路包围该敌，自率主力军直捣杨家湾，布置妥当，陈炮欲轰。该蒙公惊恐异常，抱首奔来，面求只不开炮，无论何事，皆能承认，惟缴械一事，以所属部队，闻我军到时，已向西北逃散，一时不易招集为辞。当此时，关支队长接我追击部队报告，敌见我军，即行乱窜，我以炮火轰击，即不敢再行奔逃。斯时奇子俊由远方派代表胡某前来，声称情愿缴械，惟不可过于逼迫，恐再逃散，并须有乃父手信为凭，方能缴械。关支队长即派罗副官及手掷弹队刘营长赴该敌家中，逼令蒙公写信，着人去后，不见回音。迟至二十九日上午七钟，勒伊书信五次，方缴到杂色步马枪二百七十余支、子弹七千八百余粒，还有刺刀、子弹带及军用品多件，并令该蒙公将我方要求之条件，书条约一纸，以免日后反悔。交涉完毕，已届下午三钟。六钟李司令即到杨家湾，当由关支队长将经过情形，逐一报告，并将敌人所缴枪弹等件，悉数呈缴司令部，分发各营连收用。现闻关支队在杨家

湾一带，对于地方财产，无论一草一木，均不准妄动，纪律严明，
商民均各欢迎云。

《来复》（周刊）

太原山西来复报社

1926 年 410 期

（李红权　整理）

蒙古与俄患

白驹　撰

　　昔林文忠公有言：异日为中国之患者，必为俄国。道咸以后，每次外交失败，殆无役不有俄人直接间接之关系。其居心谋我，狡焉思起，固不待惊动全国之鸦牙〔片〕战争，更无俟乎劳师远征之新疆问题。清康熙时，俄人要求互市，爰结《尼布楚条约》。一八五八年复订《爱珲条约》，黑龙臣〔江〕以北让地数千方里。《天津条约》成，俄使以调停有功，得乌苏里江沿岸之割让。一八八〇年我国西北有回教之乱，俄因派兵强占伊犁，因订《因尔扎条约》，以霍尔果斯河为界。中日战败，朝廷疲于赔款，俄"蔡"命俄法银行以四分息应中国初期公债一亿两，换得西比利亚铁道通过吉、黑二省之权。华俄道胜银之契约未几成立，借口《东清铁道会社条约》，而攫得满洲之采矿权及警察权。一八九八年俄舰队驶入旅顺、大连，要求租借，因开各国强占租借地之局。东清铁道之附近，哈尔滨之四郊，分驻俄国重兵。《英俄协约》，划蒙古为俄国之势力范围。民国成立，勾结蒙古活佛独立，订立《俄蒙协约》，自是而蒙古不啻俄国一附庸矣。此俄国帝政时代对华之外交，起于黑龙江、乌苏江里〔里江〕沿边，而终于窥蚀蒙藏。一九一七年俄国大革命推翻专制，建立共和政体。同年十一月二次革命，共产党人秉政，宣言对外政策，一反从前俄皇侵略主义而易以平等之原则，且宣布从前俄皇与中国政府所订之条约一律取消，以博国人之好感。一九二二年中俄会议开始，除妥议若干条之《中俄协定大纲》及附件，迄未有若何具体之结果。东路俄员之专横，库伦及蒙边之俄兵，依然保持其旧帝国时代之态度，未尝稍变。欧战以还，俄国内几经大兵，屡遭饥馑，其在亚洲之势力澎涨，东遏于日，西制于英，所得任意宰割者，惟此蒙古之肥耳。故今后俄国国内之政体无论如何变更，其于蒙古之不能放松，有必然者。其与外蒙最近订立之条约，大要如左：

（一）外蒙当局须宣告一切森林、矿产及土地以后均归国有，凡无人占有之土地，均给蒙古贫民及俄国农民居住、耕种。

（二）外蒙天然富源，禁止私有，一切矿区，许俄国实业家雇用蒙人开采。

（三）金矿事业，归俄国工会及工团承办。

（四）聘请俄国专门家入外蒙政府，以资指导。

（五）依苏俄政府之建议，外蒙政府一切职权均归人民政府之行政部施行，先设立一革命委员会及军事委员会，再召集议会以便制宪。

（六）允许苏俄军队驻扎于外蒙，协助蒙人保全领土，以御中国。

又依本社转辗所得之新疆督军扬〔杨〕增新密报苏俄与外蒙所订法规二十三条，则尤可注意者。兹节录其重要条款如左：

（第六）蒙古国掌大权手持红旗，誓以生命交敌人，办事始好。

（第十三）蒙古与苏联同盟，如因边界两国人民间有纠葛时，则两国断绝国际关系。

（第十四）苏联人民须学蒙文，蒙人须学苏联文字，哈萨须学蒙文及苏联文字。

（第二十二）苏联与蒙古双方同意，于蒙古十一年、苏联二十一年以后，两国有何事件，和平相商，以前条约所定大小各事一律取消。

就以上两种条约观之，其狠毒有如"二十一条"，而机巧则犹过之。不出一世，蒙古之不为朝鲜、安南者，其间不能容发。世之膜拜斯拉夫人者，远观数十年来之往事，近鉴北京、广东之阴谋，可以黄梁〔粱〕梦熟矣。

太平民曰：八十年来之外交痛史，就客观言，英、法、俄、日皆割我藩属、侵我国土、夺我经济及政治上种种权利之敌人也，然就主观言，我之藩属、我之土地、我之种种利权，何以不能善自护持而一一为人所攘夺？律以"国必自伐而后人伐之"〈之〉义，则我国民今后舍求己自奋外，无他道矣。故昔年之热烈排日，去年之热烈排英，最近之热烈排俄，均非自争存立之道。然立于排俄之对方而热烈联俄，亦岂中正之道？白驹君之论，殆只为迷信主义高谈亲俄者发乎？

《太平导报》（周刊）

上海太平导报驻沪通讯处

1926 年 1 卷 23 期

（李红权　整理）

西北军成立蒙旗民兵训练处

出自蒙旗民兵总管之请求，派遣军官担任训练

作者不详

察、绥两区蒙旗民兵领袖，前请愿西北当局，愿将所属蒙旗骑兵，协助西北军，归西北当局调遣，维持地方秩序，共同救国。

盖察、绥蒙旗，原各有骑兵五六千名，散在各蒙旗，维持秩序，现在察、绥两区虽无匪氛，而军队分驻各地，未免有分前方战斗之兵力。蒙旗民兵对于西北军救国救民之主义，深表同情，故请将其原有民兵，加以训练，用于协助维持秩序，以便后方兵力加入前方，俾战事得迅速了结。又宋哲元总司令在热河时招得蒙兵五千余，为某君统率，随宋退察，近亦已决定与察、绥蒙旗兵合作，采取同一行动。惟闻西北当局，因西北军二十九万健儿，维持现辖之地方，保护现辖之人民，不论对土匪、对敌军，皆游刃有余，毫无可虑，本可不必出此。但以各总管情殷协助，甚为嘉许，故特在察、绥两区各成立"蒙旗民兵训练处"一所，由当局派遣得力军官，担任训练。其由热河撤回之官兵，则在多伦之卓明牧场办一"热河蒙旗民兵军事政治学校"，造就下级军官，以期将来能自行训练，察、绥两区亦将继续设办。

绥远蒙旗民兵训练处，即以奇子杰君担任，热河者由乐景涛司令担任，察区尚未选妥。至其训练之设计程序，须训练处成立后，始能规定。目下当局方面之拟想，大约为分期训练，譬如一次为

三千人，每期为一个月，则下月另送千人来处，以期训练及地方事宜，均不偏废，同时逐渐成为有用之精锐。

　　闻某总管对于西北当局此种计划，颇为欣幸，以为如此机会，可使蒙、旗、汉三族彻底合作。盖西北当局虽未允诺其原来之要求，而所得结果，其有造于蒙旗人民，殊有倍于允诺彼等之要求。使从此努力进步，共同救国，固西北当局之愿也。

《西北汇刊》（周刊）

张家口西北汇刊社

1926 年 2 卷 26 期

（马小勇　整理）

黑交界呼伦贝尔事变的真相

雪冰　撰

喧传尘上已经好久的蒙古问题，这次在呼伦贝尔爆发了，外蒙古已经有其苏俄保护或属辖的"赤化"独立政府，大概还有好多人们未曾知道罢。鲍罗庭到蒙古担任远东的宣传煽动，都是事实呵！

呼伦贝尔事变的发生，表面上好像仅是内蒙青年团（CY）代表争委员制，向呼伦副都统贵福请愿被拘，在请求撤换贵福、释放代表条件之下引起的暴动。在实报纸载的所谓："某国派人大肆鼓煽，暗助青年团，勾结蒙匪，策画军事，冀图扩大风潮，为出兵北满之借口"；"外蒙赤卫军受迫捕拿，破坏铁路割断电线，鲍罗庭暗中指挥，共产果四处埋伏……"；"日本谓自苏俄主持"等等，这都不外是苏俄埃赤色帝国主义侵掠的行动，共产党"暴动捣乱破坏国民革命"的事实。

同时，"贵福的日本顾问献计向南满路日军借兵，日本出兵两师驻扎南满，苏俄称系日本操纵"等等，这也不外是白色的日本帝国主义者侵掠满蒙野心的表现，与苏俄权利冲突的斗争。

总之，人为刀俎，我为鱼肉。呼伦贝尔的事变，姑无论其即时平息或更扩大，其为赤、白色帝国主义者之宰割、压迫、侵掠中华民族，妨碍中国统一则一也。"国难未已，外患正殷"，这就是事实上的表现，我们不可因为对美、英、德的外交顺利，而忘却日、俄外交的严重局面。日、俄任何一国的阴谋侵略，都可灭亡中国，葬送国民革命，我们岂能再不醒觉，只是睡梦沉沉！

《血花》（周刊）

南京黄埔同学会训练科

1928 年 2 期

（李红权　整理）

呼伦贝尔扰乱之真相

尊侠　撰

红俄之深刻企图

呼〈伦〉贝尔独立运动，前曾派军队镇压，一时喧传妥协进行，不料后竟宣告停顿。今则闻其协议，亦因而决裂，再取军事行动，进为独立计画。惟据最近消息以观，则呼伦贝尔此次独立黑幕中之操纵者，实大有人在，即红俄是也。举其大要如下，亦可明红俄扰乱我国边境之真相也。

呼伦贝尔独立运动团体之方针，据彼等现所主张言，脱除中国羁绊，先计呼伦贝尔之独立，次则与外蒙结合，即由外蒙驱逐俄国势力，于兹建设完全之蒙古共和国。即令本运动终于不成功，亦欲于对中国继续反抗，其所执之手段，则为破坏国际铁道，即于中东铁路西部线，兴安岭山内有中国警备责任地，不绝破坏，使中国疲于奔命云。然此次起行运动之主体，则为内蒙古青年党与长海拉尔政厅成德及俄人合同之一派，则彼等受劳农指挥，出于及〔其〕使嗾也，不难推知矣。至于红俄之所以如是者，实有一深刻之企图。盖红俄所恐者，实在中东铁路之收回，即对于中东线之国际管理说，痛恼其神经，本运动之目的，亦在中东线。被〔彼〕等因该铁路线之破坏，向中国声明反抗表示者，足以语此中之消息也。根据鲍罗庭之策动，美利尼科夫之对蒙军器运输，均为事实，莫不为红俄之画策指导。此次呼伦独立运动，前曾由黑军（黑龙江）屡报告于张学良。在七月末，内蒙青年党集合于他木斯科布拉克。关于内蒙古统一、蒙人自治等，发通告于海拉尔副督〈统〉公署，若其要求不能见容，则据以库伦、桑贝子为主之干线，实行军事行动。更计画东北进而〈至〉于满洲里方面，东南进而至于甘珠以东方面地带，此一面均为劳农军队有力之进出要道，实有注目之价值。

再观中国方面情况，仅于此广漠地域，配置黑龙江第十八师一部于兴安岭以西铁路地区内，兵力仅不过四千内外。因而铁路线以外之地区，所谓他霍里族、布利亚到〔特〕族、欧罗托族（以上音译）等蒙古族之土著地域，虽有旗制，然中国威令，全有鞭长莫及之势。又现时海拉尔右厅长派卡帕几、左厅长成德及海拉尔副都统贵福，皆为蒙古人。派卡帕几与贵福，老朽昏庸，毫无气魄，毋宁为保守派。然左厅长成德，执青年党牛耳，与红俄有密接关系，全在甘于颐使之下，可目为此次扰乱之中心人物，常于红俄露骨之后援下，欲夺回呼伦贝尔自治权者也。

《扬子江》（三日刊）

上海扬子江三日刊社

1928 年 3、4 期

（李红权　整理）

呼伦贝尔的形势与乱事的内幕

郝伟光　撰

呼伦贝尔的面积约一万平方里，人口约六万余。其种族因与外蒙毗连，故颇庞杂。以满洲里为中心，在铁路沿线居住者，有素伦族、达胡力族。在三河方面，则以鄂伦春族为主要。各民族中比较进步的为达胡力族。该民族通蒙古语，懂汉语的甚少，宣统三年曾宣布自治，至民四十月中俄协定成立，改为特别区域，施行自治制度，民八取消自治，直辖于黑省。就经济上观察，俄人对于该地素为重视。此次呼伦贝尔受俄人及日人之唆使称乱，于十四日占领黑边的呼伦贝尔车站，十五日更向海拉尔地方进迫而与万福麟军发生冲突，万及黑河镇守使均在海拉尔指挥，十六日海拉尔以西车站六所均为蒙人破坏，铁路、铁桥亦然。此次战事外蒙政府亦在暗中指使，蒙匪中竟有俄人在中指挥。据最近消息，万福麟已增加三团兵力从事讨伐，以谋彻底解决。又张学良有电至平，谓蒙匪现已次第逃溃，该处乱事即可解决云。哈、满交通自十五日停止后，廿一日即已恢复。由是可见，该处骚动已渐平静，但是近日日方各通社讯〔讯社〕及报纸仍作恶意的宣传，存心煽动，以为日本增兵东三省之借口。

《军事杂志》（月刊）

南京国民革命军军事杂志社

1928 年 4 期

（李红权　整理）

呼伦贝尔事变纪闻

郝伟光　撰

呼伦贝尔此次事变，系内蒙推翻王公运动。内蒙国民党代表哈巴克尔沁，劝告呼伦副都统改委员制，贵福阳允赞成，阴藏兵警，邀青年党员开会，及期，同时拘捕。内蒙党员大愤，联合群众赴海拉尔附近。是时副都统已调万福麟、山英额之军队到海，并由日顾问及谢米诺夫旧部赴南满请兵，一方内蒙党员亦向外蒙请兵，遂将呼伦站占领，要求贵福下野，并释放被捕党员。

又讯，军〔蒙〕古军一千五百名，占领黑边之呼伦贝尔站，十五日更向海拉尔进追，业与万福麟骑兵军队发生冲突。东铁与西北利亚之联运车已停开，万福麟、吴泰来及黑河镇守使巴英额，均在海拉尔指挥防堵，蒙古青年军侵入省境，形势殊不容乐观。闻呼伦贝尔独立运动之原因，系蒙内〔内蒙〕青年党决行内蒙之独立及自治。刻其党员正在纠众至呼伦贝尔一带，大事宣传，势将成极东之重大问题。黑北交通，完全断绝，海拉尔之外商，纷纷逃赴安全地带避难。

《军事杂志》（月刊）

南京国民革命军军事杂志社

1928 年 4 期

（李红权　整理）

呼伦贝尔乱事记

我国国际间，迭受各种色素的帝国主义所压迫，尤其是苏俄的赤色帝国主义和日本的灰色帝国主义，面面针对，如在笼城。若谈起来，是何等伤心疾首的事件呢。

满蒙协定，是敌国伙作的危险之阴谋，鲍罗廷煽惑外蒙政府，作南侵的准备，其实和田中义一之军阀政府，把济南作为刽子手的屠宰场，同是一样杀星，所以八月十七日，蒙古赤军占领呼伦贝尔的事变，做济南杀劫上的反应炮声，越发惹起世界所注视了。

一　呼伦贝尔的疆域及其形势

呼伦贝尔，属于黑龙江之一部落，内兴安岭迤西的地域就是了，山势恰像弓形，蜿蜒一直到厄日尔岭为止。

东境　与黑龙江区、墨尔根区、布特哈区为界，长径约一千六百华里。

北境　沿额尔古纳河与俄领西伯利亚萨拜喀勒为界，西伯利亚铁路，由满洲里入境，至舒都车站，以通过内兴安岭。

西境　与外蒙车臣汗部、乌尔托克鲁伦为界。

南境　与外蒙车臣汗部、乌拉圭、麻达喇为界，贝尔池即其分界线。他的境内，若衣襟形，南北斜长，山脉交错，呼伦池、贝尔池均在其境内，并合称它为呼伦贝尔。

种族为布利亚雅德［克］人，日人称之为鄂鲁春人，南方汗大凯为新青年运动的中心地了。

二　外蒙赤军之侵入的所由来

苏俄向来鼓吹"赤化"中国的计划，原以标示扶植弱小民族独立和自决，为宣传之材料。兹据呼伦贝尔南方布利亚雅德人所谈，七月中旬，俄人曾在桑贝子与外蒙政府方面及呼伦贝尔之青年派间，举行重要会议，遂即在该会议中，议决乘刻下东三省政局未定之际，实行将呼伦贝尔地方及外蒙相合并，以达其多年之宿望。自库伦向桑贝子输送之武器，早于本月十日左右，已经运竣，已向托庄齐古苏及乌吉木真转运。又七月十日抵桑贝子之蒙军约七百名，其中四百名开赴〈托〉庄齐古苏。

三　全蒙青年团之革新潮

内蒙古之文化程度，较外蒙为后，一般人民智识甚低，初不了解独立自治，而官僚、土豪，素极横暴，人民非常痛苦。近年以来，受外蒙人民政治运动之刺激，逐渐发生政治意识，内蒙青年之留学国外者，于去年组织内蒙青年联盟，与外蒙联络，但主义上有所不同，未能切实合作。青年联盟之目的，除增进文化外，以政治运动为主要对象，此辈青年均系留学西欧及苏俄者，而其一般的主张，以民族主义为中心，统一内外蒙古，建设独立国家，乃其最高目的。外蒙青年内固不乏共产党徒，热烈崇拜苏俄，但多数对内蒙青年之民族的主张，咸表同情，至最近遂成立谅解，促成内外蒙两青年团体之联合。关于政治，其主张约有三端：（一）组成独立自主之国家；（二）联合外蒙反抗华、俄之侵略；（三）脱离官僚、武人之支配。内蒙青年联盟筹划蒙古独立运动，为时已久，此次乘东省混乱之机，乃招募民兵起事，除外蒙政府援军及内蒙保卫团之外，其他均系农民及猎夫，以青年中有军事智识者指挥之。

四　八月十五日之海拉尔的骚动

呼伦贝尔南方，以汗大凯为中心之一带，发生内蒙青年党运动，图谋排斥旧人物，而树立一种之新势力。又阿拉善电称：蒙军十五日午后突如出现于海拉尔方面，将宜立克都并乌诺尔站中间之铁路拆断，占领该地一带，同时掠夺中外人，及旅客之家畜、财产，因此居住南部之蒙古人移住外蒙古避难者不少，尤以汉大凯地方为甚。

五　奉方对于平乱的所闻

内蒙境内驻有外蒙兵共约一旅，其素质较为勇敢。苏俄供给内蒙青年党之步枪约三千枝，一个月已输送完竣。张学良已将海拉尔事件，委万福麟解决，为应援黑军起见，拟将第三、四方面军抽调若干前往，一面为备万一起见，将第三十二师之主力，移驻洮南，以取应援之势。

六　黑蒙两军激战于满洲里（参看战图）

哈尔滨十八日亚洲电云："蒙古红军，自十七日占领海拉尔以后，前锋部队约一万人，沿中东路以东之沿线，直向满洲里之黑军阵地，施以猛烈攻击。在该地之黑军，正面由万福麟指挥，右翼为吴泰来统率之吴俊陞旧部，左翼配以吉军二千余人，作为准备队，奉军驰援之两旅军队，集中于中东路各站。十八日拂晓，黑、蒙两军又在满洲里激战，万福麟以此役关系东三省门户，尤为黑省之锁钥，亲冒火线，鼓勇前进，蒙军来势亦极凶猛，致两军死伤甚巨。吴泰来所部，拟迂回从乌纳尔之西，包围正面蒙军，然以爱克尔多及乌纳尔均为蒙军所占，右翼防线，颇受影响。张学良直接统率之邹作华炮兵，已于十七日奉命急向黑龙江转赴前线开拔云。"

又电："内蒙红军在呼伦贝尔倡独立运动后，声势猖獗，万福麟军由海拉尔引退，两军已在满洲里相持，激战甚烈。海拉尔以西各地，若尔克多〔爱克尔多〕、乌纳尔，均为蒙军所占领，蒙军大部集中于哈尔滨西北之尼勒尔诺地方。"

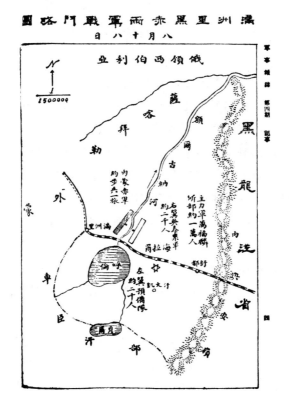

东方社哈尔滨十七日电："顷据十七日午后二时札兔公司顷接电报，哈尔滨西北乌布诺尔地方突出现蒙古骑兵，与警戒中之华军冲突，因此哈尔滨、满洲里列车遂停止开行，中东路方面亦认有此事。白音太拉有奉军二旅，因外蒙军侵入海拉尔，奉命开赴满洲里。"

电通社哈尔滨十九日电："黑省当局表面虽似颇轻视呼伦贝尔事件，而内心则异常忧急，张焕相虽宣称该事件，系出于共党之运动（？），现该方面，既有相当多数之黑省防军，且万福麟亦复亲赴该方面指挥一切，当不至更有他虑，而实则对于该事件颇抱不安之念，现正与日本方面协商应付方策中。"

七　日本浪人究为操纵乱事的罪魁

日本人专以挑拨中国乱事为惟一的目的，对于此事，竟做反面文章。据电通社哈尔滨十九日电云："赤俄当局关于呼伦贝尔之独立运动，声称该项运动，系呼伦贝尔方面之布利亚雅德民族，为期脱华人羁绊而独立，故毅然出于是举。且谓苏俄暗与该项运动有关之说，乃出于日本之宣传，不足置信。盖关于满洲问题，日本现极为世界各国所注目，故拟利用该方面发生此种事件之机会，以图转变世界各国之注意，遂特作此类夸大的宣传。"又据复旦社通讯云："自呼伦贝尔问题发生后，北平方面，曾有电致张学良探询真相，昨得覆电，谓海拉尔方面前有少数浪人发炮作祟，现经万福麟司令率兵坐镇，该匪等已次第逃溃，该处乱事即可解决，请释廑念云云。"

又据北平十八日电云："教会得呼伦贝尔电讯，此次事变，系内蒙推翻王公运动。内蒙国民党代表哈巴克尔沁，劝告呼伦副都统改委员制，贵福伴允赞成，阴藏兵警，邀青年党员开会，及期，同时拘捕。内蒙党员大愤，联合群众赴海拉尔附近，是时副都统已调万福麟、山英额之军队到海，并由日顾问及谢米诺夫旧部，赴南蒙请兵，一方内蒙党员亦向外蒙请兵，遂将呼伦站占领，要求贵福下野，并释被捕党员。美人所得消息，亦与此相似，日人则谓外蒙侵掠北蒙，且有俄人指挥，但英、美要人，谓此事不久可平息。"

然日本报纸，认此事谓"海拉尔之蒙古青年代表实谋此次之独立运动，出于民族自决，断未受赤俄之援助"云云。据此则他的幸灾乐祸的思想，尤其水落石出了。

八　满洲里、哈尔滨间交通已恢复之又一说

东方社哈尔滨十八日电云："自本日起，满洲里、哈尔滨间各交通已全恢复。万福麟言，呼伦事件，不至扩大，惟为将来计，已决意彻底讨伐。"

亚洲社通讯云："蒙军扰乱呼伦贝尔（黑北）一节，昨日外人方面传之过甚。兹据奉天十九日电讯，该项蒙军于十七日晨曾一度突冲满洲里附近，旋被万福麟部之第一师骑兵，施以猛烈防御，激战四小时，当即击退。奉、吉大部军队，为声援前线阵势起见，已在迅速输送中。张学良以蒙军实力有限，不足为虞，已于十八日急电万福麟，负责剿灭，并严令彻底讨伐，以保三省安全。惟苏俄、日本两国商人，订有密约，令接济军火。哈埠曾发觉日商某，向蒙军军事机关密运军械，俄当局明知之，而默许其密输，并不没收。交战中，蒙军军械被万福麟部缴收者，均系日、俄两国所造。蒙军之大部队系骑兵，颇勇敢有秩序，为数无多，不过四五千左右，除正式军队六十骑外，其于〔余〕系乌合之众，必不能持久抗战。然此次事件，含有民族运动之意义，则为不可漠

视之事实。望吾当局速行设法，以三民主义灌输蒙族，俾诚心内向，在青白旗下共享乐利也。"

总之，呼伦贝尔，完全是中华民国的领土，不容任何种外力，乘间侵掠。黑龙江已自由悬挂青天白日〈旗〉，自然受国民政府军政大权所支配，记者〈以为〉为尊重领土计，应由国防会议，妥筹收复内蒙的作战计划。卧榻之旁，岂容他人酣睡？对于呼伦贝尔汗大凯的骚动一件事，要牢牢记着，做济南屠杀的反光镜，看看内面的光线，是不是集中在满蒙协定的两面刀光么〔呢〕？

《军事杂志》(月刊)
南京国民革命军军事杂志社
1928 年 4 期
(朱宪 整理)

呼伦乱事之回顾与善后

荫庚　撰

乱事之经过　内蒙左倾分子因求独立自治，决议派代表赴海拉尔副都统署请愿，都统竟不善处理，概行拘捕，因此激动蒙人公愤，酿成内蒙及呼伦之乱事。蒙军于八月十四日占领呼伦贝尔车站，十五〈日〉更向海拉尔地方进迫，而与万福麟军发生冲突。十六日海拉尔以西车站六所都被蒙人破坏，铁路桥损坏正多，直至万福麟之亲征，张鸣九之驰剿，经过许多艰险，最后经警备司令梁部之剧战，蒙军复强行猛攻，终于溃散，详细事实，俱载报端。善后办法，虽说万氏以政治手腕解决，但仍有主张彻底肃清者。最近蒙军愿提出要求条件，以谋正当之解决：一、双方即停止军事行动，暂以海拉尔为缓冲地带；二、呼伦镇为海拉尔以北之防地，由蒙军驻屯；三、东省对蒙旗年给岁费五十万。以上三项，由万福麟向张学良商确〔榷〕，除第一项尚能容纳外，二、三两项尚待保安会最后之协商，才能确定方针。

乱事之背景　呼伦即呼伦贝尔之简称，又名海拉尔，面积约一万平方里，人口约六万余。种族因与外蒙毗连，故颇厌〔庞〕杂。清季除设各旗王公、台吉，禀京治理，管辖游牧民族外，另于呼伦贝尔设蒙古副都统一员，此职向由蒙王声望较高者充任。民国以来，虽几经变动，但对此边塞蒙爵，仍准存在。宣统三年曾宣布自治，至民四十月《中俄协定》成立，改为特别区域，施行自治制度。民八取消自治，直辖于黑省。现任都统贵福，袭爵已久，上谄下骄，当此压迫专制情况之下，一般青年，早已不服，常作秘密之结合，希图驱逐贵福，脱离黑省之羁绊，此情当局早已尽悉，提防正严，青年之有志而未思逞也久矣。

外蒙自苏俄援助独立之后，已表现出他极东"赤化"政策之深入，因此虽有戈壁内漠之隔绝，兴安岭高山之险阻，亦难防止内蒙之"赤化"。最近第三国际派遣鲍罗廷至库伦宣传布尔塞维克主义，怂恿外蒙活佛，施行吞并呼伦蒙古之野心，谓事当〔当事〕成后，非只完成大蒙古苏维埃国家，且可东西打成一气，于兼并黑龙江流域亦可伸缩自如。活佛感其说，遂派共党深入满、海煽惑。且蒙骑出没无常，辄威吓黑军撤回海拉尔，遂便道游说都统，贵福不为利动，继又恐吓，限于八月十五〈日〉树立苏维埃赤帜，驱逐当地中国官宪，实行与外蒙古合作，仍然无效。更进而诱惑呼伦青年，使为主义上之团结，不久一般青年经外蒙古指导，竟有军事上之组织，加以吴俊陞〔陞〕之死信，张学良之投诚，万福麟、吴泰来之互争，直接、间接都与以相当起事的机会。

呼伦乱事虽由都统的专制、苏俄的煽惑、外蒙活佛的助乱促成，但是日本帝国主义者也是一个重要阴谋的角色。私运大批军火的破露，是给与我们的一个重要证据，且事实亦不像日人宣传的那样紧张，他想利用了乱事的机会，以为东省增兵的借口，其倭奴胸心，真令人切齿。同时日、俄两国，互相攻击，其阴谋野心益显然可证矣！

未来的观察　呼伦乱事现在总算是告了一个段落。但是我们看看所谓十年来一般民众要求自治独立的思想，当此积久爆发之后，如果没有一个正当的结果，是不是能白白的了事。况且苏俄的煽惑有加无已，日本的宣传益形扩大了，单靠糜〔敉〕乱一时，绝非根本办法。呼伦地处中国边境，历来屏藩民族，向来一任自由，此呼伦独立之要求，所以念兹在兹也。再就实际上说，呼伦境地偏小，关于一切行政自多黑幕，且外依豺狼似的苏俄，内有专制式的都统，尤以过去徐树静〔铮〕之凶暴，华人秉政，政治施行隔阂之痛苦，这里我们不能不为边境民族凄然流泪。当俄皇时代，俄人利用蒙族以为进行侵略之工具，但对俄〔蒙〕人实际之生活状况，毫不干涉，及俄旧党思琴氏及其党徒在蒙古失败以后，赤军遂成一剧烈之革命，与人民以极端之专制，此微弱之蒙旗，哪能忍受！在此孤立无依生活下之蒙古民族，其维持自主权利与维持革命政府之野心，与统一蒙族而奉库伦政府为一尊之伟大潜势力，早已播种于前。更有苏俄为"赤化"政策计，交接一般有智识之青年，他们都感着历来中外对待之境遇，难免恩怨交集，正好乘此利用苏俄的机会，务以完成数年来民族思想的一种共同意识，为死争的目标！

善后的方法　"呼伦乱事又复活了！"这个消息，今天（十号）可以看出：所谓蒙、黑交涉，已经决裂，双方开掘战壕，都愿诉之武力，究竟如何解决，自然不是轻易敷衍的。苏俄的"赤化"政策，数十年来所谓成功的几个国家——土耳其、波斯、阿富汗等，哪个不是利俄以对外，或利俄以治内。任何民族都有一个巩固的团结性包含在里面，怎样强烈的压力，都不能把民族性用强有力的方式征服了去。呼伦乱事，虽为有苏俄的煽动，日本的宣传，做他起事的导火线，但其远因除了整个儿的民族性起来要求独立以外，再没有别的根本原因！挽救方法，自然要从根本上着手做起。一个弱小民族，没有其他民族相依靠，生活状况自然要感着一种孤单，如果没有一个强有力的行政机关，集中人民的信仰，势必人心散漫。呼伦乱事如果在军事解决以后，国府能特派宣传人员，训练人民都有一个充实具体的革命的认识，地方行政根本与以革兴，机关人员都用本地之勇敢青年，来组织特别区党部，直属中央，同时要适应地方人情之趋向，实现民族均权主义。更于交通、邮务、外交各机关设置完备，中央多放视察委员，立于指导之地位，给内蒙民族以一尊之党部，同时亦可渐次收服外蒙，以御苏俄之"赤化"，以显民族革命之精神，完成民主集权之真象。

《突进旬刊》
国民革命军陆军第二军第一教导团政治办公厅
1928 年 4 期
（朱宪　整理）

满蒙兵灾之续讯

海拉尔陷落　磋冈站激战

作者不详

九月十八日海拉尔（即呼伦贝尔）于十七日早，为蒙共军攻入，缘该地驻军原属无几，自张鸣九带去两连赴三贝子后，市街仅兵一连留守，盖亦未虞有他也。比万福麟于十五日过海上溯，赴满侦查，共军得悉，除派马队拆毁乌奴尔、列民克德间铁路外，一方以大队步炮兵，突于十七日晨四时许，袭击海站，该地驻军不敌，相持数小时，向小兴安岭退却，共军因得入街，先将镇署、道署、都统署占据，呼伦贝尔道尹、都统，化装逃出，共军搜捕各机关首领不得，遂下令劫掠，所有商店，悉被劫一空。下午六时，万福麟得报，急由满站乘铁甲车两列，率带部队赶来，在铁路两旁与共军交战，蒙兵狂悍，轻骑帆〔飘〕忽，几为所困，幸赖甲车坚固，并得机关枪扫射之力，激战二小时之久，共军始不敌，向西北败退。万氏现驻海拉尔办理善后，并檄各军向三贝子追击，至张鸣九闻被围于三贝子，生死犹未判明。今日哈满线列车仍通至博克图，博站以上被毁一段轨道，已由护路军保护路工百余前往修复，明日或可恢复交通。铁路两旁电杆，毁坏甚多，哈满、哈海间仍不通电。闻蒙共军利用零星小股，扰乱军队视线，其大部队除屯聚于克鲁伦之千余名外，顷又有万名，于日前开到，现在索伦、鄂鲁特等游牧地，旌旗蔽空，胡马遍野，其势颇盛云。

外蒙共军，突出现于海拉尔内方磋冈站，该地距海拉尔八十里，荒山峻岭，人迹罕到，铁轨复敷设山路旁，共军遂利用该地险要，将路轨拆断。当共军施行破坏工作时，十五旅旅长梁忠甲率涂得胜团，闻报乘车赶到，时铁路两旁胡骑遍野，人数约在八九百名，见梁旅到来，纷纷趋乘，趁梁旅兵士尚未下车，即蜂拥而上，枪弹密若连珠，兼有多数胡骑，手持套马长竿，不避生死，争前套人，梁与部下，急让伏铁路旁，抵死抗敌，蒙兵冲锋数次，未能得手。时距开战已一小时许，双方死伤颇众，嗣涂团长率亲兵一排，冒死下车，将机关枪取下，四周扫射，胡骑多为击中，蒙兵见势难胜，始向铁路西退却。梁因交通业为破坏，遂暂驻该地，拟俟路工到来，修复后通过。九时许，万福麟由海拉尔乘铁甲车赶至，时蒙兵退却不远，闻万来，又将马队分为三路，折回袭攻，万之铁甲车，与梁部军队，竟为冲作数段，蒙军一部围铁甲车数匝，以快枪、盒子炮向铁甲车炮垛瞄射，铁甲车士兵，为子弹压迫，不能起立发炮，梁之步兵，受胡骑之驰突，士兵不能成阵，且有数十人，为蒙兵圈去。如此激战数十分钟，蒙兵几将甲车掳占，幸万所率两营，为久历疆场之劲卒，睹胡马之驰骤，乃变更战术，专击马腿，梁旅见状，亦效法射击，蒙骑为射倒者百余，始稍呈惊惶，万遂乘机下令开动铁甲车，来往炮击，蒙兵至此，始大败溃遁。是役铁路两旁死亡枕藉，黑军阵亡者不下二百。直至下午一时铁路修复，万急率靖国纶、王南屏两旅长回省，日内将率步兵第一旅及骑兵第二旅全部，前往三贝子鄂鲁特搜索蒙军，并援救张明九。十九晨，驻呼兰河之黑车〔军〕二十旅石青山，业奉令集中所部，候令动员，现吉、奉亦已闻悉，业先饬廿六旅二十团步兵三营，及三十六团骑兵一营，外附机关枪三连，开往满、海一带，帮同防备，十九日已有马九百五十五匹，步兵千零四十八名过哈，专车往呼云。

《军事杂志》（月刊）

南京国民革命军军事杂志社

1928 年 5 期

（刘哲　整理）

蒙军事变经过

作者不详

据哈尔滨十七日电云，十四日外蒙古军一千五百名占领黑龙江边境之呼伦贝尔站，十五日更向中东路之海拉尔进迫，并拆断路轨，致十六日满州〔洲〕里开来之车不通，而东路与西比利亚之联运车亦已停开。十八日北平电讯，蒙军与万福麟骑兵发生冲突，吴泰来及黑河镇守使巴英额之部队均在海拉尔防堵。十九、二十日平讯，黑龙江全省戒严，张作相赴齐齐哈尔，代万福麟坐镇后方，张学良急派白音太拉两旅奉军赴满州〔洲〕里往剿。二十一日讯，蒙军骚扰海拉尔西站，经派军击溃，中东路支华干车站附近被毁坏处已于十七日夜半修复，十八日全线照常通车。总上各讯，知蒙军确于呼伦贝尔一带起事，并破坏中东路轨，旋经东省军队击败，始告平息。至此次事变原因有三说：一说谓系内蒙青年党决行内蒙之独立及自治，乃谋推翻王公制度，联合党员至呼伦贝尔一带大事宣传，并劝告呼伦都统改委员制，旋因党员被捕，乃大愤，而聚众赴海拉尔附近图谋对付方法。一说谓系日本浪人勾结鼓吹，并暗中唆使，使生事变，而日本乃得借口出兵，实行武力干涉满州〔洲〕，以保持其在满之特权。又一说谓系苏俄所造成，并闻指挥蒙军者为俄人，以实行其并吞蒙古之诡计。以上三说虽均未证实，但总不免有外人在内唆使与鼓动，以遂其扰乱阴谋。甚盼国人注意日俄之野心，而尤其希望东省当局速醒，立即归附于本党，共同御侮为要！

《中央周报》

中国国民党中央执行委员会宣传部

1928 年 12 期

（丁冉　整理）

蒙军事变平息

作者不详

　　蒙兵在海拉尔地方被黑军万福麟部击溃后，已告平息。蒙代表来卜奎，于八月二十二日与万福麟晤面，愿提出条件，以谋正当之解决。据平讯，谓所提要求有二：（一）双方即停止军事行动，暂以海拉尔为缓冲地带；（二）呼伦镇为海拉尔以北之防地，由蒙军驻屯云。万已将其要求向张学良报告矣。现万由满洲里回齐齐哈尔，中东路沿线平安，在满洲见〔里〕与海拉尔间有铁甲车数列往来警备。至其他问题，张学良对之拟用政治手腕解决，并请班禅赴东，以宗教势力调停蒙事。查此次事变背景，显有外人从中煽动。日本报章大事宣传，谓苏俄在背后指导，以遂其吞并满蒙、"赤化"东方面〔之〕阴谋。而俄报又云系日本捣乱东省之计划，以为顷近在哈埠方双〔面〕发现日人密运大批军械，即可资证明。总之，日俄两国报章对该事件有互相嫁祸，各图卸除责任之意。其实苏俄经营外蒙，对该地当极重视，何尝不思乘机援乱，而日人更何尝不想利用，以为增兵东省，武力占据之借口。所幸现已平静，未及扩大，使野心者之诡计失败耳。按呼伦贝尔在黑龙江之西南部，沿中东铁路，人口约六万余，因与外蒙毗连，故其种族颇庞杂。以满洲里为中心，在铁路沿线居住者有索伦族及达胡力族；在三河方面，则以鄂伦春族为主要。各族中比较进步者为达胡力族，通蒙古语，不甚识汉语。宣统三年曾宣布自治；

至民四中俄协定成立后，改为特别区域，施行自治制度；至民八乃取消自治，而直□与黑省。

《中央周报》
中国国民党中央执行委员会宣传部
1928 年 13 期
（丁冉　整理）

呼伦贝尔事件与日俄

元　撰

　　在东三省问题正在吃紧的时候，忽有呼伦贝尔之变，是很值得我们注意的事。据各方面的情势看来，外蒙古青年党人敢乘此国内统一渐次告成的机会，而嗾使呼伦贝尔脱离黑龙江省而独立，我们试推测其前因后果，决不仅是内政上的小小纷争，多少与外交上总有点关系。

　　赤俄经营外蒙与日本拓殖满洲，都不是一朝一夕之故。自日俄协约成立以后，日、俄两帝国主义者大举侵略中国的事实日益显明。赤俄在中国南部、中部之运动失败，遂集中力量于外蒙，更欲由外蒙而及于北满。呼伦贝尔介在黑龙江、外蒙与西伯利亚之间，地势极为重要，赤俄为图实现侵略的计划起见，不得不将呼伦贝尔归纳于其势力范围之内。这次外蒙青年党人嗾使呼伦贝尔独立，名为民族自决运动，发纵指示者，实为赤俄。有人说此次事变，鲍罗庭且在内指挥，这并不是神经过敏的揣想，赤俄想要捣乱中国确是一成不变的阴谋呵。至于暴日自济案发生以后，即日夜筹思捣乱满洲得有借口出兵的机会，进一步即欲使满洲为朝鲜第二。这是日本军阀内阁既定的对华政策，合该国朝野人士全力以奔赴之的一桩事。炸死张作霖，干涉东三省易帜，尚不足以促成东三省的大乱。于是而假手一般浪人，勾引外蒙青年党人，捣乱呼伦贝尔，意在以一发而牵动全身，使中国大局永远陷于纷纭扰攘的状态中，而他们因得乘机渔利。这也是此次呼伦贝尔事变原因之一。

现在正是日俄协以谋我的时候，我们对于此次呼伦贝尔事变，决不可忽视。尤其是我们的中央政府，决不可视呼伦贝尔为东三省的一隅，与中土相去辽远，任其自生自灭，要运用外交手腕、政治策略、军事力量，打破赤俄、暴日对华侵略的阴谋。

《知难》（周刊）

上海世界学会

1928 年 75 期

（李红权　整理）

蒙古军队扰乱呼伦贝尔之经过

作者不详

蒙古人因受他人利用煽惑，就想脱离中国谋独立，这是很早的事情了。在八月十几号就向中国进攻，十四号占领了呼伦贝尔，以后又继续向海拉尔进迫。满洲里一带的国际列车也不能开驶。张学良等极为注意，就和保安会商办法。由万福麟等在满洲里一带指挥，在军事上东省军队占优势，四五日后蒙军就向后退了，车也开了。现在打算要用政治手腕来对付蒙古呢。

《农民》（旬刊）

北平中华平民教育促进会总会乡村教育部

1928 年 4 卷 10 期

（李红菊　整理）

日本阴谋与外蒙内犯

这几天日本在中国的通信机关——东方社和电通社两个机关——大吹大擂的放出消息，说外蒙古什么青年党，什么自决军兴兵东侵呼伦，南犯内蒙，并有什么苏俄几百万卢布从中作祟。而英国方面的通信机关——路透社——却一字没有提起。向来操纵中国国内及国际大问题的报闻机关是日本的东方社和电通社及英国的路透社。因为英国在满蒙没有直接关系，所以关于满蒙的消息，路透社的电讯比较可靠。这次外蒙内犯的消息张大其辞，都是从日本方面来的，我们就疑惑是日本的宣传。现在路透社的消息，说："中东路近来之被截留，不若初料之甚，蒙人四十名在满洲里与海拉尔间拆断附近之路轨，致十六日晨四时，由满洲里开出之火车不能前进，蒙匪开枪击车，万福麟在车中，即命卫队二百八十名击匪"云云。直至目前，日本的消息仍然还在那里鼓吹什么驱逐或监视中东路的俄国人，什么收回中东路种种花样。

这就种情形看来，我们可以肯定的说：这数十名的外蒙青年党、自决军是日本组成的；日本这种举动的用意是一方面在恐吓张学良，使他觉到四面军事的压迫，不能不就日本的范围；一方面是移转中国对日的视线，使中国人重视俄国的危险，减少仇日的心理。俄国固然可畏，但是中国现在要紧急的对付的是日本，必须谨防日本的阴谋。

《现代评论》（周刊）

上海现代评论社

1928 年 8 卷 194 期

（丁冉　整理）

呼伦贝尔事件之研究

刘时叙　撰

呼伦贝尔位于黑龙江省之西隅，为黑省之一部。其地势西控外蒙，东扼北满，关系至为重要，为俄国数百年来注目之地。俄国自革命以后，虽云已改变其传统之侵略政策，然其潜势力，在该处至为重大，故近来苏俄亟欲利用之为宣传"赤化"之一出发点，殆无疑义。自日人抱积极侵略满蒙之政策以来，对于此扼满蒙之要冲之呼伦贝尔，自思伸其势力，于是情形更形复杂矣。我国方面，则因连年内战之故，国防问题，绝少加以注意者；而历年管辖东三省之当局，则更只知媚外，只知争权，只知自肥，对于管治之下水深火热之人民，弃置之不顾，致呼伦贝尔运动独立事件，于本年（十七年）八月间，乘机爆发。语云"物必先腐也，而后虫生之"，又云"履霜坚冰，其所由来也渐"，故此次呼伦贝尔事件，初非如各报所云"闹匪事"之简单，其历史，其背景，胥有可研究之价值。此事自八月发生以来，至九月及十月初间仍甚嚣张，近则渐寂然无闻，虽传东省当局已与该地蒙代表商量妥协办法，然吾人远道间隔，殊有莫名真相之苦，际兹时代，蒙古问题，尚未解决，日人侵略满州〔洲〕野心，尚未完全压服，呼伦贝尔之风云，日可发生，故现在若不注意国防问题则已，否则呼伦贝尔一地，万不可漠视之也。

此次该地事变，日本宣传谓有俄国在背后操纵，俄国亦宣传有日本在背后操纵，呼伦贝尔蒙古青年团则声明此次独立运动，系民族自决，与俄人无关系。惜我国报纸，对此事多语焉不详，仅于电讯间窥得一鳞半爪，该地事件之真相与详情，殊难知悉，致国人对之亦多不注意，此不能不引以为憾者。兹篇所述，系将该地之位置、历史、以前之交涉等等，略为叙述，并就报章参考所得，略述此次事件之经过，倘因此而引起国人之注意，则幸甚矣！

一　呼伦贝尔之位置

呼伦贝尔，属黑龙江省西部，前清曾设呼伦兵备道以治之，辖呼伦（即海拉尔）、胪滨（即满州〔洲〕里）两府及宝韦县。其东界为大兴安岭之山脉顶，西襟额尔古纳河，与后贝加尔州接壤，北临黑龙江本流，南连索岳尔吉山，西南则与外蒙古车臣汗部相接，面积之广，南北一千余里，东西数百里。其地土地肥沃，矿产丰富，森林亦多，一天府之奥区也。

二　民国以前呼伦贝尔之历史概述

十六世纪前呼伦贝尔为外蒙古车臣汗之领土（外蒙古区域，现分六部，车臣汗即其六部中之一）。十七世纪初，俄国曾据其地。同世纪末叶，关于其地属事，中俄间发生纷争，至以干戈相见。一七九八年订立《奈金斯克条约》，规定为中国领土。中国奖励移民其地，设立旗制，颁布自治制，于海拉尔设副都统辖之。一八九六年中俄间《中东铁路条约》成立，实开俄人积极侵辖〔略〕该地之端。盖呼伦贝尔在中东路未通以前尚在游牧时期，其地全为蒙部游牧人民所居。中东铁路通车以后，俄人知其地势冲要，足以控扼北满、外蒙，特于海拉尔、满州〔洲〕里两处，设置停车站，筑设新式街市，经营数年，日趋繁盛，海拉尔、满州〔洲〕里两地，一变而为黑龙江省之重要都市。而俄人在彼之势力，日渐伸张，该地境内之森林、矿产，几全为俄商所垄断，中国商民，反居客地，此乃满清末叶时之情形也。我国因俄国势力侵入渐盛，乃于一九〇七年（光绪三十三年）颁布黑龙江省制，简派巡抚。翌年派呼伦贝尔副都统，置道台，改该地为黑龙江省呼伦道，派兵驻海拉尔、满洲里，取消其自治行政权，此该地属黑省之经过也。

三　民国四年中俄间关于呼伦贝尔之条约

欲明此点，不得不先述外蒙独立运动之经过。因呼伦贝尔民族中，蒙古族实占大部分也。外蒙独立运动，发生于前清宣统三年（一九一一年）。当时我国南部各省，倡议改革，推翻专制，以建中华民国，外蒙乘此时机，亦宣告独立，脱离中国关系，与俄缔结《俄蒙条约》，引为外援。其时吾国内部，方形多事，无暇北顾。逮及民国二年十一月间，袁世凯知外蒙问题扩大，殊足为朔方忧，乃与驻京俄国公使，订结关于外蒙之声明文件与附件。民国三年，中、俄、蒙三方代表会议于恰克图（蒙方能派代表出席，系根据上述之中俄关于外蒙之声明文件及附件）。此会议自三年九月起至四年六月七日止，共九阅月，经四十八次会议缔结《中俄蒙条约》，凡廿条。在此约内，中国所得者，为外蒙承认中国宗主权之虚名，外蒙古则依此约，确定完全自治制度。其实外蒙自治政府，非常愚昧，名虽自治，实受俄操纵。故若依此约观之，我国固属失败，外蒙亦未受益，徒为俄国巩固侵略之根基，而增进其地位与势力耳。（注：此《中俄蒙条约》，在一九一七俄国革命后，苏维埃新俄政府，宣布凡旧政府与各国所缔侵略性质之条约，一概无效，此《中俄蒙条约》，亦在无效之列。当时外蒙政府，亦知外蒙尚无自治能力，而俄旧党谢米诺夫之部，又复窜入蒙境，迭肆掠扰。外蒙活佛、王公等乃于民国八年十一月上请愿书于总统，请准外蒙取消自治，并请取消关于外蒙自治之中、俄、蒙一切条约，中央准如所请，外蒙独立运动，至此告一段落。但民国十年二月，外蒙又倡独立之帜，为患朔方，迄今未除。）

　　于此欲述民国四年中俄关于呼伦贝尔之条约矣。自民四《中俄蒙条约》缔结，俄于同年十一月六日更进而要求袁世凯，与缔关于呼伦贝尔改为特别地域之约（当清宣统三年，俄人煽诱外蒙独立之时，即令呼伦贝尔蒙部宣布独立，与外蒙一致行动，至此乃正式要求我国承认呼伦贝尔为特别地域，许其自治）。当时袁氏不惜迁就，复缔此约，其内要点有如下述：

　　（甲）呼伦贝尔为特别地域，直属于中华民国中央政府。

　　（乙）呼伦贝尔副都统，由大总统择该地三品以上之蒙员，直接任命，与省长有同等权利〔力〕。

　　（丙）都统衙门设左右两厅，厅长应由副都统择该地四品以上之蒙员请中央任命。

　　（丁）呼伦贝尔之军队，全以本地人民组织之。若遇变乱不能平定时，中国政府预先通知俄国政府得派遣军队赴援，但秩序恢复后，即须撤回。

　　（戊）呼伦贝尔各种税捐之收入，及其他地力〔方〕岁入，皆充作地方经费。

　　（己）呼伦贝尔之土地为同地人民共有之财产，中国人仅能取得租地权而止，并由该地官宪，认为与该地人民之牧畜无障碍为限。

　　（庚）呼伦贝尔将来铺设铁道，尽先与俄国借款。

（辛）俄国企业家与呼伦贝尔官宪缔结条约，经中俄两国委员已审查者，中国政府应即承认之。

综核该约内容，我国在呼伦贝尔一切主权受限制不少，且予俄国以种种特殊权利，遇事须中俄协商而后可行。几若呼伦贝尔，为中俄两属之邦然者，此当时外交当局瞆瞆之所致也。

四　民六后之呼伦贝尔

自一九一七年（民国六年）三月，俄国内部革命勃发，罗曼诺夫皇室灭亡，劳集〔农〕政府执掌俄政，凡旧政府与他国所缔结带有侵略性质之条约，一律宣告而废弃之。于是呼伦贝尔之形势，大为转移。民国八年末，呼伦副都统贵福承旗官吏及蒙民之意，呈请东三省转请中央取消特别地域，并取消关于呼伦贝尔之中俄条约，中央亦随即颁令，准如所请。自是呼伦贝尔，完全恢复前清之原状，为黑龙江省之一部，而为民国政府所管辖，以迄现在。

五　此次呼伦贝尔事件鸟瞰

本年八月中旬间，呼伦贝尔又以独立闻。八月二十三日《申报》所载之长春通信，较为确切，兹录如下：

昨日（十五日）长埠交通界接黑龙江省来电云，呼伦贝尔南部民族，因受某种煽惑，宣布脱离黑省关系，企图独立。该地都统贵福对于此事，非常重视。除派就地防军严为防备外，飞电奉、黑两省请示。万福麟督办闻讯，急调石青山旅前往防堵……八月十六日。

又八月十九日《申报》所载之北平电云:

> 美人方面消息谓此次呼伦事件,系新旧蒙党之冲突。旧党背后有某国,新党背后有苏联。中国不幸供东方帝国主义与共产主义当前阵,所牺牲者中国,殊可哀云。日方则云系外蒙赤党希图兼并呼伦贝尔,且有俄人指挥。

观上约略所述,吾人可将其原因分析之如下:

一、日俄之诱惑　日本自抱积极满蒙〈政策〉以来,见呼伦贝尔有机可乘,亟欲诱其发生事件,使我国办事上感困难,此点自在意中之事(按八月二十四日《申报》载电通社二十二日海拉尔电:蒙古军战争开始之时,呼伦贝尔及该地方之士民,对日感情甚佳,日侨无避乱者,足证此事背景)。至苏俄方面,在呼伦贝尔之潜势力,本已甚大。彼亦亟欲该地独立,以与外蒙合并,而增加其势力,此亦无疑义也。

二、外蒙独立之影响　按呼伦贝尔都统,自清季以来即由蒙古王公充任。近年行政事宜,表面上虽隶属黑省,都统之任免,须由黑督同意,实则伊敏河、克鲁伦河流域各游牧地,其管辖蒙民大权仍在都统之手,故外蒙独立之事件,影响于呼伦贝尔甚大。

三、民族之关系　在呼伦贝尔区域内,蒙古族占大部分。该地蒙古族又分为布利亚、鄂洛特、索伦、鄂洛钦、巴尔柯等族。各族之人口分配,大概如下:

巴尔柯族	三〇,〇〇〇人
索伦族	二,〇〇〇人
泰荷利族	三〇〇人
鄂洛钦族	三〇〇人
鄂洛特族	三〇〇人
布利亚族	二〇〇人

铁路沿线,专为中、俄人居住。土民多数昔由外蒙迁来,业

游牧、逐水草而居，生性醇朴，亦有一部分，犷悍性成，从事狩猎，视他民族如蛇蝎。索伦、鄂洛钦诸族中，尚有食人肉者。泰荷利族则专居海拉尔附近至满洲里之铁路沿线，占该处官员之大部分。似〔以〕此观之，该地此次事件，民族之组织成分，不无影响。

四、我国东三省历来当局措置之失当　十数年来，中央对于东三省，徒有节制虚名。历来东三省当局又只知争权，对于东三省一切经营，漫不置意，致令俄人在彼得莫大之潜势力，日人亦得乘机而入。且呼伦贝尔民族虽大部分系蒙古族，然与外蒙古不同种，外蒙多唐古特种，此则多巴尔柯及索伦种。近数年来，因与黑省交易，其人民已多与汉族同化。今乃因东省当局措施失当，及平日置之不理之故，致我国廿二行省版图中，一再发生独立事件，军阀之罪，尚可逭乎。

五、最近之原因　呼伦贝尔情形之复杂既如上述，故无论近因如何，均不过为其触发之机耳。兹非〔摘〕录传闻之数说以备考。

八月十九日《申报》北平电有云：

> 教会得呼伦贝尔电，此次事变系内蒙推翻王公，运动内蒙国民党代表右巴克沁等，劝告副都统贵福放弃独裁，组委员制。贵即将代表诱致幽禁，其法即云赞同委员制，希望同人多来详细讨论，及期以便装兵警，将该代表等全拘。因之内蒙非王公、喇嘛派，全都愤激，赴海拉尔反抗，并断铁路。贵福又以讨赤为名，向万福麟请兵。全蒙党员则亦赴外蒙请援，似亦派兵……

八月二十二日《申报》有云：

> 十七日哈尔滨通信，鲍罗廷赤化远东之计画近已露骨进行（据外人消息鲍现居库伦）。……本月十二日，竟派遣外蒙共产军千七百名，分作两队，沿伊敏河、克鲁伦河而下，直逼满

洲里、海拉尔，欲以兵力胁迫〔迫〕呼伦贝〈尔〉都统辖下之索伦二旗、鄂鲁特一旗，归附外蒙，设立苏维埃政府……（下略）

观上述种种情形可知，呼伦贝尔之背景实至繁复，不过此次事件自八月发生以来，海拉尔政厅对此极力斡旋，商量妥协办法，东省当局因征剿失效，已与呼伦贝尔蒙代表进行商量妥协办法，不过有一点吾人须注意者，即纵令此种妥协成功，呼伦贝尔事件仍未得谓为解决，因现在外蒙侵扰黑边，已经证实，其意非使呼伦贝尔独立不止，故满洲里、海拉尔之形势随时可陷于险恶之境也。

六　结论

以客观态度叙述呼伦贝尔事件及其有关系之点既竟，不禁有感焉。盖呼伦贝尔假使承认为黑龙江省之一部，本无自治独立余地。不过吾人须注意此事不仅为呼伦贝尔本身之问题，其背景实至复杂。现在虽表面上似已将平息，然危机四伏，将来之纠纷实多。且外蒙骚扰黑边至今未绝，症结所在，诚不能不为之惧。吾人诚欲完全解决呼伦贝尔问题，若以剿匪、戡乱种种敷衍目前之办法，必不能为功，必先解决其背景诸问题，而后呼伦贝尔问题自随之而永久解决。简单分析言之，呼伦贝尔问题之背景，有三大端：曰军阀，曰外蒙问题，曰帝国主义。换言之：

一、东三省若仍在军阀掌法之下，呼伦贝尔事件可随时发生；

二、外蒙问题不解决，呼伦贝尔之纠纷，随时可起；

三、日本帝国主义之野心不完全压服，呼伦贝尔有被利用诱惑发生事件之可能。

观上述三大前提，吾人对于解决呼伦贝尔问题应有之办法，其亦可以了然矣。

《交通管理学院院刊》
上海交通大学交通管理学院
1929 年 1 期
（李红权　整理）

绥远匪患不灭之原因

焕然　撰

绥远百数十万良民，今竟啼饥号寒，枕尸遍野，为豺狼吞食者，其主要原因，谁不知为匪患绵延所致。所以我们开口便说，要想整顿绥远一切社会事业，刻不容缓的就是"剿匪"，若土匪不靖，无论任何事业，都不能进行，这是很明显的事实。我们试闭目一想，便看见盗贼纵横，路断行人，赈粮既无法输运，农人又不得从事播种，已往之饥馑尚未赈救，而将来之荒灾复已萌芽。因之灾民日多一日，赈不胜赈，诚所谓"救死不赡"，奚暇发展其他事业？职是之故，我们认为"剿匪"一事，是目前当务之急。现在既认定剿匪是在绥远社会中第一件要办的事，那么就应该先明了匪患绵延之原因，知其症结所在，方好对症施药，不至白费手术。若以"在桌腿子上按脉"式的"胡来法"来剿匪，那便是不但对于灾民不医其病，就是连按脉的大夫，亦觉得太可怜了。所以我忍不住要把自己所知道的关系密切的几个原因，简略的写出来，以供将来剿匪者作片面的部分之参考，以免在桌腿子上的按脉手，多受无谓的冷冻。

第一个原因，是地方军队未曾受过相当的军事训练。地方军队，毫无训练，无论其为官为兵，皆不明其责任所在，佥以为当兵者，乃升官发财之阶梯也，当官者，乃隐匪害民之保障也。所以趾高气昂，自觉超人一等，每至民间，对于一般平民，无不怒目而视，厉声斥咤，初以唾骂，继以鞭挞，哪知道军人负有"卫民"的责任？若与流匪相遇，便暗通声气，或令股匪暗中行贿，或大价卖与枪弹，万一将不相识之匪首捕获，则暗示以"藏赃物于某富户家中"，而强使之胡言供出，于是"某富户"遭殃，而此匪首竟逍遥法外矣。有时将扣获之匪人，一经重贿，遂将控诉姓名告之，且于暗中释放，扬言曰："逃跑矣。"土匪一贿再贿，官兵一纵再纵，官匪通气，相沿成习，可怀〔怜〕无辜同胞，有冤难诉，层层苦痛，其谁知之？土匪于是乎作官兵升官发财之手足，官兵作土匪脱逃法网之保障，哪知道军人还负"除暴安民"的重责？未受训练的军队是间接的土匪，地方军队，行动如此，无怪乎客军亦往往效尤。所以我敢大胆地说，绥远匪患不灭的第一个重要原因，是军队未经训练而为间接的土匪。

第二是教堂（天主教）。本地乡民，无知无识，每仗洋大人之威风，无所不为。自天主教传到绥远以来，各地教堂，纷纷设立，凡乡愚受过洗礼者，皆以"二洋人"自命，任意欺压良民，教友（入教者）往往贩卖枪弹（由教堂转运），教堂常常窝匪隐奸。教堂愈大者，窝藏巨匪，亦愈毫无忌惮。久而久之，会长（教友之领袖）、教友，与匪人结识日多，而土匪藏身之地，亦到处形成。"二洋人"如此，一般无知之徒，纷纷效尤，所以追剿土匪，一到兵多匪少，而土匪情急时，便越追越少，并非灭除，乃散伏各地，或藏诸教友家中，或避于教堂院内，一俟大兵过去，复乘机暴发，重演惨剧。这是匪患不灭的第二个重要原因。

第三是剿匪负责者不尽其责。他们剿匪的方式与步骤，适宜不适宜，我姑不论，只就一般人民不满意的地方，略举数端：

（一）使人民最不快意的，就是"赏罚不明"。极恶者，重重保障，法网不及；善良者，层层剥削，无地偷生。有时将著名匪首扣获，并不立即枪决，以解民间心头之恨，乃迟之又迟，夜长梦多，不是臭铜董迷长官的福眼，便是土匪勾通管押的兵士，乘隙释放，借口脱逃，此为人民仇敌（土匪）潜助实力而忽略剿匪责任者一也。

（二）有时不特将匪首纵释，且常常升以大官（团、旅、师、军长及咨议等职），将其部下姑息收抚，便向上峰拍几次"肃清匪患"的昧心电报，虚落一个能胜任的美名，其实民间水深火热，何暇顾及？此以升官奖励土匪而不顾剿匪责任者二也。

（三）匪首升官，匪羽发财，想是天相恶人，恨之何益！最可叹者，真正土匪逍遥法外，姑且不论，而纯善良民，被匪陷害，反遭苦海，闻之痛心，言之下泪！至"匪官"（收抚之土匪）逞剿匪者之余威，到处大施其报复手段，加倍残酷，更难令人笔述矣。此颠倒善恶，不能明正典刑而失其剿匪责任者三也。

（四）"匪官"害民，犹可说也，以其现时虽身充大员，究竟原为土匪出身，根性恶劣，不易骤改。而充有剿匪长官，正在率兵追剿之际，一进匪股经过之村庄，便不暇问匪股去向之远近，人民之生死如何，只顾将匪人所抢夺之残余剩物，借口匪脏，囊括无余，可怜人民之拐驴瞎马，单衣破布，无一仅存。剿匪军之为害，有时竟甚于土匪，此不顾其剿匪责任者四也。

（五）匪去兵来，夸言为民除害，勒令人民为之赶备肉面草料，若稍有不遂，则体无完肤，我们可以想见这样可怜的穷民，怎能躲过那场苦吃？此剿匪军不念民间甘苦，以暴易暴，而失其责任者五也。

（六）最令人痛心疾首者，匪行于前，兵尾于后，从容不迫，竟至终日，匪宿于甲，兵宿于乙，两地相差，有时仅隔数里之遥，而官兵装聋作哑，不行进剿。即经人民屡加报告，请求袭剿，亦致〔置〕若罔闻，至不得已时，放探一次，再探三探，示行备马，殊不知匪人侦探，被官兵探马再三惊动，早已察觉，及至兵来，已不知去向，反而瞒怨人民虚报，甚至鞭责。此剿匪军不从暗中袭攻，好似有意恫吓匪退，掩饰一时，而不尽其责者六也。

综上六端，实为剿匪负责者不尽责之罪也。因之一般土匪，看破官方之行迹，毫无畏惧，甚有决意掠夺官兵之枪枝，而竟能达其目的者。所以我认为剿匪负责者不尽其责，为匪患不灭的第三个重要原因。

第四是哥老会。哥老会的历史与组织，没有叙述的必要，只把它对于土匪的影响，约略述之。据说现在绥远的土匪，都是"在会"的（入会者），凡不"在会"者，便不许其入匪群。如有未入会而为匪者，一经会中查出，立即致之死地（有谓投河者，有谓活埋者）。会中有许多"会话"，若中途遇匪，能以相当之"话"，对答如流，便认为"一家人"，遂放之行，不然则抢夺殆尽，甚至有生命之虞。因之地方人民，为通行各处计，不能不姑且入会，故在民国十二、三、四年间，入会者争先恐后，几至遍地一色。但他们又有一种规约：凡是"一家人"，必须互相隐恶扬善，如匪股遇官兵追击，至不得已时，随处的会员家中，皆有隐藏之义务，如其不然，则俱家全犯（这便是哥老会能使土匪寿命延长之处）。所以现在的土匪，忽隐而一匪不见，太平无比；忽现而成千上万，遍地匪声。哥老会扩大土匪隐身之地，这是土匪不灭的第四个重要原因。

第五是教育不普及，使乡愚脑中有两种错误的观念（升官发财）。村夫愚妇之眼中，哪能顾及将来，只有目前的利益，占据他们的注意中心。他们有两种错误的见解：

（一）是升官。因为官方剿匪，不用"除恶务尽"的方法，斩草除根，一味敷衍，姑息养奸，一抚再抚，匪党成兵，匪首成官，所以一般无知愚民，误认当土匪是升官的出路，做伴头（匪首）有升官的资格，便决意为匪，毅然抛家，翻然马上（为匪），上了升官的大道，别树一帜，自称伴儿头，以冀他日收抚时，餍其官瘾。

（二）是发财。贫寒之子，一经为匪，不数日而家道小康，数月之后，俨然一富家翁也。即不幸被扣，仅以身死，逆产不动，足以供其家人之享乐也。所以无知之辈，谁欲株守蛰伏，老死田间，而不去发这样很有把握的大财呢？

这种错误的观念，固然由官方姑息养成，究竟还是教育不普及、人民无知识的总原因所致，这是土匪不灭的第五个基本原因。

第六是女子少于男子。绥远男女人口之比例，实在相差多少，没有精确的统计。可是我们知道绥远有一种恶习，即特别重男轻女，一家之中，生了多少男孩，都要一一养育；但是两胎以上的女子（第三女以上者），百分之九十五以上，于呱呱堕地之时，立即湮殁于水盆之中（或弃抛于野外）矣。故怨女虽少，而旷夫特多，这便是"女少""男多"的象征。"世道衰微"，"人心不古"，谁能使强有力的性欲不冲动呢？他们（旷夫），每遇妙龄女郎，见其摇摇摆摆，步履珊珊，觉得如花似玉，温柔可人，不由得馋涎欲滴，返身自顾而衣衫褴褛，蓬头垢面，似此模样，怎能攀企？若得此女，死也甘心。始而犹预，继而决心，舍为匪而掳之外，绝无他由。便是，"今朝弃了牧牛业，明晚便做洞房郎"。由此可知，为匪之动机，固为富贵外诱，而内部性欲冲动，亦一最大之原因也（现在又不知卖出多少女子，更是一件可忧虑的事，与匪祸之蔓延，不无大关系也）。

第七是"穷"、"匪"循环。穷则急，急则为匪，而为匪又是治穷的妙法。往往有富家子弟，屡经兵匪扰害，以至一贫如洗，至此穷途末路，便愤恨官厅不能为其作主。每思："人能害我、绑我，使我至于此极！我亦七尺之躯，为何不能戕人、绑人，使他们也尝尝这些味道？"言念及此，跨马飞腾，以图报复前仇，出出自家恨气！这种情形，在在皆是。故穷匪循环，亦是一个很重要的原因。

第八是"兵"、"匪"循环。兵变为匪，匪抚成兵。至循环详情，散见以前各节，国〔故〕兹不赘述，以其为土匪不灭的一个重要原因，故兹单独列出。

此外其他直接、间接原因，尚属多多，决非一人一时所能尽述，现在将上述八种原因，综括起来，分为积极、消极两面：

积极方面，官厅没有精兵追剿，此其一；官厅无剿匪之决心，此其二；官厅不知民间苦痛，此其三。

极积〔消极〕方面，没有良善的清乡办法，一也；没有人民自卫军的组织，二也；法令不及教堂，三也；教育尚未普及，四也；国民经济破产，五也。

这些原因之外，尚望熟习绥远地方情形者，多加贡献。至上述各节中，不周之处，自当不免，务希确实示教，以便作剿匪计画之根据。管窥所及，原为抛砖引玉，但是自信未必有能引玉出来的价值，只不过一抛而已，如稍能唤起当局的注意，那便是意外之幸了。

十八，二，二五

《西北月刊》
北平西北文化促进会
1929 年 1 期
（朱宪　整理）

扎、满陷落纪略

其起　撰

自暴俄屡次寇边以来，我方边境迭受蹂躏，焚烧惨杀，诚为近世国际战争中所罕见。我国政府因力求贯彻《非战公约》之精神，除稍加正当防卫外，仍复曲予容忍。最近以来，赤俄竟不顾破坏国际和平，由流寇式的扰边行动，变为有组织、有计划的向我国作正式宣战行动矣。兹将本月十七日以来，俄军攻陷我满洲里、扎兰诺尔及海拉尔之经过，缕述于左。

一　俄方来战以前之种种准备

本月十三日以后，哈尔滨等处纷传俄境赤塔、伯力一带发生内乱，驻于满边外之俄军，□大部调往伯力镇乱，空军等亦调回伯力。当时俄军之调动确为事实，此乃彼方诡谋，故作疑阵以懈我军心者。在十七日晨来攻之前，调开之军队均于十六日深夜潜回边境矣。除故作疑阵懈我军心外，复派便衣别动队绕越满洲里及扎兰诺尔，侵入我方兵力照顾不到之磋冈、此干、赫尔洪德三站附近，拆毁铁路三段，共长三十余里，并割断电话电线，以断我前后方之交通。更勾结蒙古骑兵万余人，由俄军导行袭入三贝子，绕呼伦池而驻屯于新巴尔虎旗，备围攻海拉尔及截断我方哈满线军事联络之用。以上所述皆俄方来攻以前之准备，其为有组织有计划之宣战行动，由此更可得一铁证矣。

二　满、扎战情纪实

　　十七日清晨一时三十分，俄军骑兵六千余人及炮兵二千余人齐向扎兰诺尔攻击。其战略系分骑兵为两枝，取大包围式，一攻我正面，以炮火掩护，死力夺我战壕；另以一枝攻我侧面，取我方煤窑根据地。守扎兰诺尔之我方军队为黑军第十七旅旅长韩光第部，当俄军来攻时，遂奋不顾身，努力杀贼，战至天明以后，俄方攻势更加猛激，以骑兵密集队数度冲近我方战壕，我方士卒振臂一呼，伤病者均起，俄军均为败退，陷入壕外原掘之陷坑中，践踏以死者，为数更属不少。八时顷，敌飞机十余架连翩入境，盘旋满、扎两站天空，纷掷炸弹，致市房纷纷火起，扎兰诺尔煤窑五洞亦着火甚烈。同时满洲里方面，俄军在十八里小站架炮攻我，牵制满站守军转入扎兰诺尔增援。激战至十时顷，俄军死亡甚众，攻击扎站稍缓，我军遂将俄军击退。午后一时许，俄军又来攻，此次并加入有自赤塔开来之生力军二千余人，满、扎激战又同时而起。扎站方面，至三时许，两军竟至肉搏，俄方为欲夺取阵地，虽死亡遍野，然攻击仍不少停，我方士卒抱为民族而战期战死之精神，抵御决不少懈。至六时顷，俄方卒因疲败不堪退却。但至晚间八时，又作第三次来攻，更到有生力军及飞机等利器，我军仍继续努力杀贼。激战至十八日，阵地旋得旋失，卒因一旅之数无法支持俄军三师以上之兵力，更少有如俄方唐克、装甲汽车等项利器，又无防空方法，加之地势四面受敌，敌军陆空联合，炮火集中，韩旅长光第、林团长选青等遂相继阵亡，张团长于重伤后，自杀殉国，扎兰诺尔遂陷。韩旅仅存之何双奇团长率骑众冲出，在磋冈站收容余卒，全旅已损失三分之二，仅余一千二百人而已。满站方面，俄军亦围攻激烈，因于扎兰诺尔战剧之际，两次突围待援均未得手。我方守军为梁忠甲旅长所部，均为爱国健儿，激战声中，竟击落敌军飞机二架，并歼俄卒三百余人。卒因扎站失陷，俄军又转攻满洲里，因而败退守磋冈，满站遂陷。

三　海拉尔相继之陷落

俄军攻入满、扎后，又于二十四日用飞机偷袭海拉尔，一时遂大混乱。至晚，海拉尔完全被俄军占领，地方秩序混乱，人民杀死无数，俄兵到处焚烧劫掠，情况之惨，匪可以文字形容。传闻占领海拉尔俄军数约万余人，更拟大增兵力侵据我国领土。俄方既调伯力军队全赴满边，并在伯力征军募饷。在新疆沿边等地，秘密集中兵力，并在土耳其斯坦之阿拉木图及伊斯色克库里湖之间，集中大批马队，拟攻我新疆，占我伊犁、塔城等地也。

至满洲里迄海拉尔，现仍为俄军占据，已侵入我国领土百余里矣。苏俄之暴力侵略政策，现已为全国民众所公认，即各国亦难否认。犹忆一九二〇年苏俄与波兰宣战时，列宁与脱落斯基指着军事地图，欢呼赤军直入华尔塞那种盛气凌人的情景，现在，斯达林一班人怕又要欢呼赤军直入海拉尔了。所谓之苏联为社会主义的国家，这种西洋景现今戳穿无余了！不知道迷于联俄联共的人感想怎样！不知道一般民众对于苏俄专用暴力侵略我国的感想怎样！

《中东路》（周刊）

南京中央宣传部中东路周刊编辑处

1929 年 8 期

（李红权　整理）

赤白帝国主义下之蒙古

作者不详

北平蒙民众联合会，昨推出入京代表二十人、候补四人，计包悦卿、敖云章、刘廉克、崔克明、杨家保、包雅辕、包文焕、乌云芷、鲁子敬、白允明、吴少垣、白玉珠、金海亭、陈世铎、张子青、王德凤、吴恩和、梁凤五、陈彭、康济民、经殿陆、陆吉三、希员三、乌伦额等，正筹川资，如费绌，先发出十名。查内蒙六盟，东三盟人口密，物产富，计昭乌达盟十三旗二十万人，卓索图盟七旗二十二万人，哲里木盟十旗五十万人。至西三盟，锡林郭勒盟十旗仅五万人，伊克照盟、乌兰察布盟连西土默特旗、阿拉善旗共十七旗，人口仅二十余万。青海二十九旗，新旧土尔扈特共十余万人。新疆土尔扈特二十旗二十万人。至黑龙江有伊克明安旗约万人。又有达口拉内蒙古二十旗共三十万人，皆同化汉、满。又索伦蒙古一旗约千余人，又呼伦贝尔十七旗三万人，奉天彰武县有新苏鲁克、陈苏鲁克两旗两万人。吉林新城扶余县有纳尔罕蒙古一旗约万人，察哈尔有十四旗约三万人。以上内蒙民旅〔族〕人口，共百七十万，均在内蒙党部指导下。至外蒙库、乌、科四汗一科，人口仅八十万。因唐努乌梁海经俄画作自治联邦，与外蒙无关，俄更将煽动内蒙以分配地权为劝诱。日本对内蒙则以羁縻王公、尊重其封建采地，助其对人民的权威，故王公、台吉对日感情颇佳。总之，内蒙已成赤白主义之角力场，中国反较淡漠。某国在大连设满蒙民族自决会，并于日前在南满站开日蒙恳亲会，蒙古王公贵族到百余人，并有东蒙各地土豪加入。目下蒙古二十八庙喇嘛一千人，经白喇嘛之劝导，一律加入内蒙民众联合会，并拥护中央蒙藏委员会。

《军事杂志》（月刊）

南京国民革命军军事杂志社

1929 年 9 期

（朱宪　整理）

呼伦贝尔乱事续讯

作者不详

哈尔滨函云：中东路哈满线乌固诺尔，于十二月（十九）零时失守，内蒙军队已将该处占领，西线交通赫尔洪德站以上，消息不明。梁忠甲军队，已与蒙兵激战扎兰诺尔，磋岗站间扼守，当前此呼伦贝尔乱事，黑方认为要隘，曾在该地筑有炮台，顷因事亟，已由梁忠甲部涂全胜团驻守。据闻占领乌固诺尔之蒙兵，约四百余，均属骑兵，其首领系"福照太乌勒基"，即前呼伦贝尔左政厅长成德。乌固诺尔一名小岭子，为内兴安岭之支脉，距满洲里四百五十里，距海拉尔约七十里，山岭起伏，颇擅地势，其险要固不下于磋岗站，蒙兵既据此处，中东路交通一时间殊不易恢复矣。郭道甫闻在新巴尔虎一带，指导蒙众，为各方之策动。另闻满洲里内方察子站亦被占，万福麟被阻满洲里，不知能突围出险否。哈满线军队，自近月改编后，靖国纶旅缩为一团，半月前调往省垣。王南屏步兵旅开驻黑东，海拉尔、满洲里间辽阔六百里，现只有梁忠甲军队两团。万福麟此次出巡，并未带若干军队，故刻下边境情形，颇为危险。郭道甫过哈，在第一中学当众演说，表示数月前举事之意义有三：一，打破蒙古专制威严之思想，使民众知王公以外，犹有较大势力。二，使中国政府知蒙人心未死，不致再轻视蒙民。三，即使举动失败，已撒下有力种子，将来总有发芽结果之一日。郭之演词如此，是其倡导蒙人独立自决，已具成见。

《军事杂志》（月刊）

南京国民革命军军事杂志社

1929 年 9 期

（朱宪　整理）

俄军炮攻札兰诺尔与我军之抵抗

作者不详

俄军自八月十六日下午二时开始攻击我札兰诺尔,迄至昨日午夜后方停止攻击。札兰诺尔为哈满线之屏障,俄军之攻取该地,意在断我满站梁旅归路。我军驻札兰诺尔者,原为韩光第部一团,自奉上峰命令,不准辄自我开后,每日除起居于战壕,并未作军事行动。十六日下午二时,俄军以骑、炮兵千余,分两路来攻,一取我札区防线正面,一则向铁路大桥进攻,拟先破坏交通。当俄骑兵已驰至我防线外一里许,我军方始瞥见,当由战壕内军官请示于团长,团长复以电话请命于满站梁司令,梁嘱无论如何,不准还击。讵俄军驰距我防线约近半里,即开枪射击,并投掷手榴弹,炸坏我军某连长手,兵士至此大哗,不听长官制止,人各为战,开枪抵御俄军,我机关枪连亦架设机枪,在战壕内掩护铁桥,俄军以大炮向我防线瞄射,骑兵则向我冲锋,且数次攻进大桥,皆为我军拼命击退。激战至六时许,俄军死者甚众,遂败退,我军死七人,伤六人。晚十一时,俄军增多至三千余,又来攻击,将我防线包围,我军死力抵御,迄十二时许,又为我击退,我军死二十七名,伤十一名,俄军死亡枕藉。十七早五时,俄军万余,以大炮、机关枪为主力,很〔狠〕命向我军防线冲锋,我军以一团之众,竭力护任防线,俄军炮火极猛,战至旁午,仍未得势。适梁忠甲、韩光第各由满站、海拉尔站开来援军一团,下车后,左右夹击，俄军大败而遁，弃尸遗械遍地，我军死连长一人，伤连、排长各一人，士兵百余。十七晚八时第四次来攻，我军因数次击败俄军，士气甚盛，故俄军虽恃其大炮掩护，亦未得手，于十二时许，又为我击退。今日两军对峙，无甚冲突，惟其大炮排列于数里外，向我方阵地瞄准，约一二日内必再度来攻。当十六日两军开火后，我满站司令梁忠甲，曾质问俄方，俄则答本军并未下攻击令，想系胡匪所为，盖犹欲掩饰其破坏《非战公约》行为也。十八日上午参谋部第一厅长刘光到满站，出示梁忠甲以政府机宜，谓俄军如再来侵犯，我为自卫，决不再为容让。绥芬河方面，十六日两军步哨，曾于三岔口冲突，十七日俄军调来大队千余，向我军猛攻，丁超为战略关系，令我军抛却该地防线，撤退三十里扼守，绥芬河俄军亦移近我阵地，故今日情形颇紧急。至吉边东宁县城，则于今早二时三十分陷落。又讯，俄步、炮兵千余，于十六日晚八时，包围我东宁县城攻击，我守城军两营，属于二十一旅曹团，在城内抵御，俄军以大炮向城内攻击，将教育局、学校、商店房屋击毁数所。十六日激战半夜，天明战事稍停，晚九时又来攻，以飞机向我城内投掷炸弹，我军因援军不继，并因日来死伤过多，乃于二时三十分，保护重要机关人员，及男妇等退出城外，暂行集中于城西北五十里小村，以待援军。俄军于二时五十分入城，大肆抢掠，纵火焚毁东西两大街，杀伤我商民无数。我马桥河总指挥郭闻讯，即派二十六旅长邢占清率部一团扼守欢喜岭，以防俄军内侵。又密山县当壁镇，亦于十五日为俄军占据，将大商号东源茂抢掠，击死我军民甚多，该镇距密山县五十里，故密山形势颇危。梨树沟及密山大镇，十四日有俄军一队，约百五十名，前往攻取，我驻下城子军一营已往堵击。闻该队系华俄人所组织，队长华人王培仙，队兵内有五十名为俄人，余为华人，每队手提机关枪四架，机关枪二架，盒子炮六十枝。

在海参崴，此项军队尚有二队，实为苏俄当局迫令华侨改编者。
至三江口，我军又开去黑军第二旅全部，日内即可到达。

俄军进攻扎诺尔现势之图

《军事杂志》（月刊）

南京国民革命军军事杂志社

1929 年 15 期

（李红权　整理）

兴安区在国防上的地位

助天　撰

中国国民性，向来惯于顾首不顾尾，知有己而不知有人。所以凡百事业，结果大都失败于无团体不合作，以致于有始无终。国家是由人民集合而成，其国民性不良，则不免影响到国家。如同俗语常说，各扫门前雪，不管他人瓦上霜。又什么天塌有大汉，过河有矬子，谁作皇帝给谁纳税，尔为尔，我为我……等等的消极言语。一般人都抱着这种个性与思想，则国家自然没有对外的发展与防御的力量，如何可以能长久存在于世界上呢？回想中国自门户门〔开〕放之后，对外打了许多败仗，而不能发奋振作，割给外国许多土地，亦不知设法恢复，甚至甲省被人欺辱，乙省旁观不理，边疆被人侵占，中央漠不关心。外人利用我们这种弱点，所以得尺进步，积极侵略，以致由强变弱，由富转贫，并成个半独立半主权、被欺侮被压迫的国家。中国原来是个闭关自守的国家，在野的人民，在朝的官吏，都只知有己不知有国。国家强弱贫富，觉得与自己没有关系。后来外国的兵打到京城，大家只顾回避逃跑，不知联合抵抗。外国军舰将海口占了多少个，官民也都不以为耻。外国竟将边疆土地割据几千里，官民也都不以为辱。官民自以为我既能富能贵，何怕国家亡与不亡，所以中国自被迫门户开放之后，即无所谓外交，亦无所谓国防。这是我中国在国际间所最可耻可辱而又极痛心的。别国对中国的侵略压迫，

姑置不论，单就北邻俄国、东邻日本而言，俄国当大彼得当国的
时候，他的雄心勃勃，大有并吞世界的奢望。在西方因受各国的
限制，不得任意发展，他就由莫斯科起，经过西伯利亚，及东省
北部，直到海参崴，修了一万余里的大铁路，并有〔由〕哈尔滨
经过长春直达大连，又修了一条支线。这条铁路的威权，一则可
以控制中国，一则可以胁迫日本。并且在东方得了这两个不冻的
港口，可以把海军的势力，移到亚洲，以便与各国相抗衡。他这
种政策贯彻之后，不但日本是非常害怕，就欧洲各国，也很惊惧。
后于一九〇三〔四〕年，日本要求俄国的军队，从满洲撤退，并
迫俄国承认日本在高丽有干涉政治与建筑铁路的权利。老大帝国
的俄罗斯，不肯答覆。日俄两国，竟于二月九日正式宣战。打了
一个多年，结果俄国败北，日本大胜。俄国将租借的辽东半岛和
旅顺、大连，还有长春到大连的南满铁路，并附属的权利，统统
让给日本继续管理。因此南满就变成日本的势力范围矣。

　　日本把俄国打败之后，高丽自然归他统治而成他的属国，并乘
其战胜余威，对中国提出要求，改安奉轻便铁道为大轨。同时又
将吉林延边各县占领，即所谓间岛交涉。结果日本对占领间岛，
自知无理，于交涉上稍示让步，双方协订《图们江界务条约》，仅
许局子街、龙井村、头道沟、白草沟四处，开辟商埠，并各设领
事一人。领事馆内准设警察二三名，以资护卫。惟安奉交涉，中
国完全失败，许可日本改建大轨火车。日本得到南满、安奉铁路
之后，于是对南满方面，得寸进尺，得尺进步，竭力经营，积极
侵略。不出十数年间，关于森林、矿山又掠夺了许多，并贿买土
毫〔豪〕劣绅（即卖国贼辈），协设建筑四洮、洮昂以及天图各条
铁路。后乘欧战方甜〔酣〕，各国不暇东顾的机会，通牒中国，要
求二十一条，袭占青岛，出兵西伯利亚。几年来，他在东亚为所
欲为，毫无忌惮。又要强修吉会铁路，以贯彻他所谓一线西港主

义。此又不足，日本乘俄国内乱方平，不暇外顾，由南满而进取北满，又将由北满再进而侵内蒙。所以他一方宣传满蒙原非中国领土，以混乱世界耳目，一方则取积极方法与手段，来侵略蒙古。他的意思，不将满洲取得到手，是不足以生存自养，既不足以生存自养，其国危矣。不将蒙古取得到手，则不足以防俄御美。俄、美两国不能防御，其国尤危矣。

日本对外所以积极发展者，大致为：如不将高丽侵略到手，则本国是不足以自存。既将高丽侵吞，如不将满洲侵略到手，则高丽是不足以自守。满洲的权利，虽然侵夺到手，如不将势利伸张到蒙古去，则满洲的权利，恐不足以自保。他以为将满蒙侵夺到手，南可以控制中国，北可以防御赤俄，东对美国，亦足以进能攻，退能守。这是日本对满蒙积极侵略的用意。日本对外发展的对象，即是中国。中国对他这种侵略的政策，决不能不加以反抗。其反抗的步骤，则不外一方将满洲已失的权利设法收回，一方严防日本势力伸张到蒙古去。由是说来，界〔介〕于满洲与蒙古之间的索伦一带，即新划定之兴安屯垦区，将成〈为〉国防［为］上的重要地位矣。因为兴安区不但为满洲的重镇，并且为蒙古的门户，欲回〔图〕恢满洲已失的权利，与预防蒙古的外势伸入，不可不以兴安区为根据地。而日本去年要求强修五路之中，洮索路为其一。今岁又有洮满路（即洮南至蒙洲里）之宣传。这也足见日本重视我兴安区之一斑也。

俄国自劳农政府成立之后，对于疆土固无侵夺的野心，但为贯彻他的主义，他总想于最短期间内，将赤色的共产主义，传播到全世界。各国为保护现状的国家政策，所以对于俄国所宣传的共产主义，都非常恐惧，防范极严。惟中国在这种混乱的状况，对于俄国的宣传，防范的力量，自然较各国薄弱些。于是俄国看出机会，想要把他那种"赤化"主义，首先宣传到中国，及到中国之后，再宣传到高丽而日本，更转入印度，再渐入欧洲而美洲，以期普遍全世界。这是俄国宣传共产主义的理想步骤。他为贯彻主张，试行步骤，第一步要将蒙古造成共产，第二步再将满洲染为"赤化"，第三步更将全中国弄成大恐怖。在中国宣传成功之后，再推而至高丽而日本而印度，以及宣传到全世界。此次中东铁路的交涉，其原因就是俄国以东铁为根据，在满蒙地方宣传"赤化"。中国发现那种宣传的阴谋，遂将东铁俄国职员解职。于是俄国就公然破坏《非战公约》，派兵到中国国境示威，并占了几个城池，扣了许多商船，又把商民杀了若干。由此亦就见出俄国那种"赤化"主义的厉害可怕。俄国既然以宣传满蒙为扰乱中国的开始工作，中国为防御那种扰乱宣传，自不能不择选一个适宜的地方，以作相当准备。这个地方，势必要以界于满蒙之间的索伦一带，即新划定之兴安区为最适宜。况且兴安区的北端，就是满洲里。如能把满洲里附近地方，经营妥善，开发完备，并驻有重兵防守，俄国不但不敢窥视满蒙，即在东铁线上，亦就不能有若何的阴谋矣。

　　总而言之，东北、满蒙在国际间已成危急的状态，为保持疆土的完全，防范日本的侵略，则不能不以兴安区为大本营。又为保护民族的安全，防御俄国的扰乱，更不能不以兴安区为司令塔。所以兴安区的地位，在东北国防上的关系，何等要紧！更何等重大！读者信呼否耶？

十八年九月于洮安

《屯垦》（月刊）

兴安区屯垦月刊社

1929 年 1 卷 2 期

（李红菊　整理）

满洲里、绥芬等处中俄空军视察报告

马振昌　撰

赤俄侵边衅起，振昌奉上峰令派，驰赴东北调查敌我空军实力，及采战策略，下系侦查报告之逐日记载。

振昌

九月二十一日

冯庸大学学生二百五十人，教职员二十人，组织义勇军，携带全副武器，赴满站视察，遇必要时，即行参加作战。该军内分宣传处、汽车队及飞机队。有载重汽车三辆、轿车一辆、五带尺飞机一架，由聂恒裕驾驶，自奉飞哈，由哈装车运至满站。哈埠之降落场在马家沟无线电台之南路线旁。当该军未出发之前，原定随带飞机两架，嗣因新购之四百五十码包台斯尚未装成，故只飞来一架，闻装成后由法人不列驾驶飞哈，稍停即行飞满。

二十二日

赤俄飞机卅二架在绥芬示威飞行时之队形如下：

赤俄以二十架飞机轰炸绥芬时，约掷炸弹七十余枚。有重百余磅者，有重七八十磅者。弹皮厚约一生的，有小孔以螺丝公塞

（易于爆炸），并铸有赤俄文字。当时车站房屋变成瓦砾，道铁纷飞。驻军退后八九站，以穆陵为防线。车站办事人员亦均避居于此。死伤之确数，计人民卅六名，兵士十余名。穆团长亦因伤殒命云（死伤数目系廿三日调查所得）。

二十四日

牡丹江及穆棱每日均有敌机五六架施行侦察，故大通车来往均改夜间。

二十五日

冯大现有之五带尺飞机，名疾风号。新购之包台斯，名迅雷号。本日在哈埠飞行，散布传单。

二十六日

东北飞机大队，在穆棱车站南平地，及牡丹江车站南平地，均采有飞行场。

十月一日

本日晚五时，敌以炮兵为主，施猛烈之攻击。共射炮二千余发。弹皮有七生的、五及十生的、十五生的者。经我军击退。

二日

是日晨八时，记者（振昌自称，下仿此）自哈尔滨起程，赴满洲里。

当晚六时，车行至昂昂溪车站，见该站停有胡毓坤军长列车，其军部即在车站迤南俄人建筑之洋楼内。该军所属部队，自哈尔滨至博克图站，沿路线驻扎，兼任护路勤务。邹作华之山野各炮营，有炮约二十余尊，亦驻该站，待命出发。见博克图西北二三里处，即为兴安岭，由岭上各山地，向西北及正北行，均有构筑之防御工事。据驻守之兵士云，系对满站、鸡拉林、室苇〔韦〕县呼玛县之敌之第三防御线。

冯庸率全队人员出发满洲里，晚八时抵昂昂溪车站，在胡军司令部休息片刻，随同胡军长赴齐齐哈尔谒万副司令，事〔是〕夜返昂。又是日早七八时，敌以飞机六架在空中助战，掷下炸弹多枚（炸坑约六尺深、八尺阔），均未发生效力。其弹皮为七十磅之重，计一、二两日夜之战，我方伤亡约三十余名，敌方约百余名。

三日

冯庸率全队人员，早八时由昂站开车，晚八时至兴安岭之博克图站。视察第三防线时，该线正在着手建筑，驻有步兵〔委〕约一旅、炮兵一营。自二日之后，敌机无日不来扎兰诺尔车站及煤窑两处施行侦察。

夜十二时，至海拉尔站，见该站驻有江省国防军十七旅全部，于路线之两旁，均筑有防御工事。询悉系我军之第二防线。

四日

　　早六时，至扎兰诺尔车站，见十五旅魏旅附，据云前晚五时，与敌交战，至今早三时始止，毙敌约百余名，敌以重炮轰击，伤我士兵二十一名，亡七名。其炮弹未炸开者，量其口径，为七生的五之野炮，及十生、十五生之重炮。当询曾否有敌人飞机来此，据云自八月中旬以后，敌机二架或三架，无日不来，于本月二日及三日，敌以廿二架成队飞来，飞绕四五周即返，旋即以六架飞来向我之阵地抛掷炸弹，助其部队向我攻击。其弹量为俄量一卜半重（约八十磅），其飞机符号为红色之五星式，画于其机之两翼。

　　本日早八时至煤窑（位于扎兰诺尔北六里处），见我军之防御工事，由铁路左侧高地起，延至右侧高地及海拉尔河干，成一半圆形之阵地，据十五旅刘军械处长云、今年雨水过大，沿海拉尔河之两岸均有极深阔之河塘，徒涉固不可，行船亦不能，故于我军防线便利实多，倘延至河水冻结，即以二三师之兵力，防御亦难周全。但我军在河边工事，亦被水淹，近正加以修理，散兵壕内，均经垫以木板。时见煤窑车站西平地，设有飞行场，场中停冯庸之疾风号飞机一架，并有三工人看守之。当即询问敌人飞机自何方向飞来，其飞行场位于何地。伊云即在前面阿巴街图之附近，每次飞来时，于未起地之先，即闻其声，初离地时，机身亦可看着，故扎、煤两站之守兵及民众，得以预防飞机炸弹之危险。其炸弹之效力痕，约六尺深、八尺阔之坑，符号与前同，马力约在三百以上。

　　午后二时至满洲里视察，据哈满司令兼十五旅旅长梁忠甲及满站齐县长、刘站长、张段长云，十月二日午后五时，敌以步骑炮、飞机、铁甲车、联合军，接续向我满站阵地全线猛烈攻击，经我官兵竭力抵抗，激战至晚九时，敌始退却。是役也，敌用炮战，约三千余发，又以飞机六架掷弹约六七十枚，我之全线，几成弹巢。此役得敌之防毒器及手榴弹甚多，并连珠枪六十余枝，毙敌百余名，查其符号为三十六师百零六团及百零八团，我方伤亡十余名。

先是本月三日，我军侦察赤党头站西北百余里萧家店地方，由北来之俄兵百余名，将该店包围，肆行杀戮。人民被害者十七名，女子十六名，孩童七名，并烧毁房屋十余处。

五日

晚七时，十五旅三十八团，由扎兰诺尔开至满站，住东营房，闻定于翌早向阵地进行。

是夜十一时，北山之阵地及十八里小站国门等处，炮声隆隆，至次早三时始止。本日夜扎兰诺尔亦有甚密之炮声。是日义勇军在八里木侦察飞行场，传闻冯庸指挥拟明早将停放煤窑之疾风号飞机飞来此地，带同大队长及学生几名，往扎兰诺尔及煤窑测绘地图。

六日

冯庸率技工及大队长，携绘图具等赴扎兰诺尔试验飞机。

七日

早七时，冯大义勇军赴八里木，平垫飞行场。早八时见有敌方之载重汽车十一辆，由阿巴街图大道，在满站之北高地后，向十八里小站来往数次之运输。早十一时，冯庸驾驶疾风号飞机，自〈扎〉兰诺尔飞至八里木落。晚六时十分，自哈开来之大通车，驻哈美领事搭通车抵满。晚七时半，十五旅之四十三团及附属之炮兵一连，由扎兰诺尔开至满站，当即进入国门两旁之阵地。据四十三团官兵及兵士云，当冯庸驾疾风号由扎兰诺尔飞进满站时，阿巴街图之敌，曾演〔发〕射高射炮百余发。

八日

据潜赴俄境之白俄侦探报称，敌于月之五日全军及民众开阵前伤亡埋葬会，并云月之十日，值我国之国庆日，拟施以猛烈之攻击。本日早四五时阿巴街图之敌，向扎兰诺尔施以炮攻，曾发现二十生口径之炮弹。

自扎兰诺尔之三十八团及四十三团增进满站后，由驻海之黑省国边军第十七旅接防。是晚义勇军在满站游行，并散布张贴中俄文之传单。

九日

本日随同梁司令及冯庸赴火线视察，拾得重炮破皮甚多，见我之阵地构筑异常坚固，近复加筑半永久堡垒。

本晚六时，上海暨大童子军，步旅游行，杨、赵同志于晚通车抵满，梁司令、冯指挥导引赴俱乐部晚餐。

十日

冯大在苏联中学举行二周纪念典礼，暨大杨、赵二同志，亦皆参列。十时同往哈满司令部，行国庆纪念礼。晚二时冯庸带同魏旅附驾疾风号，飞至俄境十八里小站，及十三里侦察，见敌之火车一列，自马提页子向十八里小站前进，并见十八里南国门两旁敌方之高地建筑工事，于高地后，约有步兵二百余名正在集合中。

赵、杨同志要求梁司令，赴火线各地视察，于午后二时出发。

十一日

午后二时，黑省之第九炮团，开到四门制炮兵一连，为奉天兵工厂所造之七生七口径，五千米射程，并闻炮连长云，系自江省开来一营，其二连已进入扎兰诺尔阵地。

晚八时敌骑约七八十名、步兵约百余名，坐四轮马车向我之八里木来袭，当经八里木之步兵机关枪，向敌痛击。敌向阿巴街图退却。是役得敌四轮马车四辆、马四匹。

冯庸率同义勇军，于早八时向南平野之慢起伏施行工作。晚八时得路警报告，恒道合子铁桥被潜伏赤俄破坏，闻须二三日之工，方可修复。

十二日

上海暨大童子军南归，梁司令到站恭送，赠战痕照片数张。晚二时冯庸驾疾风号赴敌方侦察，因风力过大，约视察三十分钟即返。见敌方马提页子站，停列车五列，其一列挂有车头，向南并有车头一个，向北行进中。又十八里小站，有小平机关车，向国门开进。

查赤俄之飞机为美国造之德海外兰得（Dehavilband 9），机器为 Liberty 400 H. P. 及卡尔吉斯 Armstrong Siddlye "Puma" 450 H. P. 。

查询及潜伏赤塔之白俄飞行家云，赤俄之墨斯科瓦，设有雍克尔斯工厂，赤俄现有之飞机，约在五千架以上之数，并墨斯克瓦与他境连接之航线设置，直如蛛网，如墨至柏林，至黑海之俄带斯，至非兰特之黑弱好而斯，而戛斯必海，至巴固由，至岛拉山之埃克节兰布拉克（改名为斯外勒得勒克）。当一九二二年，已共有飞行人员约在二千五百人，飞机约两千架以上。现时赤俄对于航空极力进展，如国立、民立之航空学校，格外扩充，现有之飞行人才，当更多于前也。

十二日晚车，有由辽宁来满慰劳之教育界代表四人到站。

十三日

视察各防线之阵地，均增厚工事，其有未修之处，亦加以修理。早八时，义勇军仍赴南阵地工作。午后二时，敌飞机一架自马提页子沿敌之阵地向阿巴街图飞进（后悉其机种为卡尔吉斯）。三时敌机一架，由马提页子飞进满站阵地，并各处施以详密之侦察，绕飞约一小时之久。查其机种为德海外兰特〔得〕。嗣往阿巴街图之飞机飞来二机，比翼而返，其符号为红色五星式，其飞机色为灰色。

十四日

夜一时许，北高地及西北之开阔地，东南面右翼阵地，均有敌之少数步兵，潜行来袭。我方早已发觉，当敌接近时，被我方先时准备之机关枪及散兵，猛力攻击，不数分钟即被击退。是日早十时，敌机三架（其式均为美造四百五马之德海外兰特〔得〕），在满站阵地及冯庸之飞行场通扎之铁路线上施以详密之侦察，颇若有撮〔摄〕影之姿式，共飞四十五分钟，向马提页子方向飞去。

本日冯庸致胡军长电，催派飞机队，及运送高射炮来满站备战。是晚四时，冯庸驾疾风号赴敌阵地，及马提页子侦察火车，仍如旧观，并未见增加。

十五日

早三时，敌之铁甲车自十八里小站掩护敌之步骑炮联合军，向我之左翼高地袭击。战至早五时，敌始退却，双方损失及伤亡士兵未悉确数。

即日早六时，乘通车往扎兰诺尔视察。据密电（万电梁）报告，于十二日午前四时，敌以海陆空军协攻我之同江，敌舰二艘被我击沉。当午同江县陷落，江防海军，除利绥负伤逃避富锦外，江安、江平、江太、利捷、东乙，均被击沉。三江口我吉军伤营长一、炮连长二，阵亡步连长二、连附十余人，山炮一连、步兵一连，全军尽没。吉军退守富锦，俄舰三艘，飞机一队，已追进富锦四十余里云。

十六日

早七时，冯庸驾疾风号，向国门及小煤窑侦察，敌方当即追来，敌机二架，疾风号以无战斗设备，急返八里木，平安降落。敌机在满站及我之各阵地，飞绕四五周始返。至九时冯庸仍驾疾风号，拟飞至敌之左右翼沿线之阵地侦察，当经起地后，一周转之时，敌机二架，自马提页子推头向我之飞行场急进，冯庸当即降落，敌施以数发之机关枪，场内人员均无恙。晚六时乘通车返满站，南京铁道部陆次长亦乘此车至满视察，当晚十时乘专车返哈。

十七日

晨八时闻电讯，同江十二日之役，敌舰被我江防舰队击沉三艘于三江口，敌机二架，被我江防舰击落，并我吉军击毙敌骑二百余名、马百余匹。江防舰队司令沈鸿烈，拟以所沉商舰于富锦下流封锁江流以障敌舰之侵入。吉军步兵两团，已占领二龙山、卧虎山一带，拟恢复同江县。

早十一时敌机二架来满站侦察，一在冯庸三十里民店之假设飞行场盘旋两时之久，复飞来满站，二机同时飞去。

夜十时四十分，闻国门方向枪声甚密，并炮声四五发。又车站西之官房附近，连发四五排枪。又国门之西南荒火甚烈，因东北风吹力，火势向南蔓延甚速。

夜十一时四十分，三十八团之骑哨来满司令部及冯庸指挥部报告，敌约百余骑，自小煤窑发荒火之方向，向我来袭，当被三十八团一营击退。其后方有无敌踪未悉，"荒火即系敌军所放"。

十八日

据间谍报称，自大岛里至马提页子之俄兵，均在火车上宿止，自马提页子至满站及阿巴街图一带之敌，以骑兵为主兵，约两千余名，并附属之炮兵、机关枪，及飞机队、铁甲车、步兵等，为赤俄边防之第三十五师。同江一带之敌，为其三十六师。该师长于昨、前二日来大岛里与三十五师师长开军事会议。三十五师长主张，即施以猛烈之攻击，俟满洲里及扎兰诺尔攻下之后，可为三十五师之全军之冬防驻在地。三十六师长主张即在原驻防地为冬防线，以持久之扰乱为目的，遇必要时，再为进占。至决议后，仍照三十六师师长之主张。

下午二时，敌驾德海外兰得飞机一架，来满侦察。是日因风力过大，未久即返。

十九日

下午一时三十分，敌机二架来满，并对我之甲车及哈满司令部、冯庸之工作学生军，施以机关枪射击，侦察约二小时之久始返。

晚据蒙古骑探报称，大来湖之西南，有敌骑约两千名，所到之处，掳掠抢杀，蒙民闻声均行迁避。梁司令以距扎兰诺尔及满站背侧为最要，故对于西南之防御工事，急于增筑，并派骑哨警戒之。午后九时，胡毓坤军长同江省边防军谢珂参谋长、辽宁长官公署咨议彭振国来满视察。

二十日

得悉十五旅通报，江省万副司令电称，汤原王司令篆电称，据汤原电报局由前方传来消息，敌人现已退出同江，街市烧毁大半，富锦绥浜〔滨〕安谧如常。晚二时十分，冯驾疾风号侦察十八里小站，有敌甲车一列，通阿巴街图之大道，有汽车五辆、四轮大车百余辆。当午后二时，胡军长等乘专车离满，午后三时满站之文官及铁路之职员，同魏旅附乘载重汽车，至满站左翼阵地观察，被敌发觉，当即施以重炮三发，伤士兵二名。（定系日人通奸，赤俄敌当以胡军长等之来此视察，故以重炮射击之。）

二十一日

敌飞机二架飞至满站及我之阵地侦察，施以二小时之盘旋。查通阿巴街图之大道，敌之汽车、大车，有甚长之纵列，运输甚忙。

晚六时十分，波兰驻日之武官来满，日领事馆三人来站欢迎。该武官携有我国驻日之汪公使之护照一纸。接海拉尔之电话，敌机二架，曾至海站及路线一带侦察。

夜一时许，敌飞机一架来满站飞绕多时，并放光弹五枚。

二十二日

据探报称"日人"，敌准于二十三日夜施以最猛烈之攻击，扎、满、海三处，于必要时，用毒瓦斯，亦所不惜，以夺取满、扎为其冬防。又称满埠日领馆及日侨，于二十四日迁移出境，并雇许多之华人为之制木箱，及捆包行具，以恐吓满站军民。晚通车迟到四十五分钟，因三十里民店奸俄埋伏炸药四盒，当经骑哨兵发觉，俟通车到时，令看道夫摆以红旗停车后，始将炸药起至，未出危险。

二十三日

义勇军奉命开拔回辽，刻值准备车中。晚梁司令宴会义勇军，八时东北之高地敌射击十余炮，双方步枪甚密。又见敌方十三里处，其炸弹自行爆发二枚。

二十四日

昨八时之役，我北小山之阵地，有敌潜伏，向我接近。我方早已发觉，俟其至我障〔阵〕地，即以机关枪射击。我之机关枪及步枪，向该敌以猛烈之射击，同时敌以炮火向我方阵地射击数十发。我之迫击炮，向崖下积众之敌，施以猛烈射击。此役敌毙四十余名，其崖下之伤亡，以敌火之下，尚难检查，余均溃退。东南高地，敌以炮火向我阵地施射十余发，炮弹均落在我之阵地附近，未至损伤。晚七时，义勇军返辽出发。

二十五日

由满往扎兰诺尔视察，闻云本日敌机三架来此飞绕一小时之久，即往满站飞去。并据情报云，于今晚敌施以最猛烈之攻击，故扎站之士兵，均进居阵地。

早七时五十分，冯庸之疾风号，由满飞过扎站，向海拉尔飞去，闻须到后，再装车开赴辽宁。

本日午后抵海拉尔，据传闻海属之室苇〔韦〕县及呼玛县，已为敌人占领，刻骑焦〔兵〕团已前去搜索。得白俄（近由库来海）报告云赤俄由库道接济冯款五百万元（云实有其事）。

辽宁第三队派赵勋来海设飞行场，于海站西北六里处，毛子坟地点，已采妥极大之飞行场。并闻赵云，拟于赫尔红德车站附近准备前进临时飞行场，刻第三队在昂昂溪车站停止待命。

二十六日

午刻抵昂昂溪车站，见辽宁第三队，停有四百五十马力保代斯五架、高射炮二尊、百磅炸弹及汽油汽车等。该队为王聚有所辖，据该队长云，已派员去海勘设飞行场，俟有命令，即可开赴前方。闻冯庸率同全军仍赴齐齐哈尔作宣传工作，并与万司令规定将来航线事业。

二十八日

至齐齐哈尔，闻冯庸义勇军，以洮昂路江桥冲断，以军用笨重物品不能通过，仍须由中东路返辽，刻正在接洽中。

闻万副司令与冯指挥办理由奉至长、哈、齐、黑河诸航线，预定经费为二十万元，命冯即着手进行。冯预定之航线计画，航站以哈尔滨为中枢，飞行场于哈埠西马家沟无线电台附近，现有之飞行场为航站，由哈尔滨而西通至长春，由长春至辽宁。长春航站及飞行场设于长春二道沟之现有飞行场。辽宁航站及飞行场设于揽军山。冯庸大学之现有飞行场，由哈尔滨向东〔西〕通至齐齐哈尔，由齐至黑河之航线。齐齐哈尔，以黑龙江省城齐柯车站附近之平地为飞行场及航站，由齐至黑河航站及飞行场，以我国与俄断绝国交关系，尚无计画。由哈、长春、辽宁之航线，专为搭客、邮包、信件，由哈至齐至黑之航线，为运输贵重物品（指〈黑〉河之金产而言）。

搭客、邮包、信件，对于黑河之产金数目，运至哈埠之数目，及运费、保险费，刻在调查中。其预定费二十万元，拟以八万元购买载重飞机，以四五万元为开办费，及人员薪金，其余交储银行为准备金。

二十九日

聂恒裕，在齐驾疾风号飞行，答谢各界，并宣传赤俄之暴横，及对俄之方针。

三十日

冯庸架疾风号，在齐城飞行一周，并万副司令及苏谢参谋长至场欢迎。

三十一日

早十时抵哈站，午后五时得路警讯，富锦于三十日夜至三十一日拂晓有俄军舰数只，攻松花江下游，富锦刻正在交战中，俄军之战策，胜我一筹，与我军以极大之打击。并据传闻丁超有失踪说。

十一月一日

　　午前九时坐列车往绥芬，于二日早二时至穆棱车站，探悉三十一日之夜至次日拂晓，赤俄已占领富锦，我军退至桦川。三十一日至一日拂晓，绥芬方面，俄军连次攻击我之东宁县，均为我军所击退。据穆棱得三姓李镇守使电称，松花江下流一带，于三十日富锦俄机三架，掷炸弹十余枚，同时在富锦百八十里之杏花屯，发现敌舰十艘、骑兵一团，向我猛攻，我陆海军拼命应战。沈司令刻在桦川，以北之电话、电报，均不通，并得吉军九旅参谋传说云乌苏里江之防区，凡千二百里，松花江之防区，凡七百里，时以大江尚未冻结，尚觉兵力单薄，以致同江、富锦之失守，倘至封江，则通俄之江，无处不可以通过。赤俄若由肇兴、三间房上陆，急驰百六十华里，即可袭击江北岸之绥浜〔滨〕、江南岸之富锦，若自萝北上陆，驰行二百四十里，即可袭击我之江北岸之汤原、江南岸之桦川，若由俄岸徐尔固出兵，可袭同江，窥富锦。此三路于封江之后，平坦无阻，赤俄可随时出入，一旦失守，则依兰（即三姓）而上，势如破竹，则哈埠危如朝露也。探悉赤俄近在伯力准备马橇五千余辆，〈各〉置炮一尊、射手五名。揆其意，俟冰结后，再图大举，可不深虑哉。

　　当早五时，车行至太平岭，被潜俄轰炸车中，死二人，伤一人，内车一辆炸成粉碎，探须于夜十一时，方可修复。至十一时由绥芬派车来接，并路警杨段长来此调查情形。至三日早九时许抵绥芬，得悉敌机于三十日、三十一日，及十一月一日、三日，〔敌机〕三五成群，经绥芬往牡丹江侦察，并在绥芬盘旋，军商民等极为恐慌。视查车站附近，为敌机轰炸破碎不堪。

　　三江口战役之始末：原在徐尔固停泊俄舰只两艘，于十月十一日一昼夜间，骤增战舰九艘，由徐尔固停泊，延至莫力洪一带。我方三江口之防务，为吉军路、张两团，及尹舰长、李陆战队长担任之。于十二日早五时三十分，赤俄旗舰忽悬红旗，同时即向我利绥旗舰开炮。利绥当未还击，恐生误会，敌以连续炮击，我海军为自卫计，即以利绥还击，利捷、东乙各舰亦相继。敌之炮火，均集中三江口我之陆战队，我方各舰及陆战队员兵，奋勇激战，约一时半许，敌旗舰被我击倾，及他二舰亦中炮起火，遂退出三江口外。旋即飞来敌机十五架，整三队来攻，我之商船改造江泰、江平，被炸起火。敌舰折回来攻，续战半日，敌舰发射三千余发，我舰亦射六七百发，击沉敌舰两只外，四只起火分窜。我之运送船江安，亦被敌飞机炸毁，利捷军舰船尾及利绥船头，均受重创，炮员血肉横飞，舰首几成肉团。东乙炮火较巨，决战犹久，而后亦被飞机炸通船底，各炮员一面救水，一面应战，迨至利捷与东乙先后沉没，利绥以受创过巨，即绕出战线以外。敌之残舰及飞机，乃以次集中弹火于我陆战队，及陆军阵地。斯时敌之机关枪队四五百人，于三江口正面，强行登岸，被我陆战队及陆军守兵击之，前仆后继，死伤甚众，终不得逞。乃复以步骑兵三千余人、机关枪百余尊、手提机枪四百余架、小山炮二十余尊，绕道下流十余里处，由海军及飞机掩护登岸，海陆空同时向我猛攻，我陆军以死力抵抗，奋勇杀敌。与敌激战至午后二时许，弹尽援绝，敌军蜂拥而来，攻我海军，李大队长、陆军孟营长、崔连长各率所部，与敌白刃相接，虽歼敌甚夥，而两队员全兵〔兵员全〕部五百余人，均以身殉。我海陆军，仍一面自同江向富锦分水陆节节布防，一面退后补充休养。敌军遂于十二日午后三时许，进入同江。是役也，我海陆空军，以寡敌众，敌之兵器精良百倍于我，竟能鏖战竟日，击沉敌之主力舰三只，内旗舰一只，击伤小舰四只，击落飞机两架，歼敌海陆军七百余人，并其极东舰队司令官及其指挥官四人死焉。我海陆殉国员兵，虽亦达七百人以上，但我方正式军舰被炸者，只利捷一艘，其江平、江安、江泰为运送船，毫无武力，较之敌方损失千不及一。此次敌军所以被此重创者，敌侦知我舰毫无武力，实以沈鸿烈秘为准备四吋七及三吋之八尊钢炮，此八尊炮火之新设，实出敌意料之外，故敌初以为同江不刃而下，然究其结局之损失，乃至于此，亦非始料所及矣。

四日

晚车记者启身返哈。

查赤俄满站之飞行场，以大乌里为大本营，其前进临时飞行场，为马提页子及阿巴街图。

敌东路之飞行场，为双城子站，及克诺林站，为大本营。其前进临时飞行场，为大河押日河附近（即四站）。敌之对三江口之飞行场，以秋尔卡乍为大本营，比德张河及黑龙江河口之附近，为前进临时之飞行场。其机种均系美国所造之四五马力德海外兰特〔得〕，及四百马卡尔吉斯。在绥所见赤俄之飞机，与满站之俄机相同，不过其中有二架较大者，其附号均为红色之五星式。其卡尔吉斯飞机之为淡灰色，其德海外兰特〔得〕为深灰色。

辽宁第二队，包带斯五架，姜兴成为队长，现于哈埠停置。十一月三日，接依兰李镇守使，电调该队派机三架，速飞来依兰待命，刻将汽油、炸弹，已装船运往，俟采妥飞行场，及油料等运到后，即行飞往。

我之西路飞行场，以海拉尔西北六里处毛子坟附近为大本营，前进临时飞行场，为赫尔鸿德车站。

我之东路飞行场，以穆棱及依兰为大本营，前进飞行场为六站云。

《航空杂志》（月刊）

航空署情报科

1929 年 1 卷 5、6 期

（李红权　整理）

国防计画与新多伦

（此文曾载本年一月四日《时事新报》时论栏）

张其昀 撰

耶律楚材为元代第一名相，尝谓治弓尚须用弓匠，治天下安可不用天下匠。史称有元一代，参合东西之文化，登用世界之人材，使其国祚绵长，得与唐、宋相比，当在世界文化史上别开生面。元代政治之得失，非本篇所能讨论。要之，耶律氏之开国规模，具有世界的眼光，则为历史上不可磨灭之事实。耶律氏今与孙总理同眠于西山，辄令人发思古之幽情。耶律氏以后，惟明太祖、成祖，抱负大志，谋向外发展。及明代中叶，郑和航海之典籍，毁于南都之大内，自是以后，遂为闭关自守之时代，而中国之国际地位，亦大有江河日下之势。中山先生自伦敦被难以后，便环绕地球，周游列国。先生自称约计每二年绕地球一周，至武昌起义时，已绕过六七周。中山先生一切政治上、经济上之大方针、大政策，悉以民族需要为其观点，而以世界形势为其背景。试读《建国方略·实业计画》之第一计画，知多伦诺尔为西北铁道系统之中心，即移民政策之中心，满蒙政策之中心，与国防计画之中心。先生之言曰："对于被裁百余万之兵，只以北方大港与多伦诺尔间辽阔之地区，已足以安置之。"又曰："余议于国家机关之下，佐以外国练达之士，及有军事上组织才者，用系统的方法，指导其事。"其用意至为深远。多伦诺尔即元代之上都。元代定制，以北平为大都，多伦为上都，每年自四月至八月，政府移设于上都（清代于热河设避暑山庄，亦元代之遗意）。元代盛时，多伦为各种族杂居之地，万国衣冠，咸会于此，各国之使臣与诸教之主教，项背相望，各国工匠亦多居于其肆。《实业计画》中之多伦，为铁道网之中心，一方面与西伯利亚大铁道相连接，一方面经土耳其斯坦与报达大铁道相连接。自欧洲之巴黎、柏林，或自非洲之好望角，火车均可直达多伦。故元代之多伦，乃世界的多伦，中山先生理想中之新多伦，亦为一世界的都会。

　　《实业计画》之第一计画，有二大要义，一曰寓兵于农，一曰寓兵于工。北方大港为移民事业之门户，其总机关则设于多伦。由多伦分赴于满蒙，蒙古移民将以包头为中心，满洲移民将以东镇为中心（东镇在嫩江与松花江之会口，近闻东省当局拟在哈尔滨、洮南一带另设新省，则东镇当为新省会所在地）。满蒙草原为世界最大小麦带之一，据刘大钧氏在第一次太平洋食粮会议（一九二四年在檀香山举行）之报告，自俄国产麦低落以后，中国产麦已占世界之第二位，然中国产麦之地，大有发展之希望，将来第一计画实行之后，中国为世界产麦首要之国，亦意中事。广义的农业包括畜牧，中山先生尝称察哈尔为中国之阿真廷。阿真廷者，南美洲 A、B、C 三大共和国之一，向以肉类供给西欧诸国。据一九二一年之统计，阿真廷牛肉出口值一千八百万金镑，牛油出口值三百万镑，羊肉出口值四百万镑，又皮革七百万镑。察哈尔之地形、气候颇与阿真廷相似，而在世界市场上尚无重要之地位。据俄人克拉米息夫（Karamisheff）报告，蒙古羊肉之风味，胜于俄国吉尔吉思草原之羊，又谓蒙古之牛油，曾受伦敦市场上热烈之欢迎。是故塞外之经济能力，实属不可限量，经济发达之后，则军饷方不致有拮据之虞。中山先生上李鸿章书有云："如中堂有意以兴农政，则文于回华后，可再行游历内地新疆、关外等处，察看情形，何处宜耕，何处宜牧，何处宜蚕，详明利益，尽仿西法，招民开垦，集商举办，此与国计民生大有裨益，所欲躬行实践，以求泽之沾沛乎人民者此也。"中山先生致力革命凡四十年，而足迹未出长城，当为先生莫大之遗恨。则继志述事，当为国民政府第一步之工作。

近代工业，以科学为主宰，以煤铁为基本。铁者机器之原料，煤者机器之燃料。故机器为近代工业之树，而矿业又为近代工业之根。英国为世界最大之工业国，英人自称其生活树立于矿山与工场之上，良有以也。大战以后，德国所产之钢，仍居欧洲各国之第一位，德国虽败，仍不失为世界最重要之工业国。我国之煤铁矿皆聚于北方，而河北、奉天二省尤为精华会萃之区。我国各省产煤，以河北为第一，占全国产额百分之三十四，奉天为第二，占百分之二十八。至于铁矿储量，则以奉天为第一，几占全国铁矿百分之四十，河北为第二，占百分之九·六（据谢家荣君《第二次中国矿业纪要》），故河北省可称为东方之英国，奉天省可称为东方之德国。而北方大港，介居其间，煤铁二矿，钟毓一处，有相得益彰之妙。自北方大港至多伦诺尔，铁道长三百英里，中山先生主张经始之初，即筑双轨。以多伦为国防中心，以北方大港为工业中心，一旦有事，军用品之运输，至为便捷。中国近世自林则徐、曾国藩以至中山先生，皆讲富国强兵之道，而成效迄未概见者，何也？实业不发达故耳。欲富国必须发展实业，欲强兵亦须发展实业。今北伐已告成功，旧日发展实业之障碍，已去其大半，则《实业计画》种种之宏规远模，必须立即进行。自鸦片战争以迄五三惨案种种耻辱，透彻言之，无非由于外人之船坚炮利。船何以坚，炮何以利，此皆钢铁工业之产品也。盖必有大工业为军队之后援，始能组织良好之军队。《实业计画》第一计画之第五部，主张于北方大港，设立制铁炼钢之工厂。夫钢铁厂在平时本为厚利之实业，凡铁路、都市、商港等之建筑，与各种工业机器之应用，莫不有赖于此。然一旦对外宣战，则各种工厂，皆可一变而为兵工厂，是即所谓寓兵于工之政策。中山先生尝欲于《实业计画》草成之后，再草国防计画，惜未成书，然吾人细读《实业计画》，亦可略知其精义所在。

　　唐、宋之世，岭南初辟，国家常委负重望之大臣，镇抚其地。其后岭南人文大启，故有岭学之名。如广东有韩江，广西有柳江，即所以纪念唐代韩、柳二公倡导文化之盛业。自民国以来，广州为国民革命之大本营，国民革命之胜利，以粤人之功居多。目前中国各地之文化程度，几与中国雨量图上颜色深浅之程度，成正比例。故有识之士，盛倡文化北进之论。近闻南开大学与清华大学，均有边疆研究会之组织，此实健康的征兆。伍朝枢氏有云："希望本党国精神，由珠江、扬子江、黄河三大流域，最后发展至黑龙江流域。"欲达到此目的，必须实行《建国方略·实业计画》之第一计画。易言之，必以多伦诺尔为其历程。故新多伦运动，诚所望于朝野上下极力鼓吹者也。今者全国编遣会议，方在开幕，裁兵垦荒或移民实边政策，当成为会议中主要议题之一。况内蒙建省，业已实行，东省易帜，与岁俱改。我国民政府经营满蒙之大政方针，不久自当正式公布。秉国钧者，幸勿瞻徇一时之事实，而致变更总理既定之方针，此则我国民喁喁之厚望也。

《地理杂志》（双月刊）

南京中央大学地理学系

1929 年 2 卷 3 期

（朱宪　整理）

赤俄扰边经过情形

黑龙江省指委　报告

呈为报告赤俄侵略沿边经过情形事：窃自苏俄利用中东路为工具，实行其"赤化"东方政策，违反中俄、奉俄两协定，在哈埠图谋颠覆我政府，危害我南北要人，经我方察觉后，遂断然收回中东路，驱捕滋事赤党，而苏俄竟不顾《非战公约》，肆行寇扰，致我沿边屡遭屠杀，损失无算。我方顾全世界和平，忍痛一时，伯力会议，双方撤兵，赤色恐怖，暂告终止。兹将沿边各地战事经过情形，胪陈于左。

一、海拉尔　海拉尔地居黑龙江省西北境，兴安岭外重镇，中东路经过此地，西通满洲里，居户稠密，水草丰富，为天然游牧场。此次俄军扰边，我胡军长毓坤与张镇守使殿九设防于此，自去年十一月十七日起，磋岗站（海、满间一小站）以西，火车、电话、电报隔断以后，哈满票车每日仅开至海拉尔即折回哈埠。十八日扎兰诺尔（满洲里东第一小站）煤窑失守，韩旅长光第阵亡，海拉尔动摇，居民争逃，无训练之军警及无知之流氓开始抢劫。二十三日，俄来飞机十二架，掷弹未炸，经我炮射遁去，市内立时混乱，逃者遗物遍地，哭声震天，官吏、兵警乘车东去，蒙古副都统率众逃蒙地。午后四时，由哈开来票车，立即折回，是为最末次者。二十四日晨三时，火光四起，华兵车尽去，抢掠一空。二十五日，华、蒙、日、俄、英、美留海者代表齐集蒙古衙门，筹组各界联合临时保安会，公举日人高桥余庆、蒙人德子元为正副会长，设立保安队，维持治安，派蒙骑巡逻，雇消防队灭火。查点华人留海者，只四百，日侨七十，俄侨三千，至我方在职华人，只新街商会长吕伯仁，羊毛厂长邵麟，官医院医士邓怡箴耳。各屋顶皆树外国旗，或贴某国保管字样，独不见华旗。连日俄来飞机侦察，二十七日，赤俄以汽车、火车载步兵数百人入海，分驻车站附近，司令驻车上，向众演说打倒军阀官僚，保护农工商民，赤军司令责保安会供食粮、汽油、毛毯各种军用品甚急。入夜又有火警，乘火打劫者甚众。二十八日，俄降飞机二十架，步骑千人，汽车队入市搜索，拉取货物及华军粮秣，没收广信泰大磨面粉、小麦数十火车，分万兴和商号麦粉二千甫袋于俄侨。蒙人、日侨入市，皆带臂章，华人无之，不敢出户。赤军严查难民，俘虏溃兵。二十九日，俄来飞机并炮击战壕，特区由赤军布防，旧街由蒙骑巡逻，副都统入市。三十日，蒙署调集各旗总管入海议事，蒙骑随来二百名。十二月二日，蒙署出示安民，临时保安会无形取消。设外交处、督察处、警察局，保护旧街，特区则另组保安委员会，辖于蒙署，推日人高桥、犹太人非力次为正副委员长，应付赤军，处理特区一切事宜。查旧街商铺被焚者，百八十家，新街二十九家。四日、五日，赤军仍以炮击战壕，蒙署令旧街恢复商会，选正副会长。八日，赤〈军〉列于车站，数飞机绕空，开露天讲演大会，听者皆俄侨。十一日，赤军医到官医院看治残伤华兵，各县、卡难民入海甚多。十三日，赤军拆毁战壕木板，散给俄侨，十四、十五日，始有华、俄商数家开市。十六日，旧街商会开始调查，各商存货一空。二十三日，赤军突撤去，载去华兵及白俄数十，火车汽笛轰鸣终宵。二十四日，赤军撤尽，新街商会设商团，日人组日警团，蒙署派队接防。二十五日再查，留海俄侨三千、日侨七十、蒙人八百、华人一千五百，食粮缺乏。三十一日，蒙署出示负责维持治安，禁止造谣生事。十九年一月三日，张镇守使、赵处长仲仁派代表由牙克石站乘汽车到海视察，并访蒙副都统。五日，蒙署派员往牙克石站迎接华官。七日薄暮，全省警务处长窦联芳、海拉〈尔〉镇守使张殿九、市政筹备处长兼交涉员赵仲仁到海。查此次海拉〈尔〉确系不战而放弃，在胡军退却时，曾声明为战略关系，全城民众骤闻恶耗，扶老携幼，争相奔逃，沿途冻饿死者，不可数计，物质损失，约数千万元。我方文武官吏，既弃城逃去，仅有商会会长吕伯仁，及羊毛厂长邵麟，多方向敌人要求保全各种建设，及留城民众安全，更有医士邓怡箴肯于万险时期，以官医院收容难民，救治伤兵，赤军入境，未敢轻侮，尤为难能可贵。八日，修道工程车抵海，当夜无线电台修通省城。九日，省防军及铁道职员陆续到海，窦联芳、赵仲仁到保安委员会，慰劳全体委员，并到官医院安慰伤兵。十日，市内商户闭门，仍一片荒凉景象。哈来票车，九日始通满洲里。

　　二、满洲里　满洲里（即胪滨县）为自西伯利亚入境唯一要道，黑省西方门户也。自去年十一月十七日晨，赤军约四师兵力，飞机三十余架，炮二百余门，坦克车四五十辆，铁甲车两列，同时进攻扎、满。飞机向街市掷弹，我司令部房屋，及无线电台，均被炸毁，血战四昼三夜，尤以十九日为最烈。市内炮弹横飞，民房炸毁多处，官医院李院长死焉。我军经此数日激战，兵疲弹竭，加以扎站失守，后路断绝，不得已，于二十日晨，向扎站方面，拟绕道往磋冈〔岗〕站。胪滨县齐县长，及所属职员，并商民人等，均未随同撤退。军行至满站东十八里地方，遇敌堵击，复退满站，赤军西来进攻，我军腹背受敌，赤〈军〉飞机掷弹，市内紊乱，游民烧掠，赤军旋即进街。我全军被掳，计官兵约五六千名，轻伤者六百余名，梁旅长及李、张两参谋长，各团长，均于十一月二十四日，先后赴俄。扎兰诺尔煤矿，机器、锅炉、煤洞，均被炸毁，韩旅长阵亡，官兵伤亡过半。赤军进入满站，即设司令部及卫戍司令部，车站则设政治探访局，对于农工人等，发给麦粉、钱款，大逞其宣传伎俩，民间被抢物品，搜集一处，布告认领，特于发放之时，摄影作宣传材料，居心叵测。他如威迫官民出据证明赤军守纪律、不扰害等情，尤属凶恶。十二月十五日，赤军勒令齐县长证明华军破坏交通、炸毁铁桥，该县长死拒签字。其所立之探访局，专司搜查白党及我国军警，并搜捕各机关职员所有钱款、重要物品，及车站各部分机器、车辆、电报局、电机工程处材料、无线电台、电机等，均席卷一空。该县犯人，均被释放，齐县长因兼交涉代办关系，幸免逮捕。该县与市政公所设立临时办公处，并延聘本市中外绅商各五人，组织维持民食临时委员会，当与赤军卫戍司令部再三交涉，由所得我军粮中，发给面粉五百甫子，高粮〔粱〕米三百二十大袋，由荫拜喀尔铁路材料厂所存煤、拌内，发给煤两千甫子，木拌六十五古磅，交由联合办公处免费发给中俄灾民，犹属杯水车薪。复开采扎兰诺尔煤窑，日出煤四千甫子，统由联合办公处按照原价，接济扎、满市民，或免费发给灾民，于是燃料尚不间断。复由广信泰赊购大宗麦粉，做成面包，发给变装军警，及中外难民，免费面包证每日领面包二斤，孩童折半，结至去年十二月终，计救济中俄难民五千余名。驻扎赤军，于十二月二十四日撤退，驻满赤军于本年一月二日撤退，梁旅长于三日早平安回满，所有残留满站官兵，业均收容，而扎、满受创过巨，满目疮痍，急待恢复。

　　三、呼伦区域　呼伦贝尔东北，沿额尔古纳河流域，与黑河交界，计千五百余里。沿边计十九分卡，两总卡，每卡卡官、卡副各一员，官兵十余名。民国九年春，始设呼伦县（即海拉尔）、胪滨县（即满洲里）、室韦县、奇乾县。除呼、胪两县在中东铁道线内，其室韦县城，距海拉尔五百余里，车马尚通，奇乾县则距海拉〈尔〉一千余里，境内均山林，交通极不便。室、奇两县，与俄仅一水之隔，室韦境内商民三千余人，俄侨千余人，奇乾境内商民仅千八百余人，俄侨数百人。沿边除各卡有少数警察外，并无军队。此次与俄绝交，邮电不通者，四阅月之久。室韦以上各卡，于八月间，因受俄人侵据，商民全数逃避。室韦孤城难守，又无援兵，于去年九月间，该县县长带同商民，全体退至海拉尔、奇乾县，居额尔古纳河下游，于七八月间，河路即被封锁，食粮来源既绝，民众采食两月有余。欲避无路，守又不能，各卡又被赤军过河烧毁，该县县长于十一月间封河之际，盼援仍无望，始带同民众，经山林，徒步向海拉尔退却，爬山穿林，道路崎岖，沿途杳无人迹，煮麦而食，露天而宿，冻饿死者，不可数计。计步行二十四日，始抵海拉尔东牙克石车站，尔时海拉尔已先一日退却矣。

四、黑河区域　黑河居卜奎省城之东北千余里，与俄属之阿穆尔省，仅一江之隔。去年八月间，赤俄即时以炮来击，十月二十六日夜十二点，赤军复派便衣军渡江，将我方之电灯厂炸毁，并伤亡军警数名，由是全市均感不安。至十一月底，各机关眷属相率而去，职员所留无几，民众益觉大祸将至，全市商号、住户三千余家，亦先后逃避一空，只有巴英额混成旅留驻。此间赤军以侧重满、海之进击，故黑河方面尚能勉强应付。然物质损失，亦属不赀，民众因逃难死者，亦不可数计，沿边各县亦均被赤俄烧杀抢掠，各县民众之幸而不死者，均先后逃来省城。

此次沿边失败情形，一因我边防素无设备，并无驻军；一因交通不便，呼应不灵，而赤俄则沿边经营有年，相形之下，不啻天渊。今后若不急起直追，为亡羊补牢之计，恐边防前途益不堪设想矣！此据多方考察，赤俄侵略我边疆经过之大概情形也。

此上

中央宣传部

中国国民党黑龙江省党务指导委员

王秉钧　　王宪章　　吕醒夫

《革命外交周刊》

南京中央宣传部出版科

1930 年 3 期

（朱宪　整理）

博旗健儿

马星南　撰

　　我写了这个题目之后，我想到了一定有人要笑我是光目太小，标的不广，对于茫茫的浩浩的蒙古，恐怕无甚没〔么〕补益的。但是我又想到了古圣的明训："行远必自迩，登高必自卑。"又加上我是个负笈他乡、远离故土、少阅历、无经验的小小的一个学子，除了本旗的情形略晓一二之外，不客气的说，也是实在的讲，真没有确切的认识。所以我才秉着我的天真，抱着大无畏的精神写下去了。

　　博旗的位置处在辽宁的北部，概括的说起来是如此，要是再详细一点呢，就是辽宁省的昌图、康平、法库、辽源等四县的境界内。博旗内的地势，大半是平原，没有大山巨岭。风俗各有不同，随着所处的地域而有差别，距离县城和镇市近的地方，完全和汉人相同，如稍远的地方，就半蒙半汉的风俗，如鄙塞不通的地方，并且少与汉人往来的地方，就完全是蒙古的习气。人民的性质是朴素、刚直、勇敢的，体格是强悍的。

　　博旗的人民，性质和体格，既如上述，所以都是乐于枪马，其技术精者，在马上能射击飞鸟跑兔，而且罕少空发的。可惜没有相当的教育，没有相当的训练，只能给私人的趋使，不能有些许的福国利民，只能消灭地面之胡匪，不能成为正式的军队，开疆扩土。如果施以相当的训练和教育，编制成正式军队，吾恐怕俄国的著名世界的马队要退避三舍了。况且博旗的兵制，很类似征兵，一旦本旗发生匪事，一声号招，凡众中有枪马之人，都能入伍击匪，并不俟强迫，都乐于入戎，所以本旗很少发生胡匪的扰乱。

在前几年，时时发生大股胡匪，故意与博旗健儿作难，但是没有一个不失败的。其中最能惹人注意的，最能表现博旗健儿勇敢的，算是占中华毙命的那一役了。占中华是一个有名的盗匪，他在昌图境内，招集了二百多名精明的悍匪，侵入博旗境界。此伙盗匪之中，射击准确者，亦大有人在，如天下舜，扫北……不下数十人，都能死人于二百米之外（约在华里半里左右），他们的能干，当然也不在博旗健儿之下。是以两军搏战时，真是将遇良材棋逢对手了。有一个些少不慎的，就是性命的危险。对垒的时间久了，两方的距离也渐渐的缩短了，战况也愈演愈烈了。正当枪林弹雨的时候，博旗健儿，鼓起勇气，驰马奔腾，冒险直入，匪势大馁，弁〔弃〕垒潜逃的，持枪勉作支持的，甫逃中弹的，垒内垒外负伤蛇行的，整理货财预备脱逃的，恐惧战栗的，破口大骂而快其嘴〈的〉……纷纷忙作一团。结果，胡匪得幸免者，不过十之二三。勇矣哉，博旗健儿！猛矣哉，博旗健儿！从此以后，胡匪都不敢犯博旗的边境，博旗健儿的英勇之气也驰名于遐迩，如昌、康等县发生匪患，往往请博旗健儿去铲除，而胡匪闻听博旗健儿来袭时，都潜慝〔匿〕无踪，所以昌图、康平、辽源、法库四县之民，亦往往赖博旗健儿而得安乐。

"兵贵精不贵多"，这句话，实在是对的，博旗所有的兵，也不过百余人，最多也不过二百名，竟能威震一方，而胡匪不敢猖獗分毫。而昌、康等四县所养之兵，最少也不仅是二百人，吾恐每一县的兵丁，也比二百多罢！数目虽然是多，胡匪并不以为然。余述至此，未免就有人怀疑，博旗的兵丁也不过二百多人，以此二百人不敌彼之二百人则可，何以上文所表示的，竟似县里的兵丁，较多于博旗的兵丁，且数目还似相差太远呢？关于此点，不明博旗与昌、康各县情况的人们，定然是有此种疑问的。所谓博旗的兵丁，称为二百人的，是指全旗而言，除有其他职务不能击匪的以外，最多能出兵一百几十人而已。至于各县的兵丁击匪时，二百左右是很平常的。况且胡匪势力稍微雄厚些，那就两县行联合制度，共同剿匪，出兵的数目，岂止三四百人。数目虽然是如此之巨，而胡匪绝不似畏博旗健儿之百来人之甚，可见兵之多寡不能为胜败之原，所谓贵精不贵多，就是这个道理了。

我们的中国民族，有这样的健全分子，有这样的精明部落，就甘于放弃，不想加以整顿，雪去国耻，图谋发展，真是可惜！我这篇《博旗健儿》，不过仅仅代表博王一旗，其他的各旗，我想一定也有如此的特长。现在举一个实例来说：当民国三、四年时土匪作乱，往往有几百的土匪，能够敌〔抵〕挡数千的军队，而况军器上，又不像军队（指剿抚土匪的陆军言）的那样整齐，机关枪啦，野战炮啦……完全没有。最可笑的就是他们得着了敌军的机关枪不知是什么东西，至于各种的炮啦，更是门外汉了。这些话是我亲耳听着参加匪的人说的。据此看来拿着不相等的器械和相差太远的人数，尚且还有得胜的时候，如用同等的势力去应付一切，没有不操必胜之权的。如果有人不以此言为然的时候，请他回顾回顾土匪平定就足以证明了。

我作了这篇文字，是就我所最深知的博旗健儿描写我蒙古的健儿，也就是敦促当局者的注视蒙古健儿，希望早早的加以训练和教育，别让蒙古永久的像现在那样的凋零。这是我惟一的希望，也是我惟一的祈祷。同时我并希望蒙古的健儿，急速自动的振作起来，以雪今日被人歧视的大耻。演成黄祸的也是我们蒙古，现在最不堪造就的也是我们蒙古，同是一个蒙古，何以就赶不上当初的蒙古呢?！此无他，就是能发奋不能发奋罢了。博旗健儿，蒙古青年，赶快的振作发奋为雄罢！

《蒙古》（不定期）

北平蒙古留平学生会

1930 年 6 期

（李红权　整理）

蒙事纪要

作者不详

杀虎口台站管理局所属各站站丁
子弟得与蒙藏学生一律待遇

杀虎口台站管理局局长苏鲁岱，因该局所辖十二台站，每站原拨有蒙丁五十户，归站充差，历有年所，此项站丁，既不属于盟旗，又不隶于省县，向归该局管辖所有站丁子弟升学，颇感不便，特于日前具呈蒙藏委员会，请将局属站丁升学子弟，准由该局保送入内地各级学校肄业，与蒙藏学生一律待遇，并请令知驻平办事处，准予转送等情，蒙藏委员会已准如所请，并分别令行该局暨驻平办事处知照云。

归化土默特旗裁员减政

归化土默特旗特约通讯：土默特旗总管满泰，因该旗财政支绌，乃于七月间，将旗署军事科、生计会，予以合并，改为司法股，并将教育、财政、总务各科冗员裁汰净尽，以资撙节云。

绥远蒙古骑兵团又哗变

　　归化土默特旗特约通讯：绥远蒙古骑兵团，前以误会哗变，经土默特旗总管满泰从中调解，始克收抚各节，已志第七期本刊。顷据该旗特约通讯员报告，略谓该团被收抚后，奉命开赴临河县西剿匪，城内仅留兵士三十余名守城，日前未悉何故，晋军突将守城兵士武装解除，并将留住城内司务长五名（均蒙人）枪决，该团闻讯，复经哗变，并联络绥西土匪万余人，大有进攻归化之势，现晋军已有两师余兵力剿办云。

绥远蒙古骑兵团团长李根车部占据武川县城

　　归化土默特旗特约通讯：绥远蒙古骑兵团，于上月哗变后，与本地土匪互为策应，横行绥境，晋军开往数师兵力，正在设法剿办之际，忽接武川县惊〔警〕报传来，略谓蒙古骑兵团李根车部，于十二月五日将该县城占据，驻县晋军步兵一团被缴械，并伤亡兵士数十名云。

《蒙古旬刊》

南京各盟旗联合驻京办事处

1930 年 9 期

（朱宪　整理）

赤俄侵略外蒙真相

西北旅外蒙华商　撰

西北旅外蒙华商泣血陈词：

　　窃查蒙古，乃我中国五族之一，而外蒙领土，为我中国所固有。考其面积，约在六百余万方里，民族亦有百余万人口，幅员之大，蕴藏之富，内地各行省，无与伦比。且位于我国之北部，既为御外之坚屏，又为出产之富源，有之则国基巩固，商业繁荣，失之则唇亡齿寒，民生憔悴，洵为我国最重要之领土，西北最重要之关键也。在稍具常识者，无不类能道之。当民国七、八年间，政府曾有关心国计者，以外蒙天然富源，货弃于地，遂倡议移民、屯垦、开矿种种建设之策，筹备张库铁路，发展工商事业，励行教育普及，开通蒙人智识，以坚其内向之心，而树我屏藩之固，一时全国景从，莫不引领而望。徒以财政拮据，国事倥偬，未及举办，即被垂涎外蒙之暴俄，大施鲸吞之伎俩，逞兵犯境，武力侵略，外蒙疆土，遂全盘沦于俄人之掌。最近蒙古政权，无不以野心勃勃之赤俄马首是瞻，我西北旅外蒙华商之生命财政〔产〕，现已陷于绝境矣。溯自外蒙失守以来，迄今十易寒暑，而中国尚未闻有完善方法以收复之，救济之，以致大好领土，西北门户，弃置不顾，一若非我版图者然。长此以往，非特数十万旅外蒙华商死无葬地，窃恐苏俄"赤化"滋蔓难图矣。望关心国计民生者，幸垂察焉。

谨将华人在外蒙所受政治、经济、压迫及种种侵略行为，与夫惨杀毒辣手段始末情形，兹略述之如左。

煽惑外蒙独立

查民九之役，俄人谢米诺夫，乘直皖争战，边防空虚之际，煽惑外蒙活佛哲布尊丹巴独立，进兵库伦，蒙人起而响应，我边防军始则奋勇拒敌，终被内外夹攻，不能抵御，纷纷溃退。其时华人如鸟兽散，跟随高在田军队南归之农工商民，行至乌蓝哈登地方，被俄蒙军残杀一万七千余人之众，白骨累累，赤血盈盈。其由恰克图绕道乌金斯克逃难返国之华人，雪地冰天，冻饿而死，尸横遍野。而饱受艰险，漏网脱笼，未至殒命者，行至满洲里地方，俱各形容憔悴，面无人色矣。至于库伦附近，东营子地方，不及逃避之华人，竟被屠杀三千七百余名，事后责成商会，用大车载尸抛弃附近瓦窑之内。而桑贝子旗之华商，被驱在木板房内，由周围窗户开枪射击，死而后已。事后即传该处附近未死之华人，到板房内背负尸身，弃于荒郊，负尸之人，亦被枪决。更有最残酷者，将华人衣服剥去，以刀将肠子剜出，系于树上，然后拖人远走，肠未尽而命已绝。如此种〈种〉非刑，不胜枚举。其各处财产货物被抢劫没收者，为数已属不赀矣。

迨民国十年，苏俄红军借驱逐谢米诺夫为名，入据库伦，种种侵略，较白俄尤为狠毒。倡言扶助弱小民族，阳假亲善之名，阴行"赤化"之实。其时蒙古各机关皆聘俄人为顾问，凡一切发号施令，完全操于顾问之手，蒙古官吏，不过苏俄政策之傀儡耳。

施行"赤化"宣传

民国十三年，蒙古政府成立，建首都于库伦，改名为乌兰巴徒和硕。俄人利用培养于苏俄教育的蒙古革命青年，极力宣传，使其仇华，屠杀华人数万之多。倘有亲华嫌疑之蒙古王公、喇嘛等，即以政治势力，由内防处逮捕下狱，误以内乱罪或反革命罪，处以极刑。如哲布尊丹巴活佛、呼吐克图扎音活佛，如汗曾活佛、策楞多尔济、旦曾塞旦巴多尔济等，其余被害者，尚不知凡几。

施行征兵制度，聘俄人为总监及教练官，其军械、服装、飞机、汽车一切军需品，皆以巨价购自俄国。

实行"赤化"教育，凡学校教科书籍，皆以俄文为主，蒙文附之。其言论、出版著作、宣传等刊物，均系苏俄"赤化"学说。而蒙古青年，除苏俄外，不知世界尚有其他国家，除马克斯、列宁外，不知尚有其他大文学家及大政治家。

设立蒙俄合办之农商银行，发行纸币。名为蒙俄合办，实权均由俄人操纵，蒙人只听其驱策而已。所有地方行使之银币，如俄之卢布，每圆重量五钱，而中国重量七钱二分之银币，反顶该币之八九折耳，其排斥华人之阴谋，不言而喻。至印铸币钞，俱由俄国监制，并借造币名义，吸收蒙古现金，更由苏俄之远东银行，办理汇兑，垄断独登，华商金钱，不能自由，自中东路问题发生，该银行停止营业，华商汇兑，完全断绝。

实行经济略侵

蒙古当道，受赤俄唆使，强派人民积股设立之西合公司，设总号于库伦，分支店于各蒙旗，均请俄人为经理，间有蒙人，亦不过供其指使。但西合公司因俄人中饱，屡屡亏累，而蒙古当道，为维持该公司营业、排斥华商贸易起见，勒令全体蒙民，向该公司交易，否则即行罚办。凡该公司贸易机关达到之处，竟用威迫手段，恫吓蒙民，排斥华商，并禁止华商设立分庄，以达经济垄断之目的。俄人处于反宾为主地位，视我华人如眼钉肉刺，恨不立即驱逐出境为憾。于是暗中诱惑蒙古官吏，通告民众，不准归还华人债款，此种非法律之手段，我华商损失不下数千万元，因而倒闭歇业者，比比皆是。

查外蒙各处蕴藏最富之矿产，如汗山、唐努山、肯特山、杭爱山、阿尔台山、萨彦岭等处，则有金、银、铜、铁、铅、晶石、煤炭矿，平地则有盐、碱等泊甚多。乌梁海属之库素古尔泊附近，则产大宗金砂，苏、法、乌、俄居民及韩国多数亡命者，均恃此泊工作为生活。山林之中，则有熊、豹、鹿、豺、狼、猞猁、灰鼠等兽，草地则多产旱獭及羚羊角、黄耆，一切贵重药材，并蘑菇等物，种种天然富源，可谓万里金穴，为世界冠。然外蒙执政者，咸被俄人利诱赂买，任意搜罗，自由开采，每处采得各种产物，均以汽车运送俄国享用。至关于蒙民私有之牲畜，按数抽收重捐，例如骆驼一项而言，每年每头竟抽六元之多，其余概可想见。倘因报告不符，或无力纳捐者，即将牲畜充公。去年冬曾下令实行共产，素称富有之蒙民，只留给有限之牲畜及需用器具而已，其余全数归官，蒙古人民莫不痛很〔恨〕，苏俄"赤化"外蒙之暴虐，但敢恕〔怒〕而不敢言。对于华商收买旱獭皮之时，事前并未禁止，及至收买到手之后，因俄商将外蒙所产大宗獭皮售兴〔与〕他国商人，订立合同，无货可交，即怂恿蒙古当道，通令各旗用严厉手段，将华商所有獭皮，悉数充公。去年华商损失，之〔不〕下五千万元之巨。

自中东事变，华商在外蒙各处所存皮毛等货，悉被封锁，禁止出境，而内地旅蒙商业之总号，既感汇兑来源之断绝，复受货物封锁之困难，实无余力再往外蒙发货。该蒙俄之西合公司，诚恐我国官厅，因彼不放华商货款出境，势必难免扣留该公司货物，不放出口，故暗使某国人出名，以某洋行名义，代伊购发货物约一万余担。查某洋行所购运之货，驮到达乌得，即改正西合公司名义，发往外蒙，一面接济蒙人需要，一面借以抵制华商。

百般压迫华商

查外蒙对于华商捐税奇重，任意留难，实为破天荒之横暴。例如资本万元之商号，每月所纳各种捐项，不下六七百元之多，所有运往库伦之货物，经过乌得等处三道兵卡，百般留难。迨至到库伦税局，将货卸在该局，先行呈报各机关查验，然后购买英、蒙文之三联单，填写货色数目，呈报税局估价纳税。此报税联单，每张纸费洋一元零五分，只限填写货色十三种，捕〔而〕商号所发各种货物，每一次必有数百柿〔种〕或干〔千〕余种，按报税联单纸一项，竟达数十元或百余元之多。其估价办法，尚无一定，任税局员司信口开河，以喜怒为转移，往往有税额出价值数倍者。及至报税之后，最早亦须半月或二十天，始能验讫，甚至积压两月之久，而不能查验者。在税局纳税时期，除估价完纳正税外，另有过秤捐、看护费、出入税局门件捐、拆包费、转运局来往车费等等苛杂费。凡未占门柜之华商，得往〔住〕官店，每人每日饭食洋一元五角。对于华人入外蒙境内，须先将本人像片三张，寄至库伦，由三家商号加盖水印，呈请商会转呈内防处请领护照，经过数月之久，始能将照领出捎回内地。本人特〔持〕照入境，沿途经过各卡，不论冬夏，必须脱衣服，遍身检查，倘有身带字条、单据者，一经查出，即行拘留黑暗地窖之中，不给饮食，必须戚友送饭，更遭狱卒之凌辱拷打，非设法托人经商会作保恳求，不得释放。凡在外蒙之华人，均得有护照，到期即得照章换领，倘或逾限，少则处以重罚，否则驱逐出境，并将财物充公。若贫苦无告之农工，轻则逐出境外，重则以奸宄论罪。若出境之人，〈除〉护照外，得领期限一月之路照，方能通行。每人只准带路费二十元，并不许多带。行李如带稍新之衣服，即征以重税，否则以最少之价收买之。以上所述，乃留难华人之大概情形也，至于种种蹂躏不堪忍受之事，不胜枚举矣。

华商在外蒙内，因不堪受其力负担，近有呈报歇业之字号，该蒙古官厅即声言如报歇业，将来远东银行复业，不准汇兑，即华蒙政府有相当之解决，亦不能再行营业。又有商号，因特别捐税之款，无处筹措，即央求该蒙〈古〉官厅可否以货作价抵补捐款，该蒙〈古〉官厅即指该商有意违抗，其定章即将该商所有货物全数没收，勒令该商人迅为出境。捐税种类、数目略志于下。

苛捐杂税繁重

丝织品、烟类、化装品，值百抽三十。皮革类、磁本器类，值百抽十五。铜铁锡、糖类，值百抽十六。棉织品、纸张，及一切粗笨货物，值百抽六。出境皮货，细皮类值百抽三十，粗皮类值百抽十五。报税联单费，每张洋一元零五分。税局过秤捐，每百斤三分。税局看护费，每百斤每日一角二分。出入税局门件捐，每件五角。税局拆包费，每件二角。转运局车费，每百斤一元四角。护照，每人一张期限一年者，照费八十元，附加警捐五元。旅行路照，每人一张期限一月，照费九元。薪金捐，商号执事人每年一百二十元，伙友每年三十元。营业照捐分八等：特等，不限人数多寡，每年九千元；头等，不限人数，每年四千五百元；

二等，不限人数，每年二千五百元；三等，限十二人，每年一千五百元；四等，限八人，每年一千元；五等，限六人，每年五百元；六等，限四人，每年二百五十元；七等，限二人，每年一百五十元。资本捐，每千元抽二十五元。流水捐，每年抽百分之十二，按实数加三倍或五倍，任由捐局估加。红利捐，每年抽百分之五十，不论有无余利，即按流水数目，每千元红利一百五十元。门牌捐分八等：特等每年一千二百元；头等每年八百元；二等每年六百元；三等每年三百元；四等每年二百元；五等每年一百五十元；六等每年一百元；七等每年八十元。地基捐分三等：头等每年每步一角八分；二等每年每步一角四分；三等每年每步一角。房院捐，按实价加二倍估算，每千元每年六十元，又［捐］住人之房每年每间十五元，存货房每年每间三十元，厨房每年每间五元。度衡捐，尺子一杆，每年捐洋三元；大秤一杆，每年捐洋三十元；小秤一杆，每年捐洋八元。烟牌照捐，不论何种烟，凡整售者，每年一百二十元，零销者八十元。

综上所述，我华人在外蒙所受赤色帝国主义者政治与经济的侵略，早已不堪其命。无如旅蒙之财产货物，据确实调查，现在尚有五万万四千万元之巨，悉被封锁，无法收拾，只有奄奄待毙而已。除旅蒙商业及西北各商埠，受直接、间接损失，将无噍类外，即如平、津两地，往年输出口外华洋货物，为数甚多，今则一旦停顿，平、津商业，亦受重大之打击。关税收入，虽无明确之调查，然出入口货物锐减，其收入势必大受影响矣。

总之，外蒙领土，为我国货之大销场，西北金钱之大来源，其关系我之荣枯，诚非浅鲜。我旅蒙商民，处于水深火热、求生不得、欲死不能之际，呼天不应，吁地不灵，惟有泣恳各界救国之士，同声疾呼，促起当道迅予设法救济，以保［体］国家疆土，而解商民倒悬，中国幸甚，西北各商埠幸甚，旅蒙商民幸甚。

西北旅外蒙华商全体谨启

《军事月刊》

沈阳东北边防军司令长官公署

1930 年 18 期

（朱宪　整理）

绥省剿匪办法之规定

作者不详

归化通信　绥省匪势，近日复起，包西一带，尤为猖獗，省党部前经咨请省政府妥定办法，以安间阎，省府即转咨警备司令部切实核办，闻该部以规定剿匪办法如左：一、查冬令临迩，匪徒蠢动，亟应划分防区，负责剿除，以期早日肃清，俾安间阎。二、五原、临河为骑兵第二师防区，所属部队为骑兵两团，分驻五、临各要隘，除努力肃清当地之匪外，须维持包、临之交通，并疏通临、宁之交通。三、大佘太、包头、固阳、陆〔萨〕县、东胜县为第一百一十旅之防区，所属部队为步兵三团，骑兵一大连，除包头、萨县各驻重兵外，并分驻各重镇，努力肃清当地之匪，并须保护包、萨之交通。四、归绥、托县、和林、清水河、武川为第二十五旅之防区，所属部队为该旅步兵两团，并辅以第二百一十八团暨师属骑兵连，除归绥驻重兵外，托县、和林、武川及各重镇，均须派队扼守，并分一营驻察素齐—毕克齐一带，维持萨县、归绥间之交通。五、集宁、丰镇、兴和、凉城、陶林为第一百零九旅防区，所属为步兵两团，除集宁、丰镇驻重兵外，并分驻各重镇，努力肃清当地之匪，并保护丰镇、归绥间之交通。六、骑兵吕汝骥旅开驻包头两团，留驻丰镇一团，以便策应。七、各处驻军须规定游击、会哨办法，以期周密。八、各县团警遇有匪警，须迅行报告附近驻军，并协助剿办，但对于各县区境内发生之零星伙匪，无须军队剿办者，各团警须锐意径行缉捕，负责解决之。九、各县县长遇有匪警，一面通知驻军，并督饬团警剿办，一面须将匪首姓名、匪徒人马、枪械数目，及匪来之方向，并将向何方逃窜，迅速详行具报，以便堵击。十、剿匪部队须设计包围，以期歼灭，不得妄行驱逐，致滋窜扰。十一、各县长对于境内有土匪啸聚情事，须预行报告，早日剿除。十二、三五成群之小匪，各县长须负责歼除之。十三、匿匪不报，或通匪者，从严惩办。十四、各县之电信、电话，由军电处赶行修理，以通消息。十五、在未举办清乡以前，各县政府、各公安局，须努力稽查境内宥〔宵〕小，以期防患于未然。

《军事杂志》（月刊）

南京国民革命军军事杂志社

1930 年 20 期

（刘哲　整理）

海拉尔独立讯

作者不详

北平讯，去年十二月三日，内蒙草场方面，开来蒙古骑兵保卫团千余，将我军驱出，其初我军犹以为系呼伦贝尔都统贵福所部，后经探明，贵福已无驾驭蒙众能力，该保卫团，已由狡黠之王公统率，取海拉尔而倡言独立，现海拉尔主席、委员，以及县长、公安局〈长〉等，均由该团一一委派，俨然抗礼分庭，乘机恢复民九独立制度。但此一派蒙众，与去岁郭道甫引以倡乱之青年党，界限极深，仍未合作，盖所谓独立，系属一般〔班〕野心王公，欲造成一派势力，脱离我方之羁绊，青年党一派，见王公得势，颇为不甘，故在新巴虎盐场喇嘛庙集合，已凑有二千余众，苏俄极愿青年党得势，故刻正为军械之接济，将助其袭攻海拉尔，所以西路之事变纷乘，即或和议告成，而收拾残局，亦正费整理时间也。

《军事杂志》（月刊）

南京国民革命军军事杂志社

1930 年 21 期

（丁冉　整理）

苏俄迫外蒙喇嘛充兵

作者不详

苏俄国民，自经欧洲大战之后，死亡不可胜计，故早有男丁缺少之概。去年中俄事件发生后，该国已将其所谓精锐之军，调赴我国东西各边、下江一带驻防，屡次进扰我境，经我军防御，死伤尤不在少。前者该国强行征兵，竟征至十四岁以上，四十五岁以下者，足见其男丁之不足。现在中俄事件，解决无期，彼之侵略野心，仍然不死，惟感男子缺乏，兵额不敷调用，乃妙想天开，勒令外蒙喇嘛，充当兵役。

《军事杂志》（月刊）

南京国民革命军军事杂志社

1930 年 21 期

（朱宪　整理）

札兰诺尔失守之因〔殷〕鉴

胡宏基 撰

中俄局部战争（国际法上有局部战争、全部战争之别）未开始前，一般人甚企望由此局部战争引起国际问题，而与所谓"世界红恐怖"、"共产匪"、"人类敌者"一决雌雄，以洗我数十年来外交史上之耻辱。吾人当时意见，颇不以为然，并兼断定中国目前实不足以与苏俄抗衡。此种意见，自表面观之，未免灭自己志气，长他人之威风也，其实不然。善观战者，不在观人战时厮杀之勇敢如何，而在战前观察双方之物力、人材以为准，所谓不战而判断人之胜负强弱者是也。中俄局部之战，缠绵已四月余矣，我方始终以防守为主，从未越雷池一步，自陷战争之弱点，与夫中原鼎沸，不能出全力以对付之原因种种，本可借此以自白于世界，而掩饰战败之羞，若谓惩前毖后，彻底销弭边患，雪耻于将来计，则不能不根究其原因，龟鉴于后范，往车已折，来轸方猷，国耻之昭雪，不能不求一具体之方策也。

震撼东北全局，一败不敢复战，至开伯力丧权辱国城下之盟者，札兰诺尔一役之败也。札兰之败，实苏俄新帝国主义者势力澎涨之结果，而予我方以绝大之警告。此种局部之局部战败，在人材、物力两富，内部一致之国家，本属无关重要，而在我国东北，则有如亡国灭种大祸之降临也者。其原因有种种，今分别言之。

（A）内部因有纠纷之不敌。此条为吾国人掩饰札兰战败惟一之自白语也，实则颇不尽然。苏俄此次寇边之战，并非全国动员，其前线之海、陆、空军（空军较优）兵力，大致与我相等，约二十余万人，其目的所在，在抢回中东路，以图报复，无引起国际战争之意，故此条吾人不能引为札兰战败之主因。

（B）将材之不敌。札兰为哈、满之屏障，俄军之攻取斯地，意在断梁旅（梁忠甲旅）之归路，横截满、海（满洲里、海拉尔）之连络线，进行抢回中东路西段之第一步骤也。我方之守札兰者为韩光第旅，有众八千，干部士卒，类皆精悍，夙以善战名于东北。自苏俄于十八年八月十六下午三时开始攻击后，大小战事，凡十余起，其间我方不无小胜，乃卒于十二月二十日之夜袭，一战而使韩旅全军覆没者（韩旅于此次札兰之役，全旅伤亡，只余一百六十人，途中冻毙者一百四十二人，生还者仅十八人），盖高级将官乏指挥计画之能力也。札兰诺尔逼近俄属之阿巴海图，当中东路入我境之侧面，西连胪膑（满洲里），东通呼伦（海拉尔）。俄军得之，足断札、满之连络，绝满站驻军之归路，进逼呼伦；反之，我军守之，足以巩固满站之后防，为呼伦之屏障，地势地位之重要，实在满洲里之上。故当札兰方面之任者，不可不精选学问湛深、经验丰富、脑筋灵敏、眼光锐利、手腕奇捷之人材。其本防御线，虽在阿巴海图之边境，尤当注重保持满、札铁道线之连络，兵力支配，铁道线宜多于边境线，札站宜多于满站。无论战况如何紧急，满、札铁道之连络，应死死保持，满、札两方之连络线，不能有一时一刻之间断。札站有警，满站援之，满站有警，札站援之，互相援助，息息相通。奈何计不出此，而仅注意于边境线（阿巴海图之边境），至为俄军所乘，横截铁道，韩旅覆没，梁旅被俘，岂不痛哉。且也堑壕之构筑，重炮之数量，主将之狡诈，均不及人。吾人旅东有年，深知东北将士之性情、习

惯、知识、技能，多为披坚执锐之材，鲜少运筹决策之智，高级
将官之智力，实不足以配苏俄，非偏见也。人类之智力，基于产
生地之地理关系甚大也（按东北将士，多吉、黑土著，鲜有海滨
产之开明人，作干部则其特长，当方面之任则少逊。此基于学理
的智力，心理之测验，哲学、心理学、社会学、地文学、地理学
之考证。且满洲之开发不过百年，人民慓野，文化落后）。此为札
兰战败之一主因。

札兰诺尔中俄两方阵地图

　　（C）空军之不敌。苏俄之注意空军，不让于各国。一九二二
年革命战事告终，财政稍有起色，特罗斯基氏即于全国各地言论
机关，鼓吹航空事业之必要，同时国家保安部制定"红军应以空

军为中枢"、"未来战争为空战"等标语，引起人民对于空军之注意。苏俄之军事政策，极端偏重空军，对于陆军逐渐裁减，而空军则大加扩张，其独立之"空军部"，于一九二二年八月革命军事会议中，即已决定创办。苏俄兵力，既注重空军，以为空军若占第一位，即可压倒海军第一（如英）、陆军第一（如日本）之国家。兹据苏俄军事所发表之空军现势，纪之如左：

航空旅团司令部

一、陆军用，八五中队。

（1）侦察机，四五中队。

（2）驱逐机，二八中队。

（3）爆击机，一二中队。

二、海军用，一三中队。

（1）侦察机，八中队。

（2）驱逐机，五中队。

三、气球队，一三中队。

至于飞机总数，共有一千架。历年以来，扩张空军率如下（以一九二〇年为单位）：

一九二〇年，一·〇〇

一九二三年，一·三六

一九二四年，二·一六

一九二五年，四·〇三

一九二六年，五·一二

（注）即一九二三年比一九二〇年，增百分之三十六，一九二四年比一九二〇年，增一倍又百分之十六，余类推。

返观我国空军，全国统计不过二百架，航空人员不过五百人，即以较优之东北空军与俄比较，仅十一之比（按东北空军分飞龙、飞虎、飞鹰三中队，每队内有轰爆、侦探、战斗三种，共七十架）。且机体多陈旧，运动不灵，御弹无力，战斗乏能，且爆击炸弹之威力，亦远不及人。加之航空人员技术幼稚，经验全无，尤其是缺乏"冒险性"。故自冲突以来，我机从未敢与敌机在空中战斗，即追逐——防空之任务，亦完全未达。至令札兰阵线，不胜敌飞机之压迫，呼伦及兴安岭胡毓坤之援军，被敌飞机狙击于中途，要为札兰失守之一主因。

（D）炮力之不敌。苏俄陆军以炮兵为主力，以骑、步兵为辅翼，以连为单位计算，各有三吋—四吋七口径之加农重炮二三门之分配。而机关炮、机关枪为数尤夥，以步兵连作单位计算，每连至少有轻机关枪三四梃〔挺〕，重机关枪二三梃〔挺〕，至如手提机关枪，几至人手一梃〔挺〕也。人以如许犀利武器以对我，而我方每团中仅恃三数之旧笨之管退——架退二式之过山小炮及平地陆战炮，与射击迟钝之五响毛瑟诸劣等武器以与之抗拒。虽将士激于爱国，忠于党义，而血肉之躯，终难抵御黑子弹丸也，况高射炮之寥若晨星哉。此为札兰失守之一主因。

（E）军用品之不敌。苏俄在欧洲虽为文化落后之国家，其学术、技艺固非英、法所可同日而语，而终以地位关系，物质上享受欧洲之文明，沾染欧洲之风习者，为数至夥。即以军用品一项而论，如探照灯也、自动车也、毒瓦斯也、无线电也、防毒面具也、死光线也、人造雾也、天幕也、防御器械也、电流铁丝网也，不但应有尽有，且数量极宏，充满于各团、营、连之分配，况弹药、被服、粮秣，尤为华军所望尘莫及。故十二月二十之夜，俄军袭击札兰，仗多数探照灯之力，以显扬大炮之威，使我方穷于应付。嗟夫，眈眈苏联，雄视满洲，不独陆战、空战、海战在我之上，即学术战、物质战，我亦暂难有取胜之道也，噫嘻（按俄国教育虽不普及，而上流之人，有学术经济者，颇不乏人）。

（F）外交手腕及政治手腕之不敌。自中东路问题发生，苏俄寇边以来，彼攻我守，彼进我退，是非曲直，早在国际耳目间。同江之战血成河，札兰之山崩地裂，满站全军之被俘，富锦之精华一炬，而列强竟无仗义直言者，盖已不啻默认我东三省为苏俄之势力圈、蹂躏场也。而苏俄反诡作反宣传，以欺骗国际，不曰华军进逼，即曰衅自我开。近且英俄协定，新（俄）旧（英）帝国主义侵略弱小民族之目标，已由无形之默契，进而为有形之结合。而我方对俄外交，竟无有国际宣传者。柏林会议、国际调停、国际调查委员会，提议虽多，而对于此次中俄两方之曲直，毕竟空谈敷衍，迄至札兰失陷，韩旅全没，始慑于俄人之威，屈服于武力征服之下，而伯力会议因以蒙生焉。伯力会议者，吾国外交史上空前绝后、丧权辱国、莫大耻辱之盟会也。吾含泪以述对俄外交之失败，尤不能不痛心于政治手腕之迟钝也。中俄纠纷，发生已七月矣，当中东路方收回之际，东北当局，尚存观望，以苏俄不足有为，故设防不防，戒严不严，精锐之师，犀利之器，储而不用。延至札、满、同、富相继失利后，始将辽、热（辽宁、热河）之军运往边境，飞机、重炮开始出发，人为刀俎，我为鱼肉，已莫及矣。俄人数月之处心积虑，日谋抢路之谋，卒于札兰一役，歼我全旅，使我沮丧震悼，而告成功矣。中国外交、政治手腕如此，小之足为札兰失守之一主因。

有此种种原因，则札兰诺尔之失败，在在皆足为倨傲（指中东路方收回时，中国不以全力对俄）复胆小之中国人（札兰韩旅覆没而乞和）之龟鉴焉。

龟鉴者何，上述各种失败之原因，反其道而改良行之之谓也。如内部之纠纷也，速销弭而统一之。将材之不敌也，宜打破地方主义而以人材主义为依归（东北将士，皆多土著）。空军之不敌也，宜积极扩充而训练之。炮力之不敌也，宜制造、研究、购买以储备之。军用品之不敌也，宜精究而搜集之。外交、政治手腕之不敌也，宜殷鉴既往，切实改良而运用之。苟能如此，非徒足以能对付欧洲文明落后之斯拉夫族，进而至于以学术为阶梯、为保障，造成之根深蒂固，一切最强有力之帝国主义者，不难谈笑而挥之。

　　谨按札兰诺尔一失，满洲里立失，呼伦贝尔随之独立。呼伦贝尔之独立，后台老板为苏俄新帝国主义者，主动人为蒙族首领郭道辅〔甫〕及呼伦贝尔副都统贵福，贵为旗籍人，并蒙古青年与共产党人参加。原呼伦与黑龙江省之人民种族不同，呼伦人民多蒙古族、鞑靼族人，与黑省以历史、种族、地理（因在兴安岭外，受山岳影响，人民言语、风俗、习尚，变化甚大）悬殊之关系，时有龃龉，民国初年改为呼伦贝尔特别区域，现并入黑龙江省，前清时，隶外蒙古版图。中东铁路已为俄人抢回西段九百八十五里（由十八小站至呼伦），使非兴安岭之高耸于东，为天然之屏障，俄骑不得凌空而入，否则吉、黑二省早入苏俄范围矣，恐求为城下盟之伯力会议亦不可得矣。吁嗟，内部之纠纷与国势之不统一，而为外人欺凌如此。愿当权者，其速猛醒迷途，化除私见，共谋对外，则大河、长江以南，或不至使"赤祸"蔓延也。

《军事杂志》（月刊）
南京国民革命军军事杂志社
1930 年 22 期
（李红权　整理）

蒙疆析省及国防私议

爱国一青年　来稿

外蒙面积五百七十一万方里，新疆面积五百五十一万一千方里，以如此辽阔之地面，际此诸待建设之今日，若以一省政府或以一其他政府负此重任，实属非易，宜于外蒙收复以后，根据历史、地势、种族等关系，将外蒙划为六省，即以旧车臣汗建车臣省，以克鲁伦为省会；以旧土谢图汗建土谢图省，以库伦为省会；以旧三音诺颜建三音诺颜省，以乌里雅苏台为省会；以旧札萨克图汗建札萨克图省，以布古或阿勒葛令图为省会；以旧科布多建科布多省，以科布多为省会；以旧唐努乌梁海建唐努乌梁海省，以克拉斯耐或加达为省会。同时亦宜根据历史、地势、种族等关系，将新疆划为四省，划旧迪化、阿山两道，建迪化省，以迪化为省会；划旧塔城、伊犁两道，建伊犁省，以伊宁为省会；划旧阿克苏、喀什噶尔两道，建喀什噶尔省，以疏勒为省会；划旧焉耆、和阗两道，建和阗省，以和阗为省会。新建各省省政府之组织，当完全与内地一致，对于蒙、回两族之待遇，尤当与汉族绝对平等。夫如是，既可避免歧视蒙、回两族之嫌，复可兼收行政统一之效，实与中央、地方，两有裨益。至于外蒙及新疆与旧本部各省之交通，极为不便，倘一朝边疆有事，敌可朝发夕至，我须累月始达，胜负之数，不卜可知。故宜于最短期内，至少先建造下列之各铁路，平时可利行旅，战时可输军队，实于商业、国防，皆有裨益：（一）由张家口至库伦之张库铁路，并将此路延长至中俄交界之恰克图或径至 Verklm Uqiosk，与西伯利亚铁路相接；（二）于张库铁路上复建一横铁路，东自胪滨，经克鲁伦、库伦、乌里雅苏台、科布多，北达克拉斯耐；（三）将陇海路延长至安西，由安西分二支，一经哈密、迪化，直至伊宁，其支线由乌苏达塔城，一经婼羌、和阗，直达疏勒。此外并宜于各重要城镇间，多筑汽车路，以利交通，而巩国防。（余略）

《军事杂志》（月刊）
南京国民革命军军事杂志社
1930 年 25 期
（朱宪　整理）

内蒙古筹防刍议

作者不详

一、军事方面

考锡林郭勒盟，系乌珠穆沁等五部十旗，应有制兵六千七百八十人。乌兰察布盟，系四子部落等四部六旗，应有制兵三千一百二十人。该两盟应共有制兵九千九百人，中央政府应简派干员，会同该两盟长、副盟长暨各札萨克，亲加检阅，宣布中央德意。就中按各旗兵额，挑选骑兵三千人，一律配给新式枪械，分为出动、常备、后备三队，平时则按月轮换，有警则酌情征发。至该项骑兵，仍由各该盟长自行管带。锡、乌两盟，与外蒙接壤之境，虽东西约七百余里，然出动骑兵既有千人，即可择要屯驻，分段梭巡。惟乌兰察布盟内之四子部落旗，于唐为振武军地，处于锡、乌两盟之中，为库伦南下孔道，势甚冲要，似应责成察、绥两省，一闻警报，即率炮队近〔进〕驻该处，居中调度，以一事权。

二、政治方面

按蒙旗制度，旗有札萨克，统治本旗军民两政，下置僚属。然佐理地方民政者，则为章京、伊科达、家新达各职。各旗联合，则设盟长及副盟长各一人，处理各旗重要事务。锡、乌两盟，共有盟长二人、副盟长二人、札萨克十七人。前清时，每三年一会盟，由中央派员赍旨会议，简军实、严边防、训士伍、比丁口、平讼狱，典至重也。民国后，理藩院废，中央势力及于蒙古者稍微。会盟之举已等告朔饩羊。然因中央与蒙地关系薄弱，遂不觉地等桃源，不知有汉。而地方官吏，又除征税外，未闻恤民之政。僻远蒙情，未免时有易生摇动之虑。似宜乘中央派员检阅蒙兵之便，由中央备款，责成该员，于锡、乌两盟，各办民政速成学校一所，令该盟各旗之章京、伊科达、家新达，一律分班入校，一年毕业。以三民主义为主要课本，并教以政治、法律，引导其爱国思想。一面设法奖励各旗兴办中小学校。盖民情系于政治，政治成于教化，途似迂而实便也。

《军事杂志》（月刊）

南京国民革命军军事杂志社

1930 年 25 期

（李红权　整理）

蒙古现状与军事行政制度

作者不详

内蒙分为六盟，外蒙分作四大部，行政上之最高级者为盟长，盟下为各旗，称亲王，而扎萨克公署、行政长官及管旗章京等，均为行政上之重要机关。内蒙之军事、外交，向来归中央办理，故一切治安上之设置，均以地方制度办理之。国府成立以后，一切保安机关名称，亦多有变更。现时维护地方者，为公安队、保甲队及警备队等等，无陆军名称云云。

库伦政府最近新编布〔特〕拉特骑兵一旅，分两大支队，一支队布置于东库伦、车臣汗、克鲁伦、阿拉呼都克，一支队布置于库伦、那至林、塞尔乌苏、霍波治、布鲁、乌得、滂江一带。测地图，验气候，是其平素工作，剿除土匪，协助征收机关，刮剥汉商，并划区分界，严查蒙产出口。同时于骑兵队内，附带宣传队，专播"赤化"主义，无论王公、士庶，稍有异议，即行捕解库城。所谓布拉特者，即蒙古以北、俄以南之一种民族，性极凶悍，善骑能战。日、俄之役，此项骑兵在旅顺黄金山，颇有战绩，赤俄此番又将移于外蒙。因布拉特与蒙古血统上稍有关系，其奉喇嘛教，有同一之信仰，言语上虽不同，尚有互通声息之谊，库都军事大权，即在此辈之手。据查第一支队路线，似图向东三省渐展，第二支队路线，似图向绥、察渐展，军事上已有显著之模样，商业上早已受其吞并垄断焉。

　　内蒙各盟旗，民国三年，划热、察、绥三特别区，曩无日、俄之煽惑，蒙、汉尚觉相安。近则日据于东，俄侵于北，其势力之伸张，悉驾乎我国而上。对于蒙古，各有羁縻手段，使之于不知不晓中，即坠其阴谋，外蒙怀贰，是其前例。内蒙王公，尚能看破顺逆，日、俄各施其拉拢手腕，以利相诱，我国处于此间，稍纵即失。据最近调查，各喇嘛教徒，咸抱出家又在家主义，各有婚配，并生子女，蒙古人口，大有逐渐增加之概。人口增加，固无妨碍，但近来蓄藏武器，非常充实，实令人惊骇不置。据游历家白蓝安氏调查，热属昭乌达盟有枪二千八百枝，卓索图盟三千二百枝，察属锡林果勒盟有枪四千五百枝，左右翼四旗以及牧场二千三百枝，绥属乌兰察布盟有枪二千九百枝，伊克昭盟二千八百枝，由上计算，三特别区各蒙旗，共有枪一万八千五百枝（系步枪）外，尚有小过山炮十一尊，机关枪二十八架，盒子炮三百五十二枝，统共各种武器在两万以上。倘或日、俄积极煽惑，陆续接济军火，则内蒙尚堪设想耶。

《军事杂志》（月刊）

南京国民革命军军事杂志社

1930 年 28 期

（李红权　整理）

日帝国主义者之侵略呼伦贝尔谈

作者不详

哈尔滨通信：日本资本家久觊觎呼伦贝尔之市场，在欧战前，于政治上、经济上，日本资金侵入该地，颇多困难。彼时俄国经济势力在北满握最高地位，市面通行卢布，日本金元难以立足，今则情形一变，日金元大占优势，甚至华币亦遭其排挤。

日资本势力之初向北满西部侵入，系在俄国革命直后内乱未定之际。一日人商行在彼取得一木材让予权，据云当时有在北满之俄旧官若干，希望保持彼等为北满俄国利益之代表之地位，竭力援助日人，向华当局说项，取得该让予权，在苏维埃势力达北满之先，此项企业似颇兴盛。迨一九二四年中东路归苏俄管理，俄理事伊望诺夫下令，该路车辆概不为日人转运木材，于是该让予权虽存若亡。此举虽使日人失望，然日资本家仍在北满大事投资于铁路及其他企业，西进之念，迄未稍衰。盖在兴安岭以东之地区内，华人农民几已专用日货，今日人又拟在兴安岭以西拓此同一市场也。

日人在北满最殷实之商行，名松原，其货栈设于哈尔滨，建筑巍峨，高出其他一切屋宇，现拟不久在海拉尔设分行。又另一日企业家，正在呼伦贝尔腹地（离海拉尔不远）设牛奶场，又有日人 Rio 姓春（居呼境多年），在三江区内之苏却耶村中开一医院，业已成立。

近年间，有日政府或日民间商业团体所雇用之日人数，多在呼境详细调查一切。一九二八年间茄伐达（译音）大佐率同志若干，至三江区及凯拉来金矿，及呼境极北之数地（富于森林）为探险旅行，在三江区内搜集关于当地农民所有牛、羊、马、骆驼之数目、品质、重量、大小之材料，及农人所种杂粮种类与农田情形等之材料，极为详细。当时传说华当局仅许茄伐达大佐至凯拉来金矿一行，而彼竟远至极北区。据彼告人，从金矿近〔进〕时进〔迷〕路，故不得不在三江区内大绕北道云，亦趣谈矣。

日资本家对于呼伦贝尔之东、北、南各部，甚为注意，而独于其极西部，似颇忽略，如在满洲里及其附属各地，皆未有可称述之商业的活动。满埠有俄住民数人，愿以彼等之住宅以原价五分之一售与日人，而日人绝对不要。满洲里亦为呼伦贝尔境内一大商业中心，日人独对之漠然，不解何故，或者日人取慎重渐进主义，故抑制向极西进取，而暂限其活动于人烟较密、天产较富之东、北、南三部欤。

《军事杂志》（月刊）

南京国民革命军军事杂志社

1930 年 29 期

（赵红霞　整理）

飞机测量蒙藏地形

铁部向蒙藏大会提案　开办费须美金十万元

作者不详

铁道部以蒙藏地形，尚付缺如，特向蒙藏大会筹备处建议，拟用飞机测量蒙藏地形，以为建筑之根据。兹觅录该项提案原文如左：

查蒙藏僻处边陲，位界强邻，英、俄两国，虎视眈眈，对山川形势，物产风俗，莫不详悉。而我国朝野，欲求精细地形或确实纪载，竟不可得。似此欲言建设，则无所根据，欲言捍卫，又无所依凭。迩者，我国本部地形测量，尚有相当图件，惟对蒙藏形势，竟付缺如。况筑路、治河、垦殖、灌溉、采矿、造林诸建设，及外交、国际各要政，又莫不以地形图为根据，倘不从早筹划，终贻临渴掘井之讥。今为早日完成蒙藏形势全图起见，拟请采用飞机照像测量，此项计划，需开办费美金十万元，经常费按月约合国币十万元，请筹的款，早日开办，以为蒙藏建设基础。用付提出，敬候公决。

《蒙藏周报》

南京蒙藏委员会

1930 年 29 期

（丁冉　整理）

海拉尔防务讯

作者不详

沈阳通讯：中俄战后，驻扎边疆军队，咸怀卧薪尝胆之志，以雪国耻，如军队之训练一项，各边域驻军，尤不遗余力。兹据海拉尔消息，驻扎该地之东北陆军第十五旅步兵第五十一团团长高鹏云，现特选东北讲武堂毕业之服务学员，成立一军事研究班，专门教授新的军事学术，并教练官兵新发之轻机关枪，拟期娴熟。又该团由八月二十五日起，实行打靶及施行轻机关枪射击演习，此外复拟举行射击竞进大会，以资磨炼官兵射击之技能。又对于新领到之捷克式机枪，亦勤加演习，以免临用障碍。又近来俄蒙一带，发生俄蒙混杂马匪，到处焚掠，势甚猖獗，该团曾屡次出击，匪等望风逃窜。惟匪等骑马，该团则属步队，则为困难耳。加以山深林密，遥遥千里，鲜有人迹，官兵出剿，露野餐风，劳苦异常，但近该团与驻防满洲里地方骑兵第二旅程旅长会议妥洽，由骑兵担任搜索追击任务，由步兵〈担任〉防范截堵任务，此议定后，步兵第五十一团，即派所部第三营驻牙克石地方，严防边匪，该地距海拉尔约二百五十华里之遥，兵士昼夜梭巡驰驱，携带给养、帐棚，随地随时住宿，以清匪患而重边域云。

《军事杂志》（月刊）

南京国民革命军军事杂志社

1930 年 30 期

（朱宪　整理）

察省党童子军提倡之先声

组织党童子军　为边省之提倡

作者不详

　　察哈尔省，二年以来，教育事业渐入轨道，经费一项，已由当局苦心筹措有资矣，即如创办之党童子军，可为边省提倡，现在进行甚力。兹将教育当局，呈报省政府原文，录之如下：呈为转呈党童子军开办经常各费预算，暨组织计画书，恭请鉴核事：案查党童子军办法，叠奉钧府暨教育部令饬遵办，当经职厅集议讨论其办法，督同中等各校，于本口及宣化分办两处，并按照所定预算，呈请钧府分别核发在案。旋奉教字第六四号指令内开：呈悉。查党童子军经常、开办等费，未据详细呈明，仰即将该项预算，分别造报，呈候核办。此令。等因，奉此，遵经分令第一、第二师范学校，各就近联合其他中等各校，按照预算范围，拟具办法，并经常、开办各项详细预算书，以凭核转去后。兹据该校等将各项预算及组织计画书，呈送前来，经职厅详加考核计画书，均尚妥洽，预算书亦属核实，除指令并各留一份备查外，理合检同预算书各三份，计画书各一份，备文呈送，伏乞鉴核示遵，并先拨发开办费，以资筹备，实为公便。

《蒙藏周报》
南京蒙藏委员会
1930 年 33 期
（丁冉　整理）

改善蒙藏军事计划

分调查、整顿、筹设三个
时期　蒙委会某委员之谈话

作者不详

　　蒙藏地处边陲，广袤万里，人民驯善，物产丰饶，外人每欲侵略，近如尼泊尔犯藏，外蒙虐待华商，半由该处人民驯弱所致。外人凭借武力压迫，此为唯一痛恨之事。记者昨访蒙藏委员会某委员，叩以蒙藏军事，能否加以改善，以御外侮，据答称（下均某委员所谈）：敝会在未开蒙古会议以先，早注意及此，迨蒙古会议开幕，即有正式提议。第改善蒙藏军事，抗御外侮，须经调查、整顿、筹设三个时期。关于调查事项：

　　（一）调查蒙藏现有之地方军额。

　　（二）调查驻防各地情形。

　　（三）调查军队教育，及其生活状况。

　　关于整顿办法：

　　（一）规定蒙藏青年入中央军校肄业章程（此项章程，该校已拟定，不详赘）。

　　（二）改良蒙藏原有军队。

　　（三）规定蒙藏地方军队之额数。

　　（四）确定蒙藏地方军队之饷项。

（五）划一蒙藏地方之军械。

（六）蒙藏地方各级学校，须实施军事训练。

（七）举行检阅蒙藏地方军队。

（八）办理以前军政未完事项。

关于筹设步骤：

（一）筹划蒙藏地方防务。

（二）筹设军事干部人材养成所。

（三）筹设士兵训练所。

（四）灌输蒙藏官兵深切之主义。

（五）宣传外人武力侵略政策。

若依上列三期办法施行，匪特有整个军力为边防，抑又能为中央调遣，对于统一军事教育，且能肤奏实效，外人欲图侵略，在事实上恐亦不敢逞其野心云云。

《蒙藏周报》

南京蒙藏委员会

1930 年 37 期

（丁冉　整理）

内蒙乌审旗赤党侵入^①

惨害民众阻抗公务

塞北　撰

　　塞北通讯　伊克昭盟山川雄峻，物产丰富，与甘、陕、山三省毗连，在内蒙言之，诚一大可为之地域也。赤党早已垂涎，已非一日。其唯一手段，先用麻醉性的感化力，利用本旗人，以坏本旗事，使人无从防范。近且以少数之野心者，竟敢压迫民众倾向"赤化"主义，稍有反抗，暗杀继之。甚且对于旗务，暗加操纵，百方破坏，思欲得而甘心。其他对于户口，悉有相当之调查。及该旗物产输出额数、税收额数，概有统计。主动人物多在荒僻〔僻〕之地发号施令，概守秘密。该旗台吉旺楚克，屡有所闻，除自加戒备外，并联名呈报省政府设法防遏，以杜乱萌。吾人仅知共党祸害湘、鄂、戆〔赣〕，及中东路，在此荒僻〔僻〕之区，或不致前来照顾。今竟伸入蒙地，诚令人不寒而栗。绥远省政府李主席接到该旗呈报后，立即照会伊克照盟沙盟长。其照会原文如下：

　　　　为照会事。顷接乌审旗台士〔吉〕旺楚克、拉布坦等二十人联名呈报，红党压迫民众，惨害人生，阻抗公务，把持管

---

　　①　本文作者的反共立场十分明显，为保护资料原貌，照录原文，请读者明鉴。——整理者注

辖权。垦〔恳〕请查办等情到府。查该旗历年多故，殊堪系念。前据达拉特旗函报大概情形，业经照会贵盟长查明见覆。兹据前情，相应再行照会贵盟长，希即详确查明，如系党派争执，即予妥为调和，免致纠纷。若有赤党从中煽乱，应即报请派兵剿办，以遏乱萌。是为至要。

此照会：伊盟盟长沙

《塞北通讯社稿》（三日刊）

绥远归化塞北通讯社

1930 年 115 期

（丁冉　整理）

大部军队开入绥境

公布征运局章程

作者不详

塞北通讯　自张垣让防后，大部晋军一驻大同附近，一开绥远境内，同时并择冲要县局分驻。现已届分防时期，绥区增此多数驻军，治安大保无虑，省政府为筹发驻军给养便利起见，拟在各县酌设征运局。兹经拟定章程如下：

第一条　本简章依第三方面军军队就地给养办法第七条各县筹发驻军给养应设征运局之规定制定之。

第二条　各县征运局筹备驻军粮秣，一切手续均遵照军队就地给养办法各条之规定办理。

第三条　征运局应择县城内公共适宜地点设立。

第四条　征运局应设局长一人，由县长兼任，不支薪津。

第五条　征运局应置左列四股，每股设主任一人，股员若干人：（一）征发股，管理征集、支发粮秣各事项；（二）会计股，管理发给粮秣价款及本局会计各事项；（三）监察股，监察一切收支事项；（四）庶务股，办理交际及一切庶务事项。

第六条　征发股主任由各县建设局局长兼任。

第七条　会计股主任由各县财务局局长兼任。

第八条　监察股主任由各县教育局局长兼任。

第九条　庶务股主任由各县公安局局长兼任。

第十条　各股股员由各该股主任商承局长酌调各该局人员兼充。

第十一条　征运局得审核情形，酌用雇员及局役。

第十二条　征运局除雇员、局役薪工外，其主任、股员得酌给津贴。

第十三条　征运局所需经费，每月至多不得过百元，就地方公款项下开支，月终造册呈报，并布周知。

第十四条　征运局办事细则，由局自定，分报备案。

第十五条　本简章设治局得适用之。

第十六条　本简章自公布日施行，如有未尽事宜，得随时修正之。

（塞北）

《塞北通讯社稿》（三日刊）

绥远归化塞北通讯社

1930 年 128 期

（丁冉　整理）

集宁人民高枕无忧

骑兵两团开往驻防

塞北　撰

　　塞北通讯　绥远集宁县近以冬防紧急，地方治安极为重要，闻骑兵第一师孙师长奉命率领骑兵两团由大同开赴集宁驻防，准备清乡。闻该师司令部设于站西十大股街万德店，团部一设于站西财政街集义店，一设于站东一马路同心盛，城内各街巷要口，均配置雄厚兵力，县内辖境已令各速出发游击，全县人民金称此后可以高枕无忧云。

《塞北通讯社稿》（三日刊）

绥远归化塞北通讯社

1930 年 135 期

（丁冉　整理）

绥地冬防可保无虞

彭敏斌兼绥西警备司令　托克托增设城壕炮台

作者不详

塞北通讯　绥远近以已入冬防时期，各县妥筹方法，保护治安各节，已迭经报告。兹择得包头、集宁、托克托、陶林等县筹办冬防情形，分志如下：

（包头）骑兵第四师师长彭敏斌奉令兼任绥西警备司令，自到包头后，特派大队前往四乡巡逻。兹闻为绥靖地方起见，又临时派定骑兵第十五团第三营营长张景春担任包头以西防务，北至沙坝子村，南至韩庆窑子村，十一团团长贾靖邺担任包头以东防务，北至石拐沟，南至磴口。该团第四连驻沙尔沁村，步兵第十九团团长梁壁臣担任包头城防，十三团第一营担任南海子车站一带防务，各部队在指定区域内游击，想此后绥西不逞之徒，当销声匿迹云。

（集宁）集宁驻军骑兵第八团驻扎本县，日又近因骑兵第一师开来两团驻防，以本县防务负责有人，该团奉命由团长赵铭率领部队，遂于本月三、四两日先后开往萨县驻防云。

（托克托）托县城围，向不巩固。于是地方人士，今秋有提议建筑城墙之举。惟因经费困难，乃变通办法，以建筑城壕代之。动工两月余，现在业已工竣，并于城外东梁上添造炮台一座，城中治安可保无虞云。

（陶林）陶林县于十一月十四日有陆军第三方面军骑兵第三师第八团第三连抵陶，连长武有懋，随有长官中校团附刘谦，该军纪律甚佳，地方因感冬防吃紧，有请军队驻防之必要，特于一十五日举派教育局长郭熙仁、地方士绅李运清等二人进省面谒李主席及赵司令靖，将该军留陶驻防，以便维持治安云。

（塞北）

《塞北通讯社稿》（三日刊）

绥远归化塞北通讯社

1930 年 136 期

（李红权　整理）

札兰诺尔战役生还记

——一位十七旅参谋的谈话

肇瑞　撰

那个时候，还正是七月中旬，中俄事件刚发生不久。

韩光第旅长派我同朱参谋从海拉尔到兴安岭去侦察阵地，两方相距有二百多里，我们到兴安岭后，曾经围绕一个山脉转了一周，路上除了树林子还是树林子，深草没踝，里面的蚊子嗡嗡地叫，山猫野兽，那是时时可以看得见的！当时心里虽然怀着恐怖和空虚，然而毕竟是长官的命令，无论如何，是不敢违犯的。

一天我们正在一个山峰上爬的时候，天气是布满了阴云，忽然一个大雷，将我们前面一个打猎的俄国女人，一雷打死了，当时鲜血直流，滚下山去，那是亲眼见的事，绝非谣传。

在兴安岭住有一个月样子，我们便回到海拉尔去，将一切地理形势都报告给韩旅长。

又隔了些日子，又奉万福麟主席的命令，同着十几人又往兴安岭去，其中有东北陆军讲武堂总队长戴连喜先生，因为他们对于道路生疏，所以我作了向导。登兴安岭的时候，遇到平坦一点道路便坐车，难一点的道路便步行。在岭上住了两天，把阵地才看好：第一道防线在小岭子，第二道防线在大岭。经七日，又回到海拉尔。

万主席得了我们的报告后，并没有如何的表示，只认为那还可以。在海拉尔住一个多月，为着札兰诺尔要开火，便开向那里去了。彼时韩旅长还没动身，先差我去同十三团接洽关于布防的事。四五天后，韩旅长也到了。那时我镇日随着旅长在附近的地方侦察阵地。妈妈〔马马〕虎虎地又是四十多天。

　　记得是十七日的那天晚间，约了几位同事的去吃酒，一个个都喝得醺醺大醉：

　　"假设敌兵现在乘我们还没布防好，来个冷不防，岂不是要命么？"朱参谋醉沉沉地忽然提了这样一句。

　　"他妈个□①子，他们也不敢！"叫刘代中的一个，很粗俗的放开喉音。

　　"那可不敢保！"

　　"就看我们各人的命了！假设命好，或许有命以外，还能升升官。"

　　我们回到行营，什么也不顾，倒头便睡了，我曾作了这样一个梦：同事刘代中不知为什么被旅长砍了，鲜红的血，雪白的骨头，都看得很清楚，正要想喊出来，不料醒了，我心想："不好吧！刘代中分明还在我的对头躺着睡，怎么就会有这样的暗示？"我越想越怕，时正在夜深，我便推我旁边的朱参谋，把这梦暗暗地告诉他，他只是沉寂着不发一言。

　　当夜三时许，我还正在梦乡，突然远处传来的机关枪声把我惊醒。我一听这声音，知道事情有变，便连忙起来给十三团打电话，问他们那边得到什么消息没有，不错，他们的答覆说正有三四百敌人进攻。又给第六团打电话，也说有敌兵攻来，但是问十四团时，却说没有。电话通完，我把这消息报告给旅长，旅长立刻下了一道紧急的命令，让部下准备。那时我国军队分四路：一路在

———————————

　　①　"□"为原文所有。——整理者注

秃尾巴山，一路在札兰诺尔，一路在卅里堡，还有一部在煤窑。在煤窑那部，差不多完全是十七旅。在天亮时，我们瞧见烟火的飞腾，和唐克车的行踪，知道敌兵趋向秃尾巴山十四团一营攻去，约有敌兵三千左右。

不到两小时，秃尾巴山失守，营长负伤，幸尔逃出来了。秃尾巴山失守后，他们马上又转向札兰诺尔移动，不多时札兰诺尔也被包围。那时正是午前十时左右，林选青团长也被伤，札兰诺尔立刻呈混乱状态，死的死，逃的逃。等到敌兵又转向煤窑时，韩旅长把我升到中校团附，让我带两连兵前去接济，在我没走以前，他曾这样问我：

"你敢去不敢？"

"敢去！敢去！"当时我也不怕了。

"那么你马上便出发吧！"

如是我便骑上马，领着两连兵往国界河以东出发，还没跑上一里路，我的马蹄子，被一只枪弹穿透了，所幸马还可以支持。我们过了国界河时，敌兵正在追杀我们的军队，得意洋洋。我传命，暂不准前进，也不许放枪，因为一放枪，便把自己往回退的败兵打着。正在这东不得西不得的时候，韩旅长坐着汽车来了。他命令我们，不必进攻，只须把国界河沿岸把守住。

我们得命后，便照着办了，通宵把战线布置好。第二天我在高处远眺，望见敌兵骑着马在西边来回兜圈子跑，似乎是表示他们得到胜利的骄傲。我传令给部下："在非必要时，不开火。"七八时间，突然空中来了二十七只飞机，同时四外的炮枪声乒乒乓乓轰地响起来了。那时我正在办公室里，拿着一些公事在整理，不料"乒"的一声，眼前起了一阵灰土，扑我满脸。我马上离开那屋子，才知道是一颗炸弹从空中掉下来，把屋子已经打得七零八落。我连忙又跑到札木兰公园，把方才的情形告诉兵士们，他们正在那里吃饼，我也顺手拿了一块，在我咬第一口刚离开嘴边时，忽然我的饼上，被枪弹穿了一个洞。那时我可真怕极了，我想："我的命，就在旦夕了!"

吃完饼，我跑进一个楼下地窖去，同时我叫我的两个随从也下去，他们不听，这时正巧空中又落下一只炸弹，正落在我头顶的楼上，只听哗拉一阵响声，把楼已经打得粉碎，我的两个随从，也就在响声中把命送了。

十八日早十时，敌兵又乘隙袭击，枪炮声充满了耳鼓，天空中弥漫着，同雾天一样。那时接韩旅长命令，让我增加队伍，可是在当时煤窑以西，已经一个人影也没有了! 正在这时，头上飞来一架飞机，大概正预备抛炸弹，我一瞧这情形，真的急得一身冷汗，赶紧命令兵士散开，同时又下总攻击令，向飞机放射。如是你一枪，我一枪，终于被我们的枪火焚着落了地。

我们散开后，听不到旁的枪声，只有远处的呐喊。我约计大事坏了，因为在战场上，正打得起劲时，忽然枪不响，那一定是有一方面退却，我明明知道，我军是不会得胜利，所以枪不响，我的恐惧心立刻增加。如是我告诉兵士们，要是往回逃的时候，务必从札兰诺尔车站那边逃。这时我们两连兵，只剩有二十四五个。此外还有败退回来的两位营长。

大家正准备往回逃时，我的另一个听差，哭丧着脸，送过一匹马来，让我上马，当时我还有心上马? 真是哭不得叫不得，对那些同行的人说：

"哪位是老大哥，哪位骑着走吧!"

我举着马缰绳相让。

"团附上去吧! 我们死不死没多大关系，还是你先逃吧!"

他们说话的声音，已经不是调了。

我一听"……我们死不死没有关系……"我的鼻腔里，好像插入一枝木棍子，一直顶到脑门子，酸痛已极，把马缰绳一推：

"去他妈个□①子！我也不骑了，咱们活一起逃，死一起死，不管了。"

他们看我把马丢开，也许在感激我。不料走有一百多步，我遇着一个十三团的兵，我问他各方面的情形，在这时，同行的那几位，竟蹑手蹑脚不知在哪里弄了两辆军用大汽车逃开了。等到我谈完话，一回头，他们都不见了。正在纳闷的时候，望见两辆汽车往南飞也似的奔去，我才知道他们确是跑开了。我一想，他们真是没有人心！我把马都为着他们牺牲了，他们却老实不客气，把我抛了。我越想越气，暗暗地把他们骂了，正在恨的时候，他们的车，已经跑到国界河的桥上，不幸，两颗炸弹从飞机上掉下来，落在车上，把两车人轰得一个也不剩。当我看着这种情形的时候，我真几乎喊出来。

我一壁跑，一壁瞧着四外的情景，哎呀，真是凄惨极了，有些抱着小孩子的少妇同处女，向我呼喊：

"老爷！你能带我逃出去，我便跟着你一辈子！"

还有些被枪伤卧在地上地兵士和老百姓，一个个横躺竖卧，呻吟不已，有的还向我喊：

"老爷！给我添枪吧（添枪即再打一枪好送命）！"

哭哭啼啼！不说红流滚滚，也真够殷红满地了！那种令人鼻酸的景象，人是受不了的！

我刚在悲痛已极的时候，后面得得得一阵敌兵马蹄声迫来，我看看情形要坏，急忙跳进一个骆驼队里去，虽然骆驼也有活的，然而身上负伤死的，却占多数。我轻轻卧在一匹死骆驼的身旁。等到骑兵马蹄声去远了，我才起来，那时天已经黑了，道路既不

---

① "□"为原文所有。——整理者注

熟悉，又看不清，一个人瞎走，走乏了，便躺在草地上睡，醒了再走，也不管东西南北，反正走得越远越好！后来在一个山下休息，遇着了一个兵，经我的讯问，才知道是我的部下。那时我对他说：

"我不走了！要死就死在这里吧！"

"那为什么呢？"那兵怔了半天："团附怎么疯了么？业已逃出来了，哪能死在这里?！"

"又饿又走不动，还活着干么？"我叹着气说。

"那不要紧！"兵说着从口袋里掏出一把后方慰劳的糖递给我说："前边不远就是人家！"

"有多远？"

"不远，不远，眼前就是！"

他又在口袋里取出一枝烟，给我吸了，我的精神又振作起来，加之奈不过他的催促，便又走了。

走了一夜，也没遇着人家，才知道受他的骗了；然而我并不怨他，因为他的骗，是对我有好意的。一直到东方发出鱼白色，才看着远处一座白房子，我以为那可以去了，不料，还离有一里路的样子，在屋旁发现了七八匹大马，我暗想，准是老毛子（俄国人），我对兵说：

"不得了！前边是老毛子，别被他们看着。"

说着那兵便拉我向东南跑去，一直到了呼伦贝尔湖边。我们饿的没有办法，便在湖边上吃冰。这时，又遇着十一个同伴，如是大家又连络在一起走。到天黑时，遇着一个作捕渔业的老头，我们要求老头作了一顿鱼吃了，肚子里，才少觉舒服。鱼吃完了，又走。因为他们都不听我的话瞎走，在路中无形地又分开了。我的走，是照着天上的行星作标准。

十二时左右，我的心突然烦闷起来，在一个土冈上，我一连绕了十几个圈子。心想："不好吧！要死？不然为什么这样犹豫呢？"直到天亮，我依然在冈上徘徊。

这时离我一里多路的地方，有许多牛车，我便马上奔过去，到附近才晓得共有四十三辆牛车，一个车夫赶。我先给车夫跪下了："请借给我一辆车！"

我也不知道当时说什么好，只是先向他要求一辆车。他看我那狼狈的样子，不由得惊起来：

"你往哪去的？请起来！"

"海拉尔！"说着我站起来。

"我也往海拉尔去！"车夫说着指了指他的牛车："你看我车上全装着皮子，往海拉尔送。"

"那么我随着你的车走吧！"

"可以，可以！"

经车夫允许后，我便给他赶一辆牛车，那车真是慢死了！在日间牛还不很愿意走，非在晚间走不可，所以三天三夜，才走有二百多里。当时我觉得如果要那样走几天，简直得把人急死，我大胆要求他："老大哥！我这样走是不行的！"

"那么，你的意思是想先走？"

"是的！我打算先走！"

他想了半天又说：

"我给你弄匹马骑着吧！"

他这样的举动，我明白是另有希冀的。

"不用，不用！"我连忙说："假设我逃出去了，还不知哪年能报你的救命之恩，万一逃不出去，那岂不是把你的血汗钱和一番好心，糟蹋了吗？"

终于因为吃粮的问题，我还是不能独自先行。当晚到黄旗庙，正巧遇着十五旅一部分人，也下榻在那里。如是我谢过了车夫，混到十五旅去了。

　　十五旅他们弄了两辆马车，所以第二天走，是乘着车。一天又到了甘朱庙。甘朱庙，是蒙古人一个大镇市，庙的建筑极雄壮，街内也有内地的商店。我们分住在各商店，商家听我们的报告，第二天关门大吉的有十分之七。次天走时，同行的有不少商人。

　　这天晚间宿在一个蒙古官住的地方，同行的伙伴，对蒙古官说我是团长，他望着我，表示十二分的敬意同羡慕。他在羡慕时，只是嘴边上"字字字"的响。

　　离开蒙古官住处以后，又走了差不多三日夜。遇着一个井，蒙古人叫"不落可"。其实并不像我们内地的井那样深。他那井好像一个池子，水都是冻的，所以他们把冻的冰搬家去化了才可以用。据说，那样的井，须五十里路才有一个。蒙古人给我们煮茶，那茶同我们平常喝的什么香片、大广丁、龙井两样。一块差不多有一尺多长，煮时切成几块丢在锅里便可以了。

　　当我们正预备向海拉尔起程时，忽然跑来一个老头，他哭哭啼啼说海拉尔已经失守，他没有老命了。我们一听这消息，知道坏了，大家急忙另作方针：

　　"我们把车丢开，骑着马走吧！"

　　我对一个姓赵的连长说。

　　"也好！"赵连长说，"骑马是比较快些。"

　　大家计议妥了，马上把车上所拉的干粮搬到马身上，便像亡命似的走开了。

　　在我们丢车那地方，距海拉尔只有五十里，所以我们走在高处时候，还能望着海拉尔的烟火冲天。起初，大家仍趋向海拉尔，后来到骑兵第二旅旧阵地，才又商议往南屯奔。曾经过伊尔古纳河，在离河不远的地方，突然遇着三十几个蒙古兵，他们也不分皂白，便向我们开枪。我们看情形不好，便用一块衣服布，挑在一枝木竿上乱摇，他们才不放了。

"你们打我们做什么？"

我们两方靠近了，我仗着胆子同他一个头目人讲理。

"不成！"他拖着蒙古口音："这个地方，不是走路的地方！如果你们要过去，把枪和钱钞，全给留下！"

"得拉！我们往日无冤素日无仇，放我们过去吧！"

我们一同哀求着。

无奈那几个东西太无情，非缴械不成，终于因为人薄势弱，老老实实地被他们把身上的东西同枪、马一起收光了。所余的只有一口小铁锅同半袋米。

缴械后，已经黑天了，遇着一条新汽车道，那时我们以为一定是我们的队伍败回来走的道路，如是便顺着道走，又走了两日夜，竟跑到一个大山涧里，雄纠纠地高峰围绕着，一点头绪也没有！大家又疲乏，又饥饿，便把锅在路旁用石块支起来，预备煮点饭吃吃，不料正在米下锅，水开的时候，从对面山上黑魆魆地跑下五个俄国土匪，那土匪见我的衣服比他们的都好，便像梅花似的把我围起来，枪都触在我的身前身后。

"你是赤党，是白党？"

"赤党！"

我以为俄国人都是赤党，所以这样说，或者能幸免。

"什么？"他把眼珠子瞪得溜圆："赤党？杀你！"

"不！不！不！白党，白党！"

我一看门路不对，急忙又转过说。

"你们是做什么的？不是好东西！"

他们依然凶狠的问，这时我的同伴，多半都伏在我身的下部抽噎着失声了。

"我们是十七旅……"

我说话时也有些颤动了。

"非枪毙你们不可！"他们更迫近我。

这时我真恨我为什么不死在战场上，终于不言语是不行，便又苦苦地哀求，才算免了死，可是又被他们来一个二次缴械。

脱险后，又开始往南去，黄昏时到一个蒙古营，也就是郭道甫父亲所住的那地方，我们以为求他赐我一顿饭，不料他不但不给饭吃，还催逐我们痛快离开。他告诉我们，说再有二里有个李麻子，那可以吃饭，还可以住。因为我们不熟道路，再三要求他，他才差着两个骑马的送我们，才硬着头皮离开了。好！那二里路，也有二十里，天既黑，路上又是沙滩。并且那两个骑马送我们的，在马上一壁催马，一壁催我们，当时一个个真都累得要死。那还可以勉强，最可恨是那两个骑马的，走在半路，偷偷地跑开了，大家还是没命的跑，到后来很久不听他催，回头看时，早已渺渺茫茫了。

大家既乏又饿，而李麻子的住处，还是茫无处所，如是不期而然的都哭起来了！所幸这时来了一个老头，我们问他，他不但很和蔼的告诉我们，并且还领导我们前去，果然，矮矮地一间小房，灯火跳跃着，浮现在我们的眼帘了。

李麻子是个牧羊的，他在当地很有些势力，虽然他的屋子是异常简陋，然而一般人都不敢惹他。

他也很和蔼，当我们到那时，他立刻做饭给我们吃，同伴把饭吃完，便什么不说都睡了。我和李麻子却在闲谈。

我感觉连日精神、物质各方面的痛苦，着实让人灰心，如是我对李麻子说：

"李大哥！我不走了！住在这给你放羊吧！"

李麻子笑了笑：

"您是官，哪能干这些事？还是回去吧！"

“实在我不愿意回去了。”

“那没有多大关系，只要我们造化好，便有升官发财的日子！”

后来我们又谈到明天走路的事，据他告诉我，兴安岭离那还有二百八十里。路上一个人家也没有。李麻子偷偷地给我一些干粮，预备饿了时好吃。

第二天早晨，李麻子又每个人都给了一块绵羊尾巴，作干粮（可吃两天）。从李麻子那走后，当晚下起大雪，尤其在黑天时更大，闹得我们不能走了，只好在大林子里暂住。我们拆〔折〕了些木柴，烧着了烤火。睡时便躺在雪地上。

东方破晓时，雪已经止了，我们仍然穿着树林子走，雄伟的高树，几乎把天都遮没了。在里面行了两个整天，还没有头绪。可是所带的绵羊尾巴，已经吃得净光了。但是我还可以支持，因为李麻子曾经格外给我一些干粮。为了偷吃东西，我屡次慢在后面。第三天，他们实在饿得不行了，天黑时，又抱在一起哭起来。这时我发现林子里有许多被砍的树，我心里猜测，这附近一定有人住，所以极力的去安慰他们，他们才慢慢地好了。

果然，又走了不远，看见一个有亮的地方，一个个都喜欢得发狂，急急忙忙地奔过去。知道确是一个住户，里面有一个俄国人、一个中国人，他们正在收拾一个杀死的牛，所以我们没吃饭，吃了一顿牛肉。经他们的指示，说不必往兴安岭去，可以往乌奴尔去，因为乌奴尔车站离那不远。当夜他们两个人用一辆车，把我们送过去。那时，第五旅有一连人在那驻扎。我们到连长办公处，才知道败兵早就退回去了，并且骑兵第四团还在牙克石站、免渡河站中间。第二天我乘车到博克图第二军军部，看着我那些在讲武堂的同学，他们见着我，都很惊奇的问：

“你怎么回来了？”

“我就那么回来了！”

"我们以为你早见阎王爷去了!"

"可也差不点!"

说着我想起当时的情形。

"前两天,我们还说,得给你开一个追悼会和烧些黄践〔钱〕纸。不料你真灵,现在我们眼前了!"

我在那谈了一回,他们告诉我,那地方也住不得,倒霉也在旦夕。后来又到胡毓坤军长那,把经过情形都报告给他听。下午的车,把我从博克图送到齐齐哈尔。在车上我曾一顿饭吃了七元五角。

现在追想起来,韩光第将军如今已为国效忠,得了一个史册上不朽的地位,继续他的壮志,便是我们生还者应尽的责任!结束,不妨套英名将纳尔逊一句话:"中国盼望她的国民,都能尽他的天职",切莫自馁啊!

四,十七,十九年草于灰城

《国闻周报》

上海国闻周报社

1930 年 7 卷 29 期

(李红权　整理)

呼伦贝尔之危机

——蒙旗青年党人猖獗异常

作者不详

京讯：蒙藏委员会驻黑龙江特派员王福忱，昨有电到京，报告呼伦贝尔蒙旗青年首领富明泰等之猖獗，及东北边境各情形。兹将原电录后："委员长钧鉴：谏电谅蒙钧览。于本日探得满海确讯，此次东北防俄军由满洲里撤退之际，呼伦蒙旗青年党首领富明泰等，乘机思逞，大事宣传，遂将步兵第十七旅韩光第部全旅军械，掠获一空，就该旗原有保卫团组织骑兵约有一师之众，分布要隘，势甚汹汹，同时并由外蒙开到骑兵三师，驻守免渡河岸（在呼伦贝尔南百八十里兴安岭北），形成与外蒙联邦情势，益趋险恶。倘东北防军，一经越过兴安岭，正式接触，恐中俄战争，一变而为中蒙冲突矣。目前国际列车，由哈尔滨出发，仅开至博克图，中途折回，确因蒙军阻止前进之故耳。溯查呼伦此次肇乱原因，不外北联俄疆，西近外蒙，利攻易守，地势险要，执政得人，可以有为。且远受'赤化'之深入，近感边吏之猜嫌，怀贰之心，久具成见，一触即发，事岂偶然。此次东铁战事发生，不过一种导火线，给予一种机会而已。蒙旗借以随〔遂〕其独立之欲望，苏俄用达其'赤化'蒙古之目的，行见边祸滋蔓，全归破坏，影响所及，后患胡底。职奉职关边，受恩深重，倘有益于边局，虽牺牲而弗惜。一得之愚，敢不尽刍荛之献。况蒙藏大会行

将开幕，一切障碍问题，似当提前消弭，用纾钧座北顾之爱
〔忧〕，昌明国府仁慈之怀。是否可行，出自钧裁，伏乞电示祗遵。
特派员王福忱叩。"

《兴华报》（周刊）

上海兴华报社

1930 年 27 卷 3 期

（李红权　整理）

暴日侵蒙伎俩已穷

作者不详

达尔罕王潜赴平

北平电，著名蒙古领袖达尔汗由沈阳冒险行抵北平。九月十九日事变发生时，达适在沈阳，为日兵所拘，严加监视，欲其宣布蒙古独立，并允供以军械、子弹，又促其召集蒙古四十八旗首领至沈阳会议，建设自治蒙古政府事。据达谓，渠后设法脱离日兵，逃避某外友之宅，乔装一农夫，于昨日混于避难苦力群中登火车，入三等车箱，幸未为人识破。当火车驶过日兵哨线时，渠即与眷属乘头等车来平云。

包善一被逐出境

本社十二日北平专电，蒙古阿亲王部下帮统业喜达狭，真（十一日）电平称，本旗大统领包善一，勾结日人，运来枪三千、弹六十万、炮十余尊，勒本旗官兵图不轨。幸经发觉，包携眷及同党四百余、日人十余奔通辽。此事有关本旗生命，谨电闻，请转国府。

恭王觉悟作傀儡

据吉林旅京同乡接长春消息，吉伪主席熙洽，已委任前清肃清〔亲〕王之子金东壁〔壁东〕为吉长路局长，兼吉敦路局长、长春市政筹备主任。又前清恭亲王，已于十月七日上午十时，由日人挟持到沈阳。恭亲王原不允去，经日人利诱，每月给以二万元之薪金，专供其作傀儡。该王拟乘机有脱离羁绊之意云。

呼伦覆电称安谧

海拉尔专电，海拉尔蒙旗，一致表示拥护中央，地方安堵。又据蒙委会顷接呼伦贝尔都统公署覆电到京，略称：鱼电敬悉，兴安区并无蒙兵举动之事，现在呼伦地方安谧如常，请纾锦注等语。又据呼伦贝尔驻京代表上月请假回旗之孟定亚来电，亦如前情云。

增加军费，派视察

日政府派高桥等十二名出发赴满蒙、朝鲜及台湾等地视察。又陆军省特别预算增加赴满军费一百三十八万四千六百余元。

又用学生来宣传

大阪一带日本学生，开始作关于满蒙之常识运动，俾日本全国国民均知道满蒙与日本有密切关系，并到各地小学校及青年团发散三十页之小册子。

日探员五路出发

（北平电）本年三月，满铁召集善蒙语之日浪人数十名，并以重金聘蒙古贫民为向导，秘密潜入蒙古，窥视我国边疆。所谓中村大尉者，即日本所雇探员之一。探员分五路入蒙：第一路系由察哈尔入蒙，第二路系由热河入蒙，第三路系由洮南入蒙，第四路系由黑龙江入蒙，第五路系由俄境入蒙。探员分途测量及摄影。此项秘密工作，已进行数月，蒙古深处，殆被透探。自中村大尉事件发生后，日本探员纷纷首途离蒙，未归者尚余廿七人之多。日本驻满军队于本月十六日由郑家屯派出军用飞机一架，飞往蒙古觅视，结果于本月十七日在外蒙大平原发现全体探员廿七人，全数无恙，即用飞机载十人回郑家屯，余十七人，将用飞机陆续载回。日人之垂涎蒙古，当可想见。又日本全国中学，本年添设华语课程，其目的不言而知。

捏造郭氏怀异志

海拉尔电，郭道甫在海拉尔吊其岳母丧，向呼伦贝尔警备司令苏炳文表示决无异志，外传谋独立说，均是日方捏造。

《蒙藏旬刊》

中央宣传委员会蒙藏旬刊社

1931 年 6 期

（李红权　整理）

暴日侵蒙之反响

寒　撰

张逆无一旅实力

哈尔滨电，张海鹏自称蒙边保安督办，并在泰来镇设督办银行，发行纸币，强民行使。其全部实数不足一旅。又洮南发现反张海鹏之救国军，由侠盗等集成，袭张军后路。该救国军已集合千余，阳进占东北，张海鹏已派兵往御，惟张军心已乱。

日学生纷纷移蒙

东京讯，日本拓殖大学学生清水清七等七名，于日政府拓殖蒙古之政策下，决定移居蒙古。于最近在宫城前集合，对天皇遥拜，开始徒步赴蒙一行。途中拟在乡村服务，取得旅费，兼参观实际之农村，并期于山野露营，锻炼身心云。

利用逆军皆击溃

北平电，山海关电：韩瑞庭部被击散，韩由皇姑屯化装逃平。博王、达王两旗蒙匪猖獗，雅楞丕勒在沈极活跃。蒙匪首领包善一，曾在通辽为流弹伤臂，率众逃逸。韩瑞庭匪部，为官军击散后，韩即失踪。现闻韩拟绕道秘密来平，有何企图，颇堪注意。

又以枪械助蒙匪

北平电，日方暴行列后：

（一）鱼（六日）通辽钱家庵到日车一列，载手提机关枪一千枝、小皮袄一千身，接济蒙匪。

（二）东（一日）早八时日十六联队，及骑兵、炮兵各部共五百余，进攻吉林榆树县我军廿五旅及六百八十二团。

（三）日军现在辽源县者六百余名，已将营房修理，意图久驻。

（四）通辽车站以东日军，已设飞机场一所，停有飞机五架。

（五）阳（七日）晚，新民、铁岭、浦界、石佛寺到日兵三十余名，勾串匪徒，编义勇军，图占法库云。

蒙旗防日大团结

倭奴侵略满蒙，非止一日。大连中日文化协进会，关于研究满蒙问题，集国内实业家及学者之脑筋，所出刊物，在三百种以上。其国内凡中学以上学校，悉添授汉、蒙言语，列为一课。其用心深远，可以想见。近为贯彻其历来计划起见，组织团员，分五大路线深入内蒙，作移殖及军事的期前调查：（一）由察哈尔入蒙；（二）由热河入蒙；（三）由洮南入蒙；（四）由黑龙江入蒙；（五）由俄境入蒙。内蒙各盟旗，得此消息，十分戒备，认为日人大有升堂入室之概，同时懔于辽、吉失地之惧，遂于期前先行设法严防，以免临时有噬脐之忧。刻由各盟分别通知各旗，并由各旗晓谕居民。其重要之点如下：（甲）……遇日人入境，须互相联络，立时驱逐出境；（乙）……不准容留日人及鲜民浪人潜伏蒙境；（丙）……知而不报者，以通匪论；（丁）……不准与日人谈话及讲交易；（戊）……不与日人立约暨受枪械；（己）……不受日人的委任，及金钱。以上各项，如有违者，立即送交地方高级官厅，依法惩处。闻此项通知发表后，一般蒙众，极表遵守之忱。想日人纵然狡黠，当无隙可乘矣。

《蒙藏旬刊》

中央宣传委员会蒙藏旬刊社

1931 年 8 期

（李红权　整理）

杀虎口台站管理局长呈报绥远匪猖獗

苏鲁岱 撰

　　蒙藏委员会驻杀虎口台站管理局长苏鲁岱，昨具呈该会报告绥远土匪情形，原文如下：呈为呈报事：窃查局长前者因公赴京，公毕，于上月二十九日回局视事，并奉陷电，当已特派专差，分别照转，业经电呈在案。第查绥远土匪，仍属猖獗，于上月二十七、八等日，约有土匪二百余名之多，即将归化城南约二三十里之遥巧什营村土围攻破，闯入村内，合村居民，均遭巨殃，共计被匪击毙者六十余名，受重伤者五十余名。复将托县属之满水井村土围攻开，死伤者亦复不少。迩日以来，该匪伙复窜至城西二十余里乌素图、打尔架等村，大肆抢掠，虽有官兵追剿，而人民受此重害，已不堪命，时值东作耕种，现属无望。闻绥西后套地方，因重遭匪患，民皆逃避一空，大有断绝人烟之象。所有绥境暨各盟蒙旗情形，容再详查续报，理合报请鉴核办理施行。谨呈蒙藏委员会委员长马。杀虎口台站管理局局长苏鲁岱。

《蒙古旬刊》

南京各盟旗联合驻京办事处

1931 年 19 期

（朱岩　整理）

蒙旗保安队之编制

作者不详

塞北通讯：内蒙哲里木盟、卓索图盟及昭乌达盟、乌兰察布盟、伊克昭盟、锡林果勒盟，比日以来，先后整顿各盟军队。向来各盟军队，管理法、教练法甚不一致，且名目繁多，有曰警备队者，有曰护旗队者，今已遵中央颁布《编制大纲》，一律改称保安队，专司保卫地方治安。队分总副队长，归各旗扎萨克统带，自改组后，并一律补充实力，甚见整齐云。

《蒙旗保安队编制大纲》，已经中央决定如下：

一、蒙各旗原有各项队伍，一律改编为蒙旗保安队，专系保卫地方治安之责。

二、蒙各旗带兵梅伦一律改为保安队总队长，秉承扎萨克统带全旗保安队，带兵参领一律改为保安队部总队长，帮统全旗保安队。

三、蒙各旗保安队，以每三十人至五十人为一分队，置分队长一人，三分队至五分队为一中队，置队长一人，至中队数目之多寡，应按各旗之需要及其财力配定之。

四、蒙各旗保安队经费，由各旗收入项下开支。

五、本大纲各项施行细则另定之。

《军事杂志》（月刊）

南京国民革命军军事杂志社

1931 年 36 期

（李红权　整理）

呼伦贝尔平安，兴安区并无蒙兵举动情事

作者不详

　　自日军强占我东省后，呼伦贝尔消息因之阻隔，本处为明了该处情形起见，曾一再去电询问。兹接呼伦贝尔副都统公署覆电，略称：鱼电敬悉。兴安区并无蒙兵举动之事。现在呼伦地方安谧如常，请纾锦注等语。又据呼伦贝尔驻京代表、上月请假回旗之孟定亚来电，亦如前情。业由本处转呈蒙委会，并电覆该都统公署，请其随时报告该地情形矣。

《蒙古周刊》

南京各盟旗联合驻京办事处

1931 年 39 期

（丁舟　整理）

绥远兵多又患匪

匪众横行来去自如　兵不剿匪一样扰民

全总　撰

《时事新报》载：绥远连年荒旱，匪氛甚炽，去岁全省秋收，约有四成，饥馑之余，一般人民，虽不得足衣足食，较之前二三年，自为舒裕。不意时局变迁后，晋军退回山西，其数甚众，势必分拨若干开驻绥远，斯时，大股土匪亦纷纷而起，绥省土匪，向称猖獗，唯因数年饥馑，城市中匪既不得大举攻入，乡村则早十室九空，亦几无容匪活动之处，巨匪因之远扬，其余亦皆星散，出没无常者不过三数百之股匪而已。及去岁秋收后，乡民颇有生机，又加时局变迁，难免有人鼓动，于是大股土匪竟出现矣。绥远土匪，昔时由官方收抚，号称官兵，实即匪军，迨至阎锡山于编遣时，专着手于此等匪军时，遂皆携枪远扬，平时仿佛无匪，实则枪在民间者有数千枝，一旦爆发，则又聚为大股。去岁春初，匪首杨猴先〔小〕率众仅数百人，盘踞于萨拉齐县境内，后悉西去，彼时自不十分猖獗，及十一二月间，竟增至数千人，声势浩大，于是武川县城失陷，归化亦一度被围，横行无忌。晋方大军战败后开抵绥远，剿匪亦不见效，后王英入匪伙，其势并〔更〕猖獗。王系绥远军人之最有力者，过去其部下多匪，经阎锡山编遣后，王自抑郁不平，此番入匪伙后，领导一切，恐含有政治作用，外间亦不明其究竟。唯匪众奸淫掳掠，杀人放火，所架肉票，无有纪极，自王入伙，颇加禁止，肉票悉数放回。但匪性难移，且人数既众，所遇〔过〕之地，真十室九空矣，民间之苦，有非笔墨所可形容者。

匪势如此猖獗，晋军亦不能剿除，有时匪去兵至，或更使百姓多受一回骚扰。晋军第三军军长王靖国氏，在绥任警备司令时对于剿匪，大有成绩，以故绥人于十数日前电促王氏来绥。日前王到绥后，声言大举剿匪，不意晋方十军长反对天津会议之事适于是时发生，王在绥勾留三数日，即又被电促返并。后傅作义氏来绥，晋方飞机亦来数架，预备大举剿匪，现闻匪已渡河西去，剿除恐亦不易也。

匪众数千人，横行绥境，来去自如，出没无常，人民苦痛，不堪言状，既已如此，夫复何言。至目下绥境所有晋军计第三军王靖国氏部队一军，第十军傅作义部队一军，赵承绥之骑兵数千人，袁庆增之宪兵数千人，分驻各县，另有郭凤山之骑兵约有两师之众，分驻绥西五原、临河一带。绥包线为第三军防地，绥东五县为第十军防地，就地征发，民不堪命，土匪如梳，大兵如篦，梳篦相刮，宁有孑遗耶。驻军状况，即以归化而论，铺户民家，均有兵士驻扎，人民负担，可想而知，坐吃山空，绥民真万劫不复矣。归化本一省会，劫案几无日篾〔蔑〕有，时竟中夜枪声齐鸣，人民饱受惊恐，外县如何，从此可知，至四乡则更不堪设想矣。（一月廿九日，全总）

《蒙藏周报》
南京蒙藏委员会
1931 年 60 期
（李红权　整理）

科尔沁左旗替死之胡匪

贫民食物求死，突来胡匪狂吞；
毒发无一幸免，合家生计有着

先　撰

（哲盟通讯）近据该旗来人言，连年水旱，生计艰难，已达极点，土匪蜂起，勒绑奸杀，无所不至，几无生路。旗之南境，台吉包荣九者，家道小康，人口十四，咸感岁馑土匪之困，自念万生不如一死，遂购肉面，造做饺子，馅内又加以红矾若干，以为大家饱餐一顿，携手同归于尽耳。适煮好待吃，突来有马匪十四名，各带有大小枪枝，进屋觅食，自行取食，包某禁之曰，此系我家老幼最后之食，内有毒质，请勿吃，该匪听之曰，汝勿骗我，即狼吞虎咽，霎时吃尽，孰知其吃尽之时，即其恶贯满盈之［官］时，包某否极泰来之日也。旋将骑马十四匹，大枪五枝报〈官〉外，其马上之软硬，所剩大小枪枝，统归己有，居然又小康焉。

《蒙藏周报》
南京蒙藏委员会
1931 年 60 期
（丁冉　整理）

喀喇沁左旗剿匪大捷

匪伪军阀余孽，竟敢聚众横行
军民合力痛剿，击散并获枪械

恒 撰

（卓盟通讯）喀喇沁左旗南境，历年以来，莦苻遍地，民不聊生，尤以近数月为最甚。匪首小白龙，前曾充直鲁军之旅长，现率众二千余名，横行要路沟、山咀子一带，东北张长官，为救人民于水火起见，特派第三旅何柱国部，到该地协同该旗蒙、汉民会同兜剿。于一月二十九下午六句钟，在要路沟北，将该匪包围，用四面兜剿法，激战至翌日天晚，将匪众当场击毙百数十名，匪首大青山、滚地雷等，均被获，余皆逃溃。该部得大小枪百余支，手提式机枪数支，打下人票二百余名。该匪众经此次痛剿，再难招集成股，该旗民众，始获枕衽席之安云。

《蒙藏周报》
南京蒙藏委员会
1931 年 64 期
（朱岩 整理）

乌、伊两盟整顿军队之计画

按旗编制，充实军备；勤加训练，保土固圉

塞 撰

西蒙乌兰察布盟、伊克昭盟，向隶绥省，内分十三旗，各旗各有军队多少不等，既欠编制，又无训练，认为极有整顿之必要，历经例会一再探讨，规定《整顿蒙古部队计划》，共分十二条，颇称详尽。自实行后，各蒙旗军队，则大见起色矣。今将整顿大纲，逐条列下：

（一）宗旨：查蒙古部队，散处各旗，素无教育，平时则各谋生计，遇事则人自为战，既乏一致之精神，复无指挥之系统。计两盟十三旗枪马齐全者，不下三四千人，若加编练，即成劲旅，况绥区汉蒙杂处，土匪出没，欲为根本廓清之计，尤非汉蒙联合不易收效。兹为改良整顿起见，拟定改编章制，按旗编队，加以训练，以期精神团结，动作划一，使化为纪律、系统之部队，借以清匪固边。

（二）名称：将所有乌、伊两盟各旗改编之蒙古队，定名为蒙旗保安队。

（三）编组：查乌、伊两盟各旗蒙古队，现有人数，每旗由百余名至千名不等，为实行精兵主义，采取折中编制，以使各按其本旗情形，不致超过原有兵额，每旗按情形设一个或数个中队，以各该旗王公兼充中队长，称为其旗保安队。由四分队组成，附

以第一分队等之番号，每中队内之分队数目，亦可酌量情形减少，不得减至二分队以下。每分队，由三班组成，每班班长一名，蒙兵七名，按全中队，附以由第一至第二班等顺序之号数。每旗如有二个以上中队时，则编成一大队，设大队长统辖之，称为某旗保安队第几大队，即以各该旗之王公兼充大队长，其中队长一缺，则委任军官充之。但每一大队，不得超过三中队，各盟内之大队及中队，分别各附以第一大队、第二大队，及第一中队、第二中队为顺序之号数。各盟于大队之上，各设司令官，称为乌盟蒙旗保安队司令，伊盟蒙旗保安队司令，以该盟长兼任。

（四）统系：盟旗大队长，咸王公自兼之，中队长，直属于其本盟之保安队司令，各大队内之中队长，直属于其大队长，各中队内之分队长，直属于其中队长，依次层层节制。各盟保安队司令，直属于绥区警备司令，其所属之部队，关于编制、教育及军队之调遣等，归警备司令统辖指挥，但关于其内部事务，如经理、卫生、人事、调动、补充，以〈及〉各盟旗内临时剿匪之军之调动等，可一面处理，一面呈报警备司令。

（五）服装：一律采用灰色，由警备司令部制备，扣价发给，或照式自制。

（六）枪枝、弹药：先令各旗呈报械弹数目、种类，其枪械损坏者，由警备部代为设法修理，短缺者可由警部代为呈请总司令补充，子弹至有必要时，亦由警部代为转请补充。

（七）薪饷：照薪饷表内规定办法，但各该旗情形不同，可按其本旗状况，酌量增减，惟须随时呈报警备司令部。

（八）训练：除各盟应竭力物色兼通汉蒙语言之军事人材充军官，以便施行训练外，每旗选派官长、〈干〉员，到警备司令部指定之部队各机关内学习，期满回旗，以便整顿训练。

（九）旗帜及臂章：旗帜用红白对开式，上端缀以青天白日标示，尺寸大小，惟仿陆军用某旗，书以某盟旗保安队，第几大队，或第几中队之番号，臂章则用白地，上下红边，正上方缀以青天白日，惟中央书士兵姓名，及在本中队排编之号数，并某旗队之定号。又旗帜、臂章，均用汉蒙两种文字标示。

（十）连络：汉蒙部队，在协同剿匪时，连络极为重要，除临时识别臂章连络外，蒙旗保安队，须派遣号兵，赴指定机关学习连络号兵，又各队除官长外，蒙兵中，最少须有二三名通汉语者，以便连络接洽。

（十一）本大纲有未尽事〈宜〉，应修改之，并一面呈报总司令部备案。

（十二）本大纲〈自〉呈请批准之日施行。

《蒙藏周报》

南京蒙藏委员会

1931 年 64 期

（李红权　整理）

卓盟各旗防匪之办法

各旗共组乡团，夜防更加严密
富户不离枪械，用以保卫身家

作者不详

（卓盟通讯）卓盟虽然僻居塞北，远处边疆，为白草荒沙之地，诸般落伍的民族，可是现在已经脱去了游牧的生活，入于农业的范围，生活方面算是大有进步了。但是匪盗蜂起，抢掳时闻，一般农民们既不安居乐业，社会上的秩序更望何太平，因此各农村才自动地起来有下列组织和防备：

（一）乡团的组织：忠厚朴素的农人们，因防土匪的搔扰，就自动的起来组织乡团。其进行的方法，甚为严格，凡是村民，无论贫富均许置买武器，家有百亩以上地者，至少要有枪械两枝，了弹百粒，不足五十亩或仅有二三十亩者，则两家合买一枝；就是极贫的人家，亦要买一杆洋炮和长矛、短刀之类。大家互相联合起来，公举首领一人，定名叫某乡某村的乡团团长。这团长自被选之后，也就鞠躬尽瘁，无忝厥职，随时查点各户的枪弹，设有不备者，即刻就予以制裁或处罚，迫其速购，勿违协约。这是乡团组织的大概情形。至土匪真若突如其来，侵略这个村庄，团长就赶快地击钟号召，各家听着钟声一响，不敢稍延时刻，当即挟枪实弹，飞跑而至，聚在一起，由团长指挥，各守要隘，拼命抵挡，并且这个村子与那个庄，也有相当的联络，这个村中设有土匪骤至，风声吃紧，别的庄即来援助，以济燃眉。所谓"守望相助"，真是既周且至了。

（二）夜晚的防备：卓盟近年以来，因为施种鸦片，暨天灾荐〔洊〕至的缘故，不但土匪成群分股，就是偷盗的事情，亦随时发生，农民们为防微杜渐起见，夜晚更有严密的防备。其办法有轮流充替的，有雇定二人的，这两个人每夜要手执铜锣或木头梆子，在村之周围，循环不息的巡哨，探询。那小偷啦，毛贼啦，一见防备甚严，无法下手，也就遁逃远方，不敢尝试了。至所有一切花费，由各户均摊，所费虽然无几，获益可是非浅。

（三）富户的带枪：卓盟各旗，设若家境稍裕的人家，至少买一支手枪，随身佩带，以资保卫，现在已经成为习惯了。莫说是富户如此，就是中产之家，也要身服武装，佩带枪械，打扮一个军人的样子，所谓"赳赳武夫，公侯干城"，算实现于卓盟了。至于王公贵族，更是极端仿此，每逢出署办公，或游行射猎，不但自带枪枝，并附随些兵士，前呼后拥的保卫，真是威武极了。

《蒙藏周报》
南京蒙藏委员会
1931 年 64 期
（李红权　整理）

扎鲁特左旗境内之匪患

匪由辽境窜入，集股至六七百；
盘据鲁北一带，屡剿只因力薄

作者不详

（昭盟通讯）扎鲁特左旗，因地处极边，东与辽属达尔罕等旗接壤，西与察属乌珠穆沁暨外蒙毗连，故盗匪出没无常，时形骚扰。该旗前于民国初年，曾因蒙匪与外蒙勾通，焚烧旗府，一时旗民无分良莠，多遭株连，近二年来，因警力单薄，匪势仍甚猖獗，去冬有大帮马匪孟梅林、洪顺等，率众由达尔罕旗窜入境内，始仅三百名，巡扰边境，嗣各股合伙，愈集愈多，迩来竟增至六七百人，在旗府暨鲁北县城附近十余里内，任意盘据，抢掠驰逐。本地蒙汉警兵，虽经年兜剿，只以人少势微，抢〔枪〕弹不济，莫能御制，以致地方居民，及外来农户，均相率逃避，地面颇形萧条云。

《蒙藏周报》
南京蒙藏委员会
1931 年 65 期
（丁冉　整理）

达旗土匪抢掠之新法

经济恐慌，易流为匪　假扮军队，任意抢掠

炫　撰

（哲盟通讯）哲里穆盟达尔罕旗，向属富庶平靖之区，惟自去岁夏季以来，亦陷于经济漩涡之中，时有匪患发生，出没于乡村荒僻之境，徒以势不甚炽，加以本地防备紧严，终未有如何之举动。不意时届年关，经济益形紧张，匪势借此增大。兹将最近匪势猖獗之情形，拔〔披〕露于下：于旧历十二月十一日，有马匪约一千余名，假扮军队，旗鼓俱全，声势甚大，人皆目之官兵，不以为意，匪乘机实行抢掠之手段，由十一日至十四日间，连破哈喇吐之响窑四处，转向孙家窝棚，于二日间，又攻破响窑四处，转而再向卜顿茅都村，闯进得薄吉嘎扎兰院内，将扎兰绑走，刻下正向林毛道攻击，匪势之凶，锐不可挡，虽有少数蒙军，实无攻战之能，因此匪势日甚一日，几于无地不有，人心慌恐，昼夜不得安枕，实达旗空前未有之匪氛云云。

《蒙藏周报》

南京蒙藏委员会

1931 年 66 期

（丁冉　整理）

外蒙进扰边界之情况

外蒙兵丁，时扰边界，几断交通，扣押行人

作者不详

（北平通讯）溯自十八年春，外蒙与内蒙断绝商业关系后，扰边之事，时有所闻。顷有自内蒙来平某君谭称：近来外蒙，愈逼愈甚，在达里冈崖及乌得等处，时有外蒙军人，抢劫牲畜，行人若至彼界，则立时扣留，科以重罪，故现时张、库交通，几将断绝，关于外蒙情形，更难推测，锡盟及沿边当局，近皆急于设法抵制云。

《蒙藏周报》
南京蒙藏委员会
1931 年 66 期
（丁冉　整理）

喀喇沁左旗匪后之余殃

竟有军人，蹂躏百姓　诬良通匪，勒索枪支

恒　撰

（卓盟通讯）卓盟喀喇沁左旗因各项捐税及藏地升科诸问题，激起会匪数千，以及凌源县全县蒙汉警甲会剿等情，均迭载本报。嗣因匪势猖獗，警甲不克肃清，热省当局鉴于势将燎原，乃派东北陆军驻热步兵三十八旅，前往击剿，该旅之八十三团担任西路小山沟、老厂子一带，围击小白龙（匪首），五十八团担任东路碱厂沟、石灰窑子一带，剿击陈万昌、振北等，而八十三团邵团长真是爱民如子，视匪如仇，从经与匪接触，即跟踪追击，不容稍缓，且布置有方，杀敌有勇，每一临敌，该团长即不避弹雨，振臂先登，卒将小白龙数百余口，不及二月光景，全行击溃，该团得有大小枪支八十余杆，肉票百名，匪人十余名（死者不计），其他财物尽难详载。而五十八团则一经到乡，即蹂躏百姓，凡住兵之家，非待以肉面，即遭毒打，且翻箱倒柜，无物不拿，而蒙人佛像，尤遭酷劫，凡巧小可带之铜佛，均装入背包，随处玩戏，一班爱佛尊像之蒙民，均敢怒而不敢言，默任其为。该团对于击匪一层，则视如儿戏，虽与匪众接战二三次，亦无非鸣枪作戏，虚张声势而已，游击三月之久，竟未能毙匪一名，得枪一支，而匪首陈万昌等又究归邵团收抚，编为本县游击队，业经点名者，共二百一十七名，内分四大队，陈为总队长，现住小塔子沟、三

家子一带。五十八团因在邵团比较之下，恐无功可报，遭上峰之申斥，乃设非法，诬良通匪，将碱厂区蒙人王德、汉人马云波，及汤神庙区李步云等，誆〔捏〕称通匪，逮捕至汤神庙街，除非刑拷打外，每户处罚大枪十余支，现洋数百元不等。闻该王德乃喀喇沁左旗三世梅伦，四世扎蓝，耕读治家，忠厚无比，而马云波又系碱厂区保甲队长，击匪数次，战绩颇著，李步云乃充小学教员，舌耕多载，忠厚之名素闻于乡，此等善良人家，竟遭其勒索，公理何存。此外尚有二台子赵祥云及侯某（名不详）等多家，均遭同样之累，闻赵氏被勒之时，其家弟尚在西路邵团指挥之下带领保甲追击匪类，于官方出力之人，家中遭此不白之怨〔冤〕，人心何安。总之凡素称殷实之家，均遭该团所嫉，无不逃避远方，至一班小户人家，亦无不受其蹂躏，且无不疾首蹙额，呻吟叫苦。在住兵之时，闾里街道，少有行人，其恶霸凶焰，亦可概见。迨至废历十二月二十四日，在乡之军队，始行开拔回防，而一场惊人风波，始告平靖。当我三民主义国家，竟有此虐民之军队，我军事当局诸公，当如何严格的训练其军队耶!!

《蒙藏周报》
南京蒙藏委员会
1931 年 67 期
（李红权　整理）

呼伦在伦边之地位与中俄国防

召宣　撰

国人而苟非痴愚苟非童呆苟非健忘者，其脑海中当能重演民国十八年自秋徂冬之东北舞台，一极惨痛极壮烈极耻辱之国际悲剧！剧名为何？苏维埃政府赤卫军在伦边之大屠杀是已！闭幕迄今，不及两载，赤俄之挑衅之扰乱之杀戮之焚毁之劫掠，一种目无中国目无国际目无人类残暴行为，我疆圉我民众我建筑我货财之重大损失，似未能漠焉去怀，淡焉若忘。

近顷国中外交，方盛谈中俄会议之赓续，与复交、通商诸问题，记者似不应旧怨重提，以伤两国之谊；然会议自会议，复交自复交，通商自通商，而中东路之惨案，实一不可磨灭之事实；于以见东北边防之当重视，为求领土完整主权完整民族完整之正当自卫办法，与会议复交、通商诸问题之应并行不悖。

中俄接壤，达二万里，西起葱岭，北迤外蒙而东迄延边，其全部边防问题，至艰且巨！先总理《实业计画》中之东北、西北两大铁路系统，与移民于东三省、蒙古、新疆，建造森林，便利灌溉，发展农矿政策，虽为我国北部物质建设，抑亦巩固边防之根本办法；固非本篇所拟论列，亦非区区本篇所能论列；记者兹所探讨，仅为东北伦边一部之国防问题，与呼伦一邑在伦边之地位问题。

呼伦者，以位于海拉尔河（额尔古纳河支流）畔，故土名一曰海拉尔；在黑龙江省西境，为海、满四县之首，蒙民游牧之区，而伦边（即呼伦贝尔之简称）军事、政治、商业之中心也；然其天然区域上，实与外蒙高原相连，有屏蔽江省，控制喀尔喀之势。其物产除牲畜外，有吉拉林（即室韦）之金砂，兴安岭之木材及附近各地之水产，其人口现仅一万四千余，三之一为俄藉〔籍〕，余为满、蒙各族；其交通则水有海拉尔河，陆有中东铁道。

谨按先总理《实业计画》中之东北、西北两大铁路系统，其在伦边者，实以呼伦为连锁：东省铁道干路，由西逾境横贯而东，固无论矣，东北铁路系统中所计划之葫芦岛、呼伦线，其终点即为呼伦（按此路首段葫芦岛至义县已完成，即今锦朝路所经）；而西北铁路系统，自多伦向北进展之第一线亦达呼伦；两线与中东相交，约成"个"字形，如克完成，则呼伦陆路交通，当益形便利；而呼伦地位之重要，自逾不待言——故于此当置重兵，水陆两防，更设险迤西而北而东，庶可慎固封守，抗御狡俄之野心！

于其西也，则设守于满洲里（即胪滨），盖满洲里位中东路西端，为伦边第一门户，为入西伯利亚之要道，距俄境仅三十里，至赤塔亦只半日之程；一有军事，西伯利亚运粮运兵，急雷不能掩耳，数日可达我腹地；我于此屯驻重兵，可横截内外。

于其北也，则设守于节（节一译作库）克多博，盖节克多博为呼伦迤北俄人入境要道，由此赴俄，可继赤塔而达斯特列田斯克（一译作四特列今斯克）站；由此航根河小路，可达墨尔根、爱晖〔珲〕及齐齐哈尔等处；应屯劲旅一枝，外以制敌人奇兵，内以固伦城守御，西与满洲里遥为声援，北与吉拉林（东北铁道系统中有呼玛、室韦线）兼相照顾；如节克多博、依兰线成，则交通将更形便利。

于其东北也，则设守于珠尔干，盖珠尔干位于珠尔干河与额尔古纳河下游适中之地，上距节克多博，下距河口，均甚悬绝，亦应屯以劲旅，镇慑沿边俄人，且为额尔古纳河口之后援，俾免敌兵横截中流。

更于其迤东北也，亦设守于洛古河卡，盖洛古河卡位于额尔古纳河与黑龙江会口之处，虽为小镇，实俄轮往来之孔道，由此溯石勒喀河，以小轮通航，可直接俄境之斯特列田斯克；溯额尔古纳河，可抵节克多博，以达伦城车站；若沿黑龙江东下，则达三姓、爱晖〔珲〕等处；按俄国西伯利亚铁道之阿穆尔站，紧逼我江岸，一衣带水之隔，水陆交通，头头是道，倘于此处屯驻重兵，上以杜俄来伦之路，下以截俄赴爱之道，使首尾不能相顾，于军事最为得势。

总之，满洲里、珠尔干、节克多博及洛古河卡四地之设险，实以呼伦为中心而计划之伦边中俄国防，纯属武备方面，只可有恃无恐，然非政区改革，未为根本之图。盖伦边一带，虽名属江省，实成单独区域，其地以内兴安岭横绝中间，故面积虽占北满百分之十三，而人口则仅占百分之点五（以内兴安岭以东，有宽广之荒原，供移民之尾闾，该处既未密集，自鲜逾岭而西），居民寥落，畜多于人，土地荒芜而种族复杂。

且吾固前言之：呼伦于其天然区域上，实与外蒙高原相连，故民国以来，其地蒙旗之倡言独立，已属屡见，受赤俄之胁迫，步外蒙之后尘；即以十八年秋中东路案言之，俄人方大举侵我边疆，而伦边又乘势倡言独立，欲与外蒙合并，称索伦共和国，虽其后中俄战停，幸未得逞，然从兹东北边防，益增殷忧；而政区改革，不容忽视矣！

中央近顷方谈改革省区制度，拟交国议讨论，窃念对于伦边问题，当能加以注意。夫以局部观之，伦边特一荒芜蒙旗游牧地带，而呼伦更仅一普通之城市，自繁自殖，庸何顾及？然就全中华民族言，则性质极为严重，盖强邻早视同瓯脱，每思脔割以为快，呼伦之得失，实关于东北之边防。且呼伦与多伦、库伦三地，成鼎足之势，本先总理铁道计划中之三伦政策，为开发新满蒙之先决问题，今者库伦已为俄占，若再任俄人深入内兴安岭，则呼伦将亦非我有，苟三伦折二，则多伦危殆（关于多伦在蒙古铁路交通上之地位，本社崇农君，已为文论其重要，语详第六十四期中），西北、东北铁道系统，固不克完成；而我迤北而东之边圉，亦永无宁日矣！

《蒙藏周报》

南京蒙藏委员会

1931 年 68 期

（李红权 整理）

蒙军将改编为蒙旗保安队

国府拟定编制大纲，专任地方
保安之责，张学良加审查意见

作者不详

国府计划将蒙旗原有各项队伍，改编为蒙旗保安队，其编制大纲，已拟定五条如下：

（一）蒙古各旗，原有之各项队伍，一律改编为蒙旗保安队，专任保卫地方治安之责。

（二）蒙古各旗带兵梅伦，一律改为保安队总队长，秉承扎萨克，统带全旗保安队，带兵参领，一律改为保安队副总队长，帮统全旗保安队。

（三）蒙古各旗保安队，以每三十人至五十人为一分队，置分队长一人，三分队至五分队为一中队，置中队长一人，至中队数目之多寡，应按各旗之需要及财力酌定之。

（四）蒙古各旗保安队经费，由各旗收入项下开支。

（五）本大纲各项施行细则另定之。

张学良对蒙旗保安队编制之审查意见如下：查蒙旗保安队编制数目，大致尚妥，惟内蒙共分六盟，盟与盟之状况，既有不同，旗与旗的情形，亦不一致，如哲、卓、昭三盟，半农半牧，蒙民知识虽渐开化，而见解未定，煽惑易行，锡、伊、乌三盟虽仍旧业，而毗连外蒙，感想易变，当此赤焰方张，强邻觊觎，军事方面，稍不加意，星火燎原，颇为堪虞。且查该大纲第二条载列带兵梅伦改为保安队总队长，参领改为保安队副总队长之规定，虽由旧带兵官改为新名目之意义，但蒙旗旧制，久废无遗，带兵梅伦不过充数，参领等职，又变行政，值此国家建设、军民分治之时，应另编制，以清权责。兹为免除贻患，适宜蒙旗自卫计，应将该大纲第二条全部，改为蒙古各旗设保安队，总副队长各一员，秉承扎萨克，统带全旗保安队；又于第四条下，添列第五、第六两条，第五条条文：蒙古各旗保安队总副队长，由该扎萨克遴选具有军警学识之蒙员，呈请各该边省长官任命之，中队长、分队长，由扎萨克遴选委任，呈请各该边省备案；第六条条文：蒙古各旗保安队总副队长、中队长、分队长等职，如该旗现乏具有军警学识之蒙员，暂准选用粗通蒙汉文语之蒙员，分别呈请任命，并委任之，但须于相当期间，送入各该边省军警学校肄业，以资造就，原第五条改为第七条。如此则各旗扎萨克既不失统率之权，而边防长官亦留有监督余地，省旗蝉联，边防自易巩固矣。所具意见，是否有当，敬请公决。

《蒙藏周报》
南京蒙藏委员会
1931 年 69 期
（李红权　整理）

怎样开始建设边疆的武力以巩固国防

明真　撰

大金寺与白利乡的事件，纠纷已近一年，在这将近一年的时期中，一般人总免不了多方面的揣想，都以为有某帝国主义者在那里作后台，在记者执笔时所得的消息，英帝国主义居然在那里发号施令指挥起来。宗教的麻醉，金钱的接济，慈善事业的笼络，遇到开衅的时期，便加之军事上的援助，这是各帝国主义者侵略任何弱小民族惯用的伎俩，我们是司空见惯的！再看看苏俄对外蒙的新政策，在军事上其巧妙的手段，毒辣的方法，更足惊人：它（苏俄）以留学俄国的左倾青年为中心，组织什么蒙古国民革命党及什么革命青年团，以这两团体为革命主要机关，其次就是编什么蒙古国民军，加以经济上的接济，使其建立政府，就是先谋脱离中国，然后附苏俄，这种日本灭朝鲜的方式拿来加在外蒙同胞的身上。在"蒙古劳动国民权"的宣言中，有"为保护劳动国民权，防止内外反动势力之发生，编制蒙古国民革命军，对于劳动者授以军事教育"等等的规定。在蒙古原有的部队，大多是散处各旗，素无教育，平时则各谋生计，遇事就人自为战，既没一致的精神，又无统一的指挥，这是外人操纵最大的原因。我们晓得边疆的同胞都是性质纯朴勇敢善战的，在历史上给我们不少的例子可以证明，这种勇敢善战的民众，如稍加训练，便成劲旅，所以这种武力，一被帝国主义操纵，与我国国防上发生莫大的问题。在本年元旦蒋主席曾电告各师长说："……当兹岁序更始之时，厥宜充实自卫之能力，以巩固永久之国防，良以立国于今日之世界，无自卫之力者必不足以自存。国防若是其重要，而审查我国之今日，无军队之能力，则万不足以语国防者，我革命军人之大耻，故充实军队之能力以巩固国防，实为今日至急而至要之任务也。"此项至急而至要之任务，我们觉得一方面当然要充实国军之能力，同时我们应将边疆的地方军队加以严格的训练，统一指挥，才不致为野心家所煽惑。以记者的意思，最好于中央军校开设蒙藏训练班，招收蒙藏青年入校肄业，毕业后至各师见习，见习期满，即分别派往原籍训练地方军队，参酌地方特殊情形，订定教育计划，以施行军队教育，如各兵种之操典，陆军之典范令，军事工程及测绘术，相马术，军马卫生，陆战法规，及国际公法等都是教育军队所应具的课目。平时有这样的完善教育，不惟帝国主义者难以操纵，且一遇国际战争，以交通不便的中国，内地军队不能赶到，就可以地方军队作防御的工作。这样，才能抵抗帝国主义者的操纵煽惑，才能巩固我国的国防。

《蒙藏周报》

南京蒙藏委员会

1931 年 71 期

（李红权　整理）

奈曼旗蒙兵剿匪捷报

剿除匪患，全赖波京；蒙汉合力，地方安宁

武　撰

（昭盟通讯）近来热省所属各县境内，稍居偏僻，即成匪窟，以昭盟奈曼旗形势而言，东界哲盟达尔汗王旗，西连卓盟吐默特旗，只因地方宽阔，故此盗匪出没，并视汉区警察如草芥，对于该旗蒙区界内，不敢越雷池一步。自去冬有一著名匪首左四点，聚集匪众六七十人，盘踞该旗境内下洼一带，在汉二、三两区界内，任意抢掳，架票勒赎，毫无忌惮，该区警察，仅堪自卫。迨其势猖獗，有热河陆军第十九旅崔旅长，恐该匪日久不除，蔓延他处，故派本部梁营长带队往剿，该匪竟敢抵抗，双方互战之间，将梁营长当场击毙。十九旅闻梁死讯，立即派兵数营前往围剿，匪始不支，窜往东北。官兵跟踪追击，直至黑龙江省所属突泉县境内，虽经数战，势未见蹙，往剿之军队，因抵省界，仍回原防。讵意该项股匪，乘此时机，又归老巢，在初剿之时，声势虽大，而数仅六十余名，经此一番痛剿，追击千里，匪势未减，反而扩大，渐境〔增〕至一百七八十名，于旧历正月初四、五，该匪众由下洼绕至该旗东南，忽窜进蒙三区界内，匪首左四点，意想蒙兵必回家过年，不在区署，乘此不备，欲尽量抢掠蒙古人民财产、马匹，不料蒙兵多受该旗前任警务长波京训练，人数虽少，多系精悍，对于剿〈匪〉，尤其特长，因今年匪贼蜂聚，虽过新年，也

不离区署防地，以防不测，故该匪将至蒙三区界，蒙兵闻讯，立整队往剿，一方面聚集乡团，于十二日在双山子地方接触，卒因人数过少，势力薄弱，致将一年十八岁之蒙兵打死（该蒙兵名何吉根尔，去年因本地土匪时起，一人恐不能保护家庭，故在去年八月加入团防，实行团结，以御匪患，故本区人民闻讯，均甚叹惜），又伤兵一名，蒙二区闻风往援，又受伤一名，匪众亦亡五六名，伤数名。十三日匪等恐波京带京〔兵〕前来，即窜往大青、东沙坨，转入三台衙门，蒙二、三两区，与蒙一区联合一气，包围三台衙门，攻打一日，未分胜负。十四日匪又占据成锡三、李玉堂之家，依险抗战，蒙一区警兵又被击毙两名，伤蒙三区兵一名，匪无伤亡。十五日贼即逃往东沟，由娘娘庙渡河，于午夜之时，乘民家酣睡不备，闯入兴隆地王钺之家。在此时期中，前警务长波京，闻土匪仍在蒙区骚扰，迭经痛剿，未能肃清，以致各处为灾，蒙民受祸，波亦恐股匪日久不除，蔓延全旗，于是波亲自带兵前往，以便指挥蒙兵（波京历充该奈曼旗警务长，近因年迈辞去兼职，现充本旗散闲梅伦，职虽辞去，然该旗各区警察，多为波所训练，遇有事故，非请示不可，尤其对于剿匪，完全求计于波，若遇劲敌，各区联合剿匪之时他人指挥，多不一致，倘波亲临，无不听命，该旗军民对于波京信仰之深，概可想见。伊爱护人民，竭尽心力，有匪入境，必亲往剿，一遇匪战，身先士卒，不将贼匪消灭，绝不中途停止，是故匪闻波名，即行远扬），出发东沟附近，适值十九旅亦派兵三营来剿，崔旅长致函波京，请派蒙兵协助，波接函即同十九旅官兵到兴隆地，与十九旅官军会商包围兴隆地该匪屯住之王钺家，各守一面，决定剿灭除害。商定后，蒙兵和十九旅官兵联合防线，各守指定防地，十六日各部队布置就绪，四面包围。至十七日夜，匪见包围力厚，不易脱逃，惟见东边蒙兵防线单薄（蒙兵人数不过六十左右），容易冲出，于夜深时，该股匪就猛烈冲破防线，蒙兵因波京亲自指挥，防范特别巩固，卒未能窜出，而毙匪数十名，复退回王家院内。旋于十八日夜，改变攻出计划，决不犯蒙兵守地，改由西门十九旅所扎三营之多，势力胜蒙兵十五倍以上之防线攻击冲出，并击死兵士两名，突出重围。在此夜深攻围之时，除守卫者被击毙外，其余数百之众，并未发觉何时冲出。股匪逃走后，经调查确实，于十七日夜首次冲蒙兵防线时，因波京亲自指挥，蒙兵不敢懈怠，竭力应战，共毙匪十五六名，伤十余名，蒙兵无伤。匪皆逃窜，从此不敢进犯蒙区，奔往东北。波京恐匪诡计多端，绕回蒙区，再行骚扰，故将蒙一、二、三区蒙兵全部撤回原防，以备不测。十九旅之队伍，跟踪追击，该匪虽经蒙兵击毙十余名，但实力仍在，至正月二十八日又折回该旗境内偏坡营子，距蒙区不远，故此波京调蒙二、三两区蒙兵，赴下洼附近堵截。匪闻蒙兵堵截，不敢侵犯（过两日，十九旅追击之队伍始到，匪又窜逃），现在因河水溶化，不易渡过，并且蒙兵全在河东防范（按该旗内有老河一道，在下洼北，蒙区在河东），因此匪前兵后均由河西向下洼而去（此次匪由树桶、土思相齐庙绕回，经过之路上，遇奈曼旗王府卫兵四名，曾有冲突）。当晚匪占河西成萱与万兴泉之院，蒙兵在河东李凤北及泰和永西河湾内，两方只隔一河，距离很近，于是蒙兵隔河射击，匪徒惶恐万状，未敢从成萱大门出走，推倒院大墙而逃，又毙匪四五名，伤数名，蒙兵毫无伤亡。二十九日匪窜至福兴当邻近，福兴当开枪射击，计打死一，伤数名，匪料该处有蒙兵保护，不易盘踞，即窜往建平县车洛城一带。嗣后下洼镇商民见两次匪劫，未蒙加害，全赖波京一人指挥蒙兵痛剿之功，也是蒙兵努力效果，始获此安宁幸福，故此下洼商民等，恳求波京带蒙兵驻扎该镇，以资保护商民，情不可却，暂驻下洼，以安民心。该处居民均谓，此次土匪盘踞一月，横行数次，如无波老爷，必全被抢劫一空云。该股匪路过汉二、三区区所时，知汉警无力抵抗，任意抢掠，近有绥东县伊县长闻讯后，深知汉区警察无剿匪能力，但该县又是土匪久所盘踞之地，如无精悍警察，人民何以安静，特为保境安民起见，非请蒙兵保卫不可，故对于此次蒙兵剿匪，更非常赞许，尤其对波倚畀甚殷。伊谓汉区警兵，将所驻之区署，及所用之枪、马、公物，都不能保护，何能再言剿匪呢，因此当面恳请波京担任全县剿匪之责，波因年老力衰，不能胜任，辞谢数次，该处商民深盼慨然担任，使全县人民有所保障，不致久受匪患云。

《蒙藏周报》
南京蒙藏委员会
1931 年 72 期
（李红权　整理）

达旗歼戮巨匪

逃犯越狱，集众为匪　到处横行，力穷授首

先　撰

（哲盟通讯）前达尔罕王旗骑兵统领官孟青山，因罪由北王府越狱潜逃，集众为匪，到处横行，一年有奇。今春三月间，经东北骑兵十七旅，舍命穷追，日驰数百里，大小数十战，卒将该匪赶入老北山之深箐中后，因山路复杂，丛莽难进，该旅长派兵堵塞山口，遏其出路。匪人自遁入谷中后，本拟别寻生路，不意陷入险地，以致弹竭食尽，孟青山见势不佳，遂率心腹二十余人，意由山口突围遁出，当遇该旅某班长，率兵八人，跟迹追击，及至老北江南沿，适值桃花水涨，该匪欲渡无船，而后面之追兵又到，只得回身猛斗，舍命抵抗，卒因势穷弹尽，相继授首，旋经该班长将亡匪三首级，全数枭下，装载车中，以便回城示众。斯役也，计毙从匪八名，著名土匪孟青山亦在其内。闻该班长回团后，立经上峰提升为记名连长，遇缺即补，及随往兵士八名，亦有相当之奖励云。

《蒙藏周报》
南京蒙藏委员会
1931 年 76 期
（丁冉　整理）

吐默特右旗最近之匪患

抢农村绑肉票，经痛击始溃散

送 撰

（卓盟通讯）吐默特右旗南部土匪扰乱情形，已详本报。最近缸窑岭一带，忽又发现土匪百余名，分占各小村庄，强行食宿。该处为通锦县之要路，行人颇夥，凡来往客商掠劫皆空，道路上行人断绝。附近三四十里之农村多被抢掠，计被抢掠者十一家，团山子村四家，孟家窝铺村五家，六道沟二家。复又勒绑锦西县某商号铺掌一名，嗣经羊山村民团闻悉，即行率众往剿，围击数日，土匪始行纷散。查缸窑岭一带为热、辽划界之区，距驻军较远，又多崇山，易为土匪之潜伏，虽民团、军警不时追击，亦难肃清，该处之匪患实无底止。

《蒙藏周报》
南京蒙藏委员会
1931 年 77 期
（丁冉 整理）

外蒙最近练兵场所

财军两政权赤俄任支配，适宜练兵场择在车臣汗

寒 撰

外蒙自赤俄占据后，即改称"大蒙古国"，形势〔式〕上似与蒙人以独立之机，其实不过苏俄借以操纵之耳。鼎革之际，尚未暴露其丑态，自临时大总统大车载盛（蒙首领）于民十八年春故后，外蒙政府不啻赤俄之别府矣，支配财政，改革民治，陆军由其调动。现外蒙军队，约计在三万五千名以上，以骑兵为主要，马种大加改良，较蒙马高大，过山炮、迫击炮以及高射炮，悉由俄京兵工厂供给，其外有飞机十架。最高级武官俄人充之，中级军官布里雅特充之，布里雅特者，即唐努乌梁海外，与苏俄毗连之地，所有一种民族，久隶于俄，性极慓悍，好驰马，今皆归蒙矣。现皆集中车臣汗部之克鲁伦河畔，取其地东联东三省，南界热、察、绥，乃一可攻可守之要塞，并借克鲁伦河滋润之力，水草特别丰美，而气候尤觉适宜，诚一天然练兵之场。此为常备军，遇有军事，临时可以征兵。关于教练上，颇有锐进之概，不似曩昔骆驼队打猎枪之情形矣，国人良未可轻侮。蒙人甘作走卒，视俄军官及布里雅特若神圣，大可哀矣。

《蒙藏周报》

南京蒙藏委员会

1931 年 79 期

（丁冉 整理）

察哈尔省党务办事处电

作者不详

急，南京中央执行委员会、北平副张司令钧鉴：查日本此次对我暴行，察民闻之，万分愤激，当由各界民众自动集合四千余人，于今午十时在张垣举行抗日大会，公推代表王子元等四十一人到部请愿，誓作政府后盾，与日本作殊死战。其请愿书开：为请愿事：昨据报载，日本帝国主义者，无端故调遣军队强占我沈阳、营口、沟帮子等地，霸我机关，举火焚烧，似此蔑视国际公法，破坏我国主权，助长我国内乱，实属残暴毒辣之至。披阅之余，不胜愤慨。日人此种举动，不只图侵害我东北，亦即亡我国家之表示，似此危亡之祸，迫于眉睫，皮之不存，毛将焉附。为此恳请钧处转呈中央党部，厉行革命外交，驱逐日兵出境，恢复我沈阳等地，并要求日本赔偿损失，担保以后不再发生此事，以挽回国权，保我疆土。我全省民众誓愿一致拥护中央，作外交后盾，谨此呈请钧处鉴核转呈，为此据情电请厉行革命外交，即日驱逐日兵出境，以保国权，而维民命。察哈尔省党务特派员办事处叩。马。印。

《中央周报》

中国国民党中央执行委员会宣传部

1931 年 174 期

（朱岩 整理）

日本侵略蒙古之用心

作者不详

据沈阳通信，日蒙贸易协会会长石冢氏，调查蒙古富源已十有余载，所获甚多。前年秋曾入呼伦贝尔各地展览日货样品，联络蒙古王族，以为将来侵入蒙古之根基。日拓务省拟依其著述，向蒙古开展一切，唯尚缺乏许多重要写真与地理要图。该协会因外蒙被俄侵占，不利日本伸入，特编英文《蒙古贸易及资源调查》一书，送与欧美各国，期唤起西人注意，并函美国汽车大王福特，福特遂有出资摄影之意，该会获得巨资，拟入蒙古摄影；并利用亲日之蒙族肃亲王之第二女川岛芳子（曾受日人川岛养育）及其夫甘尔球私布（受日人资动，在日本仕官学校毕业）为主角，此外有日本军官多人，及拓务省、满铁会社，及该协会会员多人随行，以便实地考查一切。此项摄影员拟于五月由大连出发云。

又据联合社三月四日下关专电云，日人大仓喜七郎，于列席本溪湖煤铁公司财政会议后，曾视察蒙古水田事业三日，刻渠在下关阳山饭店对记者宣称，渠在蒙古经营水田有一千町步（每町步约等二·四英亩），其目的在利用蒙古大原野以开拓牧场，养育牛羊云。

《新北方》（月刊）

天津新北方月刊社

1931 年 1 卷 5、6 期合刊

（李红权　整理）

如何肃清绥远匪患

健民　撰

一　前言

西北地带，早经国人认为重要之区。不但关系国防，亦且为实业富源。故年来开发西北之呼声，甚嚣尘上；面〔而〕各报关于西北种种事实之记载，亦日见其繁。无如呼声虽高，实践其事者为谁？记载虽多，确实实际者有几？即以绥远而论，城市荒凉，百业停顿，乡村冷落，庐舍为墟。此固因连年荒旱，青草绝野，人民经济破产，金融紊乱，市价不整，商贾交易萧条。然尤有甚于此者，厥为匪氛遍地，浩劫丛生，攻城陷镇，杀人越货，焚烧抢掠，奸淫勒夺，无所不为，无处不惨，概历十余年之久，此等耳不忍闻，目不忍视之事实，岂能数计。此实为社会不安，文化落后之最大病源也。即以近今而言，境内股匪有数十伙，匪众数千余人，蔓延各地，明目张胆，肆行无忌，为祸之惨，更甚于前。徒空言者，有谁知其一二？采新闻者，无法探得究竟。数百万绥民，深沉冤海，苦何堪言！

方今西北善后，中央已在积极筹备之期；军队编遣，亦渐就绪。且春耕在即，已及农时，一般人民，疾首蹙额，急望振救。吾人于此重大关头，关于剿匪一事，为吾绥数百万灾民，作一最后之请求，并将绥远土匪历来之概况，及过去剿匪之失策与弊病，今后关于剿匪之管见诸端陈述，乞恳当局者，加以垂怜焉。

二　历来绥远之匪灾概况

溯自民国纪元以来，绥远社会，无日不受土匪之扰害。但初起之时，为数寥寥，系各县著名之无赖，乘国家建设之初，吏治不及之地，三五结伙，拦路打劫。或闻某地有富素之家，一拥前往勒索，满载而去。杀人放火之事，尚少发现。民五六间，卢匪崛起，大肆号招。游民无赖，群相附和，不几时聚众万余，由内蒙及察、绥北境，西扰河套，声势浩荡，卷土东来，围包头，陷萨县，困托城，骚动绥远全境。后经官军，虽行击退，窜走甘、陕；然绥省匪患，从此已种下万劫丛生之祸根矣。

继因国家多难，内战不息，边塞之地，政府视为鞭长莫及，政治方面，亦无具体设施，以致民九至民十一之间，会匪（哥老会）乘机潜入，到处宣传，多方煽动。无知愚民，一时风起云涌，踊跃加入，为期数年，已有十数万众，尤以归绥、萨县、托县、五原、临河及达拉特旗等地为最多。民间良莠不分，清白难辨，暗无天日，动辄遭殃，前此乌合之匪众，一变而为哥老会支配下之生力军。迨至民十一三月，养痈成疾，会匪哗然而起，成千成万，编有师旅，攻城陷镇，遍扰各地，直抵绥城下，强迫都统马福祥退位相让。官方于火燃眉睫之际，始行调军剿击，幸该匪众内部分裂，不久自行溃散。自表观之，匪患似息，实质方面，皆潜伏乡间，以备乘机再动。当是时，绥远民众，处于水深火热之中，竟成人间地狱之情况也。

民十五西北军败战西退，遍地伏莽又起，势如燎原。沿途截击溃兵，抢其械弹，夺其辎重，约计夺获枪械三万余支，弹药无算。

实力既充，兽性复发。每一愚夫，起而号召，不数日千百成群，自称团旅，形成股匪者，比比皆是。官方无法处置，图一时之苟安，尽行收抚，驻扎各县，稍形平息。

民十六夏，北伐军进至黄河一带，晋军加入，所有绥省驻军，强半调赴前线。前抚之匪军，见机可乘，所谓金宝山、郭春山、赵青山、戴茂山四大山者，各率爪牙数千，复行扰乱。在此时期，绥省政局，晋而奉，奉而晋，几经变易，虽行剿办，而绥省之匪患，亦时有所闻也。

去岁国内风云又起，连月大战，绥省土匪，故技复现，更行大规模之扰动，及至于今，猖獗不已。可怜绥民，一牛一马，不得饲养，茅屋草舍，尽被焚毁。朝犹子孙相聚，夕则骨肉分离。呜呼！水益深，火益热，沉沦于苦海之中，谁不为之痛心！

三　过去剿匪之失策与弊病

绥省匪患，既如上述，足见根深蒂固，自非姑息苟全，敷衍了事之手段所能戢止。吾人一思过去剿匪情形，不禁为吾绥民众痛哭！兹述之如下，供诸明眼人一观其是非曲直，并作今后剿匪者之殷鉴：

1. 无整个之计划：前者虽经数次剿匪，纯为地方人民不堪其苦，请求官兵剿办，临时向地方筹款，设立剿匪机关，由驻军首领充任其事，协同地方保卫团进行。然一遇有匪惊〔警〕，不测土匪情势，胡乱派队往剿，匪掠于前，兵刮于后，于事无济，徒扰地方。事先毫无整个计画，彻底方略，随时敷衍，以遮耳目，久惯之匪，焉能剿除。

2. 不识地理形势：外来军队，多不识地理形势，且少剿匪经验，一旦担任剿匪，又不用土兵作向导，东奔西跑，已人困马乏，尚不知匪在何处，忽然与匪相遇，因地势不利，为匪所困。或于追击时，匪窜山沟，转湾抹角，潜隐无踪，官军膛〔瞠〕目吐舌，不知所措。竟有官军尾随入沟，而匪人绕道返回，堵塞沟口，使官军大受损失。此等损兵失械之事，时有所闻。

3. 动作不敏捷：绥远土匪，本属流寇，时而东，时而西，出没无常，隐现不定，遇机成群结伙，劫后立时星散。匪用神速手段，乘时痛击，难以奏效。乃过去之剿匪军队，被害人民之报告，雪片飞来，不得已方行出动，及至被害之地，匪众已不知远扬何处矣。如此迟滞之动作，实予匪以逃窜之机会。

4. 收抚之不当：历来剿匪当局，不谋彻底剿击，纯用掩耳盗铃自欺欺人之手段，姑息从事，及至匪氛大炽，全局震动，事变丛生，无法应付之时，遂出卑劣故技，图一时之苟安，不顾地方困苦，许匪以升官发财之条件。即行收抚，于是变为官匪，公然抢夺，百般蹂躏，人民忍气吞声，敢怒而不敢言。国难发生，匪军亦随之而变，国难平息，又行收抚，一抚再抚，一变再变，循环相演，以迄于今。不知过去之剿匪当局，果何居心而出此耶？

5. 守备不完善：间或于各地方设置驻军，以防匪患。然为长官者，终日牌酒作乐，瘼〔漠〕不关心，属下士兵，沿〔优〕游闲散，毫无纪律之约束。上行下效，习为故常，早将剿匪事件，置诸脑后。忽闻匪来，无法抵御，致被缴械或全军覆殁〔没〕者，数见不鲜。是则驻军地点尚无完善之守备，自顾不遑，何能保境安民？

以上诸端，皆为过去剿匪之失策处，彼时之剿匪当局既如此顽忽任务，麻木不仁，遂生出以下种种弊端，酿成今日难以扑灭之巨祸也：

1. 兵匪互相利用：民间有谚云："不怕土匪单怕兵。"吾人一闻此言，甚觉奇异，其实并非无本之谈。盖因兵有械弹，匪有钱财。每出追剿，匪前兵后，互通信息，彼此相约，匪将所掠金钱埋于一定地点，兵来寻取，然后将诸多械弹埋放同一所在，绕道他去，以备匪众转回取用。或由地方无赖之徒，双方走串，以匪之财物作交换品，送往兵营，请兵勿行追剿，以便自由窜扰。兵遂故意放任，充耳不闻，甚至暗行差人，前往匪伙售卖械弹，约定交钱取物地点，两交无误，以图厚利。抑尤有进者，倘某村某姓因招待不周，得罪于兵，乃遂与匪相约，令匪先去抢掠，然后有词可借，以剿匪为名，前去将某村或某姓复行二次搜括，一草一木，皆视为匪人所留，尽数掳去，方行罢休。

2. 官吏贪污惩罚不明：自有匪患以来，关于匪情案件，日益繁多，匪犯之狱大兴，而挂误、牵连等事，举不胜举。一般无耻官吏，借此大肆贪婪，是非难辨，曲直不分。恶迹昭彰之巨匪，一行贿赂，便可消〔逍〕遥法外，虽经地方公禀，人民请诛，然亦视若罔闻，公然释放，人民忍痛含泪，不敢过问。或有匪犯因仇结短，误供良民，竟能不测真伪，立即传来，非刑拷打，吓诈金钱，以饱私囊。

3. 匪军养匪：所谓匪军者，即经收抚之土匪军队也。历年来驻扎各县，名为军队，实则尽操土匪生涯。盖因其不耐军人生活，技养难挨，又无充分金钱女色，以充其兽欲；于是上下勾结，轮流合伙出外滋扰。至于第（1）项中所说情形，此等场合之中，更是习以为常。即在外之零星小伙，当风声紧急，不得行动时，往往隐藏于匪军部分之内，一般人民，明知某匪在某部匪军寄迹，然畏匪军之威，亦无可如何也。

以上三项，系举其荦荦大者。此外犹有诸多弊端，罄竹难书。似此剿匪，实为纵匪，似此抚匪，实则养匪。吾人观此，则知过去之剿匪，姑息养奸，徒为扬汤止沸，不去釜底抽薪，换汤不换药之方法，一施再施，万恶淘〔滔〕天之匪患，愈演愈烈。长此以往，绥远民众之痛苦，将不知伊于胡底矣。

四 今后剿匪之办法

今者，大局底定，训政伊始，凡于社会进化有碍之处，皆在积极改革之列。而吾绥匪祸之猖獗情形，变本加厉，十倍于前，此祸不除，万端难理！近闻吾绥当局，有鉴于此，正在设法剿办之际。吾人因受良心之谴责，岂能袖手旁观？为绥远前途计，为民众安全计，不得不按实际情况，谋一根本解决之方。

1. 治标的办法即积极之设施：

A. 划分区域安设驻军：剿匪机关，连同地方人士，察量各地情形，划分区域，于各区域内重要村镇，山沟渡口，及匪人惯行之路线，斟酌其地理形势，分派驻军驻守。某部队驻守某区域，则某区域内之治安负全责保护。并各驻军，互成犄角之势，声气相通，时取联络。如某区域内有匪警，各区域同时皆行戒备，以防不虞。在发现匪人处之附近驻军，立即各派部队，取四面围击形势，务使股匪无逃窜之余地。

B. 组织便衣侦缉队：各区域既有驻军，则必防范严密，成股土匪，不易行动。但按过去之观察，绥远土匪，皆出自本省，熟悉地理。若无活动机会，必四散于僻静之地，悄声匿迹，潜伏其间，以避人之耳目，有隙可乘，即出而打劫。在官方以为股匪消灭，地方即告平靖，讵知各地之伏莽，实为最大之隐忧，不可不重视。必须组织便衣侦缉队，密秘分派各区域内，混迹民间，无分昼夜，详纫〔细〕侦察。并规定种种记号，以便各队员彼此联络，通风报讯。一经查觉，用最敏捷之方法，飞报附近驻军，出其不意，前往捕拿。使狡猾之匪，无片刻潜隐之机会。

C. 游击队：绥省遍地皆匪，大股小股，为数甚多。只图防范，不行追击，亦难得消灭。宜派纪律严明，久经训练之劲旅若干，组织游击队，作为游击之用。尾追匪股后，一时勿得松懈。除令地方驻军，随时随地截击外，势必击散匪股，方达最后目的。

D. 用地方区警作向导：陆军用以剿匪，多不识绥地形势，以致反受损害，前已述及。欲救此病，必须用地方区警作向导，庶不至再有差失。因该区警等，深悉匪情，精通地理，搜查追击，较比陆军熟练。素因为力薄弱，不敢与大股匪众相抗，然追击小股，时奏奇功。今既有陆军作后盾，必能作勇敢之前驱也。

E. 对各堡村保卫团资助械弹：村保卫团之设立，各地情形不一，有数村联合而设者，有一村独自设立者。大抵设立地点，强半筑有堡垒。每处人数，亦不一致，或十数人，或数十人，皆由各该地自行练〔拣〕选，枪枝甚不齐全。惟此项团体，纯系自卫性质。盖经十数年之蹂躏，赖官军剿匪，毫无希望；且国家有事，军队调往他处，人民便防守无恃，惟有坐受其害。故各地乡民，见此情景，不得不出于自卫一途。既属自卫，当然在此范围内，各个人之生命财产，均有直接关系，匪人来扰，虽残枪破垒，亦必死力相抗。惟此之故，各股土匪，遂不敢轻易骚扰。而各堡附近之居民，亦纷纷移住堡内，赖以安生。即以此次杨厚小等大股匪众，所过之堡，除经威吓开放堡门之处外，其余有围攻数日者，亦不得下。至平时往来之小股匪人，凡遇堡垒，遂绕道他去，不敢此〔以〕目相视，足见其效力之大，实为防匪之不二法门。虽然，亦正如难免一失，并非防卫懈怠，实乃力量不加也。如最近萨县二里半、拉素等堡之失守，皆因枪弹缺乏，不能久持之故，深可痛惜！

为今之计，宜招集各堡村保卫团团董及村长副等，斟酌各堡情形，拨发相当械弹，或由各村堡〈保〉卫团备价购领，以资实力，而便防卫。如此，对于剿匪军队，必能有最大之帮助也。

F. 设置电话或警钟：消息不灵，预防无法，且于追剿诸多不便。宜于各重要村镇，安设电话，声息相传，剿守自易。最近萨县人士，有鉴于此，拟定办法，察画图形，由县府设法筹款，归建设局着手办理。现已购得诸多话机、电线，于图内所指重要地点，从事安置，不久可望成功。兹觅得其略图如后①：

此种办法，虽费钱财，益民之处甚多，于剿匪一事，诚有重大关系也。

如其他各县，若有因财政困难，无法筹款，不得如法设置时，可设警钟，以代电话。铸造声音洪亮之大号警钟，高筑土台，上立木架，悬钟于空，声响可闻二三十里，以击钟之次数、缓急为暗号，一击之下，便可知匪之情势及匪之方向。重要村镇，皆如此设置，彼此以钟声传达，以便戒备。此系因陋就简之办法，需财既少，费时无多，便可落成，剿匪、防匪，其效力与功用，亦与电话相差无几也。

2. 治本的办法：

言及治本，吾人应详加讨论，过细审查，究当如何治理，方得一劳永逸，以致匪患不再发生。此必须考查绥远土匪之所由生，及其根本原因何在，以谋根本振救之策。就吾人历来之观察，西北土匪之发生，最大原因有四：

第一，绥省地处边塞，文化落后，一般人民，愚昧无知，无法无天，狡猾无赖之徒，任意横行，出此不规，更经会匪从中煽惑，酿成大祸。

第二，官厅不认真剿办，姑息苟安，弊端百出。不良之辈，肆行无忌，且能借此升官发财，于是青年子弟，野心勃勃，互相仿效，咸欲一过任情任性之生活。

---

① 图未见。——整理者注

第三，中央向因边陲之地，注意莫及，设官置吏，亦不得其相当人材，政治不修，游民遍地，终日无所事事，惟有嫖赌放荡，习惯成性，遂相率流为匪盗。

第四，连年荒旱，灾患频至，农村经济，根本破产，失业者日见加多，生计无法维持，良善者，卖妻鬻子，听天由命，犹能苦守清贫，强梁者，本分难持，便挺而走险。

凡此种种，绥省各地，虽不能尽皆如是，然就其实际情形而言，切为致起匪患之重要原因。今既谋根本肃清匪患，亦必因地制宜，对症下药，方能有效。

A. 清乡：清乡为正本清源之彻底方法。由剿匪机关，招集地方人士，组织清乡委员会。由会中分派人员于各区域内，协同村长副，挨户清查。按照编就之门牌号数，登记人口，并将职业、现况等等，记载清楚。每户家长随同村长副于清查表册上署名、盖章或手印，以昭慎重。一村填记表册二份，一份报官，一份存放村长处，以便稽考。并制定惩治盗匪、游民条例，以凭核办。例如

某家通匪，或窝避赃物，私藏军火等等违法情事，村长副应行报告，若隐瞒不报，经官发觉后，应受何等处罚，若事先报告，应受何等奖励。若经查获之匪，解送官厅后，证据确凿，毫无挂误，即格杀勿论，以警效尤，万勿仍蹈覆撤〔辙〕，姑息了事。

既有明文规定之条例，可由清乡委员会印刷多张，发送各村，令村长副遵照办理。并派稽查人员，不时下乡认真稽查，以防弊窦。

B. 训练民团：欲图永久防匪之策，莫善于人民自卫军之组织。如现有之村保卫团，虽未经精密之训练，无完善之组织，然对于防匪，已有甚大之效果，事实俱在，彰彰在人耳目，无可讳言。此无他，即因人民防匪，关系切身利害，虽死于枪弹之下，亦不

愿受土匪之蹂躏也。且正式军队，以备国防应用，绝难常驻乡间，亦不宜常驻乡村，恐妨农事。较为永久而妥善之方法，惟有训练民团自卫，颇称适宜，而亦确〔切〕乎实际也。

清乡委员会划定之区域内，就其村落之大小，人口之多寡，或数村成立一民团单位，或一村（大村镇）成一单位。每一单位需若干人，由各县县政府为管辖机关，一切械弹，由县府发给，或由人民备价购领。由各地选举团董一人，助理一人，执行公务，呈报备案。并由县府呈聘富有军事经验之人若干，分派各区域内，轮流训练。凡充任团丁者，必须有相当产业之纯正良民，方能充任。限定任期，期满后，再行征拨，轮流交替。此种性质，与正式军人不同，纯为自卫而设，平时各守其业，遇变则互起防卫。至所发之械弹，由各该单位内之团董及村长公所共同负责管理，惟遇匪警方准动用。须将各丁姓名及身家情形，详计清册二份，一封〔份〕存放村公所，一份呈官，以备存查。倘有不法行为，惟家长是问。

以上各种编制完善后，清乡委员会即行撤销，一切事宜，均归地方政府指挥施行。

C. 厉行平民教育：教育为立国之本，化民之良药；而平民教育，又为地方自治基础之最要设施。既知匪患丛生，系无知愚民之蠢动；且民智不开，为社会进化之最大障碍，何况落后之区，正宜疾起直追，实行教育化民之政策。

教育厅，即应通令各县教育局，实施平民教育。设立平民教育训练所，聘请素负盛名之平民教育专家指导，训练教育人材，分派各处，按照乡村大小，设立平民学校，实行强迫教育。五十岁以下之人民，不限男女，凡不识字者，即令入学受课。分有班次，如七岁以上，二十岁以下之青年、儿童，规定授课时间较多；二十岁以上五十岁以下之成年人，最宜设立夜班授课，以免耽误职业工作。

　　吾人常观绥省各地人民，于闲暇之时，无论男妇老幼，街谈巷议之事，皆为某家子弟已作匪首，收抚后升官发财，真有运气；或某地被抢，某匪毙命，与夫"请财神"（绑票）杀人放火等等事情，言时似觉津津有味，喋喋不休。孩童玩耍，亦作荷枪骑马，成群结队，威风凛凛，表示不少羡慕情态！

　　此种现象，实由于环境不良之关系，及少受教育之表现。终日耳濡目染，已深印脑海，只知绥远为土匪世界，毫无国家政治之观念也。

　　平校设立以后，平民教员应随时随地，将此种危险思想，极力矫正。多言土匪之害，要守正当职业，勿作不法行为。告以法不容情，以致损身害命之危险。及国家社会之普通知识，地方自治之善处。

　　此外，各县教局，印刷格言、画报、标语，实帖各乡村间，平民教员于课余之暇，与村人恳切讲解，务使人民思想，根本改造，各有相当常识，谁愿甘冒不韪而弃正务邪耶？

　　D. 提倡实业：民生问题，关系国家社会之安危，至重且巨。绥省灾患连年，吾人已言及造成今日之险象，实与此有重大关系。亟宜提倡实业，以裕民生。

　　第一，开渠与掘井：绥远地带，除河套已开渠水灌溉外，其他各处，多赖天雨，天雨不降，即无生望。应由省府提倡水利之设置，凡附近河流之地，察量地形，划定渠线，实行开凿。渠道既成，引水浇灌，不惟硗瘠之地，变为沃野；且渠道纵横，马匪何得畅行。直接有利民生，间接防止匪患，一举两得，莫此为善。

　　如现在萨、托民生渠之开凿，横贯东西，而其支渠线，又纵贯南北，纵横相连，实予土匪以最大不利。惜乎！开工数载，迄未成功。此固有其他原因（于另篇论列），然吾人对于工程之指导，最后希冀，惟望其速成耳。

至于相离河流较远之地带，引用河水，甚为困难，宜计划开掘洋井（内地已多有此种建设），聘请工程师，指导开掘。工程较小，需费亦少，而于灌溉方面，则获益亦不浅也。

第二，倡办工厂以收游民：游民之多，莫胜绥省。无相当出路，必流为盗匪，如前所述。官厅亟宜设法代辟生路，使就正轨。绥省既为实业富源，开办工厂，斯乃要图。若因地方经济力量不足，亦可由小而大，渐次设施。如毛织、皮革、肥料……工厂，皆可倡办，将各地无业游民，收容在内，学习正当工艺。加以相当工资，既可谋生，又可减少社会无谓之消耗，并可免去乱事之滋生。

第三，开放边地，以利农耕：最近据《绥远日报》关于傅作义氏之"兵垦政策"内之调查，各蒙旗内之未垦地甚多，兹列表于左：

各蒙旗名	未垦地数目
四子王旗	9700 余顷
东、西公旗	2479 顷
中公旗	4000 余顷
茂明安旗	3800 余顷
杭锦旗	140 余顷
鄂托克旗	9280 余顷
扎、群〔郡〕、乌三旗	4340 余顷
打拉特旗	800 余顷
综计	35630 余顷

此皆大略调查之概数，此外未经调查者，不知凡几。如此宽广之地带，竟使荒废，利弃于地，诚为可惜！

吾人一观绥远情况，号为土地广阔之区，而无地可耕之人，仍是不少，每年租种田地，以度生活者，所在皆是，一年所得之收获，除交纳租税及偿还欠债外，所余无几。现年度用，尚难自给，更何积蓄之有哉？以故稍有欠收，租种田地之人民，则遂陷于饥馑堪虞之地位，或因无法度生，变为土匪。由此观之，开垦荒地，实为目前之急务。

由省府令垦务机关，迅速设计规划，将荒野边地，实行开放。调查各地无田耕种之人民，从优待遇，每人认领若干亩，以资耕种。地价应限定成数与期限，按次完纳。务使耕者各有其田，安心耕种。生计既可维持，谁复挺走为匪？

五　结语

综之，匪患不息，百业难图，振救民生，无从作起，国防事业，无法设施，新绥远之建设，亦等于空想，吾绥数百万同胞，将必沉沦于此苦海之中，永无得见青天之日也。惟此之故，吾人良心难泯，爰将剿除匪患之治标的、治本的办法，就年来之观察，与夫历险履危之经验中，管窥所得，供诸关心西北之热心诸公及吾绥热心建设之当局，将以注意及之，见诸实行。不特绥省数百万民众咸仰其德，国家前途，实利赖之。

《绥远旅平学会学刊》（月刊）

北平绥远旅平同学会

1931 年 2 卷 2、3 期合刊

（李红权　整理）

去岁战争影响于绥远民众的痛苦

朱子陵　撰

自去岁（民国十九年）四月，南北失和，激战以来，延期几及周年。在此变态期间，影响于吾绥民众的痛苦，实非浅鲜。方今痛定思痛，势难缄默不言。仅就我个人所观察到者，分志于下，或可吁泄吾绥民众所受痛苦之万一，冀当局者从速设法赈济，以救吾绥民于水深火热之中！

（一）苛捐杂税倍增之痛苦——在封建集团之中国社会上，各大军阀当然要把持几省的地盘，作为他用兵的根据地，需款的剥削场。该受管辖的区域，只好以专制时代对付"皇帝"的态度供给所需，无论什么命令出来，也不敢稍加反抗的。如去年开战以前，虽在表面上维系和平，实则早已在各处筹积军费，预备作战。而连遭四载荒旱的绥远，受其剥削者实非少数，不但一切苛捐杂税，皆倍增于昔，就是正赋粮税，亦数倍于往年。迨及开火以后，什么"军事特捐"，"粮秣捐"，"富户捐"，"牲畜捐"……等等捐项，层出不穷！按实际说来，绥远是个灾区，人民糊口尚难维持，岂有余力供应杂捐？但官厅当局则"不发人情"，无论人民如何痛苦，因为打仗需款孔亟，捐款是非要不行的！尤其是用"软奸"手段的山西官，施尽了"软比硬困"的方法，总要把各种捐款如数收起，以讨欢上司，大概的统计下来，从开火到现在，绥远人民所担负的款项，较往年多增四倍有余！呜呼！痛矣哉，处于绥远的灾民，不但无人赈救，反要多增四倍的负担，绥民岂能活乎!?

（二）土匪扰乱之可怜——在平常无事的时候，绥远驻兵云集，人民常感不堪供应之痛苦。自去岁开火以来，驻兵皆调到前方作战，无暇顾及绥区后方的治安问题。于是各处土匪，应声而起，杀人放火，聚积强劫的行动，时有所闻，各县所余的老幼残兵，岂能与大股土匪争雄？土匪更形猖獗，横行无阻，所向耀武扬威，任意糟踏掳掠，人民被其打死者不知凡几，流离四方者更捉发难数矣！

（三）金融紊乱之恐慌——绥远所流行之纸币有二种：

1. 本省发行的绥票；

2. 山西省银行钞票。

在未开火以前，这二种纸币的价值还能顶现洋八角多，社会上的人民，对他还不至于发生极大的恐慌。直至战争以来，价值日渐低落，金融顿成纷乱状态，人心恐怖异常！现在绥票及晋票的价值更形低落，每元只能顶现洋四角有余，人民的财产，从此又被钞票的价值低落，亏损了一半！不但私人亏损财产，且社会上一切的事业，也骤变为恐怖不安的局面！商号因此歇业者甚夥，学校因此而停办者不堪胜数！

（四）耕种鸦片烟之流毒——上□苦于筹款乏策，遂令人民大种鸦片，借征巨款，是则遗害于绥民者厥有二端：

第一，种烟之地，皆为上等田地，人民又用特别辛苦经营之，若以此上等田地，用此同样苦耕，种别种禾苗，则收获自然丰富，种烟之后，则生产量减少；

第二，吸大烟者日渐增多，尤以青年为甚，亡国灭种之祸，由此萌芽！

（五）贪官污吏之剥削——自政变以来，在职官吏之去留问题，尚在飘遥〔摇〕不定之中，于是各官吏皆怀着"五日京兆"的态度，预先准备下台，遂不顾名誉，大施剥削手段，以敲榨民财，贪赃卖法，无所不为，只要人民有一线生机，他们总要出来敲榨敲榨！

（六）土豪劣绅之从中渔利——贪官欲贪，非有土豪劣绅作后盾，是不敢贪的；并且非有土豪劣绅给想妙计，是无法可贪的。当去岁政变纷纭之际，在职官吏既已心怀"五日京兆"，意图掳财而逃，则各地土豪劣绅，遂随机应变，大献妙策，与贪官污吏狼狈为奸，从中渔利人民！

就以上所述六端，亦可见吾绥民所受痛苦之一班〔斑〕了！不过挂一漏万，在所不免，务请熟习详情者，时赐指导，以期再行充实内容！

刻下国内战事停顿，时局转变，绥远当局，总算是负责有人了，今春吾绥一切根本问题，全视当局者尽力与否为转移。往者不谏，来者可追，去年所受的痛苦，已如伤痕覆面，是不可挽救的了！我们只希望今年的民众，不再复遭前苦，就算是万幸了！时值冬过春至，各业发轫在即，我们所希望于绥远当局者，简述如左：

1. 从速剿匪，以安民业。否则，今春耕种恐无希望；
2. 从速整理平市票，以免金融紊乱；
3. 从速实现裁厘，以轻人民负担；
4. 严禁鸦片，永绝祸根。

《绥远旅平学会学刊》（月刊）

北平绥远旅平同学会

1931 年 2 卷 2、3 期合刊

（李红权　整理）

官厅是否袒庇巨匪?

建　设　撰

绥远不幸，匪患连年，小则百十成群，大则拥众数千，每届冬季，肆行猖獗，杀人放火，奸淫掳掠，无所不为。而历前当道，率多剿抚无方，粉饰太平，讳疾忌医，遂致愈演愈惨，遗害地方，真有不堪设想者矣。然此犹曰有心图治，特能力不足以济之耳。最可怪者，即今之绥远当局者，袒庇陈匪得胜，殊不知其是何居心也！夫陈匪得胜，籍隶萨县，少时本一贫家子，及长，为人佣牧。迨民国十年时，混入匪伙，冀谋富贵之捷径。未几，即领袖其群，率伙数百名，横行萨、托两县一带。而陈性极残暴，所过之处，恣意蹂躏，抢掠则白骨埋冢，奸淫则红颜毕命，惨酷之状，笔难罄述。民国十四年，国民军来绥，该匪见其军威之盛，恐难得势，乃率伙入陕就抚。国民军于十五年西退，该逆又见有机可乘，复行叛变，带其群丑，卷土重来，计有七八百之众。此次更属实力充足，横厉无前，当时晋军，用羁縻政策，而又收抚焉。十七年，晋军复主绥政，陈逆已充骑兵师长之职，其飞腾之速，亦可概见矣。嗣因中央通令各部，编遣队伍，以节饷糈。陈不安其位，又带领一部溃变，恢复旧业，俄而内部分裂，陈见大势已去，且黄白累累，连年置产，富冠萨县，后〔复〕何所求，乃改变方针，潜行西去，暂避风波。去年回绥，假借沃野设治局派遣公干之名义，又欲煽惑军队，勾结土匪，以图复逞，所幸天网不漏，为绥远赵警备司令派兵侦查扣获，正法于平地泉，绥人闻之，莫不称快。该匪治罪后，其所遗财产，除绥远有房产一处外，大部财产，以萨县居多，盖该逆为匪时，掠夺所得，即陆续置产，田连阡陌，夏屋渠渠，何一非地方良民之脂膏也。按惩治逆产之条例，以之充公，兴办公益、慈善等事，正无不合。前者曾由萨县推举地方代表，谒见主席，请求处分该匪之逆产，而当局竟谓陈得胜是否有罪，尚未证实，产亦不能处分等语。斯时陈固尚未伏法，乃兄陈大，正在萨境率伙劫掠，声言放出其弟，始罢休也。比及伏法后，萨县地方各法团，又联名上呈省府，仍申前请，迁延数月，未得要领。近据外界传闻，陈大以大宗金钱，运动官厅，并请高明律师，为之辩护，其事虽难遽信，但察官厅之对于陈案，始则曲为开说，继则敷衍不问，一若陈逆之死，为死非其罪也者。呜呼！此真所谓别有肺肠，不可以常理测也！

《绥远旅平学会学刊》（月刊）

北平绥远旅平同学会

1931 年 2 卷 5 期

（李红权　整理）

关于绥东剿匪的一篇拉杂语

绥东正在严厉的清剿土匪时期，我实在不愿意多说话。换句话说，也就是不愿意多得罪人。因为仁者见仁，智者见智，清匪办法，究应用严厉手段，抑应用怀柔政策？当然各人的见解不同。我要不揣冒昧，把我个人的主张拿出去，理论方面，受人批评，还是小事；假如说到土豪劣绅的病根上，岂不要把我恨入骨髓？甚至于他们存上一种报复的心理。哼！虽然他们是些"吓欺小孩子骂病人，死见不得穷人"的些儿士绅阶级，可是以"挖地三尺也不显的我"，不客气地说，真是对付不了他们，将来恐怕还要受他们的陷害，所以我对于这次清匪，本来打算的始终缄默。不过近来接到许多受压迫老农人的来信，说什么"当学生的，应以解除被压迫父老的痛苦为己任"，说什么"土劣不打倒，土匪终难肃清"。我听了这些话，觉得我这一肚子恶气，不放一下，恐怕要害一场伤寒病。那末，我说了要教土劣害死，不说要得伤寒病死，与其不说，宁如说了，死也痛快。所以我鼓起勇气，在这剿匪时期，关于"土匪"、"准土匪"、"士绅阶级"，说一篇拉杂语（注意：士绅阶级系指局部的）。

明目张胆的土匪，过去二十年来，在绥东各县，殆无绝迹的一日，不在此处，就在那处，天天骚扰、日日抢掠。在官厅方面，也常常的剿除，但是多用抚的办法，不问是有名的匪首，无名的茅〔蓦〕贼，只要说个"愿为良民"的话，地方的士绅阶级出来一通融，官厅就加以保护，不究既往。这种办法，过去的事实告诉我们，是"毫无效果，土匪一个也没减少"。然而现在一般住在城市过那优美生活的贵族阶级们，他们有生以来，就没到过乡村，当然自身不怕土匪骚扰，老百姓所受的痛苦也想不到，所以他们坐在城市里边，还是唱摩登高调，说什么"严厉剿匪，是治标办法，要想肃清土匪，须政治修明，人民生活稳固"。总而言之，是不主张严厉剿除，而希望修明政治，从根本解决——对于现在剿匪，仍希望剿抚兼施，苟安一时。这种论调，从表面上看来，真是津津有味，但是我们从事实上考察一下，朝野交征利，政治如何能修明？不是遭匪灾，便是遭旱灾，人民生活如何能稳固？况且所谓政治修明，生活稳固，本来不是件容易事，将来达到这种目的，不一定在何纪何年？再说促进政治修明，努力建设事业，就以我们贵县说吧，哪一个配说这话？那末，拿上将来的期希，现在的高调，想根本使的〔得〕土匪绝迹，这不是"望梅止渴"吗？退一步说，现在剿匪仍应剿抚兼施，可是我们拿过去的事实看来，当土匪的改邪归正后，大小总有个官职，以一个杀人放火、罪不容诛的贼子，结果还坐〔做〕个官，谁不愿意干呢？固然现在的官吏，是人民的公仆，当土匪的假如能长久改悔过来，为国家尽义务，真正为人民做公仆，也可以说是"放下屠刀，立地成佛"。无奈人心不足何？坐〔做〕上几天小官，就想坐〔做〕大官，一旦大官得不到手，马上出去又当土匪，试看过去当土匪的，哪一个不是这样？有几个改邪归正后，便不再复发，能安安稳稳的终当好人？所以归纳起来：想用政治修明，生活稳固的方法，使土匪绝迹，老百姓实在等不上。现在绝不能"因噎废食"，对于土匪不剿除，而剿匪又不可用抚，蹈过去之覆辙，结果，惟有严厉的剿除，捉一个杀一个。复次，现在名义上所谓改邪归正的大小匪首，按我前边的论断，他们仍是野心不死，将来绝对还要暴发，为害地方，这一流人，也惟有杀之而已矣。

绥东的土匪，在过去二十年中，无日不焚烧劫掠，固然大多数人民受其大害，家破人亡；最低限度，也弄得家产衰落，日形贫困——这一流人，才是一芥不敢取人的真正好百姓。然而有的则财源茂盛，大发红财——这一流人，就是私通土匪，坐地分赃的，所以名之曰"准土匪"。关于当过土匪的，我们前边说过，都应杀之，固无问题。至于这准土匪（真正受土匪逼迫而窝藏赃物……等行为除外）又当如何呢？曰："亦杀之。"因为此等人之害人，较之土匪尤甚：在土匪尚有性命危险，有时还要前后顾虑；而此等人则坐享其成，不劳而获——土匪不抢，他们督促之；土匪不知，他们调查之，运筹于帷屋〔幄〕之中，较之留侯，有过之而无不及，杀之不亦大快人心。

"土匪"、"准土匪"，都应格杀勿论，已经说过了。关于士绅阶级（非全体的），应当怎样呢？我大胆的说一句："凡是我们贵县……不，凡是绥东有名的士绅阶级，这次曾旅长剿匪，都应当严重教训他们一下。"这句话，猛然一听，似乎说的过分，因为剿匪，是清剿土匪，不是清剿士绅，为什么士绅也教剿匪司令教训他们一下呢？其实事实上应当这样，我举几种士绅和土匪的关系，就证明我的话不假了。

（一）为保护自己财产而私通土匪的士绅

绥东各县的士绅，多半是土地连阡累陌，羊马三群五群，一方面是士绅，一方面就是本地的财主，因这缘故，他们便竭力拉拢土匪——多结交一个土匪财产便稳固一分，所以今天送土匪一匹马，明天暗暗给土匪买枝枪，土匪遇上危急的时期，士绅便设法安插在地方保卫团里或者是窝藏在自己的家里，地方官虽明知之，也不敢去搜索逮捕，好比一座人寿保险公司。有时土匪被捕了，士绅也要出来说人情，设法营救。士绅土匪，狼狈起来，官厅扣不了，人民受不了，长此以往，好人还能活吗？这些话，都有事实证明，并不是随便撒谎，试看土匪所抢劫的，都是中等人家，士绅们存的马群羊群，土匪老不抢；士绅们种地的大火房，土匪老不去，这不是一个明明的铁证？而且私通土匪的士绅，以这一类为最多。

（二）为巩固势力而私通土匪的士绅

士绅也和军阀一样，时时怕自己的势力不巩固，刻刻怕丢了绅士的头衔，加以过去的事实——当上几年土匪，总有个官儿坐〔做〕，因这缘故，士绅们对于土匪，趋之若鹜，竭力巴结，试看各县保卫团里的土匪官，哪一个不是士绅们安插进去的？士绅们给土匪安插个官儿坐〔做〕，土匪们当然感谢不尽，处处帮忙，这不是巩固势力吗？

（三）为得渔利而私通土匪的士绅

土匪总有官儿坐〔做〕，几乎成了一个定例。当土匪坐〔做〕了官的时候，名义上也要出去打土匪。土匪虽然打不了，可是东西、物件、牲畜，每次出发，总能往回拿些。这些东西不管它是真正打劫下土匪的，或者还是抢的老百姓的，总而言之，虽有真正的失主，也不让认领，土匪官儿们，既不报上（即便报也是以多报少），而好人又不敢买，结果都好过了帮他们忙的士绅们。所以我说这一类士绅是为得渔利，和土匪私通。

我们拿上边所说的话看来，士绅们不是为得渔利，就是为保护自己的财产势力，和土匪勾结。那末士绅不严办，不打倒，土匪无法肃清，固不待言。而与土匪送上马、买上枪，出去刁抢善良百姓，他们从中渔利，更是罪无可逭。我对于法律，固然是门外汉，不知道应处他们以什么罪，但是站在真正的好人立场上说："土匪杀一〈刀〉，这类士绅应杀两刀。"这样，土匪才能绝迹，地方才能安宁。所以凡有蛛丝马迹的士绅阶级们，"严重教训"，谁曰不宜！

"土匪"、"准土匪"、"士绅阶级"，是清剿土匪的三种对象，我也不再拉杂了。不过最后我还有二件事希望曾旅长注意：

（一）务必在最短时期内肃清土匪

在严厉剿除土匪之下，土匪总要增加一批，这是一必然的现象，因为凡有蛛丝马迹的，一定又去当土匪，不过在最短时期内，如能肃清，人民目前虽然受几天魔〔磨〕难，将来还可以享安乐。不然，转眼就到春耕之时，假如彼时土匪还清不了，人民田地不能种——今年剿匪是因，明年遭灾是果；现在不是剿匪，而是造匪，所以绥东数百万人民之生命，实操之于曾旅长之手，这是第一希望曾旅长注意的事项。

（二）防御土豪劣绅挟嫌陷害良民

土豪劣绅的手段非常毒辣，假如他们挟嫌，把一切证据捏造齐备，利用曾旅长，冤枉一个好人，真不是个什么，这是希望曾旅长第二应注意的事项。

《西北青年》（不定期）

绥远省丰镇县旅平学生会出版部

1932 年 13 期

（李红权　整理）

绥政与绥匪

圣舆　撰

自袁氏窃位后，中国政治即入于混乱状态。南北军阀，潜窃盘据，曹、吴、段、张，陈陈相因，致酿成现在政局，几无省而不乱，无民而不饥，刍狗人民，究何以自拯于苦海？国民党在三民主义旗帜之下，由总理之领导，奋起直呼，以无敌之革命军队，不期年而克复武汉，奠定平、津，积极从事于建设工作。然以疲散之民众，践余之土地，更始建设，自非先恢复元气，舒民生息，无以臻其速效。西北数省，向称贫瘠，而又多灾，其中尤以毗连蒙疆之绥远为最。绥远原属十县两设治局，十七年始由察哈尔西划拨□县，人民仅二百四十余万，客籍占其多数，地旷人稀，物产微薄，近年来兵、匪、水、旱、瘟疫各灾相继不绝，人民家无盖藏，死亡相因，迁徙流离，枕骸满野，亦云惨矣！然而绥远与内地不同，一秋之获，敷食数春，旱魃不足以为虐，瘟神未能施其厉，向称粮价低廉，生活简易，陕、晋人民之无法求生者，辄奔居绥远，所谓"万般无奈，奔走口外"，现今绥民曷一反前例，而回秦、晋者报不绝书，诚出人意料之外，是非贫极而何！其故不在旱、水、疾疫，而在兵与匪。中国内战相寻，兵燹遍地，农民差应浩繁，生活已失保障，顾此系普通现象，内地亦无以异此，固不在绥远一区，然则绥远之所以如是其疲惫者何也？非内争之兵，为潜伏四乡之匪也。

　　绥匪之产生，一由于哥老会，二由于逃散之军队，三由于被迫之人民。哥老会在绥远势力最大，其团结性与仇外性，均为其他团体所不及，试一问绥民之未入会者，政治力量所不及之处，其受迫于该会者为何如！而入会者不但生活安全，且有超出自己生活以外之利益，压迫非会员以满足自身之欲望，故无知人民，争相入会，造成有组织之侵略阶级，拔除深非易事，故其贼民亦甚深，过去土匪中之首领，出于该会者，不可胜数！为时无几，熟习其中底蕴者，当能道之。十五年以来奉军、冯军，数经移驻，每经一次变化，则改编一次匪军，战云复兴，则又乘虚啸伏山野，度其掳掠生活，相演成习，均不以为异，而人民则几死无噍类矣！战争之后，益以匪扰，战争不已，匪扰靡止。且也连年亢旱，积存尽空，初则奔徙逃避，继则饥疲流离，终则同伙为匪。既为匪矣，则攫他人之食，衣他人之衣，宿他人之妻，脑满肠肥，悠悠自得，向之亲朋故旧鸠形鹄面乞食道旁者，见其衣锦餍肉，亦未免生羡，而入其伙矣。此三种人，均因情形特殊，非如绿林豪强之流，习以杀人放火为快者比，故剿绥匪者，不取枪杀手段，为被迫而入伙者留一退步余地；不能一味改编，为逃亡之士兵予一限制；不能不注意清乡，减杀会匪势焰。会匪势焰不减，则无赖藏匿有所，伏莽潜滋，蠢动颇易；逃亡之士兵不除，则诱引啸聚，伺隙为虐；被迫为匪之人民不抚，则利害未晓，时与二者勾结，置之则其祸滋大，杀之则情有可怜。是故剿匪之后，首在清乡。清乡之法唯何？第一步清查户口，实行登记；第二步挑择熟习绥匪者及已觉悟之匪，报告匪中情形，某人前曾为匪，则设法以处置之；某人曾与匪勾结，规定连坐法，令其自觅保人；其有甘冒不韪者，则杀之无赦。夫如是则匪可除而民可安，间有不忘故行者，在严肃政治之下亦无以安其身。不然，军队在，匪徒敛迹，军队去，则依然横行，绥政府无善象，何足以谈繁荣哉！

　　政治与军事，固相连而不相分，剿匪所以实施政治计划，清乡所以完成剿匪。现在军事结束，正在实施编遣。绥远位于西北，开垦筑路，建设孔殷，土匪虽告肃清，而豪强路劫，间或不免发见，关心绥局者，莫不刻刻在念，设或由其他缘故，诚难望闾阎安谧，何况遗藏于民间之枪械，估计在三万枝以上，持械即匪，把犁即民，已往事实，堪资殷鉴。故现在之绥政，最要者即为匪政，匪不除，绥远终无望也。

《火坑周刊》

绥远火坑社

1932 年 22 期

（丁冉　整理）

绥中抗日战纪

威洲　撰

倭军亦知有今日乎

辽西义勇军防地，最与日兵接近的，要属四十八路郑桂林的队伍。他的队伍住在地从临榆边境起，经过绥中西北部、兴城西北部，直达锦西边境，并在西北方与热河边境相连。在西南与日兵防地相距离最近的只有三里地，远者亦不过三十余里，所以与日兵相接触的游击战，每日都发生。此事在日兵都认为苦痛万分，如深入痛击则受包围，遭莫大的损失，应战又足招致倾覆的危险，年来日兵对义勇军恨之入骨、畏之如虎，诚非偶然的事。

秣马砺兵准备厮杀

九月二十七日，郑桂林司令开全体军官会议于大青山，议决于二十八晚，兴城、绥中两县城同时进攻。当时士气极为旺盛，各士兵咸皆摩拳擦掌，跃跃欲试，准备着夺取新式步枪。在义勇军方面枪比命还看得重，宁可牺牲性命，不能被人缴械，宁冒枪林弹雨的危险，也要夺取日兵的新式步枪，所以义勇军一听对日作战，是无不欢天喜地、手舞足蹈的。当时会议决定了进攻战略后，全军即开始准备动员。所谓准备动员，就是分配队伍，哪支兵归哪人统率、哪支兵由哪路走是了。实际义勇军是每日在行动着，从来是衣不解带、马不离鞍的严重警戒。兵力分配的大概情形，吴金铎司令率三千五百人攻兴城，李铁铮司令率四千人攻绥中，郑桂林亲率三千五百人为总预备队，策应绥中、兴城双方的进攻。

此三支兵同时由驻在地出发，吴副司令攻击兴城的详细战报，因未亲身参与，故从略，兹专述绥中的大战详情如下。

俯览江山感慨系之

九月二十八日上午九时，三支兵同时由大青山出发，是日早六时，余与崔笠堂先生、郑司令同游大青山中的最高峰，此游目的一为表示消闲，使外人得不着开拔的消息，一为在高处可以俯瞰群山，瞭望地势，好便于决定战略的变化，与拟议临时的退守情形。当时清风徐来，遥望大地黄红色的成熟禾稼，与山峦的青松交翠，真是令人数不尽江山的美感。同时却又不觉悲从中来，泪涔涔下。何此大好山河，竟在九一八的一刹那间，就易主了，真是民族的羞，国家的辱！吾三人心理经此一番感触，愈觉责任重大，作战决心顿时增加了万倍。七时在该山寺中早餐，餐为粟米饭，葱抹大酱，非常可口，吃得特别的饱，真比西洋大菜还味美，可见"饥者易为食"这句话，是千古不移的了。饭后八时下山，九时出发，出发时的命令，只是说向南前进，并未说向绥中前进，恐汉奸为日人报告消息。咳！国破家亡，尚有人为虎作伥，国民心理的不齐，可为浩叹！

我军秋毫无犯，倭寇望风而逃

　　此行随同郑司令出发的部队，纪律甚严，一路上真是秋毫无犯，堪称为救国救民的义勇军。老百姓对于郑司令更是爱如父母，纷祝胜利，中国民气的发扬，此可算为极点了！按着郑司令行军的习惯，向来是司令在前，大部队在后，余与崔笠堂亦随同郑司令前进。当余等行抵距绥中北六十里某地带时，即闻村人报告，谓前进十里即有大批日军驻在，数约五百名，步、马、炮俱全。是时吾等随行士兵，只有二十余骑，距离主力部队尚差五里。但吾等并不惊慌，立即随同郑司令骑马上山，观察敌情，并布置阵线，彭总指挥率队据一山岭，吾等二千余人，分占各重要山岗，将马隐藏在山沟中。同时命令附近各村，分别预备三千五百余人的饭，免去后来部队为做饭再耽误很多时间。不到二点钟工夫，吾等所派的侦探，即返回报告，说前进二十余里，并未见敌人的踪迹，据传敌人于昨晚已经退走了。是时大队已到达，郑司令当即发令：先锋队须前进二十里吃饭，大部队吃过饭后，即行全体南开。吾等下山午餐，餐后仍同郑司令率队前进。此时前途中，发现汽车辙印甚新，知日军退走为时不过十点钟，与侦探所报告的情形相同。是日晚七时，暂止于距绥中三十余里之某地带，当令大队人马分别造饭、睡觉，听候命令，随时前进。因连日行军，人困马乏，不得不略事休息，蓄养精力，准备着对我们的敌人，予以痛快的一击。吾等着衣而卧，鞋亦未脱，居然能熟睡至三点钟之久，是盖由于过度疲倦的原因。是晚十一时，向绥中前进，原为防备意外的袭击，所以进行特别迟缓。深夜行军，吸香烟都不许，真是"衔枚疾走，不闻号令，但闻人马之行声"，人们的精神，真是紧张到万分！

赴汤蹈火在所不辞

九月二十九日晨六时，到达绥中城下。所谓预定拂晓攻击的计划，已经是迟了。时当六点，天已大明，毫无掩护，此际除与敌人火拼外，别无他途。故在距离绥中二里之某地，即将兵力分配妥协，准备与敌人作殊死战。是时有一段壮烈事迹足资纪述的，为兵士涉水渡河时，水深及股，毫不退却，并不脱衣，奋勇前进，杀敌精神的表现，此时可谓十足！兵力的分配：一部分人埋伏在城北，一部分猛进至车站南，一部队伍埋伏在绥中西山，准备接应前方及掩护退却。至李副司令铁铮所率领的队伍，预为截断日兵的援军。计划定后，即开始总攻，车站方面枪声大作，城东部队一拥入城，是时大队日兵立由东站移主力于西山，意在截断吾等归路，连续用大炮轰击吾等后方阵地。此际战况，为使读者明了□□起见，分为二方面叙述，一为余与崔笠堂君之陷入重围情形，一为敌我两方的血战。

宁为战死鬼不作亡国奴

当吾等受日炮轰击后，余与崔先生绕至北山坡下，邓司令却带队向西方冲进，余与崔笠堂绕至北山坡后，颇觉孤立的危机，北望平坦汽车大道，易受日兵截击，南方炮声隆隆，西方山头发现敌人，东方弹声密如连珠，际此严重情况，而又与郑司令失去连络，危险莫当。继吾乃与崔兄决定不顾生死，由北山坡冲进至郑司令所在地，冲进时，吾二人纵马疾驰，身俯鞍上，不敢仰视，幸未着伤，得安全至郑司令所在地。未几前进至一小村中，复为敌弹所阻，不得出，后经郑司令下令冲锋，乃一拥冲至敌人阵地，敌遂舍弃山的南部，转向北部退却，惟仍希图截断吾方大队，横越山岭，并未料到吾等抱着得寸进尺的态度，占据山岗南部后，即又乘势冲过山岭，绕至敌人后侧，敌感威胁，阵势遂摇动，吾等心中痛快到万分。双方激战半小时后，敌忽又猛勇冲向我方，南方枪声连续不断，盖一部敌人又绕至吾等的南侧方，南北攻击，包围之势已成，郑司令严命吾等偕带随从副官十余名，再越西山岭，占据敌人上风，则敌不攻自退。吾等确尊〔遵〕命而行，但对郑之生命，则顾念万分，因其已下决心，后方援队不到，宁死不退。方吾等向前方山岭冲进时，敌误认为高级指挥长官，连续用炮轰击，幸均未命中，遂得安然冲至山岭。南方之敌，以地势关系，果纷向后退。再遥望西山之峰，隐约有人影发现，以号试之，枪声连发，又与敌人对垒，吾等十余人，留三人守山岭，余则均命随从吾等再冲上最高峰，以减敌人的势。是时我方另一支援兵，已抄敌人之后路，敌恐陷包围，立向后方集中，希图避免牺牲，然吾等不知北方大部队情形如何，不敢深入，除留三人警戒外，其他骑兵，则仍令随吾等北行，一为试探敌情，二为与大部队联合。敦知始行前进至一山谷，四围敌势复合，西、南两方山岭有敌人窥探，北方要路有敌横截，东方山岭有骑数十冲下，不辨为敌人，或为本军。此时余心理情况，不知死为何物，惟愿求速死，不愿受敌人摧残虐待，或被敌人掳去，迨决心死里求生，心中转觉痛快，怯念早已飞至九霄云外！此际有一事足资纪述的，即吾之随从兵于起顺的勇敢，彼虽粗野，却知死拼，当时他对我声明："我愿以死杀条血路，先救出先生，个人生死，可以不顾。"言下语气极豪。吾等胆为之大壮，前进至距大路半里处，始辨东方骑兵为郑司令率领，遇合以后，心花立放，宛如再生。再加北方大部队从东、西、北三面包围敌人，敌乃狼狈四窜，空余不到二十余名日兵在后抵抗，结果死去十八名，其他大部负伤，枪枝被吾人掳来大半。是时正待抢尸割足，敌之装甲汽车及飞机又复由东联合袭来，吾等据势与之抵抗，正占优势，本可完全歼灭，惟伪公安队从东增援，始成双方敌抗的情势，彼等以天色已晚，不敢恋战，且战且退，吾等以兵力疲敝，亦放弃穷追计划，乃整队退至安全地带。总计由出发至现在二日一夜，未能安睡，且与敌人搏战，精神疲败已极，卧地未几，即鼾声大作。二小时后，再移营至某地带，心理更觉安全，精神恢复速甚也。

我军奏凯鼓敌军吓破胆

再前之作战情形，于个人脱险情况叙述后，应补述大部队与敌人肉搏详情。当吾等纵马上西山岭后，大部队即在郑司令指挥下，与敌肉搏，敌再增援，我方再由绥中车站包抄敌后路，城中敌兵，复全数出，袭击我军后方，我方李副司令所率部队，渡河西进，遂将敌人完全包围。不意靴家屯村会又暗袭击李副司令后路，双方陷于大混战状态，不分胜负，均各战各向原地后退。结果，当日李副司令部队，并未退至安全地带，即在距离吾等二十里路之某地带安营。总计量是役毙日兵二十余名，得新式步枪二十余支，匣枪二支，八音枪一支，打死洋马三匹。继续此次作战，与日兵抵抗者，为十月一日的焚烧高岭站，十月二日的半拉山子大战，十月三日的攻击前卫，十月四日的夜袭前所，以上数日作战，共得枪百余支。十月五日，敌分三路进攻吾等大本营，南方日本配备五百七十余名，北方伪警及东方之伪公安队合计不下二千余名，幸日兵不敢深入，伪警先自退却，只余正面之伪公安队盲目前进，并未想到我军又由南北两方袭击其后路。是役毙伪公安队五十余名，伤数十名，得枪不及百支，实力大增，至此敌遂不敢轻视吾等。故近数日前方情形，极为平静，我方整顿部队，敌方懦怯不敢出城。何日歼灭绥中日军，管理北宁西段，乃吾辈日夜悬想的事，亦即日本提心吊胆昼夜不安的事，故十月十五日绥中有诈营之事发生，伪公安队与日兵在夜间忽均疑义勇军袭来，乱行放枪，死力抵抗，至天明查点，双力死伤各三十余名，敌畏义勇军的心理可见一般。关于此次出关在绥中参战情况，上项叙述已告一段落，至如何整理义勇军，如何施行政治建设，及战略之变化，则待诸异日。

《救国旬刊》

北平东北民众抗日救国会

1932 年 25 期

（李红权　整理）

伪组织强迫征兵与热河之关系

见十一月二十五日《新闻报》社论

梦蕉　撰

北平电讯，谓日军令伪组织强迫征兵，准备在东北成立十师，由日军官训练三月，为将来进犯热河之用等语。日人当淞沪激战之时，其报纸曾发狂言，谓日军之生命与华军之生命，犹一金元与一铜元之比，故宁取稳慎而不肯浪战，以致多所死伤。此言可代表日人一般心理，盖对华侵略，今日虽仍在猛进之中，而彼国兵力，则须储为未来大战之用，决不愿因此而多所牺牲。无已，则惟有以华制华之一策。故日并朝鲜，韩人军队，悉予解散，所留者仅李王之卫队百人。而今日并吞东省，则一面收编逆军，一面广招土著，盖彼之意以为并吞中国计划未全部完成以前，关东健儿，尚有供其利用之必要，且可以伪组织之财，养伪组织之兵，减省其对华侵略军费，情形与当年亡韩情形不同，平电不能谓其尽出传闻也。

日人收编之旧东北军队，一为于芷山部属，二为张海鹏部属，三为吉、黑军，四为松花江舰队，其余如王殿忠及李寿山等，则系另行编练。大抵旧东北军之收编者，日人对于将校士卒，一仍其旧，惟设有所谓军事顾问或指导将校以钤制之，盖由唐代之监军制耳。如果主帅识民族之大义，部下有一致之团结，借收编之名目，为补充械弹之地步，养晦待时，乘机反正，一转移间耳，徐宝珍、朴炳珊以及苏炳文氏之相继举义，可为明证，东边唐聚五，亦于芒山部之团者也。现惟张海鹏之十一支队，吉林省之伪警备旅八旅，尚靦颜为叛逆用，然揆其本意，当亦非甘作鹰犬，所以隐忍待时者，无非为生活问题。盖伪组织劫夺三省之财赋，虽支配权操于日人之手，然军饷尚能以时发放，较之吉林救国军，仅保有吉东十二县之地，衣食不继，须呼吁国内外同胞之资助，以延残喘者，情□固不相侔。假使吉、黑义军，每月有确定之饷源，足以收抚降众，使其给养无缺，则以东北军多年袍泽之谊，说令反正，当不甚难，非但此后义军专以日人为目标，减少一敌，且可平添数万之生力军，为义军援助，战守形势当为一振，惜乎国人于此中关键，尚少注意也。日人鉴于黑军之相继反正，故自谓以"满洲国"军队攻击义军，适为义军利用，遂一变其宗旨，有以日将练华军之议，此其计划，自更周密。然东北现时壮丁，皆身抱国破家亡之痛，其民族意识，未必因日将校之训练，而骤能澌灭。且军队基本组织，在下级将校，而下级将校，如以日人充之，则与兵士言语扞格，何能收训练之效？故欲纯以日将练华兵，即此已多困难，况东三省之志士仁人，保无为有组织之行动，投入其军队中待时而动者乎？日人于并韩之后，所以不使韩人负当兵义务者，惧韩人独立党之利用而已。以韩人所优为者，而谓关东健儿必不能为，此则日人之短视，殆其所受于吉、黑义军之教训，犹深切耳。愿东三省健儿勉之，于日人侵略史上，造一悲壮淋漓之纪念也。

至于热河问题，充〔以〕日人之贪欲，迟早固必爆发，然我方果能接济辽、吉、黑义军，使其继续为大规模之牵制，而晋、察、绥三省军队，又刻刻有非常之准备，一有警报，即时可以驰入热河，充分援助，则日人侵略之举，亦当稍加审慎。盖自经吉、黑数次苦战之后，彼知国人尚有背城借一之志，已不肯孟浪从事，自取重大牺牲，热省之事如晋、察、绥不坐视，三省义军，能长期支撑，则日人欲以局部动员之兵力，纵横四省，断乎不敷分布。况热省地势深阻，非辽、吉铁道四达可比，愈深则策应愈难，彼惧能发而不能收，暂时变计，亦未可知，此在中枢之善为运用，与华北当局之真能精神团结耳。

《蒙藏旬刊》

中央宣传委员会蒙藏旬刊社

1932 年 34 期

（朱宪　整理）

乌审蒙兵滋扰边记事

作者不详

　　榆林北部，紧接内蒙乌审旗，自前清经汉人开垦该旗南部后，曾与蒙人纳费，订立"过接夷地"文契，永远租种，但每年须与蒙旗官厅纳租，所谓"场（牧场）续地钱"是也。相沿日久，习成自然。数年前什么喇嘛，勾结苏俄，迫走王爷，为害汉人，任意横征暴敛，时与榆林官军冲突。前年喇嘛被刺，其部下所谓团长孟克尔基者，暴虐如故，既蹂躏汉人，复欺凌西部旗民，官民不堪其扰，本年秋逃入内地者颇多，并请此间军署发给弹械，以便剿除。时军署恐生事端，未予照准，蒙兵随益无忌惮，最近到榆林沿边五口内双山、常乐、保宁、建安、□成各堡（均距城三五十里），除收租外，任意派草号料，勒令运送数百里外之格落兔团部所在地，汉人稍不如意，即遭虐毒，而残酷情形，与岁俱进。迫至本年，已侵至城边，五口内居民，忍无可忍，咸向官厅报告，除由军署及该团部送达公文制止外，榆林县长复派代表，前往劝告，至则蒙兵隐匿不见，军署公文，是否见效，尚不可如〔知〕，据一般观测，难免武力解决，隐患堪忧。

《军事杂志》（月刊）

南京国民革命军军事杂志社

1932 年 45 期

（李红权　整理）

蒙古军队援助义军

作者不详

（一）骑兵司令通电杀敌——据八月廿八日密云来电：各报馆转各团体均鉴：暴日肆虐，侵我疆土，夺我国权，惨杀同胞，凡我国人，谁不发指。长奎被推兼任东北救国军骑兵第四路司令，现饬所部，集中打通郑白线间，相机进攻，始终抱有贼无我，虽存一兵一卒，誓与倭奴周旋，一息犹存，斯志不渝，尚望同胞，共起图之，则东北失地，不难收复矣。谨此电闻。蒙边骑兵司令成长奎廿八日叩。印。

（二）蒙古义军攻克瞻榆——秦皇岛八月三十日电：洮辽区蒙古义勇军动员，有四千余人，于三日前攻克瞻榆县。该县位于洮南西南二百余里，逆军张海鹏部步、骑各一营，虽竭力还击，奈义军强悍奋勇，为逆所不能敌，遂溃退开通、太平川两地。义军仍前进，拟取开通、洮南，以截四洮、洮昂函〔两〕路。张海鹏急由长春归洮调度反攻，但洮南一带因受水患，交通阻塞，颇受牵掣，在短期内双方均不易有开展，洮南现已实行戒严。前援攻通辽之日军，因四洮路紧张，调回四平街。

《中央周报》

中国国民党中央执行委员会宣传部

1932 年 222 期

（丁冉　整理）

反对太原绥靖公署增派军费宣言

作者不详

吾绥不幸，迭遭兵燹，频值荒旱，民穷财尽，已达极端。农村经济濒于破产，社会秩序行见瓦解；危机四伏，险象环生。苟不速图挽救，前途何堪设想！乃年来时受政局之影响，屡增民众之负担，苗〔蕞〕尔小邑，每月竟有军费二十万元之征收，总全省之收入，每月不过二十余万，是不啻以全省民众之脂膏，纯供特殊阶级之挥霍。孰意民众已陷水火之中，当轴犹存聚敛之心。近据报载太原绥靖公署令绥省每月增筹军费六万元，以资应用。民众虽欲忍辱负重，输将息事；无如囊空若洗，应命难能。于是群情哗然，众心惶惶，哭声震天，怒气干云，而当轴诸公直若聋盲，怨声充耳而不闻，险状满目而弗顾，务求达其剥削之旨，以图显其榨取之能；竟巧立名目，倡为捐富户之说以苦吾民。中山先生有言："中国无贫富之阶级，仅有大贫小贫而已。"吾绥更属一切落后之区，何富户之有？徒见其欺骗民众而已。本会为吾绥血性青年之集团，睹桑梓之险状正兴，念父老之疾苦未除；若再增其负担，实足促之崩解，影响所及，不独地方随之糜烂，国运亦将难保矣。故敢大声急〔疾〕呼以告天下曰：太原绥靖公署最近令绥省每月增筹之军费六万元，本会誓死反对。前定之每月二十万元，亦当于可能范围内酌量减免。望我全省二百万父老兄弟坚持到底，对于增派军费誓死不予认承！本会愿率我旅平数百血性青年，与我二百万父老兄弟共生死也！谨此宣言。

　　绥远旅平学会

《绥远旅平学会会刊》（月刊）

北平绥远旅平同学会

1932 年 4 卷 3、4 期合刊

（李红权　整理）

日本侵略下之内蒙实况

郝笑天　撰

日本以武力劫夺东北，制造伪国后，用并吞朝鲜的故技，来并吞伪国，将复以并吞伪国的故技，来夺取蒙古。关于夺取蒙古的计划，在田中觉书里有一段："日本的政策，注重小封建诸侯之收买，羊毛及矿山资源独占权的欺瞒获得，军事密使的派遣，以及土地的收买。"这种计划，到现在一点也没有变动。尤其在热河失陷后，这种计划来的更急进。如"日满经济体制"之设立，期将伪国与日本融化一炉，更将满蒙打成一片，以求将来吞并满蒙计划之实现。我们再看六月十二日，各报所载中央社消息：热河失陷后，日人取两种态度：（一）对于汉人方面，极力施以小惠，以收买人心；（二）对于蒙人方面，则以种种挑拨之辞，谓蒙、汉本无关系，特以蒙古人民，受汉人之欺凌所致，以期与汉人绝缘；并日本以金力，扶助蒙古民族建立"内蒙大源共和国"。可知日本侵略满蒙，是根据他的一贯的政策。

现在开鲁一带蒙民，已有将汉人所购的房地，强力没收的。大多数的蒙民，还希望着"大源共和国"实现。满蒙的关系本来很密切，满洲的沦亡，不啻是蒙古沦亡的序幕。在这时候，政府不应位置少数王公，只求暂时的安定，实应顾及蒙民全体，确实改善蒙民的生活。今日日、俄势力的冲突，更尖锐化，他们都暗算着世界二次大战：日本极欲将苏俄势力，驱出北满，代以自己实力，并伸入内蒙各地，以威胁苏俄。同时苏俄也竭力扶助外蒙，实行侵入内蒙，对抗日本。我们处在日、俄势力的夹攻之下，实应有积极之准备，刻不容缓。否则，不但内蒙危亡可虑，西北各省亦将陷于不可收拾之局。我们现在先看看内蒙的各项情况。

（一）面积与人口　据最近绥省各法团，对解决蒙事建议全文所调查："绥省所属十八县局，乌、伊两盟，土默特旗，及绥东之镶红、镶蓝、正红、正黄四旗，疆汉〔域〕面积，共计一百一十二万三千余方里。而已垦土地，不过二十九万六千余项〔顷〕。在绥远境内，蒙人占居之土地，确在全省面积半数以上。统计全省人口，二百一十一万五千余人，内有汉人一百九十六万五千余人，蒙人为一十五万，蒙人仅当汉人十三分之一，而占半数以上之土地。"依此调查，内蒙每方里的人口约十八人，与人口最高的江、浙两省相较（江苏人口密度，每平方哩七百三十二人，浙江人口每平方哩六百零三人），相差甚大。可知内蒙是土地广大、人口稀少的区域。

（二）蒙民生活　内蒙为黄河所经，阴山所在，除与外蒙界隔沙漠之外，俱为可耕之地。现在绥东红、黄等旗，及土默特旗，许多蒙人亦如汉人务农。而乌、伊两盟，多半仍以游牧为生。他们只知墨守旧法，一任自然，不知改进。到冬天牲畜冻死者甚多。近年来的天气，每多亢旱，水草不丰，牲畜的生殖亦形减少。又加以内地各省农村经济之破产，汉人购买力突减，以致蒙民生活渐感艰难。

（三）蒙人之贸易　蒙人与汉人通商，历史甚长，汉人在蒙古经商者尤多。当外蒙独立时，由蒙古输入内地各省物品，以牲畜、毛皮、牛乳为大宗，由内地输入到蒙古的，以砖茶、面粉、布匹、烟草为最多。兹依俄人统计，将内外蒙古主要输出入品，列表于下，以示蒙古与内地贸易之大略：

（一）输出量

牛羊肉	六〇〇,〇〇〇担	羔皮	七〇〇,〇〇〇张
羊毛	一二〇,〇〇〇担	牛皮	八四,〇〇〇张
骆驼毛	一二,〇〇〇担	马皮	七〇,〇〇〇张
马尾毛	一一,〇〇〇担	乳类	一,三二三（百万磅）
羊皮	五〇〇,〇〇〇担	毛皮	一二（百万元）

（二）输入量

砖茶	二四〇,〇〇〇箱	布匹	一三,六〇〇,〇〇〇码
面粉	六一二,〇〇〇,〇〇〇磅	绸缎	七二五,〇〇〇码
小米与麦	五四七,二〇〇,〇〇〇磅	呢绒	三四五,〇〇〇码
烟草	二,五九二,〇〇〇磅	杂货	三〇〇,〇〇〇元
糖	四六〇,〇〇〇磅	家具	一,二〇〇,〇〇〇元
酒	二,一七七,〇〇〇磅	寺院用具	七五〇,〇〇〇元

由上统计看来，输入多工业品，输出多原料品。可见蒙古为内地的一大工业原料供给地，同时也是中国北部的一大市场。

（四）内蒙政治　满清时代，向以怀柔政策，愚弄蒙民，断绝蒙、汉来往之关系，不准与汉人通婚、学习汉文，并且在蒙境内，广设寺院，奖励喇嘛教。蒙人常习梵经，戒杀生，英武之气，消磨殆尽。一般王公便利用这一点统制下层蒙民。一般蒙民对于王公，也自称奴才，世世服役于王公。所以到现在，仍为盟旗组织。此种组织纯系一种封建制度，王公世袭，旗有旗王，盟有盟长，盟长由各王公共推之，用以对外。但至满清末叶，盟长之威权已失，各旗军政大权悉操于王公之手。因此，今日王公之实权，达于极点，一般蒙民，身受压迫之苦，亦无如之何。

（五）内蒙文化　满清政府，畏惧蒙民之强悍，以消极的愚民政策，征服边疆，一方借宗教信仰麻醉蒙民，一方由活佛、王公，以政治之力量，领导蒙民信教，以消磨蒙民勇气。蒙人文化之落后，蒙、汉两民族之隔阂，都是这种政策的遗毒。绥省各法团对蒙事建议全文中写蒙人文化更明白："蒙古王公以固守旧习，不求更新，为稳固自己地位绝妙方法。故对于唤醒民众，提倡教育，极端反对，或直接防止青年求学，或间接阻碍学校成立。即对于平、津、京、沪各学校毕业之蒙古青年，每视如仇敌。准格尔旗协理奇子俊家中，父子循环惨杀，兄弟继续报复，即系新旧思想冲突之真相，亦即蒙古王公，不愿革新政治、唤醒民众之实例也。"

从上可知内蒙今日之政治、经济与文化，所以比内地各省落后，完全由于政府对蒙政策的错误。今后政府如能实际改善蒙民生活，边防问题，自易解决，可以一劳永逸。现在各帝国主义者都积极的准备世界的二次大战，尤其对于军事上所需的原料和粮食，特别注意。日本占领东北后，对军事上的原料，虽已解决一部，但是食料方面，还嫌不足，因此对于内蒙时时垂涎。同时日本为防止苏俄势力之南侵，更积极努力其所谓大陆政策之实现。广田就职后，表面上标榜什么"对华外交更生策"，而实际上所谓"更生策"，仍不出传统的大陆政策。我们看广田九月十日就职时，所宣布今后日本的对华政策：

（一）对于"满洲国"，基于《日满议定书》之决定，为"满洲国"之发展而尽全力之事，毫无改变。

（二）对于中国，外务省、军部联络协议之下，已决定以自主的强硬方针迈进，对于从来之表面的抽象的妥协政策，则予以断然的排斥，故对华政策，亦毫无变化。

我们由此更明了日本的大陆进取政策，到现在已经更进一步了。假若世界二次大战爆发，日本对华军事扩大的占领，那是毫无疑异的事实。而《塘沽协定》的签字，平、津已在日本掌握之中。在这种情形之下，政府对内蒙若不能积极实施改善的工作，则民族主义的战线无从树立，更不能与日本帝国主义作长期的奋斗。

《西北论衡》（月刊）

西安西北论衡社

1933 年 3 期

（朱宪　整理）

河北停战协定与绥远

力干　撰

　　长城一带的抗日军事，持续了两个多月，终于是无法支持了，于是不得不草袭上海抗日的旧文章，出于局部的停战协定了。关于停战协定的本身，既然已经成了"既成事实"，个人不愿多所谈论，现在只就协定以后影响及于绥远局势的地方，来把作者所见到的抒发出来，和大家商榷一番。

　　协定的内容是把西起延庆经通州、香河而东至芦台一线以北、以东的区域划为非武装地带，平、津已经处于包围之中。将来要想收复失地，如果由河北向长城进攻，恐怕是没有丝毫希望的。能够走得通的路，还是由察哈尔向热河的侧面进攻。这样一来，非以察、绥、晋三省作收复失地的根据不可，希望中央及地方政府当局，早作准备，不要临时手足无措，再给中华民族丢丑。地方人士也应该知道我们的责任重大，一方面督促政府，一方面自加努力。须知收复失地的担子，我们的肩上就应该搁着一大部分哟。

　　正当停战协定在折冲的当儿，蛰居张家口的冯玉祥通电就了民众抗日同盟军总司令，并且自己另行委任了察哈尔省的官吏了。察省毗邻绥远，这件事对于绥远的将来，大概也是关系非轻。我们希望冯先生名实一致的去"抗日"，把他的劲旅开到日军所在的察省东北方去贯彻他的主张。不要抗日其名，而实际上把军队尽往距离日军辽远的地方开。冯先生向来是能够实践自己的主张的；这一点希望，我想事实上一定可以给我们个满意的答覆。回想起来，民国十四、五年，绥远的民众已经为冯先生尽了莫大的辛苦了。我们相信冯先生这次在察省张起了抗日的旗帜，对于紧接察省的绥远，对于他自己患难之交的绥远，一定不至于有什么不利的举动发生。

《塞魂》（不定期）

绥远省立第五小学精一学社

1933 年 5—7 期合刊

（李红权　整理）

热河失陷后的绥远

李梓月　撰

自前年九一八事件发生，中华民国的国运已入于巨大的波涛中，而无从稍稍稳定，虽经国际和平集团之国际联盟，继续不断的维系和平，然以日本挟以强有力之屡次试验，造成淞沪、锦州、榆关等之空前浩劫，于是国联之柔软与无能，早让日本枪炮充分揭穿，日本遂一意孤行，甘冒天下之大不韪，得陇望蜀，贪得无厌，倾全国之海陆空军以谋我，热河遂以失守闻矣！恶耗传来，全国惊愤，而谋所以有效的抵抗之策，以期雪奇耻而复我旧日山河，此正吾国生死存亡之严迫关头，亦即全国上下坐而言起而行之最后时日！然日本军阀愈现猖狂，意欲将整个中华一口吞并，而完成彼国迷梦之大陆政策，故热河既得矣，一面进迫察东，一面威胁平、津，使华军完全退入长城口内，以作停止攻击平、津之条件，吾人闻之，恨不得以刽手而冲日人之胸，寝食其皮肉而后快！

以目前形势观察，整个中华，固已岌岌可危，而华北一带，尤属千钧絜〔系〕于一发，险形极端尖锐，而日本毫无忌惮，势必大肆侵略，在此严重之局面下，谁能担保日本侵略不再扩大，更谁能担护其侵略区域之止境。夫以上二个问题，既无任何答覆，尤无任何保障，则最近将来吾国国运更趋险恶，事实将逐渐而证明，然则吾国政府与人民今后之责任亦将随事实演变而重大而艰巨，负此重大的责任救中华于危而复安。吾恐舍整个财力、智力以从事全国总动员的整个武力抵抗外，别无第二出路。

夫将来全国总动员，军队之如何遣调，何者作为后备，何者开往前方，财政如何筹措，运输如何便利，救护如何分配，指挥如何统一，号令如何一致，当局诸公自能精确筹画，应付裕如，固无须吾人杞人忧天，无病而吟。但各处后方民众，绝不能个个从戎，置其他于不顾，即得分工合作，异途并进，工作之事件虽不同，而救国目的则一致，但以地理之关系，与夫距战区之远近，以及其他种种问题，其工作遂不得不有缓急先后之别，以权其轻重而后举行也。吾绥远位居中国西北，国防上确居重要地位，且热河失守，察省紧急，古人所谓唇亡齿寒，正目前绥远之证例，况热河为吾国历代军事上重要区域，东捏〔捆〕东北，南胁平、津，西又控制察、绥，可以时时封锁，倘不幸而察省失陷，则取平、津实如探囊取物，而绥远一隅，绝对陷入孤立，精神、物质亦将断绝来源，而绥远绝无任何进展，以与吾内地军队联络，则暴日不费一兵一卒，垂手而得古、丰，言念及此，曷胜惶然。故现今之绥远谓之后方固可，谓之前线亦无不当，今为巩固边防，〔下〕充实抗日实行计，略举数端，与吾绥同胞商榷，以作未雨绸缪之计耳。

一、宜切实训练各县之保卫团也

自三十五军出发抗日后，只剩有七十师维持绥地治安，以现今之形势观察，以一师之兵力而布防绥远，固觉绰绰有余，倘将来大模规〔规模〕战事发生，阎当抽调劲旅，与日周旋，以七十师纪律之严明，士卒之用命，当要开赴前方，以期雪耻，究竟继来而维持绥远治安者，系何部队，兵力若干，任何人不能预为揣测，况绥区土匪，出没无常，彼等更以新驻军之人地生疏，从事扰乱，使后方上受有重大掣肘，抗日军自不能不有后顾之忧。此为理想中应有之事实，并非危言以耸听。夫绥远各县之保卫团，多系各该县土产，人地两方，均极斓〔烂〕熟，且对于剿匪工作，往往有特殊成绩，惟向乏良好之训练与革命知识之陶冶，以及统一之号令，遂呈涣散结合，成为无组织之集团，偶尔剿匪则可，若在严重时期，使彼等维护地方可为民间的真正武力，则非经严格训练不可！故当此时也，应由负责长官，速派学识优良之长官，长有革命知识之军人，分赴各县，对于保卫团兵严加训练，实事补充，务使成为有组织有纪律的民众武力，倘不幸战事发生，以军队之分配，绥区暂时不能充足，则各县保卫团即可肩此重大责任，而维持绥远各地之治安，尤可抽出强有力之部分，开赴前方共同抗日，或抵抗日之预备军，如此，后方治安固可无虑，即抗日之军队亦可乘机补充，一举数得，实刻不容缓也。

一、各市县警察宜实事整顿而受军事训练也

忆余抵绥以来，于兹五载，绥远地面足逾〔迹〕殆遍：以为各县之警察，平日训练较好者固有，然其组织不严密，训练欠积极，差不多成为各县警察界之通病，虽以财政接〔拮〕据，无法整理，而以前各县公安局长多系文人出身，素乏军事知识涵养，此亦为警察不能有长足进步的原因之一。现在局面严重，国运险恶，全国各界，固已大声疾呼准备武力抗日，故学子有投笔从戎之举，妇女有运输、慰劳以及看护等等组织，实力抗日，夫警察直接间接均含有保民卫国之义务，在原则上言之，其爱国之热忱，当较一般国民为尤甚。当此时也，各市县警界长官，务宜振刷精神，铲除官场中敷衍恶息，对于所属警界人员，在可能范围内，

作一种物质方面之整顿，同时对于精神方面之整理，更为要着，第一使内部组织十分严密，各个分子尤贵纯净，不足额者补充之，老弱者汰去之，俾所属警察在形式上，先成为整齐之集团，然后按步〔部〕就班，导入行动纪律化、革命化的一种美善组织，来接受实行所谓人民的真实自卫力，换言之，就是要受严格的军事训练。因为抗日战事爆发后，全国既要总动员，那末直接负有保卫地方〈责任之〉警察，自然要能愉快而胜任，况且保卫团或以抗日军队之不敷分配，或以某地治安之紧要，均时时有离开本地面的可能与事实，若一旦此地之保卫团以事实需要，调赴他方，则此地一切捍卫与治安，当由警察负其全责，即保卫团不赴他处，而警察方面，亦应互为帮助，俾治安得以巩固，况战事一起，绥区与察省，地界毗连，前方胜败，固可影响后方，然后方治安能否巩固，更在在足以涉及前线，故当今急务，允宜收各县警察，整个的受军事训练，养成军人风格，能吃苦，能耐劳，把昔日之堕落的、浪漫的、不守纪律的等等生活，斩草除根，铲除净尽，务须能充分的保卫地面，充分的能防制反动，充分的具有军人的应有本领，总括来说，就是要有独立的战斗能乃〔力〕！

一、各县速设立地方保卫指导委员分会也

自热河失陷后，华北趋于严重时期，而尤以察、绥二省为最，盖察省居于平、津西北，绥远西〔东〕与察省毗连，此时宜急图补救，以备必要时应付国难。前纪委员亮来绥，径〔经〕精细之讨论，成立绥远省地方保卫指导委员会，以一致团结之精神，作整个救国之计划，佳音传来，曷胜雀跃。但此种组织似乎限于省会之一部，对于唤醒各县大多数民众的共同努力，仍不免稍有缺憾，即将来地方指导委员会，为扩大宣传，令知各县一致行动，

而收广大之效，绝不如速成立各县地方指导委员会，以期众擎而易举。故为抗日宣传普遍且共同努力起见，应由各县党部、县政府、公安局、商会、教育局、财政局以及其他机关，组织地方指导委员分会，联合党、政、军、警、学各界，作为抗日总［运］动员之先声，然后依照地方指导委员会的意志，举凡关于□□保卫地方，训练民众，军事常识，通讯侦察，宣传联络，防御设备，救急消防，维持地方秩序，检查邮电新闻，调查道路交通，食粮储蓄，以及救护伤兵，慰劳将士，劝募捐款各事宜，各尽职责，分工合作，以尽"国家兴亡，匹夫有责"之至义，而拯救国家之危危。

一、国民党员宜深入民间实事宣传也

查吾国旧日习惯，大半为深居简出，而尤以行政官吏为正〔甚〕，似乎为政之道，除舞笔弄墨外，别无救〔求〕治可言，此种亡国锢习，固充分表现于政治界，然其他各界，亦往往染有此种恶习，良足叹也。自"到民间去"的口号唱出后，上有革命政府的领导，渐渐向此大道上前进，此实为良好之现象。夫国民党党员，多为社会上有智识最优秀的分子，而其最大的使命在实行总理全部遗教，创造三民主义的新国家，此为任何一个党员都也明白的；但是许达到此种伟大的目的，当然是总理遗嘱上说的唤醒民众了，况且党员暨〔既〕负有革命的使命，绝非官吏们均〔堪〕比，是以当此中国存亡紧急严重的时期里，必须具有坚决的革命力，实际深入民间，努力宣传，俾一般僻处乡间的民众，对国事的〔得〕到一点普通常识。盖现在热河失守，察省告急，绥远地面，即首当其冲，且无稽造谣，收买汉奸，扰乱后方，煽惑众民，此为日寇之惯技，自九一八事件发生，此种事件已屡见不鲜。绥远暨与察省为邻，已成为要重区域，证以日寇已往之卑鄙手段，难免不于此时暗派汉奸，在绥远各地，造谣惑众，煽动民心，捏造种种事实，暨〔既〕以离间各方，又以扰乱地面，使后防动摇，牵动前线，以中彼之毒计；绥远文化晚开，民智未启，一般民众受此鼓惑，势必惊慌失措，各自纷扰，绝无有辩〔辨〕别某事真伪之能力，以断定其为无稽之谈，若不预为设法，诚恐后日之祸患有为吾人不堪设想者！然则预防之法为何？要不过为宣传而已。故应由绥远党务最高机关——省党部，通令各县、市、区党部，或由私人讲演，或组织讲演团体（能化装讲演会更好），在不妨碍党务工作的范围内，深入民间，以极端通俗的讲演，唤起民众的注意，举凡日本如何欺我，东北同胞现在的苦痛，日本之故造谣言，收买汉奸，以及绥远现在的危险，人民怎样地爱国，前线将士如何受饥受饿忍痛杀敌，与夫人民应当捐款，应当一心一德，并国亡身家不保，救国即救自己……等类，均宜向民众以线〔浅〕近的言辞，以合乎实际生活的证例，作普遍的通俗讲演，引起他们爱国常识，面〔而〕不至为奸人利用。夫如是，使得一般民众，对于抗日工作，虽不能有过奢的希望，然以平日所灌入的浅近爱国观念，当不至供人驱实〔使〕，而藏害个人，后方民心暨安，奸人匪徒不至乘机而起，地方治安当亦可告无虑，则前线士卒，在单纯的抗日战事上，既无任何牵制而削减其原有兵力与决心，自不难努力效命疆场也。故党员深入民间宣传，直接间接影响抗日前线与后方，犹〔尤〕其在现今绥远，更为切要之图而不容稍缓者也！

一、宜整修各县大道以利交通也

查平绥铁路由绥东经过省城直达包头，因之绥远东至西之交通，向称便利，其他各县运输事宜，率多由大车或驼载运，在平常时期之输运货物，以无紧急限期，迫于无法，只的〔得〕迟缓，若遇紧要军事而入非常时期，此种运输迟慢，虽披星戴月，兼程前进，恐亦有误戎机。不过包、五、临河、归、武等地，尚可通行汽车，较之大车、骆驼，便利多多，然有时以特殊关系，汽车停驶，于是由甲地达乙地，仍不的〔得〕不依大车或驼，以替徒步，且各处汽路，并非如他省纯用人工筑起，高出地面丈余，大车骡、马一概不准通行，且建筑坚固，虽雨水冲淋亦难捐〔损〕坏，而碍交通。本省之汽车路，就原有官道开驶汽车，多年未修，驶行艰困，加以载重车、牲畜之践踏，天然雨水之侵蚀，所谓汽车道，高低不平，因之汽车速度顿减，势难按原有之重量装戴〔载〕；有时以天雨过大，或其他原因，以致汽车不能照常开行，此历年来往往有之事实也。于是营汽车生意者，以路途不平垣〔坦〕，逐〔遂〕〔不肯以较好汽车运输，致亏血本，多以破烂比〔以〕敷衍，维持买卖。以此种种原因，故常有行至平途，汽车生毛病，本一程之地，间有行二三日者，追求根原，路途欠修理盖为总因也。惟此种绩〔积〕弊，平时固可推延，但当此紧急时期，绝不可任意不顾，致殆将来无实〔穷〕之后悔且误军机也！夫军事上一切运输，绝对贵乎神速，此次由北平运输古北口之诸多军用晶〔品〕，纯以骆驼装运，而日本以纯火车装运，前线接济既不能应时到达，以致造成亡热河之重大原因，前事不远，正当借鉴！故此时也，各县速将通行大道，从事修理，俾将来汽车、火车、骆驼任何一种运输，可以通行无阻，按照规定日程达于目时〔的〕地，盖不辛〔幸〕战事爆发，绥区位置之重要，既如上述，则军队之调动，粮秣之供给，慰劳品之输送，以及其他军事上之需要，除仅有之一段火车路外，在在须以汽车、骆驼等由大道而运输，若不实事修理，其何以的〔得〕神速之效？由是观云〔之〕，则运输之能否神速，关乎军事者至大，吾人痛溯热河失败之因，当知所以预防之道也！

　　以上种种，吾以为在热河版图变色，察东风云紧急之时，确为目前绥远最迫切之问题！良以日寇称强，侵略无已，察、绥倘再不保，华北随之俱亡！当此全国一致以武力抵抗声中，各省均宜视环境之需要，实行有效的防范，而绥省一隅，无论为本省计，为华北计，为全国计，均入严重的关头，不容不有以切实的有效的自卫方法，以与暴日周旋到底！要知保绥远，即所以保华北也。其他防空、避弹各办法，治安当局已祥筹及，兹不复赘。噫，四省先后沦亡，华北腹背受敌，当此危亡在即，间不容发之严迫期间，吾绥人民，其各一心一德，共挽危局，救绥远于未亡之先，然后分头并进，复失地于倭寇之手，是固余之志，亦即吾全中华人民之志也夫！

作于二十二年四月十六日

《新绥远》（月刊）

国民党绥远省执行委员会宣传科

1933 年 15 期

（朱宪　整理）

赤俄侵略外蒙的真相

焉伤　撰

　　九一八的事件爆发以后，东省入于日本势力支配之下，尚有人在呐喊，冀求收复；而外蒙入于赤俄势力支配之下，却无人过问了。

　　外蒙的面积，有六百二十六万八千方里，占中国全部面积百分之二十，人口将近二十万。自元以来，入我版图，清朝二百余年，更是水乳相融，遂合汉、满、蒙、回、藏为一家。及俄人东侵，与我接壤，交涉渐多。清朝虽有《恰克图条约》的订定，然仅及边界及通商问题，其他都没有提及。本来俄人东侵的目的地，是在满洲，经日俄战争败北之后，才转其方向于蒙古。初则优礼佛教徒，笼络哲布宗丹巴以入其圈套，继则蛊惑一般蒙古青年，以达其侵略的目的。所以，自民国以来，外蒙无时不在俄人刀俎之下，加以近年来，我国内乱频仍，和东省问题的严重，赤俄乃如入无人之境，无所忌惮的横施侵略了。长此以往，行见茫茫大漠，无形中入于赤俄之手，因将赤俄在外蒙过去及现在侵略的情形，胪列如左，借以唤起关心国事者的注意！

一　过去侵略的情形

　　日俄战后，俄人拼命的经营外蒙，一方面固因满洲受日人的打击，一方面亦因外蒙与其有密切关系。查赤俄经营远东的主干，在于西伯利亚铁路，这铁路长有二万余里，其形势殆若常山之蛇，以海参威〔崴〕与圣彼得堡、莫斯科为首尾之相应，蒙古适当其要冲。所以，近数十年来，俄政府一贯的主张，即以蒙古为其东方侵略的中心，不过因国际局面的转变和其国内政治的改革，而侵略的方法，各时期微有不同罢了！

1. 民国初年侵略的情形

清朝末期，政治腐化，边疆的大使〔吏〕，更是庸暗昏愚，抚驭乏术，以致中蒙的感情日涣，而俄人因之联络蒙古的活佛、王公，乘着我国革命起义的时候，怂恿活佛做外蒙的君主，遂于宣统元年宣告独立。固〔故〕此，俄政府居然与外蒙伪政府订立密约，举凡外蒙的开矿、航行、运输、土地、森林、法权、练兵、邮政、电线等权，无不包括在内，这样规定起来，外蒙完全是俄国的属国了。我方以外蒙是中国的领土，绝无与任何国家订约的资格，因向俄国提出严重抗议，往复谈判，辩争不已，截至民国二年十一月五日，才缔结了《中俄协定》五款，另声四款。仅承认中国往〔在〕外蒙有宗主权，而中国承认外蒙有自治权，但关于内政外交，中国无权干涉，这样宗主权之为宗主权，可想而知了。民国三年（一九一四年）袁政府根据前约，派了毕桂芳、陈箓与俄国驻库伦总领事及外蒙委员会在恰克图开会，成立一种《中俄蒙协约》，于是确定外蒙为完全的自治制度，并且有主权与各国缔结工商的条约。这样以〔一〕来，名义虽是自治，实质已是与独立无异了。以愚昧的蒙人，与狡猾的俄人相周旋，岂有不受欺骗与侵略的道理？因此，俄人侵略外蒙的策划，可说大告成功。到了民国六年，俄国内部发生革命，无暇东顾；又因赤军进驻库伦，蒙人不堪其扰，始有内附中国的意思。民国八年十一月七日，外蒙活佛、王公等正式恳请我政府准他取消自治，归政中央。我国政府因派了徐树铮为西北筹边使，进驻库伦。俄人侵略外蒙，自此作一停顿。

2. 俄国革命后的侵略情形

俄国大革命以后，中俄关系起了一种新变化，外蒙问题本可给我以收回及解决的机会；不料外蒙撤消自治以后仅及一年，又阴谋第二次独立。民国十年，俄人率蒙匪陷库伦，活佛居然于是年三月二十一日宣告第二次独立。未几，赤军逐白俄军占据库伦，而外蒙的自治权，又转入俄人手中了。一九二四年（民国十三年）《中俄协定》，俄国承认外蒙是中华民国的一部分，及尊重在该领土内的中国主权。一九二五年苏俄大使亦一再声明："苏联政府得蒙古当局之同意，开始由外蒙撤兵，业已撤尽，希望蒙境不再有赤军入境情形，及对蒙古为和平的了解〔结〕。"这不过是一种欺人的手段。实则外蒙有〔由〕第二次独立后，就摹仿莫斯科政府，创立了所谓共和的政府，于一九二四年十一月间，更召集议员，订定宪法。揆其要点，即外蒙为一独立共和国；劳工阶级握最高政权；高级官吏由人民选举之，经国民代表大会任命：国民代表大会产生政府，蒙古共和国根本铲除封建的神权制，令国家与宗教分离，并宣布为每个国民之私人仰信的原则。因此，外蒙由僧侣主政一变而为〈民〉政了，这是外蒙有史以来的最大的变化。现在，政治方面，共分两派：一派以外蒙国民党为中心，国民党站在"外蒙是外蒙人的外蒙"旗帜之下，极力主张反俄亲华；一派以外蒙青年革命党（即人民国民党）为中心，系共产团体，受第三国际的支配，极力主张反华亲俄。外蒙国民党自组织外蒙国民政府后，很占优势，青年党因与蒙军中的俄顾问及军官勾结，煽惑军队，反叛国民党，国民党领袖迫于环境，宣告辞职。于是青年党领袖铿顿，遂任中央执行委员长，政治大权，都操于青年党的手中了。青年党成立于一九二一年，总部设在库伦，在一九二五年末，外蒙全境组成一百五十个党的支部，共计党员四千人，不及全境人口百分之一。此党仿效苏俄先例，均完全自贫苦及中等阶级中等阶级中征求党员，农民入党极易，贵族及喇嘛入党极难，农民占全党员百分之八十，贵族百分之十二，喇嘛百分之八。该党专政，事事既取苏俄，并由俄人参加，所以蒙古政治大权，完全落于俄人的手中了。

二 现在的侵略实况

外蒙自共和政府成立后，名言上为独立自治，实质上一切大权，都操于俄人的手中。每一机关或领袖皆有美其名曰"苏俄顾问"的监察者，各机关一切事宜，大半仰承苏俄的意志进行：以军事言，则军官多属俄人，编制悉仿俄规，蒙人仅供他们驱策；以教育言，则完全俄化，课程悉仿俄制，小学都授俄文，中等学校完全俄语教授，甫脱去喇嘛经典私塾，又进为"赤化"教育的机关；以交通言，虽废旧式骡车驼队，代以汽车，然而交通枢轴，也都操于俄人的手中；实业矿产，更有俄人越俎代庖，所以外蒙在表面上看来，虽是独立，实际上已等于亡国了！但在东铁事件未发生前，俄人对于外蒙虽进行侵略，尚未敢明目张胆，公然宰割，自民国十八年东铁事件发生后，他的侵略手段骤形积极；九一八以来，更不堪闻问了。兹将赤俄最近侵略外蒙的一切设施，分述如左。

a. 政治上的侵略

外蒙共和政府，最高权力机关是国民代表大会，一年开会二

次，开会时选任五名常置干部委员，及政府阁员等。政府由总长、
次长、苏维埃议长、军事苏维埃议长、经济苏维埃议长，及内务、
外交、财政、教育、司法、经济、陆军、参谋、保安、国家检察
院各大员组成，任日常国务之进行。各部中，财政部内，有苏俄
财政顾问四名；参谋部内，有苏俄军事顾问八名；国防保安部内，
有苏俄顾问六名，所以蒙政府干部中的人物，除一二中立王公派
外，大多为亲俄派，他的后台，都有俄顾问以发踪〔纵〕指示啊。
至于我国的势力，是已经丝毫无复存在了。且俄人之侵略外蒙，
其处心积虑，完全利用蒙人之愚昧，事事务求迎合蒙人的心理，
阴谋发展其势力，除以大批金钱供其筑路建设之外，并于恰克图
以外，将贝加尔湖一带，划分给外蒙共和国，表示对俄〔蒙〕宽
大，以资利诱。据蒙藏委员会驻平办事处调查，俄人所绘东亚分
析图，蒙古已与中国异色，竟视外蒙为他的附属国。并变更各旗
盟名称，如库伦所在之一旗现在已改称汗山；各地名亦多更改，
如库伦之改称乌拉巴托尔科多（即红英雄之意），恰克图之改称阿
拉坦卜拉（意为金泉），其用意多么险恶啊！

b. 军事上的侵略

　　外蒙军政方面，则注意养成与苏俄同样的红军，以防止反动势
力之复活。现在的兵力，共有骑兵十团，每团约千人。此项军队，
教官全为俄人及西伯利亚人，军队的设备，全与苏俄的军队相同，
且在库伦没〔设〕有军学校，由苏俄一手办理。去秋库伦政府所
编希特骑兵一旅，分两大支队，一支队布置于东库伦、车臣汉、
克鲁伦、阿拉呼都克，一支队布置于至林塞尔乌苏、霍波治、布
鲁、乌得、旁江一带，测地图，验气候，是他们平素的工作，剿
除土匪，协理征收机关，刮剥汉商，并划区分界，查蒙产出口，
同时于骑兵队内附设宣传队，传播"赤化"主义，无谓王公庶士，

稍有异议，即行逮捕，解送库城。更有所谓布拉特者，是蒙古以北苏俄以南之一种民族，性极凶悍，善骑鹿战，日俄之役，此项骑兵，在旅顺黄金山颇著，赤俄此番又将他们移于外蒙，因布拉特与蒙古的血统上稍有关系，其奉喇嘛教，有同一的信仰，故库伦军事大权，即在此辈人的手中，蒙人虽加入其中，实无相当势力。据军事家云："将来构成西北边患者，恐不出此辈也。"况且他们军事上已有向察、绥进展的模样，吾人焉得不注意？

c. 商务上的侵略

以前蒙古商业，均在华人手中，自苏俄侵入后，先后组织蒙人协和贸易公司及苏联贸易公司，以图抵制我国在蒙的商务。现在并假手库伦政府，直接驱逐华商，他们驱逐的方法有三种：

1. 没收　库伦政府，每借华商漏税等名义，将中国商人财产全部没收，且将商号主人、无重要职员，长期监禁。

2. 禁止华商汇兑　万幸不被其没收，或无法没收，亦禁止其货币流出。他们禁止华商汇兑，并非正式颁令禁止，乃事实上无汇兑之可能。一因蒙古商业银行，是蒙古共和国与苏俄政府所合办，他可以无理由的拒绝汇兑；二因中国商人，如欲汇兑，不免为政府侦知，将发生极大的危险，结果被其没收。

3. 征收特税　华人商号稍有财产者，被蒙政府侦知，即百般设法取缔，巧立送〔征〕收机关，随时公布税率，向华商征收特税。而且税收机关，所估定的营业数额和实际之营业数额，每有天渊之别，假若中国商人不承认，即拘至法庭，诬为漏税，又不免有没收的危险。

这种情形，华商欲继续经商，既不可能，欲离开蒙古，亦多阻碍，因路途上侦骑四出，种种削剥阻难，直至行乞而归，已属幸事。且向例华商赴蒙每人须领照一纸，年换一次，现在仅限于旧照可换，新照绝对禁止发出，以图减少华商的数目。结果则华商自然绝迹，俄商日多，俄货充斥，将来外蒙一变而为苏俄供给原料的殖民地，这是无疑义的。

d. 金融上的侵害〔略〕

外蒙有国家银行一所，名曰"蒙古银行"，是蒙古共和国和苏联合办的。他的目的，在巩固两国经济关系，发展蒙古的商业及工业，并增进货币流通。该行创立于一九二四年，资本计一七五，〇〇〇元，现在已经增至三，〇〇〇，〇〇〇元，创立数年后即获利六五六，八〇〇元。该行发行一种不兑换纸币，禁用现金，但这种纸币，俄人并不收用，专以吸收华商现金为目的，华商如欲运用现金，就多方阻挠了。此项纸币，由俄人承印，蒙人既不签字，又不盖章，全由俄人一手包办，权利全为俄人攫去。该行并设法使蒙人储款，因设分行数处，营业均异常发达，而俄人在外蒙的经济势力，也就从此蒸蒸日上了。

e. 文化的侵略及"赤化"的宣传

外蒙自政府成立以来，积极发展教育，全境有国立小学九十余处，旗立者数处，库伦有大学、中学、商业学校、党务学校等，并有国家学术馆，为文化中心机关，文化之发达，实有一日千里之势。但是，赤色太浓，小学即授俄文，中学以上教员，多系俄国留学生，而各教室及公共场所，多悬挂列宁、马克斯及俄国革命人物的像；学生服装，亦取俄式。至于苏俄在外蒙宣传"赤化"的方法，除努力在各学校进行外，主要的就是独占言论机关，开纪念会，及利用职业组合与劳动组合等。库伦的各种杂志，几乎全带共产色彩，苏俄更诱惑蒙政府，开各种纪念会，以鼓励国民革命的心理。此外对于外蒙的"赤化"宣传，更有力量的，就是职业组合与购买组合制度。职业组合，是将都市的劳动阶级组织而成，灌以左倾思想，但外蒙人民为游牧民族，各住民因职业的关系，不能团结于都会上者极多，然为普及宣传起见，又于各地设立购买组合。购买组合，现为外蒙人民购买生活必需品的中坚机关，若外蒙人民不从此机关以购买必需品，则不能维持日常生活。于是在这机关内安插了很多的左倾事务员，蒙人受其感化，自必渐渐左倾。现在，此种组合在外蒙异常发达，而蒙人的心理，也就日益亲密于俄人了。

总观以上的情形，可知苏俄的侵略外蒙，无微不至，我国人无时不在其压迫之下。侵我主权，害我民生，离间我民族，攘夺我民权，大好山河，无形中落于俄人的手中，爱国人士，谁甘屈服？查《中俄协定大纲》第五条，苏联政府承外蒙为完全中华民族之一部分，及尊重在该领土内中国之主权，并声明于相当条件及期限，撤退外蒙驻军；现在俄人在外蒙竟这样跋扈，显然的违背了中俄协约，而华人在外蒙生命财产的损失，应当由俄人负责，自不待言。况且中俄已经复了邦交，尤应亲善，倘当道诸公，能从俄人的手中，收复已失的外蒙主权，以救济在蒙华人于水深火热之中，吾人不胜其厚望！

《中兴周刊》

武昌中兴周刊社

1933 年 15 期

（李红权　整理）

欢迎傅部返防之意义

七月十日在本部第八十八次总理纪念周报告

王锡周　报告

诸位同志：这几天，绥远各界时时在准备着欢迎华北军第七军团第五十九军傅作义部抗日将士返防，兄弟就借此机会，把欢迎傅部的意义报告一下。地方上欢送或欢迎驻防的军队，本来是一件极平常、极普泛的事，似乎用不着在这里特地来报告，可是这次绥远各界欢迎傅部返防，绝非寻常可比，的确含有许多特殊的意义。因为兄弟上月曾代表绥远各界赴北平昌平一带慰劳傅部将士，实地视察所得比较详确一些，仅就个中所见到的几点，提出来和大家谈谈。普通人一般的观念，以为此次各界这样盛大热烈地欢迎傅部返防的意义，不外（一）这回傅部参加抗日战役系枪口向外，为国为民，杀敌御侮，非往昔内战可比；（二）傅部过去驻绥二年，军民感情融洽，此次出发抗日，奋勇善战，挫彼敌锋，为绥远增光不少！不过这只是一般人笼统的概括观念，兄弟以为除掉上述这两种以外，还有几点特殊的意义，也就是傅部这次抗日，最有价值、最值得表扬的几点：

（一）傅部出发以还，首驻察省，曾在张北、张垣各地构筑大规模之坚固工事，当时有外国某军事专家莅张参观，备极赞赏，后来调集昌平，加入怀柔一带之最前线，在不满一周的短期间内，复作成最新式之坚固工事。据闻其外壕的深度在一千米达以上①，可以阻止敌坦克车之前进，其阵地甬道纵横变化无穷，可以避敌飞机、大炮之轰炸，日本人名之为"俄国式工事"，傅部将士自名曰"迷魂阵"。兄弟在昌平百泉庄第二百十八旅旅部听曾（延毅）旅长说，敌人曾以飞机十四架在一日之内掷弹八百颗，仅伤我副兵一名。像他们这样利用自然构筑工事，能使敌之飞机、大炮、坦克车失却效用，这是我们在欢迎声中，值得提出来表扬的第一点！

（二）兄弟在北平的时候，去万寿山红卍字会临时医院慰劳傅部伤兵，听到一位受伤的官长说："当时我们的前进阵地，一连部队，而日军以数倍兵力向我攻击，自二十三日拂晓四点起，一直攻到七点多钟，还没攻下。后来敌以飞机数架，闭住电门，一齐降落，将我军前进部队包围，用轻机关枪猛烈扫射，我军仍誓死抗敌，伤亡殆尽，结果只剩士兵数名。"据说日军自与我国军队开战以还，从来攻击前进阵地，没有费过两个小时，这次竟以极大牺牲经四小时之久，始用飞机包围攻下，打破已往纪录。这一点，在抗日使〔史〕上，实占最光荣一页。

（三）此次傅部怀柔之役，敌方系日本主力军第八师团西义一之铃木、川原两旅团，以及飞机十五六架，坦克车十余辆，此外，尚有一部蒙匪并便衣队。结果我军阵亡官兵一百八十余员名，而敌则死亡二百四十六人。如果国军对日作战皆能以一个人去换一个多日本人，最后我们一定会得到胜利，这一点，兄弟认为是最有价值的。我们对于这为国捐躯的一百八十多位忠烈将士，应当致十二分的哀悼敬礼，同时希望当局对于阵亡将士的家属要从优抚恤，以慰忠魂。这是我们在欢迎声中最沉痛的一点，也是最值

---

① 原文如此。——整理者注

得纪念的一点（讲至此，听众俱为感动，全场空气顿现沉静哀悼现象）。

（四）据日本大阪《朝日新闻》登载该报特派员由密云拍发的电讯，记述日军在怀柔附近，与傅部作战情形甚详，内有"五月二十二日中国竟一面讲和，一面在怀柔附近，构筑最新式之坚固阵地，并调来人所共知之傅作义军，该军虽号称精锐，但与日军向无一度之接触，因此彼竟跃跃欲试，抱必胜之念，而藐视日军之直〔真〕价值……"一段。又据董（其武）、薄（鑫）两团的官兵谈："这次在前线作战，当日兵爬近我阵地时，我军以手掷弹迎头痛击，日兵畏缩不敢前进，及向后退去，均被其督战队杀死。我方士兵见日兵如此懦怯怕死，遂相率脱衣光臂，沉着应战，我军对敌简直'如猫戏鼠'一般，把日本的兵看的一文不值。"假如我国军民都存藐视日本的心理，兄弟敢断定终有一天，把日本打倒！这也是我们应当欢迎的一点。

（五）又据大阪报载："我军（指日军）因受地雷之损失甚大，所以士兵不敢不走生草之地，及无道路之地也……"其实所谓"地雷"，不过是用长木板一块，两端缀以麻绅〔绳〕，中系大号手掷弹一颗，埋于外壕之前，敌人来袭，一踏即被爆炸而死。据说这是曾（延毅）旅长从经验所得的一种新发明。我们物质不如敌人，能以"点石成金"利用粗笨的东西来当犀利的武器，这也是我国军人应当效法的一点。

（六）这次傅部出发抗日，到处受人民欢迎。在昌平驻防，正值收麦之际，傅军长教他的士兵帮助农民刈麦，并且把驮骡借给农民使用，因此军民异常欢洽。该部作战时受伤官兵，因救济不及，老百姓自动的给护送回来。这也是值得欢迎的一点。

（七）兄弟在北平见傅总指挥时，谈询该部作战经过，他说："有组织的国家，对外作战，只有国家胜利，没有个人的胜利。"

这两句话是多么的有价值呀！这和总理所说的"革命成功，只有团体的自由，没有个人的自由"，适相吻合。从此可见傅氏伟大的人格与革命的精神了！这更值得我们欢迎！

（八）又据傅谈：在停战协定将成未成之际，日本前敌将领，主张先取下或逼近北平，然后威胁签字，作"城下之盟"，所以猛烈来攻，冀遂其欲。不料被该部痛加打击，乃受重创，损失巨大，终未得逞。后来《塘沽协定》，虽然我方迫不得已，忍痛签字，但只限军事部分，未涉及政治范围。我们对于这点，更要认识清楚。至傅部一战而寒敌胆，予敌重创，表现我民族精神的伟大，尤其值得我们盛大热烈的欢迎。

以上各点，是我们欢迎傅部的真实意义，现在傅部已班师回防，我们希望，傅氏以这次抗日的精神，来治理绥省的政治，以领导官兵的精神，来领导全绥民众。过去军民的感情融洽，今后更要比以前融洽，从此军民合作，团结一致，努力建设工作，巩固西北边防云云。

《新绥远》（月刊）

国民党绥远省执行委员会宣传科

1933 年 16 期

（朱宪　整理）

蒙古最近之抗日工作

作者不详

组织蒙民抗日会

中委白云梯、克兴额等，以日寇榆关，国难日亟，为唤起蒙藏同胞一致抗日御侮起见，曾联合蒙族要人，组织蒙民抗日会，并派员前往内蒙一带，编练劲旅。现拟〔据〕报告，已经集合有五万余人，且枪枝齐全，实力充足，对于东北地势尤为熟悉，不日将全体动员，加入义军，与暴日作殊死战云。

编组蒙汉同盟军

山海关失陷后，热河更形紧张，有蒙人乌兰珠〈尔〉与李鹏飞、刘毅民等，在热边一带联合蒙汉健儿，组织蒙汉抗日同盟军，人数已超万人，分为五路，驻热境开鲁、朝阳、阜新、赤峰、凌南等县训练，为指挥统一起见，从组织军事国之积极①〔而暴日尤为残酷，近更调兵陷榆关，进攻热河，威胁平津，且正准备夺取察、绥两省〕委员会，并推李鹏飞、乌兰殊〔珠〕尔为正副委员

---

① 应为"积极从事组织"。——整理者注

长，现正筹画一切，一俟就绪，即出发前方，暂〔统〕率所部，誓死抗日。兹录其致全国民众代电如下（衔略）：

自日本帝国主义以暴力侵占满洲以来，无日不在巩固其统治地位、攫夺海关、邮政，霸占铁路矿〈产〉，摧毁文化，杀戮人民，穷凶极恶，蛮横无道，至是满洲遂完全成为暴日之殖民地。按国际帝国主义本含有绝大矛盾，但日之占据满洲，实得英、法帝国主义之帮助，其妥协条件，为日本担任中国东北部之警备责任，而英、法可得西藏、云南等地之统治。年来之事实，已证明国际帝国主义瓜分中〈国〉，〈而暴日尤为残酷，近更调兵陷榆关，进攻热河，威胁平、津，且正准备夺取察、绥两省〉，建设其所谓大原帝国之计划，如此计划实现，则华北直接受其遭害，远东均势，立受威胁，第二次世界大战，绝难幸免，中国民族将整个沦为大战之牺牲者。瞻念前途，不寒而栗，愿国人速醒，急起直追，不难挽狂澜于既倒；万众一心，行将见暴日之末路。如仍不觉悟，一袭所谓军人不抵抗、政府不负责之传统政策，或专事依赖国联及英、美，而不自振奋，则亡国之痛可立而待。鹏飞等分属国人，且籍隶内蒙，目击满蒙之将丧，国人之酣醉，悲痛之余，早已深下决心，为吾民族吐气。爰于前四月，纠合同志，深入内蒙，从事宣传组织工作，冀有充分准备，以与暴日相周旋，乃时至今日，大非昔比。故军压境，危在但〔旦〕夕，值此千钧一发之时，迫不及待，爰将各地武装群众，正式编组蒙藏汉抗日同盟军[①]，刻已集中热边，于朝阳、阜新、开鲁等地，抵抗暴日，绝不使日军侵我寸土。日军固具优良之教练、精锐之武器，但国际帝国主义间之矛盾，及日本帝国主义内部阶级斗争之尖锐，在在予吾人以较良之条件，反日民族战争，胜利定属吾人。鹏飞等报国有心，极

---

① 似应为"蒙汉抗日同盟军"。——整理者注

愿与海内之士，前方义军，偕同抗日，不歼敌军，誓不生还，愿国人共鉴之。

《蒙藏旬刊》
中央宣传委员会蒙藏旬刊社
1933 年 41 期
（朱宪　整理）

多伦失陷后之察防军略

召宣 撰

当承德不守、热省全失之日，记者曾著论申述察哈尔地位之重要（见本报第四十七期社评《热河失守后之察哈尔》），并详论多伦、张家口两地之形势，以唤起中央、地方及汉蒙同胞之注意；不幸多伦竟于四月二十九日，又遭敌逆两军之进陷，大错铸成，良堪痛哭！至最近电讯所传，则刘桂堂等部，正图由多伦向沽源推进，以夺取大梁底；而日军亦由丰宁协同伪部向赤城推进，企图会师大梁底，一举而下张家口；察省情势，危险万状！我方驻军，似仍只为由多伦败退之赵承绶骑兵旅，由热境撤回之孙殿英、冯占海两军及傅作义、刘翼飞等部队，虽以事关军机，确数未能明知，但察防兵力之单薄，实为无可讳言之事实！故今日欲防敌伪西进，保守察蒙，则非亟行赶办下列军事不可！

第一，于察东、察北赶筑要塞式之正式工程也。于察东、察北一带，多筑阵地，节节设守，凡可以扼险自固之地，均筑成豫备堑壕，必至第一阵地尽为敌方之优势炮火所毁，不能立足，再移退于第二阵地，其要旨为仿欧战时之堑壕战，使敌方虽消耗巨量之炮弹，多数之兵力，悠久之时日，而所得［失］者，仍不过数里或十数里之战壕，庶收旷日持久之效，而察局不致于全部动摇！

第二，后方兵力宜优于前线，侧面兵力宜厚于中路也。吾人窥察日人用兵之情形，以为守局之对策。大抵我方正面兵力之配置，不必过厚，免为炮火下无益之牺牲，而后方之预备队，则宜层层布置，为多量之集中，俾便增援迅速，而收更番迭进之轮战效果，其左右翼之兵力配置，亦不宜过薄，盖敌人惯用包抄之计，冷口之陷，即其前车，尤宜思免其覆辙也。

第三，调拨他线军队，加厚戒备，更伺隙袭击，以扰敌后方也。今之长城各口，虽为敌所封锁，然察东与热境毗连，而日兵之在察省前线者据报不过二千余人，余则刘桂堂等附逆军耳！晋、绥兵力，如能悉数集中察省，除竭力为防御战外，未必不可抽调若干，为游击式之乘虚进袭。日人占有四省以后，防地过广，兵力未厚，而当〔常〕思继续侵略，进占古北口及滦东方面，其配备之兵力，未必能处处周密，我以人数较多之故，分拨利便，尽有出其不意攻其无备之机会。此策而行，纵不能即收若何之效果，但敌人断不能如今日之集中兵力，攻我一处，即间接有裨于守局矣！

上述三点，悉关军事上之紧急措施。至于改编义勇军所以加意安民禁止征发，招集内蒙各旗王公扎萨克会议所以扶助蒙民完成合作，合并平绥路局于北宁线管理所以整饬路政以制军运，皆在兼筹并顾之列。总之今后大势，察省一带已成事实上的国防线，而障蔽晋、绥，其重要实远过河北，故此日图存之计，必须以全力巩固西线，使三千年来祖先辛苦经营之塞上，不致再被敌攫取以去也！

《蒙藏旬刊》

中央宣传委员会蒙藏旬刊社

1933 年 50 期

（丁冉 整理）

抗日宜速与外蒙联防

崇农　撰

日自鲸吞满洲，更欲蚕食内蒙，最近占多伦，犯沽源，着着前进，盖必欲得察省而甘心也！虽我防御各军，将士用命，然军事要着，要在用力少而成功多，政府之于国防，尤须通盘筹画，熟审利害得失以行之。

外蒙自受俄操纵，脱离中央久矣！然而五族一家，外蒙固我之兄弟也，阋墙御侮，固应联合对外，虽其中不无扞格之虞，苟政府能通权达变，以非常手段，应非常之局，不独目前军事多所利赖，即往日僵局，亦可借以打开。

外蒙仇日，由来已久，对民九日人怂恿帝俄白党蹂躏库伦之事，至今不忘：客有自外蒙归者，目击外蒙国民党反日宣传品甚夥；又自九一八后，外蒙国民革命党库伦市党部，曾举行全库人民大会，决议对外和平，对内唤起群众，一致对敌；凡此种种，足证明蒙古国民革命党及人民革命政府革命青年团，对宣传工作及蒙疆防务之努力与仇日之决心！吾人若进一步考察其军事准备，则东界三贝子、唐苏噶不路嘎，东南界古吉尔、达里冈崖，南界乌得及西南各处，无不骑兵密布，而大炮、机关枪、铁甲车、军用汽车、军用电话等武器，更为整齐，并附有卫生队、宣队传〔传队〕，虽确实兵数不知其详，但库伦一处，已确有骑兵三万余，沿流克鲁伦至三贝子处，共有骑兵约九万上下，其势力雄伟，已足惊人。且因抗日之故，渐生内向之心：如最近张家口商会赴库伦代表刘兆祥初到库时，库伦工商部长告以闻宋哲元战胜消息，蒙政府已去电致贺；又库伦《工人日报》，充满反日文字，谓中蒙本属同胞，蒙人均愿协助中国，抗日作战；其愿携手御侮之情，溢于言表。

外蒙之仇日如此，而其实力又如彼，苟能迅派大员赴库，重修兄弟之好，实行联防，则同仇敌忾，唇齿相关，我军得此助力，所有饷弹供给，军队补充，均可不虞断绝；即可用我全力，扫清察东敌人。再进而集中兵力，东趋承德，以击破热省敌军之重心点，则热河可先规复，察省自可保全矣！否则内蒙一失，则外蒙即愈形隔绝，而将永非我有矣！况彼之"赤化"，以目前之情况，尚无蔓延之可能乎？衡以缓急重轻，更未可因噎废食，外蒙不乏明哲之士，以历史、种族之关系，为其设想，未尝不思内附，值此中俄复交之后，疏通非难，故特为刍荛之献；至应如何进行，则在当局之眼光四射，不可拘于一管之见，相机而为可也。

《蒙藏旬刊》
中央宣传委员会蒙藏旬刊社
1933 年 51 期
（朱宪　整理）

察防与晋省之关系

梦蕉　撰

　　日阁小矶对路透社记者之谈话，谓张家口为伪组织西境之屏障，必占领之。闻此言者，或以日人贪得无厌，深滋骇怪，实则疆场之间，惟力是视。我退一步，敌进一步，既欲侵略，断无礼让。金之于宋，始但求割三镇耳，继则谋取两河，继且囊括鲁、豫、陕、陇，而以淮南北为界矣。不能自奋，惟冀敌人之适可而止，以延旦夕之命，不谙历史，不悉敌情，如之何其不为敌所卖也。当热河甫陷之际，论者早虑及察哈尔必难幸免，有重兵守多伦之请，即本报之论及此事者，亦不下数四。曾以迅简忠勇朴诚之专阃，付以全权，厚其兵力，为当局勖。然守察军队除冯占海义军与汤玉麟旧部外，余则赵承绶之骑兵师，与李服膺之六十八师一师耳。其兵力尚不如热河设守时之厚，且各军又皆地位等夷，不相统属，究为谁负守察之专责，有指挥调度之全权，亦属无人明了。多伦一役，弱点毕露。逆军以小部队之尝试，赵师遽迤不支退守。自此以后，消息忽紧忽弛，日人窥其易与，暂不急于攻取，以待时机。我方亦惟图目前之无事。迨至古北一路军情紧急，遽将张家口之傅作义部调至北平附近助防，而沽源、张北之如何增防增援，迄未顾及。如谓察省防务不及曩时热河之重要，日人既得多伦，必不再行南下，军事当局，当不致如是之疏于观察。然其筹防布置，重于冀省，忽于察省，则为显著之事实。近见绥远省地方保卫指导委员会有呈军分会添派劲旅五师增防察东，并派大员坐镇之请，略谓：察境前线，兵力薄弱。多伦已失，察省半亡，以次递及，必至绥远。察、绥失则长城天险悉为敌有，战线延长，更费兵力，而内蒙人民，亦悉入日人肘腋之下。满蒙政策已告完成，自此宁、晋、甘、新，俱为日人之进攻线。益以沿海岸线之海军，则对我大包围之形势已成，亡国灭种，指顾间事耳。其所言可谓明白痛切。一阅舆图，即知其并非危词悚听，本报亦屡以此著为评论。日阀之所以必取张家口者，以其为察省之资源补充地，得张家口则察省犹囊中物，得北平则张家口亦囊中物。故平、张两地，就目前形势而论，唇齿相倚，并无轩轾。北平如有意外，察省将受敌军南北两面之夹攻。方今华北形势突变，欲其由冀省派遣援师，以助察防，断无是理。绥远赴平请援代表，于谒何敬之部长以后，闻即赴晋谒阎，以派兵援察为请。而阎百川氏之答该代表者，闻有国防大计须候中央主持之语。今日之事，察省有失，则平绥路中断，晋省东、北两面，俱受日人包围控制。今日冀省之事，即晋省前车之鉴，奈何尚欲从容自守于雁门关以内乎。故保察省即所以保晋、绥，为国家计，为桑梓计，均无推诿之理。咸丰军兴之际，骆秉章在湘，胡林翼在鄂，筹兵筹饷，一意以援应邻省为务，有时因应机宜即临时决定，当时舆论不责其擅专，且群颂其公忠体国，何则？公家之利，知无不为，古今通义。近年以来，疆吏自专征伐之柄久矣，即为尊崇国家体制起见，亦尽可一面出兵，一面报闻，捍御外侮，应以拯焚救溺之精神行之，雍容揖让，适见其偾事而已矣。方今舆论，靡不以护兵自私为疆吏咎，果能应绥远代表之请，则舆论不责其擅专，而颂其公忠，如昔日之骆、胡两贤，盖断然也。晋省当局，果何惮而不为哉？

《蒙藏旬刊》
中央宣传委员会蒙藏旬刊社
1933 年 52 期
（李红权　整理）

察哈尔善后之种种

作者不详

察哈尔问题虽因冯去而急转直下，但其所收编之队伍，悉屯口外，并无损失，如何善后，实为一般所注意。计在张北一带者有方振武新收之军队万余人，孙良诚之挺进军五千余人，张允荣部三千余人，在多伦、康宝一带者，则有吉鸿昌之北路军万余人，张凌云部二千余人，张砺生之自卫军一万余人，万全一带，驻有邓文旧部万余人，李忠义部五千余人，张人杰部亦扩充至一万有余，驻于高雪庄一带。此外刘桂堂部尚有一万数千人，驻扎沽源、赤城、龙关等处。以上各军，已约有六七万人，其杂色部分，尚不计焉。现在中央对于各军之善后，张人杰部拟编为一旅，邓文旧部及李忠义、刘镇东各部，仍恢复建制，邓部编为第十师，李忠义部为二十四旅，刘镇东部改编骑兵二十五旅。方振武、孙良诚、吉鸿昌、张允荣、刘桂堂各部，仍高扬抗日旗帜，方振武并于删日发出通电，申述抗日主张，并称已被推举代理总司令职，兹将原电摘录如后：

（衔略）日伪军反攻多伦，形势紧张，振武星夜驰援，中途失陷，可堪痛哭！军委会歌（五日）午冯、孙等三常委连署，提请推选振武为副司令；因冯公迳电结束军事，未经就职。嗣以事态严重，复经紧急会议，依法推举振武代理总司令，行使职权，贯彻抗日主张。自惭浅材，曷敢膺此艰巨？且事非简单，亦不敢冒昧将事；处此经济、粮秣两无办法，诸公如何拯救危局，恳请指示大计，以便率循。振武一息尚存，仍坚持到底。方振武［删］叩。〈删。〉

察主席宋哲元，二十一日与庞炳勋、熊斌、秦德纯等专车离平，当日到达张家口，庞则于过宣化时下车视察所部。宋等对于察事善后进行，在离平之前一日已有电致张垣佟麟阁，请转邀孙良诚、吉鸿昌、方振武等个人或推代表到张会晤。迨宋等到张时，孙良诚已先到张等候，宋、孙会谈结果，极为圆满。孙于二十八日离察赴平，在离察前，并发出通电云：

> 民国肇造，二十余载，兵连祸结，迄无宁日，遂致民生凋弊，国本动摇，倭人肆其野心，乘机入寇，九一八以还，东北四省，相继沉沦，更复进窥察省，威迫平、津。当时华北大势，已频危殆。今冯先生离察，宋明轩主席，已返省垣，军国大计，主持有人，良诚即日解甲归田，所部改隶省府。自后以在野之身，勉尽国民天职，尚望全国上下，戮力同心，同舟共济，奠邦国万年之基。以后再有假借本人名义招摇者，概不负责。敬布腹心，诸维鉴察。孙良诚叩。宥。

至方、吉两部，态度颇强硬，蒋伯诚、萧振瀛二十四日赴张，据萧谈：对方、吉两部办法，已决定三项：（一）先电致吉、方，请派代表到张垣，开诚布公，商议一切；（二）如吉、方不愿派代表，则由蒋、熊、宋诸氏派代表赴吉、方防地，以便接洽；（三）如再不能解决，则由蒋、熊、侯等，会同宋氏，斟酌情形，全权处理，不必请示云云。宋以张北防务重要，将二十九军开入一部驻防，宋本人并于二十六日偕萧振瀛赴张北，至时方振武、吉鸿武〔昌〕已他去，方到独石口，吉到大青沟，宋派张元〔允〕荣、陈希文前往劝解，未得要领，刘桂棠部亦难就范，并通电就察东游击司令。闻当局已有相当处置准备，已令宋哲元负责处理。二十九军赵登禹、刘汝明两师，已陆续全部开察。据张家口电，宋二十九日返张，即与蒋（伯诚）、庞（炳勋）晤谈，闻吉部已抵商都，目的在占据该处，以与库方联络；宋得报告，乃派王子亮，并就近令高树勋部截堵，免为后患云。方部尚〔向〕赤城逃窜，当局已调冯钦哉部，赶向龙关口推进，监视赤城之方部及刘桂棠部之行动。据北平三十一日电，吉部由商都直入绥境，转往绥西大青山一带，察、绥当局正在电商协同包围解决办法。刘桂棠部，一部拟向多伦逃窜，投入伪军；一部经永察〔?〕、延庆，向昌平南窜为匪。方部王仲孚部在张北以东村庄隐匿，闻王有投诚意，所部愿受阮（玄武）改编云云。

至察省之善后用款，除宋哲元携往之编遣费十万元外，其受编之十五万给养费，俟中央对华北协款到平后，即随八月份饷同时发放。察省府改组问题，二十九日中央行政院会议，已正式决定任宋哲元、秦德纯、过之瀚、吕复、张维藩、庞炳勋、卓特巴扎普、索诺木拉布垣〔坦〕及德穆楚克栋鲁普八人为察哈尔省政府委员，并以宋哲元兼主席，秦德纯兼民政厅长，过之瀚兼财政厅长，吕复兼教育厅长，张维藩兼建设厅长。

日伪军再陷多伦后，我方决以外交方式向日方提出交涉，请日尊重停战协定，注意和平，即日将多伦防地让出，日方覆文，大意谓李守信军原系驻多伦，因被冯军驱逐，逃至热河，今将其夺回，实为维持该地治安。因该地尚"为共党兵匪"横行之处，显与热境治安以威胁，故无即将该部他移之意云。又据熊斌谈，汤玉麟投伪后，因日方不相容，廿四日复率少数残部退入沽源，与刘桂棠部会合。汤派人向宋投诚，当局以汤如愿投诚，亦可酌予收容，但五十五军番号已经军分会明令取消矣。据张垣二十九日电，察东伪军及汤部在沽源集中，向西活动，宋令冯师全部在张北集合。宝昌、康保如常，惟地方杂军甚多，人心恐慌！

《救国通讯》（不定期）

上海国讯书店

1933 年 53 期

（刘哲　整理）

察哈尔事件之平议

梦蕉　撰

察哈尔事件，经过相当时期之疏解，而千回百折，仍未有结束方法。据谓冯虽主张宋氏回察，而林垦督办并不愿就，离张更不可能。近已委方振武为北路总司令，吉鸿昌为北路总指挥，决即收复察北失地，张垣情势由缓趋急等语。察事自宋哲元部调至冀省，主持喜峰一路防务以后，久无负军事专责之大员坐镇其间，赵、李各军，与退热义军，参差列戍，形势涣散，是以多伦经刘桂堂之袭击，即致沦陷。其后冯氏崛起，虽以民众抗日同盟军总司令名义为号召，然国军既秉承中央节度，义军亦仅一部受其指挥，仓猝征调，集中张垣，致令北路空虚，而康保亦于是时为刘逆所袭陷。日人所划伪组织之版图，本为辽、吉、黑、热四省，而察省则视为将来西进之门户，此时热边之屏障，姑作观望形势，可进可退之局，目前虽不急于经营，而张垣必当占领之语，已预由武藤宣言，留为他日伏线。故我国此时守察之要图，胜在统一组织，严整步骤，一方虽宜厚集兵力，缮完守御，而军权实不宜分裂，行动亦不宜参差，致为敌乘。沽源之失，虽在六月六日，而康保等处之继陷，则在察省形势纷乱之后，此不可讳之事实也。宋氏回察，必先能统一该省之军权、财权，收编临时添募之部队，庶一切事件，方有着手。若如今日之形势，宋氏即使回任，适成一国三公之现象，军务政务，势将益形紊乱。此在平日犹且不可，况于省境半陷，敌军日在窥伺之际。假使宋氏鉴此困难，暂从观望，结果仍由冯氏一人，肩察省之重任，势不能不增编军队，以厚备御之力，如是则军火何出，军糈何出，察省当此残破凋敝之后，再为此竭泽之供亿，恐更予敌人以离间煽诱之资，热河之事，即其前车，万不容再蹈覆辙也。至于收复察北失地一层，如果刘桂堂幡然归顺，已踞各地，自愿让防退出，问题尚属简单，假使受人指使，别有诡护，则一经发动，为日方长，绝非仅恃方振武、邓文等三数部队可以从容应付，故不佞始终主张察省防务，应由中央任命之官吏，秉承枢府指示办理，而冯氏以中委资格，从旁赞助，如果别树一帜，适使形势孤危，陷察省于僵局。冯氏既以抗日为职志，所争不在位置、名义，则今日争点，即为冯氏应如何而达其抗日之素愿。此事如果仅指收复察北失地而言，则系省府守土官吏之责，宋哲元既为冯氏旧部，喜峰一役，冯氏又矢口称其功绩，力赞其回原任，是信其足以付托抗日之任矣。冯氏即应卸去兵权，以免掣省府之肘，所谓委任而责成功，但能达抗日之旨，成功不必其自我也。如指收复辽、吉、黑、热四省失地而言，则此事范围更广，绝非察省一隅之兵力、财力所能办理，冯氏以中委资格，其抗日全部之计划，是否此时所能办到，目前形势能否容许，皆应与中央有开诚之商榷，如能办到，不妨翼赞枢府，以期目的之实现，如果意见相左，而冯氏又急于请缨自效，此固未免近于孤注一掷，然结合其部曲，以身为孤注，事虽不成，亦足以示大义于天下，古之志士仁人，有行之者，此尚无所不可；若以察省为孤注，而使敌人益得深入之机，至西北半壁亦沦敌手，是则一己享抗日之名，国家受倾危之祸，凡属稍顾大局者，所不肯出也。今日之事，在冯氏果以身为孤注乎，抑以察省为孤注乎？此吾人所不能不望冯氏之有以审慎自处也。

《蒙藏旬刊》

中央宣传委员会蒙藏旬刊社

1933 年 56 期

（李红权　整理）

敌已定期大举侵热

作者不详

一周以来，敌方侵热之军事布置已大致完成，锦、绥敌军云集，战机大有一触即发之势。本月十六日日陆相荒木接见日记者，明言对热军事即当开始。并谓热河乃伪国之内部问题，国联或其他第三方无权过问。是诚无异强盗之将劫人物，乃竟强赖人物为己物也。盖日本鉴于国联最近态度不利于己，于是老羞成怒，遂将其以前之假面具，扯碎无余。现我热边军民业已联络一致，誓抱死战决心，敌如来犯，必迎头痛击之。兹将前方情势消息汇志如左。

日军即将大举犯热

一、日外务省之荒谬声明——据中央社十二日上海专电：电通十二日东京电，外务省认日陆军攻击热河问题，为数日来国联空气恶化之一原因，故与军部协议结果，于行将开始行动之际，对中外发表帝国之声明书，主张如下之攻击意义云：（一）热河省系满洲之领土，一九三一年二月二十五日之"满洲国"建国通电，热河省政府曾参加署名，此为显著之事实。近时因张学良军队及义勇军等侵入各处，图扰乱治安，但"满洲国"为求治安之完璧，决实施扫荡此辈不法之徒。（一）帝国政府依照《日满议定书》之

规定，协同援助"满洲国"之扫荡热河义军等。（一）攻讨热河义
军，系"满洲国"之国内问题，帝国军队之与以援助，乃根据
《日满议定书》，实行条约上之义务，并非行使何等侵略的武力，
又非所谓恐有断绝国交之军事行动，全系国内警察行为。故日
"满"两国之目的，全在保全热河省。万一中国本部，与集中"满
洲国"境之中国军队，公然拥护若辈不法之徒，于攻讨时，如有
多大之障碍，则日"满"两国为达到目的起见，不得不出诸杜绝
一切祸根之措置，亦所难免。故设有如是情况，一切责任，应由
援助若辈不法之徒之中国军队负之，兹特于此声明云。

　　二、扬言月内将大举进犯——据路透社十五日北平电：据此间
之日本高级官员称，日方现准备在最短期间内向中国提出哀的美
顿书三件，内容系要求中国政府撤退热河所有之军队，但中国当
局恐不能接受此种要求。日本之军队至迟在本月二十七日即将入
热，预期三月一日左右开始大规模之战事，因三月一日为"满洲
国"第一周年纪念日也。该哀的美顿书三件，其一将由"满洲国"
政府交热省主席汤玉麟，其二由关东军总司令武藤致张学良，其
三则为东京政府致中国政府者。内容大致相同，皆谓热河为"满
洲国"之一部，故中国军队须全部由该地撤退云。又据同社十四
日北平电：现人人皆觉华北大局异常严重。据东三省华人消息，
大军现源源向热河边界进发，此间日人各界豫料实行进攻，当在
二月二十五、六、七三日内开始，俾在三月一日"满洲国"成立
周年纪念，攻热之举，纵未完全奏功，亦在进行中。据现象观之，
日人必先要求华军退出热河，而后进攻。至中国当局，决不屈让，
现已以大军屯集热河，以备抵抗。故众意远东方面不日将见空前
之血战。日人曾屡次声明战事不越过长城，而《华字报》则警告
民众，谓日人曾称长城乃"满洲国"南部之界线，日人其意在囊
活〔括〕绥远、察哈尔、甘肃与山西之一部分，及蒙古、新疆，

而不仅以强占热河为知足。其第二步将以黄河为南部之界线，恐其目的不止于此也云。《华字报》现促请政府募集真正战债，应购者必众，以免人民集零星之款，购飞机一二架，或钢盔若干只，而无济于事。又据中央社东京十七日路透电：日陆相荒木，十六晚接见日本记者，谈国联建议及热河问题。荒木略称日之行动，虽未最后决定，但国联之建议，关于承认"满洲国"、中日直接谈判以及满洲驻军各问题，既如此反对日本之固定政策，日本势必被迫退出国联云。关于热河问题，荒木重述日本之态度，即热河乃"满洲国"内部问题，国联或其他第三方面，无权过问。荒木表示热河军事行动，于最近之将来内，即当开始。今晨《朝日新闻》刊载长春专电：据称"满洲国"将发宣言，表示若非受中国方面之逼迫，热河之军事行动，当不扩充至长城以内。故如必要时，扩充至长城以内，则当由中国负责云。日报均谓今日阁议，将考虑国联建议。某报载阁议定期两日，今日决定日本应否退出国联，明日决定热河问题。

三、三路犯热路线已决定——据十五日北平电：日军犯热部队，准备为五个师团、两个旅团，均已集中。大部后续部队三个师团，已在动员中。决定三路犯热路线：第一路，预定由通辽直取开鲁，以洮辽军全部五个支队，及两个旅团之骑兵担任进攻部队。第二路由锦州直趋朝阳，以第六师团及一个混成旅并守备队四千余，共一万八千人，担任进攻主力军。第三路由绥中直趋凌源，以一个师团担任攻击。我已严防，决定抵抗。又据十四日北平电：驻开鲁旅长崔兴五电汤玉麟称：据报，敌军将领日前又集锦州，召开军事会议，密商攻热步骤及布置计划。闻对凌源、凌南、朝阳等县，因山路崎岖，进攻不易，决定大批飞机掩护让日伪军步兵前进。对开鲁、阜新决以骑、炮队为主力，掩护伪军张海鹏部骑兵及蒙古骑兵联合进攻。刻已增调锦西、榆关一带之茂木部骑兵旅，转开通辽。一俟大部集中布置完毕，即将同时向我热边各地阵线总攻。

四、敌军事布置大致完成——据十五日北平电：日军对侵热军事，重新布置。驻东北日军原有四师团，现又增加三师团，共七师团。其计划以一师团分驻辽宁、长春各重要区域，保持后方，一师团分驻东北各重要铁道线，保护交通。余五个师团准备侵热。其中四师团，作侵热军事主力军，一师团占正面阵地，牵制滦东我军行动。至吉、黑两省，由少数朝鲜军与日本军，协同伪国军警驻守。闻其军事配置，大致完成，正谋伺机而动。日军大部刻已集中锦州，伪军长程国瑞已抵锦县，将率逆部七千余人过锦西开。闻日军有拟十六日进攻凌南、朝阳说。又十四日津《大公报》载北平电话：据十三日下午七时前方情报，日军决心取热。据确实调查，其已在东北及拟来东北之兵力，计已在东北者，有坂本第六、西义第八、广濑第十、松本第十四四个师团，服部第十四一个混成旅，高波第一、茂木第四两骑兵旅，独立守备队六个大队。其拟来东北者，有第四、第十六两师团及骑兵驻鲜之十九、二十两师团。闻十九师并已开始由鸭绿江右岸向辽省移动中。

五、调满敌军多系初役兵——据十二日《申报》载路透社东京通讯：数日来日本报纸登载大批军队遣往满洲之消息，军队中固有曾经在营中稍经训练之兵士，但大多数为少年新兵，甫于一月二十日入伍。查平时调往满洲之新兵，皆须在其指定军区内完成其初步训练，然后始调出国外，今则不然，故驻满军队在人力上不若在日军队之坚强。在被调赴满之新兵中，并未有曾受训练之大批将弁随之俱往，因素有经验之将弁，须留于日本，以训成教练队，分配于新兵队伍中也。在满师团，其人数每师大约不过五千或五千五百人，而平时留日师团则每师有八千五百人左右。今年新兵，未经初步训练，即调往满洲之决议，将使在满兵额由四万人，而增至五万五千人，或尚不止此数。此种新兵，在最初数月内，当然不能有多大用处，但随往之训练团，当能于必要时为战地之后援队也。日当局之所以遣派新兵赴满，就地训练者，除增厚驻满军力外，闻尚有两种目的：一为使新兵逐渐习于满洲之气候，俾战时不致受气候之影响；一为使新兵受野战之训练，盖以在满所需之工作，类似警察性质，与日本平时所训练者，迥不不相同也。在满洲事变之初，由日派出之军队，作战之力，转不若护路军六团之有效，因护路军队久驻满洲，并曾受特殊训练也。日当局以为满洲秩序，或须在数年后始可恢复，故决定凡在满洲服务之新兵，此后即直接遣往满洲，以便自始受特殊训练，如护路军所受者也云。

六、敌军队陆续调集经过——据十一日北平电：日攻热部队，自一日起，纷纷调集。计第六、第八两师团驻锦、绥及通辽一带，第七师团驻旭川，第十四旅团及驻金泽第九师团一部，已陆续动员，后方预备队为十九、二十两师团，第二十旅团驻平壤，第三十九旅团本月四日动员，预定二月底，由打通、锦朝两路，向热进攻。又十三日津《大公报》载北平电话：据十二日下午九时前方情报，由日开往东北之敌军第八、第十、第十四三师团之余部三万余人，据确实调查者报告，该项部队已在二日开始运抵辽境，至七日终结，前后二十四列车，每列二十余辆，载士兵千余人，每两次车有上校一员负指挥之责。行车经过，第一日为六列车，第二日八列，第三日两列，第五日三列，第六日五列。入境后，即转入辽西大通线、奉山线及其他方面，分别配置，积极谋热。又秦皇岛连日来每日有日商船一艘由葫芦岛往返，输送军需品，秘密向日兵营及商行储存。榆关日军现仍为第八师团所属第五联队之一大队，连守备队及伪警等，兵力约千余人，步、骑、炮兼有，战斗力并不薄弱。榆城西门敌在构筑炮台，城周围除北门大树被掩平，设备防守工事，现榆站停有铁甲车一列，升火待发中。

敌猛攻开鲁被击退

一、敌军猛攻开鲁经过——据十一日北平电：承德电，日军进袭计划，以第八师团攻热河，改以第六师团攻榆关，第八师团所属部队，除留守绥中、榆关间各站之少数部队外，余均渐次向通辽方面转进。现到热边一带者，达七千余众，十日开始向我防地猛扑，并以飞机、甲车掩护骑、步兵，分三路猛进。我军崔兴五旅及义军李海青、刘震东等部，沉着应付，敌机十余架，齐向开鲁城内投弹，商民损失甚巨。我军各部，已在开鲁西取得联络阵式。该地为广阔沙漠，敌甲车将不利于动作。另电：昨日下午二时，日军川田旅团及伪军蒙匪四个梯队，由大炮掩护下，用坦克车十辆，装甲车十二辆，向我开鲁猛攻，并飞机五架协助轰炸。我奋勇抵抗，同时义军冯占海、刘震东、李海青各部分路抄袭敌后路，与日伪军混战极烈，迄今尚未停。敌死伤甚重，我亦有相当损失，开鲁颇紧张。当局电令前方誓死抵抗，并调附近某部驰援。另电：开鲁驻军崔旅长今午电汤玉麟报告，开鲁仍继续混战中，日军利用大炮掩护伪警、逆军冲锋数次，均被我击退。开鲁日军三宅骑兵联队一队，第六师团一部约千人，川田联队一队，野重炮兵联队，步兵四九联队各一队。日攻热军司令部设打虎山，传日警备司令宇野佐治及叛逆张景惠、于芒山现在通辽。日军刻又由锦州运来大部军队到通辽，并从沈续调援军，伪奉山路兵车络绎不绝。

又据十二日北平电：汤玉麟十一日电平称：顷据开鲁崔旅长十日亥电报称：十日晨九时，通辽日军一大队联合蒙匪骑兵千余人，以飞机、唐克车、重炮掩护，突向我军防地总攻，敌势汹涌，陆空并进。职部当集合兵力，奋勇迎击。急调骑兵一部，迂回喇嘛营子、十里营子、二十家子，侧攻敌之后路，驻防开鲁义军刘震东、李芳亭各部，积极增援，联合反抗。敌军爆炸机六架，同时飞至开鲁投弹轰炸，持至午后四时，敌腹部阵地被我冲破，全线溃退。昨役毙敌三十余名，获枪二十余枝，机枪一挺。我军伤亡二十余名，开鲁无辜民众，被敌机轰炸，伤亡达二百余名等语。除饬前方严密防守外，特电奉闻。另电：承德电：日军大部昨袭击开鲁，我崔旅仍在开鲁城内扼守。义军冯占海、王蕴萍等部向开鲁西方十二马架、江密峰引退，将敌诱入深山中，突返击，毙敌约八百余，获军用品甚夥。敌经此重创，开鲁敌未敢再进。敌机在开鲁一带侦查掷弹，终日不息，人民逃避山中，开鲁附近除兵士外，已无居民踪影。另电：承德电：十日敌以爆炸机五架，掩护日伪军及蒙匪骑、步、炮队三千余，向我开鲁再度猛攻后，十一与义军刘震东、李海青等部，在道德营子、大树营子一带，鏖战竟日。入晚刘震东、李海青、冯占海等部组决死队，将敌三面包围猛击，肉搏二小时，敌逆被我大刀队砍毙甚多。刘桂堂亦派千余人往援，敌向通辽溃退。计毙伪军及蒙匪等约三百余，获装甲汽车二辆，马数十匹，钢炮三门，机枪二挺，枪百余枝。另电：崔兴五昨晚电汤玉麟报告：日军川田旅团已奉令调至道德营子前线。敌用坦克车、装甲车四十余辆，掩护伪军张海鹏及伪警宋荣部冲锋，日军在后督战。同时爆炸机十二架，由锦州机厂飞至开鲁县城，肆意爆炸，损失甚巨。敌此次攻热，完全以伪军为前导，故日方仅有小损失，伤兵均运通辽。

二、败退通辽待援再犯——据十三日北平电：进犯开鲁之日蒙匪军，经我击溃后，即退通辽。闻日方俟援军开到，即行三次进攻。此次日方进攻开鲁，以蒙匪为前锋，日兵督饬于后。蒙匪经我军痛击，纷纷向后逃窜，日方以机枪扫射，蒙匪伤亡甚众。日方以蒙匪进攻不利，拟定第三次进攻开鲁时，以日兵为前锋，期向我军猛攻。我援队已陆续开到，大战即在目前。另电：通辽日军及蒙匪千余攻开鲁失败，义军李芳亭部获日军装甲车一辆，毙日军八名，获步枪三十余枝，道台营子敌遗落小汽车一辆，李部追击部队，十三在开鲁边境与日军继续激战。另电：开鲁骑兵第九旅电告日人仍积极向我阵地攻击，刻在开鲁东南数里半抓屯一带激战。日人装甲车数十辆，掩护助战，并派飞机向我后方各处掷弹。我军有充分准备，最前方为刘震东部，后方为邓文、冯占海等部劲旅。另电：崔兴五今晨电平称：开鲁自十日晨日军总攻，经我方击退后，现日军飞调大部援军，集中通辽，为第十四、第三十九两师团。打虎山由逆军宋荣招来大部伪警等五千余。日方此次损失较轻，逆军张海鹏及蒙匪被创甚巨，均无战争能力。日机每日飞开鲁爆炸，城内落弹处均起大火，经我方救护，人民及商号被害者，刻已由县府妥筹善后。又据十四日北平电：开鲁崔旅长电平：谓日军在开鲁县，积极布防，连日运到辎重品甚夥。传日方拟平〔本〕月二十日前，实行三次总攻。驻道德营子之日骑兵第六师团，昨午调通辽，新由通辽开到之第三十九师团，即开抵前方。近二日，开鲁无变化，日第八师团长西义一，已由绥抵凌南，传将积极布防军事工程。另电：总攻开鲁敌军为川原、茂木两旅团，共一千五百名，钱家店有伪军索幹臣部八百名，有蒙匪一千名，飞机十余架。另电：开鲁日军自被击退后，未敢进犯，我军防线，已联络一致，日如来犯，群起以攻。又据中央社十六日北平专电：承德十五日下午五时电：日军二次总攻开鲁失败后，刻正集中通辽附近，不敢再进，惟指挥伪国军作局部活动。张仙涛逆部一旅，前在开鲁东某处，被义军冯占海部包围痛击，该部全旅被缴械。传张海鹏逆部有于最近南开说。

三、崔旅长电请筹军械——朱庆澜将军近接开鲁崔新五旅长两电，报告连日与敌接战情况。原文并录于次：

电一：朱桥老钧鉴：密。灰电谅邀垂鉴。顷据道德营子刘团长继赓报称：蒸日有伪国军队百余人，乘我帮统店哨所兵力单薄，前往袭击，当经一人突围而出，来部报告，余队死守哨所，竭力抵抗。团长闻报，即派第十一连连长魁武、补充连连长陈会卿，各带所部前往应援。此敌殊为顽强，战至六小时之久，始被我军击退，追至数十里外陈家营子地方，时已昏黑，未敢深入，共击毙敌人七八名，夺回民间被掠牛马七十余头，当时招领而去等情。据此，查敌人利用蒙古及张海鹏、白华臣各军，佐为爪牙，将我驻军地点，扰乱殆遍，俟我疲惫，再行大举来攻，亦未可知。故近来大小战事不等，无地无战，无时无战，旅长一面令饬本军，一面通知友军，无论何时何地，敌人来犯，即群起而应援之，庶几脉络相关，不致为敌所乘矣。除报告汤司令外，谨闻。旅长崔新五叩。真。印。

电二：朱桥老钧鉴：前次攻击道德营子之敌，被我击败后，其进图开鲁之心，仍未少敛，竟于虞日以日兵三百，蒙兵千余，向李芳亭驻守之舍博吐、曹家营子防地进攻，因战机不利，当日失守退至佟家窑，齐日又复失利，退至官银号，佳日退至老河南岸。消息传来，地方震惊。此时新五军队，始由各队〔处〕调齐，乃派五十七团两营，及五十八团，督同李芳亭部，节节反攻。四日之内，官银号、东条筒、北三畬堂、佟家窑、曹家营子各失地一律克复，敌人退至巴拉各沈一带矣。共击毙敌人五十余名，我军略伤亡。其所克复地带，被敌烧杀抢掠，损失一空。查我军自与敌人交战以来，惟以血肉之躯，与敌飞机、大炮、坦克车相搏斗，其优劣之势明矣。若以国家军实论之，固不敢与列强相比较，然前方御敌军队，所需要者，尚不致如何为难。吾中央各当局，若知领土不可轻弃，国权不可丧失，则开鲁一县，即须保守。保守之道，不过在妥筹以相当之兵器而已。今果由中央拨大炮数门，机枪一二十架，高射炮数门，则新五兵力虽薄，敌或未敢轻视。每思及马将军与十九路军之功败垂成，非军队之果不善战也，器械使然。窃念诸公爱国之诚，中外钦仰，若能将以上情形，缕陈中央各当局，则些须之要求，或能办到矣。肃布区区，伏候明教，旅长崔新五叩。灰（十日）。印。

凌、朝等地时有接触

一、凌南——据十二日北平电：日军三宅骑兵队四百余，昨由绥中经绥凌大道，向热边凌源移动，在白石嘴子附近，与义军某部冲突。又据十三日北平电：秦皇岛电：锦西敌机连日掩护三宅骑兵及伪军程国瑞部，袭我凌南、凌源，势甚猛烈。我义军郑桂林、韩云浦、李霁青等部，以散兵法隐伏山林间射击，敌死伤颇众。伪奉山路连山车站十三晨开到敌军兵车两列，闻将转开凌南、凌源。又据中央社北平十五日电：承德删（十五日）电：日关东军总部，移大虎山，第八师团一部，向凌南推进。

二、朝阳——据十四日《大公报》载北平电话：据承德报告：日机八架十二晨飞扰朝阳上空，侦察数匝东去。朝阳寺日军又增百余名，有日装甲车一辆，由步兵四十余名掩护，用飞枪向我南岭阵地扫射，被我步兵击退。义县城内有日军数百名，坦克车两辆，机关枪、迫击炮各十余架，车站停有铁甲车一列，城外驻伪军四团，共一千三百余人。朝阳寺、义县间日军随车往返，增减无定。城北庙沟及清河门附近，为日军驻义守备队。又十四日北平电：驻朝阳董福亭电汤玉麟称：朝阳寺到日招来蒙匪七百余人，日第八师团在后方督促前进，朝阳寺日军每晚向我阵地实弹射击，日甲车一列，昨晚开赴南岭，内载日骑兵百余，大炮四尊。驻黑龙江之平贺旅团，已全部开抵通辽，驻通辽附近之钱家店。开鲁前线日逆军队，共约数千人，每日均与我义军冲突，无激战。另电：汤玉麟电平称：据北票宋副官电话报告：七日南岭阵地守兵换班时，由南来日机一架，至南岭低飞，并用机枪向我阵地扫射。我守兵还击约二百余发，敌机飞去。朝阳寺敌阵守兵，昼间增加百五六十名，次晨仍返锦。另电：南岭昨有敌军斥堠队约二十人，向我防线开枪射击，被击退。日军连日在朝阳寺车站附近，挖掘丈余深战沟，沟旁埋地雷，防我义军包围抄袭。

三、阜新——据十四日《大公报》载北平特讯：昨日热河前方情报，阜新敌军进攻颇急，驻下洼一带之义军冯占海部第一、四、五、六四路，即日分头向阜新推进，冯氏即于日内亲赴前方视察，并指挥应战。

热边军民联络抗日

据本月十日北平通讯：中央委员纪亮，上月底由京过平，亲赴热境视察。八日晨乘长途汽车离承德，当晚抵平。记者赴其寓所访问，纪氏发表视察热河经过，谈话如次：余奉中央命令，赴热河边境视察，上月二十六日抵开鲁，正值日军向开鲁总攻以后，当地被日机轰炸，凄惨情况，一一目睹。先是通辽日军，早有进窥开鲁之意，上月二十四、五两日，联合蒙匪骑兵二千余名，及伪军一部，用陆空全力猛进。我军驻开鲁第九旅崔旅长，俟敌进至叭拉和尚庙及道台营子附近时，始行还击，一面派骑兵迂回敌之后方，持至二十五日晚，敌始崩溃。同时日军飞机五架，随来随去，向县城投掷炸弹，总数约在三百以上，城内现在仅存颓垣残瓦，至人民死伤数目，据当地红卍字会调查，约在三百四五十名左右。余到开鲁后，崔旅长表示，第九旅为开鲁驻防二十余年之老军队，本人驻防亦有十数年，如县城有失，则相与偕亡，语极悲愤激昂。开鲁附近之下洼、建平、绥东、鲁北各地，余亦到达，后至朝阳，戍守该地之董旅长，对于部下，感情甚佳，甘苦与共。南岭现由张受铮营长扼守。各地民团亦能联络一致。在热边义勇军，艰苦耐劳，本人视察前方结果，总括言之，士兵均抱死战决心，其一种坚忍精神，殊令人起敬，钦佩万分。至日军攻热计划，据余在热所闻，一月十七日前，日军征集骡队车辆，似有预备总攻企图，是时为阴历年底。我方因日军准备图热，决起抵抗，以后日军攻热忽又缓和，并将征发骡马车辆解散，其用意尚不明了。本月五日开鲁方面，闻日军又一度进攻，但未得逞。余等由前方返回承德时，与汤主席晤面，汤在欢迎席间表示，我今年已活到六十一岁，平日对国无功，对民无劳，今日军寇热，非仅亡我热河，实为亡我中国，余决牺牲一切，誓与敌拼，言下意态坚决，可见热河对抗日空气之激昂。至于热河民间情况，艰苦万分，余身临其境，满目疮痍，正待国人努力援救。余在平勾留时期未定，一俟任务终了，即返京向中央报告云。

朱霁青部抗日近况

据本月七日北平通讯：记者昨访甫由热河返平之义军某军官，承谈国民救国军朱霁青部前方情况甚详，兹志其大要如下：

朱霁青之指挥总监部，现设于朝阳附近之萧家店一带，随身卫队三百余人，部下共计二万余人。该地实力最大之耿继周部，近亦与朱氏接洽妥当。近来日伪军进犯锦朝路，即耿继周部与其第十四师孟昭炎等，誓死抵抗，幸未丧失寸土尺地，反将朝阳夺回。朱氏因去年双十节围攻义县失败以后，不但未曾灰心，而且卧薪尝胆，时时以夺取义县为目的。盖因战略上之关系，必须占领义县，而后可以直逼沈阳也。惟朱部所在之地，十分荒凉，官兵之粮食，马骑之草料，均较别地贵至一倍以上，因之给养异常困难。现在朱部官兵，衣食由部队供给，每人每月发零用二元。朱氏本人，完全与士卒同甘苦，穿破鞋，着冯玉祥所赠之旧皮袄。每餐均食高粱米饭，白菜豆腐汤。其部下有觉朱氏过去乃系锦衣玉食者，而且朱氏年事已老，应为非肉不饱之时，每餐完全粗食，未免可怜，乃多方设计，为之购买白面粉一袋，朱氏见之，不但不觉快慰，反正色曰："吾既以身许国，死且不惧，衣食何足挂怀，而且士兵均食粗粮，余又何忍独食白面？"部下闻之，均十分感动，现在白面粉一袋，仍存于军中，丝毫未动也。朱氏在军中，又极勤劳，每日黎明即起，亲自带兵练习打靶，其所办之武术教练班，亦亲自监督与训练。朱氏虽久经风霜，精神反较从前饱满。今日朱子桥将军及北方某要人等，均有亲笔函致朱氏，劝其本人退回后方指挥，作长期之奋斗，但朱氏并不接受此种意见，而且向人表示，抗日只有在前方，即不幸而失败，亦死得其所，东北失地未收复以前，绝不退回。现在朱氏所在地，离伪国军队李某所部，仅有十五华里。朱之后方，热河某旅，已架上电网，防备敌人冲锋，朱氏实处于二者之间。热河大战爆发时，朱氏即首当其冲，最近敌方飞机，亦时至朱氏所在地盘旋轰炸，但因朱氏与当地人民，感情十分融洽，任何民户，均欢迎朱氏住居，朱氏有此方便，遂得以随时迁移，行止不定，日方飞机虽毒，亦对之莫可如何。此朱氏本人及其部下在前线之情形也。

义军围攻九门口纪

据十五日《中央日报》载响水通讯：记者自辽西各地视察义军后，于一月二十五日道经临榆县之石门寨，闻东北义勇军独立第八梯队王慎庐部及第五路郑桂林部，以九门口形势险要，不可久失，即日誓师，进兵会攻。记者闻讯，赶赴某地，面晤王、郑二司令，当即随军出发前方，驻于响水司令部计十日，并于我军进占九门之时，在九门附近摄得影片多种。兹将两军此次作战详况，述之于左。

九门口在榆关之西北三十里，东西平圹，西、南、北三面峻山环绕，高可千仞。其南北两峰之巅有长城对峙，城上各有炮楼数座，有一夫当关，万夫莫当之势。两峰之断缺处，即所谓九门口是也。口左有城一座，倚山作椭圆形，仅有东西二门可通出入，口右则浅溪如带，蜿蜒东流，夏涨冬涸，交通称便，此县志称曰九门口水。地势险要，为历代兵家所必争之地。民十一、民十三奉直两次构兵，在九门口血战旬日夜，最后奉军进占九门，以一路入关东向，击断直军战线，另以一路西进，平、津斯定。东北义勇军独立第八梯队王慎庸部，士兵皆系智识分子，爱国男儿，誓以极大之牺牲精神，愿做热烈之抗日工作。自去年《淞沪战争停战协定》签定后，即相率出关杀敌，历次在锦西、绥中、前所、兴城各地与日军鏖战，所向披靡。上月初旬，军次塞外，惊闻榆关事变，乃率师驰往增援。廿五日军至城子峪，又闻九门口继失，士兵皆愤慨异常，痛哭捶胸，泣不可仰。公率各队长向司令部请缨，请立进至九门，灭彼朝食。司令官嘉其志，乃邀义军第五路郑桂林司令所部，前进会攻。及暮，郑军尚未至，王司令乃先挑选所部精锐二百人，由参谋长喻翊忠率领，晚七时发自庄河，绕道深林峻岭间，行五十余里，时已午后，始抵夕阳口。分兵二路，各向东西二门突击，刃其哨兵，获其枪械，奋勇入城，呼声震天。时日军方在酣睡中，毫未戒备，闻声惊起，仓惶失措，皆亟抱枪逾城而逃。我军乘势追击城外，以手溜弹、手枪痛击之，弹声响处，血肉横飞。激战一时余，守九门日军之一联队，为我军击毙者，多至二三十人，我军重伤数人。时至拂晓，榆关日军第八师团闻急，发遣援军步、炮各一联队，分乘车马，直迎九门而来。又遣飞机两架，向我军投弹数十枚，我军以缺乏新式器械，不得已退至附近山中待援。次日，东北义勇军第五路郑桂林司令，急召原驻塞外大店子、曹家房子、花户庄一带所部之第三旅及第八旅，入关来援。廿八日午后，抵黄土岭，待命进攻九门，又令该路副司令吴金铎，率其精锐之师，在娄家沟集合待命。当夜十一时，兵分二路，由九门口夹攻。先日军闻讯，已将城垣四围坚筑二道铁丝电网，兼于城之倒塌处，用木材和泥加筑甚固。东西两门，则严加紧闭，门内高堆沙袋，借资固守，兼于城上置机枪四架，城外高岭及南北两边城之炮楼上，预置野炮五门，以御我军。我军乃由城背山径，急趋而下，待抵城根，先以利斧破毁其防御物，再以云梯奋勇爬城。日军急以机枪扫射，而我军奋不顾身，群以手溜弹向城上还击，一振声威，士兵齐登，滚身而进，大刀飞舞，敌被刃者二十余人，而我军阵亡亦有数人。敌复以探照灯向四方远察，连向我军阵地炮击数十发，以阻我军续进。如是双方相持二时余，敌援军由榆关赶至，我军乃退出城外相持，待东方既白，仍退黄土岭休息。二十九日晚九时许，郑司令又在黄土岭集合所部，向九门前进。至午夜，双方开始攻击，敌恃重炮利器，以制我军。炮声震天，彻夜不止。王司令急令精兵一队，越岭绕道，迂回数十里至新台子，以袭敌军炮位。郑司令亦令所部，分散各地扰乱，并渐次集中，向夕阳口、铁厂堡猛攻，敌始终未敢轻率出城迎击。是夜敌我双方死伤相等，惟恨未能决一胜负耳。三十日正午，独立第八梯队王司令官在响水与第五路司令郑桂林相约，准是夜两军再继续会攻九门。午后，王司令官以欲败退敌军，须先夺其炮位，然后彼方无恃可倚，而我即可入城，与敌短兵相接，乃传令参谋二员，率领各大队队长，前往九门附近侦探敌军炮位，俾定进攻策略。是夜九时许，第八梯队之四大队各选精锐百余人，分路各向指定敌军炮位进击。而第五路之一部，于夜十时许，在马家湾集合，向九门之东、南两面夹攻。不意敌军早测知我意，已先将炮位移动，敌复又增援三百人，并连发照明弹十余次，随即以重炮向我军阵地轰击，我军亦以迫击炮还击不已，终夜双方均未能接近，互有伤亡。次日天晓，敌军第八师团又由榆关开来装甲汽车四辆，后随骑步兵计四百人。我军士兵奋勇异常，在狭隘处迎头痛击，装甲汽车遂悉数被毁，并获敌枪十余支，毙敌二十余人，我军乃向山中退至原防。二月一日，第五路军郑桂林部以九门敌军防御工事坚固，数日来未能得手，乃变更战略，召集所部，由大毛山口出边城，拟至兴城、绥中一带进扰日军后方。独立第八梯队是夜亦令其一小部队向九门附近扰乱，其余则在田家岗、猪熊峪、苇子峪一带休养，以待明日大举反攻。二日，独立第八梯队王司令官决于是夜大举进攻九门，分兵三路，以一路于午后四时在〔由〕响水出发，迂回深林峭壁，越边城，行六十里，以回攻敌军左后方之新台子要隘。以另一路绕道塔山，直攻左侧九门东老爷庙敌炮兵阵地。更以余一路绕过新庄进击右侧炮兵阵地，并施用爆炸药具，轰毁西门。限夜十时前各路齐达目的地。先夺新台子以放火为号，继爆毁其西门，群冲锋而入。城内火起，弹丸如雨，杀声震天，血肉横飞，毙敌百余，获械无算。敌军愈顽抗，我军愈奋发，最后敌军溃退四走，炮火乱击，我军沉着应战，弹不虚发。时抵拂晓，敌援军至，力图反攻。我军以缺乏新式利器，未能坚守，乃分途退归。是夜战况之烈，当称希有。士兵归来，伤者其半，袜履皆穿，衣裤尽赤，腹饥口渴，疲敝不堪，确非具有最大牺牲〈精神〉之爱国青年，决难当此。三、四两日，我军以士兵连日激战，疲乏过度，加以粮尽弹绝，衣履不周，不得已暂行退休，以待后方接济，再图进攻，故九门前线，颇能平静无事。五日我军探悉日军以朝阳、北票、绥中、兴城一带义军大举进攻，昨夜已将榆关九门口之守军抽调往援，现九门口之日军与伪警合计不足百人，我军适又增援生力军一队，士气大盛。王司令官乃急召各队长面授最后进攻九门机宜。是晚七时半，司令官即令各队率众出发，不鸣一枪，先以一队黑夜登城，再以一队分待东西二门外，俟城上举火为号，猛攻而入，更以一队登山夺取炮位。我军入城后与敌作白刃战，计毙敌三十余人，获枪十余支，敌胆遂寒，乃夺门而出，溃退山中。待次日午，敌派装甲汽车率大队骑、步兵来援，我军乃退出城外，迎头痛击，双方各有伤亡，一时后我军退至原防云。

《中央周报》

中国国民党中央执行委员会宣传部

1933 年 246 期

（朱宪　整理）

热边大战序幕揭开

作者不详

本月下旬以来，日伪联军对热边各地开始大规模之攻击。我前线将士，人人奋勇，个个当先，以血肉之躯，当敌之飞机、唐克，斩敌将，搴敌旗，顽敌为之辟易。望我全国将领，从速整饬军旅，一致准备，以便必要时增援热边！并望我全国同胞，踊跃输将，俾裕军需，使我忠勇将士，得以安心杀敌！国联报告书，已于本月二十四日通过大会，足证世界尚有正义，公理犹在人心。我全国同胞，其速奋起！为正义而战！为公理而战！兹将各项消息汇志如左。

热汤电告大战开始

据本月二十二日热河电，汤玉麟通电云：冬报馆均鉴：自一月下旬以来，敌以陆空联合，迭次图开，幸经我军将士用命，迎头痛击，均未得逞。敌自开鲁失利，创剧痛深，乃变更攻开计划，转攻北票，因之朝阳方面，日趋紧张。二十日午前十时，敌机一架，飞建平之业〔叶〕柏寿，投弹四枚，炸毙商民三名，炸毁房屋数处。午后三时，日机一架，飞至北票，投弹五枚，炸毙董旅之运输骡马七匹，民女一名。旋至南岭阵地投弹五枚，幸无损伤。二十一日午后六时，朝阳寺之敌，步炮连合，附装甲车七辆，唐克车四辆，飞机四架，向我董旅南岭阵地猛冲，同时对我蟒〔牤〕牛营子阵地，迂回攻击，攻我南岭二百十四区之张营，及向南岭接防前进中之二百十三团王营，正激战中。至二十一日午刻，敌军增加至三千余，炮甚多，我军就口北营子附近阵地，死力抵抗。查锦、义之敌，主力甚厚，确有总攻热河企图，决非局部之冲突。现在大战既已开始，玉麟谬膺疆寄，守土有责，誓与国土共存亡，除严督所部，拼死抗战外，尚希全国人士，群起声援，既望精神响应，遥壮军威，复盼物质协助，以励士气。定必胜之戎机，端资群力；御横来之外侮，尤特同心。敬布下忱，仁候明教，临电不胜翘企之至！汤玉麟叩。马。

南岭、开鲁均剧战中

（一）敌军猛攻南岭、北票——据二十一日临榆电：朝阳寺日军，于十六日攻我南岭，遭我痛击后，未得逞，双方即在对峙状态中。连日日军在该线继续配置重兵，积极备攻，在义县之伪军二千余人，亦开入前线。刻据朝阳县二十一午急电：二十一晨六时，日伪军步、骑、炮联合部队千余人，装甲车有十余辆，唐克车四辆为前锋，在飞机十余架掩护下，开始攻击我南岭阵地。我董旅部队，沉着杀敌，振奋逾常，迄午仍在激战中。又据二十二日北平电：董福亭今晨电汤玉麟报告：朝阳我军与敌激战，自二十至二十一日下午一时止，炮火稍息。迨下午三时后，敌开来援军茂木旅团三宅骑兵联队三千余，敌以炮兵为前锋，以蒙匪及伪军为左右翼，日军六部在后督战，由昨下午至今晨八时，双方仍激战中。日用飞机八架在南岭助击，炮火甚烈，南岭民众死伤甚夥，我南岭阵地未动。后有义军耿继周及驻凌源山嘴子之义军郑桂林部，同时赶到参加作战。又二十二日临榆电：顷接朝阳二十一亥电：二十一晨，朝阳寺敌军，开始向我南岭总攻击后，前后猛攻凡七八次。敌每次攻击，均多利用陆空联络，集中炮火，向我阵线猛烈轰炸，以护步兵扑我阵地。我军沉着异常，待敌逼近百米，即用轻电〔重〕机枪及迫击炮，向敌猛烈射击，继则冲锋肉搏，同时并以骑队由侧面袭敌两翼，敌屡进屡退，终日未得进展，其死伤约有三百人以上，我军亦小有伤亡。又同日北平另电：北票电：南岭、朝阳寺两处，均在激战中。我董旅扼守南岭西方约三华里之双岗阵地，日军以坦克车掩护步、骑各队，三次来袭，均被击退。日机昨在我阵地轰炸三十余弹，幸无损伤，我军仍扼南岭西方阵地，军心极沉着。朝阳寺、十里堡均有激战，义军保卫团均加入我军抗日作战。朝阳寺、南岭炮声震天，战云弥漫，情势极烈。日方由义县调增军队千余，声称将占北票、朝阳，我援军亦开到，主力战斗即将开始。

又同日天津电：南岭方面敌我两军，自二十一晨激战，至二十二晨双方损失均重。二十二午战事移至北票，下午移至莽牛营子，二十二晚朝阳城内隐闻炮声，想见战事激烈。又同日北平电：承德电：日军第八师团大举进攻朝阳，昨晨六时，步、骑、炮联合在飞机、坦克、大炮掩护下，向我南岭及莽牛营子阵地猛攻。我董旅一部奋勇抵抗，激战甚烈，同时敌并向北票推进。延至正午，日军后援部队续增，总数在三千以上，双方激战至下午三时始止。昨晚六时许，日军又继续猛攻，我沉着应战，扼守阵地。同时义军李海青、韩云甫两部，分在右翼抄袭日军后路，激战六小时，日军向骆驼营子退却。今晨双方又冲突，刻尚相持中。又二十三日北平电：董福亭电平称：日以空、陆两军四千余众，向我压迫，前线冲锋七八次，卒未得逞。我军在南岭西方，处低洼地势，敌居高临下，为避免牺牲，全部安全退入北票新阵地，暂与敌拼一死战。我军为战略而入新阵地，无关军事全局等语。另电：承德电：锦朝线敌军二十二晨分左右两翼及中路，向我南岭阵地猛攻，分三路包围。中路为敌军将领西义，亲率甲车三列，坦克车十余辆，野炮二联队，步兵千人，在前线指挥督战。左翼由铃木率步兵两联队，迫击炮、野炮各一联队，及程国瑞部，由留龙台进攻我三宝营子、二官营。右翼由第八师步、骑军混合队，由金教寺前进冲锋，炮火猛烈，并敌机八架协助轰炸。董旅〈长〉亦亲率所部，散布各要道，拼命以机枪、手榴弹还击，双方激战竟日，敌军屡次冲锋，被我军击毙约二千余人。现董旅以日军左翼猛攻我三宝营子、二官营等处后方，谋断我朝阳、南岭间联络，故已将所部集合朝阳正面新阵地，固守待援。另电：我扼守南岭董旅两营，因避日机轰炸，二十二晚入北票新阵地。日方续以空、陆两军，及坦克车队再向我北票进攻，我军正努力抵抗中。同时日骑兵由飞机掩护，迂回成高营子、龙潭山向我朝阳进攻，朝阳二十里外大甸子，有激烈战事，迄今晨止，日军未得逞，我军仍扼守北票、朝阳等处坚固阵地，军心甚振奋。南岭、北票连日激战，日军死亡达三百余，被我军击落飞机一架，我方损失甚微。决战地点，当在朝阳、赤峰一带山地中。又同日临榆电：二十二晨，第六师团部队一联队，附炮四门、战车两大列，由沈过锦，开往锦朝路前线，增厚火力，向北票进攻。顷据朝阳二十二电称：攻南岭敌军炮火剧烈，我军正面佯退，将敌诱入隘路，殊死血战，将敌三面包围阵势击破，死伤甚众。朝阳寺、南岭、北票间铁路我已完全破坏，阻敌利用进展。敌又续向前方增重兵，并载重汽车六十余辆，民车三百余辆，企图攻取北票。刻我在北票、南岭间巩固阵线，虽剩一卒一弹，亦必誓死抵抗到底。又据二十四日天津电：昨日军步、炮、空联合队约四千人，并铁甲车三列，坦克车四辆，猛攻北票。我董旅某部，当以战略关系，阵地稍有变化。至晚调集后方部队，分头奋勇反攻，激战三小时，我军大部胜利，毙敌约四五百名，余均狼狈败退，北票一带阵地完全恢复。至夜敌又来反攻，至今晨双方仍在激战中，我军续调援军开往前方，决与敌作殊死战。另电：我军在北票附近之南坡，与日军激战，二十四日晨仍在猛烈冲突中。日由朝阳寺以大队骑兵，迂回大凌河，猛攻八家子、刘房子，冲击朝阳侧面，朝阳被敌机轰炸，已无完土。传日军计划夺取朝阳后，再从石河进兵，进窥滦东，拟由喜峰口取承德，与攻赤峰方面日军相呼应，此计划已为我军事当局深悉，赤峰、石河间，均置重兵，我方决不放弃寸地。

　　（二）敌攻开鲁蒙匪前锋——据二十日北平电：敌定二十二日三路进攻开鲁，日前由通辽开到装甲车十七辆，大板车五十二辆，小汽车八辆，野炮八门，山炮十二门，机枪二十架，迫击炮十门，步兵五千五百人，先到飞机七架。张海鹏逆部七个支队，陆续开到通辽，传知各商，每家预备炒米三百石，限三日交齐。又电：承德电：十九午开鲁续到伪警五百余人，携全副武装，十七日赴通辽，参加会议之汉奸张海鹏、于芷山，均于十九日晨先后到达开鲁。传日关东司令武藤已抵打虎山，开鲁近二日仅前哨接触，日机每日由通辽飞开鲁车截店一带侦炸。又二十一日北平电：日方攻开鲁失败后，前哨步队第六师团熊本部七千余人，十四奉武藤命，全部调驻建平县四官营子一带，与我军冯占海部阵地相距五里，该军离开鲁时，拉去民夫百余，在四官营子筑坚固阵地。民房多被占据，开鲁道德营子第六师团驻军地点，十五午武藤令调新由通辽开到日军三九师团驻防下洼，冯占海部与日军时有接触，日攻开鲁未得逞，目标已移至建平。又二十二日北平电：通辽敌军二十一日晚，乘深夜利用蒙匪骑兵五百余人为前锋，突向我大树营子猛袭，被义军刘震东部迎头痛击，激战至二十二晨六时，敌复以飞机五架，掩护装甲汽车十余辆，步兵一联队，与张海鹏步、骑兵一营混合，齐向我开鲁前线阵地进攻。我全旅会同义军各部，沉着应战，迄午未停，战事极猛烈，我前方士气极旺，均抱誓死杀敌决心。又二十三日北平电：开鲁昨突吃紧，日军由刘家台向开鲁北方进展，已与冯占海部在四台子激战。日方由通辽调来援军三千余，向我开鲁推进，已入总攻模样。蒙匪三百余名，昨犯开鲁北方之甘旗哈拉堡，被我军击溃，俘蒙匪七十余人。另电：开鲁电：敌由二十一晚起，以步、骑、炮五千，装甲车二十余辆，蒙匪伪军三千余，分路进犯。二十二双方激战一昼夜，毙敌甚众。又二十四日北平电：二十四日晨敌骑兵四千余，分五路犯开鲁，距我仅八里，前哨已有接触。义军各部亦联络作战。同时王家油房东南亦发现敌踪。张海鹏逆部三百余，由通辽回大虎山，中途哗变，绕抵道德营子投入冯占海部，敌对张部监视极严。另电：开鲁前方敌伪蒙匪联合步、骑、炮队约五千余人，与我军在老河东鏖战，距开鲁甚近，崔旅已派大队迎头痛击中。

（三）凌南形势亦甚紧张——据二十二日北平电：热省某厅长抵平谈：朝鲜〔阳〕南岭地方，四面高山，易守难攻，日攻朝阳，完全为牵制我方军队。缘日在朝阳，由去岁十月至现在已猛攻十余次，均失败。日方大军云集热边，实以凌源为目标。朝阳此次事变，汤已有相当办法。开鲁近日无大变动，惟日对攻开鲁，较攻朝阳为积极。另电：陵南药王庙日军拟向凌源冲进，经我方在西路沟义军郑桂林部截击，日机三架，今飞凌源县，侦炸凌源义军郑桂林部阵地。叶百〔柏〕寿、梨树沟门一带，被日机连日掷弹，损失甚重。另电：十九日晨，日军第八师团步、骑、炮联合兵四百五十余人，连同伪军六百余人，同由绥中县向花营、平玻一带推进。花营北五里某地，与郑桂林部吴金铎、崔景诒联合军相遇，双方激战四小时后，由崔景诒率轻骑由围屏山绕攻日军后路，日兵措手不及，纷纷后退，郑部奋勇加攻，毙敌百余，获枪百余支，获战马二十余匹，我方亦〈有〉相当伤亡。又二十三日北平电：承德电：绥中三宅骑兵千余，以飞机两架掩护，二十三日向凌南县掩进，经梨树沟门，被义军彭振国部截击。

（四）敌军重兵数路布置——据二十一日北平电：日为本月底大举攻热计，在打虎山至通辽一带，布置重兵两万余人，以开鲁为标的，欲直捣赤峰。锦州、朝阳一带布置兵力约一万余，此路因多山，不利进攻，目的在扼守锦朝路，阻我军突袭。绥中至凌源大道布有重兵两万余，目的在进攻凌源，而趋平泉。日关东军司令武藤，将偕张景惠、张海鹏驻守打虎山，指挥各路军事。另电：使馆息：锦朝线日军第八师团一部，乘甲车二列，飞机五架，昨下午由锦朝线正式向我热边朝阳南岭一带阵地进攻，与我驻军激战，同时绥中三宅骑兵千余，以飞机三架掩护，沿绥凌大道进袭我凌南、凌源防地，被义军彭振国、郑桂林部，在梨树沟门堵截，炮声彻夜未停。通辽日兵，有定今日向热边开鲁进攻讯，现日军对热实行三路总攻。日方连日由朝鲜经南满路运到日军万余，转奉山路开往热边。又二十二北平电：军息：敌军攻热配置如下：（一）锦朝线为第八师团、第二师团步、炮兵共二万三千余人，飞机四大队。（二）绥凌线为第十七师团、第十四师团，及川田、茂木两旅团，共三万五千余人，飞机两大队。（三）张海鹏、于芷山两逆部，担任凌南方面，程国瑞担任南岭方面。（四）对南岭、凌南同时进攻，开鲁暂不攻击。（五）铃木旅团由榆西进，压迫我军，欲使我军退守滦河。又二十四日北平电：承德敬（二十四）电：敌二十四晨由锦州运去长途汽车六十辆，开赴朝阳寺，拟由该处运兵进取凌源。一面由通辽猛攻开鲁，我方阵线，因敌袭击凌源，二十四日起改变方向，已与铁道成平行线。至敌侵热兵力，原有日军三万人，伪军一万人，但此项伪军中，有日军五千人。二十三日敌为增加侵热兵力起见，复由沈阳开出兵车六列，在绥中下车，载兵一万人，二十四日晨开朝阳增援。共计敌方在热兵力，合伪军中之日军计算共四万五千人，伪军约五千人。共分两路进攻：一路〈攻〉开鲁，以犯赤峰。一路攻凌源，以犯承德。二十四、二十五两日两路均有激战，我方将士奋勇抵御，阵地无变动云。

外部驳覆荒谬节略

本月二十三日下午五时，日本使馆秘书上村伸一，以节略一件，面交外交部罗部长，内容包含三点，措词颇为荒谬。外交部当即起草覆文，痛加驳斥，声明一切责任，应由日本担负。该项覆文，已于二十三日深夜送出。兹分录日方节略及我方覆文如下：

一、日本节略：（一）热河省内张学良军及其他反"满"军队之存在，不但与"满洲国"之主权抵触，且与热河省治安之恢复不能两立，故此次"满洲国"实行肃清该省内之匪贼及兵匪余党。日军乃在《日满议定书》之关系上，应与该国军队协力之立场，而"满洲国"当向上述张学良军等要求撤回关内，未能容纳其要求。故因实行上述热河省肃清事业之结果，而引起与"满洲国"军协力之我军与张学良军及其他反"满"军队之冲突，此乃因张学良军等留驻热河省内不得已而出此，且其责任应由不接受上述"满洲国"要求之中国方面负担之。（二）惟以肃清上述热河省为目的而与"满洲国"军协力之日本军，在热河省之行动，其目的在于确保该省之治安，此外并无他意，原则上仅留驻"满洲国"领域以内。惟张学良军以及其他反"满"军队，如坚欲出于积极的行动时，则难保战局不及于华北方面，若因此发生任何事态时，其责任悉在中国方面。（三）至"满洲国"对于反"满洲"军之归顺，向以宽大之态度待遇，汤玉麟军等若于此时归顺"满洲"，则仍将照从来之方针，予以宽大办理。

二、我方覆文：（一）自民国二十年九月十八日以来，日本以其武力侵占东三省，设立伪组织，兹又不顾一切，调集大批军队，进攻热河。热河为中国之领土，与东三省之为中国领土相同，中国政府派兵往热，防御外国之武力侵略，乃系行使其固有之主权。日本政府竟要求中国军队退出热河，显系扩大侵略范围，破坏中国领土主权，日本政府自应绝对负攻热之全责。至东三省伪组织为日本一手造成之傀儡，为举世皆知之事实，其所为之一切非法行为，日本政府尤应负其全责。中国政府因东省伪组织及所谓《日满议定书》，业经迭向日本方面严提抗议，概不承认，兹不复赘。二、日本应负攻热全责，已如上述，乃日本不惟欲攻夺热河，并称日本军队之行动，或将及于华北，足证日本方面蓄意侵略，毫无觉悟。中国军队在热河抗御日本及受日本指挥之军队，或在中国领土其他部分内为必要之防御，均属正当。如果日本军事行动侵及华北，中国军队自必行其自卫守土之权，其因此发生之事态，应由日本政府负其全责。三、热河省政府主席汤玉麟，为中国地方军事长官，在热河指挥军队，自有守土之责，日本政府对汤主席所称各节，殊属有意侮辱，中国政府特予抗议。

廿七将领抗日通电

溯自沈变发生，转瞬已十六阅月。国土沦胥，民众伤亡，损失之大，几难数计。目击时艰，忧愤曷已！当事变之初，我为尊重盟约、维持和平起见，不惜含垢忍辱，根据盟约，提请国联裁判，冀以正谊之主张，期获公理之实现。不图日人贪婪，得寸进尺，我讲公理，彼恃强权，我愈让而彼愈争，时愈久而变愈烈。迩来且复肆其凶焰，侵榆侵热，揆其用心，非第以我民坚忍为懦弱，直视一切盟约如具文。时至今日，我实忍无可忍，惟有武力自卫，舍身奋斗，以为救亡图存之计。学良等待罪行间，久具决心，现已遵照确定方针，简率师旅，积极进行，只求有利于党国，讵敢计及于发肤？诚以时急势迫，至此已极，舍奋斗无以求生，舍牺牲无以救死，但有一兵一卒，亦必再接再厉，幸而成，固可复我河山，雪莫大之耻辱；倘不幸而不成，亦可振我军誉，扬民族之精神！此次陪同宋院长来热，检阅部队，并力晓军人捍国卫民之大义，我袍泽忍辱已深，含愤已久，及经诰诫之后，均皆愤慨异常，涕泣图报。唯兹事体大，关系全国存亡，热河倘有疏虞，势必牵及华北，华北动摇，尤必影响全国，一发千钧，莫此为甚！尚乞海内贤达，全国同胞，共体时艰，一致奋起，俾作有力之声援，期收最后之胜利！临电迫切，诸惟鉴察！张学良、张作相、汤玉麟、万福麟、孙魁元、沈克、冯占海、李海青、邓文、檀自新、彭振国、刘震东、冯庸、刘桂堂、丁绍彭、刘月庭、邢预筹、崔新五、张从云、董福亭、刘香九、富春、石文华、孙德荃、于兆麟、王永盛、缪澄流同叩。巧（十八日）。印。

章、马两度联名宣言

　　汉学大师章太炎及九四老叟马相伯，前者鉴于国联会议对于否认"满洲国"一层未有决议（按此宣言系本月十日以前发表，当时国联尚无否认"满洲国"之决议也），曾以中国学者之立场，以历史及掌故等言，证明东三省属中国，特联名宣言，兹觅得全文如次：

　　东三省称为满洲，不过一种通称，原非正称，盖满洲只是一种部族，非东三省全为满洲也。论古来历史，汉时已有辽东（今锦州）、玄菟（今东边道）二郡，明时亦设辽东都指挥司，驻沈阳，是其地原为中国内地，非同藩属。论今日户口，东三省汉人凡二千余万，满洲人不过百余万，若论民族自决，三省正当属汉人，不当属满洲人。再辽、金、元入主中国，及清康熙与俄订尼布楚五体文约（内有一种为拉丁文），均认为中国土地，而种性早与中国同化。犹记咸丰年间，西洋史家载，中国库页岛有特种鹿驾车耕田，直至同治，该岛尚进贡貂皮等，东三省属中国无疑。日本攻东三省，实明知取非其有，故遁其辞曰自卫，又不可，乃文其罪，而造"满洲国"。人民不服，而有义勇军，非明明伪造耶！

案此举为我国第一流学者联合对外发表宣言，将能代表其数千弟子、名教授、科学家，及教育界正服务者，为拥护中国固有主权，向全世界作公正宣传，证明东三省，当属于中国。尚希全国同胞，一致奋起自救！

至本月十九日二氏复联名发表宣言，根据史实，证明热河与满洲无关，而高丽乃我国箕子之裔，日人生命线，不应伸至热河，且应退出高丽。该宣言将电达日内瓦，昭告世界。兹录其原文如后：

日人认我东三省为其生命线，国人曰：此线是橡皮性质，有伸缩力，请看下文。热河不得为满洲之一部分，较东三省更易明白。盖热河在明时，本朵颜等三卫之地。朵颜种类，即古之山戎，汉之乌桓，唐之奚，与契丹种类甚近，而与满洲种类相远。其后清人夺取其地，本非满洲人之旧居。至于今日，则热河所有汉人几四百万，而满洲人无几，更不得谓热河为满洲人所应有。若谓曾经满洲人夺取，即为满洲之一部分，然则北之桦太（中国名库页），南之台湾，何尝不经满洲人夺取！日人何不以桦太、台湾归之满洲伪政府乎？日人又称汤玉麟曾署名于《满洲建国宣言》，是真是伪，无可证明；假令有之，但可名为个人私约，岂中国政府、中国人民所承认乎？此尤不值一笑者也！世人公认高丽乃箕子之子孙，生焉息焉，具有历史。最近韩国志士，对国联有表示，即要求光复旧物。因此可断言曰：上述橡皮线，不但不应伸至我热河，按诸公理，应缩出高丽外。谨请拥护人道者，一致为公理努力！二十二年一月十八日马相伯、章太炎宣言。

热省民众通电呼吁

本月二十日，热河省党务整理委员会及热河全省民众有代电到平，请全国国民一致输将，援助热河。并请捐款购机，以充国防。同时并电全国军、师、旅长，请整饬军旅，聚焦热边，一致抗日。兹分录原电如次：

军人卫国此其时矣：

电一：全国各绥靖主任，各军、师、旅、团、营、连长，各大报馆鉴：榆关沦陷，华北动摇，暴日凶焰，方张未艾。既存得陇望蜀之奢望，复施轰炸惨杀之暴行。试看敌机到处，屋倒尸横，凄惨万状，暴徒所至，焚杀奸掠，鸡犬不宁！近更调集大军，积极谋热，屡经接触，幸均获胜。但以疲敝之兵，而对械精之敌，两相比较，恐难久持。诸君绾握兵符，卫国有责，望速以大无畏之精神，杀敌致果，誓卫国土之决心，陷阵冲锋！尤望整饬劲旅，飞集热边，一致誓死抗抵，坚决自卫，勿再使敌人越雷池一步，勿再使国土任敌方侵占，在中央领导之下，为自卫之奋斗，作图存之抗抵，共矢决心，以固国防。如此则十九路军不得专美于前，各义勇军亦不能讪谤于后，不特失地不难收复，国耻亦可逐步湔除。否则热河不保，华北屏藩尽撤，虽欲固巩华南，亦恐束手无策矣。成败利钝，在此一举，惟全国诸武装同志，其深思而熟图之！临电迫切，不胜翘企待命之至！热河全省八百万民众同叩。

民食堪虞吁请接济：

电二：（衔略）均鉴：慨自辽、吉失陷，锦、榆沦亡，暴日野心，谋热益急。既驰机以轰炸，复派兵而扰边。幸而汤主席于艰难危急之中，谋捍御撑持之计，遂使热边巩如金瓯，而敌计仍未得逞也。但热省地瘠民贫，物力有限，兼以年景歉收，哀鸿满目，值此大军云集，更觉供应维艰。本会正筹维救济办法间，适有纪中委子明、朱将军子桥来热，目击惨状，遂慨然负募集救济之责，特向绥远傅主席作义，电请援助，刻已得有覆电，傅主席慨允由绥省先捐助杂粮二千石，以济急需。并一面组织筹募机关，积极援助，一面声称绥省谷贱伤农，地方疲敝，此次绥民虽激于爱国热忱，踊跃输将，仍恐难济热省巨量之需要。为应急需计，绥省既有多量粮食，贵处若预筹资款，或他处捐款来绥购粮时，当代为采办，劝导绥民，以极低价格出售，用资大量接济等语。除鸣谢忱外，相应电请各方仁人志士，闻风兴起，踊跃输将，涓西江一滴之水，振军民百倍精神。将来驱除丑虏，还我大好河山，皆出自仁浆义粟之所赐也！现傅主席倡大义于前，望各方源源接济于后，前方军民需用，庶卜无虞！谨电率恳，敬候明教！中国国民党热河省党务指导委员会。

全国速起共御外悔〔侮〕：

电三：各大报馆转全国同胞均鉴：自榆关陷落，东亚和平之曙光已绝。自热边告警，暴日内犯之凶心毕露。我全国同胞应竭尽财力、人力之所及，在政府领导之下，誓死收复失地，坚决抗抵暴日。尤其对于屏障华北之热河，不容轻于放弃。迩者凌、朝告惊〔警〕，开鲁被炸，是暴日已大启衅端矣，吾同胞已临背水之阵矣！前进奋斗，犹可幸存，后退趋避，难免速死。尚望奋破产捐躯之决心，援助一切！秉称干比戈之雄志，捍御外悔，则国防幸甚，民族幸甚！热河全省民众同叩。

空防重要国民猛醒：

电四：各大报馆转全国同胞公鉴：慨自东省被侵，业已年余，满战发生，已阅一载，国联迭次决议，徒成具文，暴日侵略野心，于焉益著。近更占我榆关，谋犯热河，我中华领土有限，暴日之欲壑无穷，若不全国动员，誓死自卫，则大好山河，恐非有我矣。惟是守土必有工具，进攻必求利器，因空防之缺乏，致沪战之无功，殷鉴不远，令人心痛。暴日既到处轰炸，空防更宜积极扩充。乃自大公报社代收救国飞机基金捐款以来，为期数月，仅收得捐款二万七千余元，数之细微，令人齿冷！若长此以往，几何不贻笑于友邦哉？务望我全国同胞，及时觉醒，量力捐输，购买飞机，充实国防，以卫国土而保身家?! 热河全省民众同叩。

宋、张一行赴热经过

代理行政院长宋子文氏，偕张学良、张作相、朱庆澜及上海地方协会代表黄炎培等，偕随从人员，于十七日晨四时，分乘汽车三十余辆，离平赴热，当日午后到达承德，即晤汤玉麟，谈商各事。十八日正午，热省府及承德各界，开会欢迎宋氏，宋有极长之演说。张及张作相、汤玉麟等二十七将领，曾自承德发出通电（见另项）。宋、张等以在热公毕，即于十八日下午三时，乘汽车离承德，于十九日上午一时三十分抵平，分别返邸休息。兹将各氏之演说词及谈话分别采录如下。

宋院长演说词：

（一）在省府欢迎会席上——子文奉命北来，在平与张代委员长会商抗敌，昨偕张代委员长、张总指挥来热视察。承汤主席及军事领袖开会欢迎，不胜感愧。子文为国民之一分子，又忝为政府之一员，国难发生，自维职责，日益奋勉。此次北来，与地方人士接谈，益信华北地势，全恃热河为屏障，保热河即保华北，即对已失之东三省，亦有收复之希望。热河若有疏虞，不惟华北动摇，其影响及于全国。顷来承德观察形势，更感热河之重要。而前方士气之壮盛，后方民气之愤激，足使子文感奋有加。现在国际联盟十九国委员会，经极详细之研究，完全主张拥护中国立场，日本军阀虽强暴，终不能以一国抗全世界，故最后胜利，必属于我。但仍盼自己努力，断不可全赖他人。日本军阀不久进攻，我军械、军实虽皆不如人，但以我国之政府与人民政策一致，舆论一致，我武装同胞牺牲宝贵之生命于前，我全国人民输财输力于后，最后胜利，必属于我。子文对于前方各将士，已为文另告。国难危迫，到此地步，非吾辈从容谈话之时，惟有简括一言：愿掬一万分诚意，奉劝吾国各界，化除成见，团结一致，努力抗日，子文亦当随各界之后，在职一日，尽职一日，吾全国同胞，共鉴此言！

（二）在民众大会席上——本人沿路行经此内地省份时，曾见"国际正义万岁"之标语，因念代表世界正义观念之国联，将不致令吾人失望。十九国特委会对冒犯另一会员国，曾表示长期忍痛之犹豫后，卒完全拥护我方主张。故我方主张，现已成世界主张。为此主张，在欧洲大战中，已死亡一千万人，彼等舍弃生命，即系为改良世界。日本军阀虽不顾一切，野心勃勃，但本人不信能以一国蔑视世界已苏醒之良心也。吾人确言，最后胜利，将为我有。吾人必须咬紧牙关，对付暂时之失望与危难。日本行将最后对吾人施其搏击，予吾人以难名之惨遇，难说之恐怖，一如其对我东北、淞沪与近顷在榆关之同胞。东京丸善书店所印之所谓"满洲国"地区，将热河绘画在内，日本即据此要求该省主权。现时诸君必须以心血染此地图，以昭示世界，热河与东北三省相同，均为我中华之领土也！本人代表中央政府敢向诸君担保：吾人决不放弃东北！吾人决不放弃热河！纵令敌方占我首都，亦决无人肯作城下之盟也！云云。

汤玉麟氏致词：

今天热河省政府，省党部，驻军司令部，军政各机关，地方各法团，民众各团体，共同集会在省府大礼堂，至诚至敬，设宴欢迎行政院长，同时并请北平军分会张委员长，及杨校长（杰），张辅师（作相），朱将军（庆澜），上海地方协会代表孙军长（殿英）作陪。均蒙惠然驾临，玉麟等感激之余，无任荣幸。宋院长学通中外，志在救国，可称我国的大经济家，亦可称世界的大经济家，可称我国的大政治家，亦可称世界的大政治家。自长部政及代理院务以来，全国经济稳定，政治亦入途径，蒋委员长迭次"剿赤"，能奏肤功，上海抗战，终寒敌胆，转移国际眼光，增高国际地位，皆我院长筹措军需，源源接济的力量。现在国人一致奋斗，侨胞争先输款，都是我院长声望素孚，昭信天下的明证。热省地处蒙边，山路崎岖，现因抗敌问题，我院长不辞劳瘁，亲临视察，热忱毅力，士民同钦。年来因守土责重，未敢轻离，不能到我院长及委员长座前，时聆机宜，真是惶愧万状。此次钧座联袂莅热，玉麟趁此机会，得以禀陈军民两政，更是何等的愉快。九一八后，热省东北半壁，刁斗频惊，加之连年旱涝为灾，税收大减，以一二百万的进款，养三四万的军队，收支比较，相差甚巨。且行政部分，尤须顾及建设，真是提〔捉〕襟见肘，动感困难。对敌方面，中央既无明令进取，只好蓄精养锐，保境安民，不得不虚与委蛇，实行准备。但因交通不便，传闻失实，国人不免有误会热省之真相的，惟事实具〔俱〕在，毋庸深辩。玉麟为桑梓，为国家，情义两方，均难卸责，惟有矢志守土，借尽天职。去春在开鲁与敌交绥，击毙敌之指挥官松井大佐，秋季在朝阳之南岭，又击敌军，决心抵抗，尽人皆知。虽迭蒙张委员长函电奖励，不胜惭悚。伏思冲锋陷阵，都是忠勇的将士所为，自己何敢邀功。现在朝、凌各县，不断接触，开鲁鏖战，相继不已。官兵的饷械，虽蒙张委员长转请我院长不时接济，而现在义军云集，食粮、燃料，均感缺乏，转瞬春耕又届，民众失业，言念及此，不寒而栗。幸我院长，我委员长，同各位先生，均惠临斯土，前途光明，可大预贺。谨代表各界，敬祝宋院长，委员长，及陪宾、随员诸公健康，并欢呼中华民国万岁，各位长官万岁。

张氏答词大意：

鄙人早拟来热，惟以事冗及身体关系，迟不果来。现陪宋院长来热，沿途所过，见军民确能一体合作，中心为之大慰。而日军迭次来侵，均被驻军击退，尤见前方将士之奋勇可嘉。日人视东三省、热河为彼之生命线，实则此正吾国之生命线。个人因家仇国难，抗日之心，至大至烈，惟其至烈，故一切不愿多讲。且自事变以来，相信日本不敢公然与世界为敌，故由政府诉之国联，以求裁制，乃日人得寸进尺，野心之大，竟有"不亡中国不止"之势，吾人至此，乃知国联及世界各国尽管对我同情之赞助，但终无以戢日人之蛮横，故吾人惟有拼命，借于死里求生。吾有热河山岭之险，且有全国一致之决心，又深得世界各国之公理赞助，我等可不惧打不胜他，只〈要〉能持久，则胜利终必属我。现已与中央拟定三年抗日计画，即困难问题之财政等项，刻亦有相当办法，一切公开，有饭大家吃，有苦大家受。本人以后当拟常常来此，俾与诸君晤面。吾人生死存亡，在此一举，愿诸位负政治责任者，更加注意于政治工作。盖政治为军事之后盾，政治有办法，则军事效力必可增加，想大家亦能注意此点。吾人"露脸"、"现眼"，全靠我等之努力与否，谨祝汤主席及军政各位健康云。

黄炎培氏谈话：

宋院长，张代委员长，张作相总指挥，朱将军，及本人等一行，于十七日上午三时分乘汽车多辆，离平赴热河，当日下午五时抵承德郊外二十里之广仁岭地方，汤主席已率全省文武官员及各界领袖等在该地接迎。本人等所乘之汽车先到，张总指挥、朱将军车在次，宋院长、张代委员长之车在最后，相继到达，然后再同行入城。一行抵盐务局下榻，时已晚间七八时。汤主席在此稍谈即去。十八日清早汤主席来，与宋院长、张代委员长、张总指挥、朱将军等数人会谈军事后，众因汤主席夫人于十七日病故，故十八日晨间待见宋、张、汤等谈话后，即相偕赴汤宅吊唁。事毕，宋、张、汤、张、朱诸氏举行会议。午间，汤主席在省政府内召集各界领袖，举行盛大欢迎宴，所有汤以下官员各厅长、局长，军、师、旅长，地方团体领袖，总共达六七十人开会，先用午餐，餐毕，汤主席起立致欢迎词（见前），言极诚恳。继宋院长答词（见前），张代委员长致词（见前），最后由上海地方协会代表杜重远致谢词，旋散会。宋、张、汤、朱诸氏再举行会议，本人等则先离府。当日下午二时半，一行仍乘汽车离承德返平，于今晨（即十九晨）一时半到达，总计在热共留不及二十小时。本人等此行时间颇短，然到处所见，皆有极端良好之感觉：第一，赴热途中，沿途关隘险要，山路崎岖，军事上关系重要，而平原之地，则尽膏壤，即山坡之上，亦种食粮，热河所产小米，为热省人所素食，以之为饭，味颇适口；第二，民情朴厚，此项国内当局初次落热，彼等则热烈欢迎，沿途皆是，汤主席表示颇好，以前因种种关系，外间多不谅解，今日表示鲜明，益得国人之拥护同情。总之，宋、张两氏此次热河之行，热河全省呈破天荒之盛况，民气军心，倍形紧张，有裨于抗日军事者，实为重大。开鲁近两日平静，本人等赴石河前线否，尚待接洽，返沪期亦未定。

朱霁青访问记

据热河廿二日电：记者于二月九日晨，随东北国民救国军指挥总监部副官徐荣贵，由津起程，取道昌黎，出界岭口，经都岳、干沟凌南六家子等处，抵救国军总监部驻在地。由津至此，计共九日，沿途食宿时，遇人言及救国军朱总监或总监部人员，无不起敬。即遇荷枪实弹之要人者（所谓胡子），道及救国军字样，亦毫无留难，且相叮嘱，前途如遇吾辈人物，可告以君等系占北或平东等朋友，俾免误会。初不知占北或平东之谓何，询诸徐副官，方知为彼辈岳头（绿林首领之别名），所谓老北风、小白龙者，亦即此等岳头也。过六家子，去总监部尚远，每经一村会，民团即派一二名武装团丁护送，直抵总监部始返，该军之得民爱护有如此者，实开中国军民相得之新纪元。沿途所见，出关各军，多半尚停滞于半途，不知其将作何计划。记者于本月十八日午后一时，至总监部，即有值日副官招待，备极谦和，于会客室稍憩片时，即投刺晋谒，当蒙延见，由值星官导入总监室。四壁满张地图，案头置一小钟，并堆置各项文件，余除笔砚外，别无他物，极为简单整饬。当记者进室时，朱氏正埋头批阅文件，旋□笔与记者握手为礼。朱氏衣蓝色布面皮袍，颜色亦已甚旧，面容较在津时稍为清瘦，但精神甚为焕发。与记者略致寒喧〔暄〕后，即约于晚间详谈。盖因日间各地义勇军代表谒见，报告者众，不能作长时间之谈话。晚间九时，又承召见，朱氏所发表谈话如下：

先生（指记者）于此冰天雪地之秋，不辞跋涉，冒寒至此，不胜欢迎与钦佩。东北沦陷以来，平、津、京、沪各报所载之前方消息，不符事实之处实多。就予居塞外之人，对于内地情形演进，亦似觉有隔膜。新闻界诸君，能多俱〔具〕先生之精神，实地调查确实，记载关外军情，介绍于内地，内地政情介绍于塞外，有益于救国工作，实属不浅。记者问：先生对于日逆武藤宣称最短期间，占领热河，与威胁平、津之判断如何？朱氏答：企图占领热河，是日本多年之一贯的满蒙政策，当然无疑。如欲短期间实行占领，谈何容易？问：对于松冈声言，所求不遂，将退出国联，与荒木须维持伪国之判断若何？答：恐势有难能。问：贵军今后之决心如何？答：本军纯受民族意识所驱使，为民族图生存，各尽匹夫之责，胜败利钝，在所不计，即剩一兵一卒，亦必与暴日周旋到底。问：贵军人数几何？答以现在论，较去年攻击锦、义时，增加两倍以上。问：外间传说先生只有百余人，确否？答：无乃大无稽？现随余同住者，有步、骑、炮各兵及本部各处人员，当然不止百余人，如说去年只百余人，何能在锦县、义县、朝阳寺，同时作战？如说现时，证诸本月十七日汤主席及朝阳县长李智真电平报告，本军与朝阳寺日军激战甚烈，果真百余人，又何能去总监部驻在地二百余里外之朝阳地方，与日作战？问：外间传说先生与驻在地居民不睦，确否？答：附近三四十里之居民，百分之二十以上，皆随余去年作战者，即附近之各村会与居民及绿林，对余亦皆表示无间，此种情形，先生沿途所见所闻，当信余言之不误也。朱氏继称：自余去年春季出关以来，即烦言四起，迫余二次出关，谣传益甚。有谓余所运弹械，中途被劫，又有说余被某方悬赏通缉。余攻锦、义时，有谓余被掳，全军瓦解，甚有谓余被匪勒赎两万元者，诸如此类，不胜枚举。无论其有无意识，有无作用，余皆未置意。惟今后方同志屡来函电垂问，张主任、汤主席前后通令保护，子桥先生闻余被匪勒赎，亦深切关怀，深令余感觉不安云云。谈至夜十一时记者始兴辞而退。

苏、马再告国人

二十日国闻社讯云：入俄将领苏炳文、马占山等，十七日由俄电平，转代发表通电如次：

中华民国国民党中央党部，国民政府，各院、部、会，各省市县政府、党部，各机关、团体、报社暨全国父老诸姑姊妹赐鉴：前上芜书，历陈积悃。身羁异域，心系祖邦。刍荛之言，固无裨于觇危；肺腑之语，谅蒙嘉其愚悫。幸时会所迫，上下齐心，抗日计划，渐趋一致。炳文等一得之愚，终与全国贤豪荩筹所及不谋而合，逖听之余，良用忻忭。兹再掬诚奉告者：前以暴敌袭陷榆关，进逼热省，急欲率部遄归，为国效命，嗣因塞北沍寒，饷糈短绌，不得不相待春暖，候款旋归。兹逗留域外，焦灼万分，数月稽延，有同隔岁。加以国联会议，日本军阀怙恶不悛，狡赖之术虽穷，蛮横之态转剧，竟不惜肆意孤行，逞凶一世，破坏盟约，戎首自甘。近且调集师团，大举犯热，东方和平，已全为暴日剑气烽烟所笼罩。我炎黄华胄四万万同胞，除踏血杀敌，别无出路。炳文等百战余生，际兹敌军进犯，热边紧急之秋，归国效命，不容再缓。爰将留俄士卒，略事部署，令其即日开拔，取道新疆，早返祖国。炳文等因顾念外交，有赴国联大会亲洽之必要，拟路经欧洲，先至日内瓦，竭其棉薄，向国联宣告日军暴行，借觇列强态度，并乘便考查各国军备进步情形，以资借镜。长城巨水，梦寐难忘，大陆洪洋，奋飞无力。惟望我全国军民，协力抵抗，再接再厉，众志成城！彼有坚甲利兵，我有铁心铁血，刚毅贞固，久远为期。行见敌国外患，正多难可以兴邦；黩武穷兵，恃暴力终当倾覆，最后胜利，在我决心！临颖愤激，书不尽意。苏炳文、马占山、张殿九、谢珂同叩。篠（十七日）。印。

又苏炳文之秘书长贺圣达由俄电平称：苏、马（占山）等现往来于莫斯科、沃木斯克之间，作返国之准备，日内即将离俄。决经瓦萨、柏林到日内瓦，晤颜惠庆后，经里昂至巴黎，如时间允许，则赴伦敦一行，惟未确定。如不赴英伦，则由马赛搭轮返国。至入俄兵士，决取道新疆回国。预定离沃木斯克后乘火车至新疆西部边界俄境之谢米巴拉丁斯克或威尼尔站下车，由俄方代备长途汽车运至塔城或伊犁，此后行程，则由我政府自行设法云。又未入俄境之苏炳文部，业经到达热北某地，休息补充，业由此间最高军事当局决定：将苏部编为一旅，共计三团，归万福麟氏指挥，旅长为张玉珽，团长则为常宝琳、唐忠信、傅耀武等三人。张氏日前由津返平后，即于前日赴热视察，着手编制云。

《中央周报》
中国国民党中央执行委员会宣传部
1933 年 247 期
（李红权　整理）

日伪军侵扰察东经过

作者不详

据十六日北平通信：稍得苏息之察东，十四日又有日伪军一千余人，突来侵扰，占据赤城以东独石口外之喜峰寨。十六日察哈尔主席宋哲元有三电来平报告，并请示机宜。第一电谓：据沽源专员张树声及赤城县长武秉彝报告，日伪军一千余人，突于十四日向赤城、沽源推进，已占喜峰寨，先头向龙门所前进中。拥有重量火器，坦克车、装甲车共二十余辆，黄守中部，以不明日军用意，暂退龙门所。前方部队，集中独石口。第二电谓：据察东警备司令刘桂堂电告，日军七百余名，伪军四百余人，携带野炮四门，机关枪四十余挺，向龙门所出动，主力集中大阁一带。独石口外黄守中、张骏杰两部，向独石口、赤城集中，赤城情势紧张，如何应付，速示机宜等语。第三电谓：据报一星期前，有日军官四名，率领兵士二十余人，到大滩、大阁之间，勘察地势，并令当地居民腾出房屋，准备柴草，声言日内将有大军进驻云云。同时宋氏以察东紧张，电促秦德纯向北平军政当局请示办法，即日返察襄赞军机。今晨秦德纯赴居仁堂谒何应钦，报告察东情况，请示机宜。何氏一面嘱秦电宋，饬令前方严密警戒，相机处理，一面商请政整会与日方在平负责人员，提出交涉，设法制止，免启衅端。十六日下午政整会派员赴日使馆访武官柴山，正式提出交涉。柴山答称：已得关东军电报，谓驻热第八师团出动剿办热边土匪，绝不侵入察境，一俟土匪肃清，即行撤退。我方以日伪军现已侵入察境，请其即电关东军，速将军队撤回，免起误会，柴山当允转电关东军。据各报观察，日军此次突然侵犯，目的在伸张长城之防御云。又十九日北平通信：热西伪军一部因日军之压迫，突然哗变。驻热日伪军第八师团七百余人，伪军四百余人，率命追击，分由热西大阁、大滩，侵入察东。一部于十四日进抵独石口外喜峰寨，我独石口外驻军骑兵支队黄守中、张骏杰两部，不明日方用意，为避免冲突起见，退集龙门所、独石口等处候命。一时赤城形势，颇见紧张。另有一部，则于十二日下午四时到达沽源第二区、辛营子、天坪沟、围城沟等处。十三日傍晚，与我沽源驻军张允荣部刘震玉、马金梁两部，在红石岔、三道川发生冲突。刘部阵亡三名，伤三名。为免扩大事态起见，刘、马等部撤至明横滩待命。我前方将士自发现日伪军来袭以后，当即电省请示，察省主席宋哲元，一面电饬所属，严密防范，沉着应付，一面电平请示机宜。日伪军抵喜峰寨等处，亦未前进。驯至十五日起，陆续向大阁、丰宁撤退。日来喜峰寨及沽源二区、红石岔、围城沟一带，已无日伪军踪迹，我军刻正前进接防中，察东事变，可望告一段落。平方当局，接得察东警报后，除电宋哲元相机应付外，当向日使馆武官柴山交涉。柴山表示：日军此次行动，系因热西发现大股土匪，实行会剿，决不侵扰察境，更不致影响中日现有关系，一俟土匪肃清，即行撤退。当局请柴山转电日关东军，迅速撤回入察部队，以免事态扩大，并声明以后不得再有此种举动。倘有剿匪必要，应于事前通知，俾免发生误会。柴山当将我方意旨，转电日关东军。柴山十八日由津返平，十九日上午十时，军分会派科长朱式勤赴日使馆访柴山。柴山当于十时半，偕同朱氏到居仁堂谒见何应钦，对于察东事件，有所解释，并对接收榆关问题，有所接洽，至十二时许始辞去。察东问题发生以来，宋哲元由张北赶回张垣坐镇，秦德纯亦奉命由平返察，襄赞军机。现在日伪军东撤，察省秩序渐复，刻正办理善后。据宋氏今晨在张垣对平、津视察记者谈称：侵入察东日伪军，已于十五日起，撤回大阁、丰宁一带，察东事件，已告结束。日伪军此次侵扰察边，因热境伪军一部哗变，越境追击，侵入我军防地，与我军张允荣部，一度发生冲突。现在日伪军既已撤退，沽源一带，已极平靖，察省股匪，大部肃清。杂军刻正整理，汤玉麟部改编，约有八千人。一部分徒手士兵，已调张垣训练。汤氏本人，现到张垣，表示愿将所部交归察省节制。又二十日北平转张垣电：沽源二、四两区及喜峰寨日伪军，并非完全撤退，惟尚无前进动作，察省当局防备严密。另电：张垣电：日伪军大部前线仍驻喜峰寨，未有动作。张允荣部驻守独石口一带，在严防中。张二十晨再谒宋哲元，报告前方状况，宋令独石口勿使事态扩大，张定二十一返防监视。张允荣部马金良骑兵第三团，黄守中骑兵第一支队，刘震字骑兵第二支队，原驻黑河、喜峰寨一带。十三、十四日伪军步、空、炮进击压迫，旋奉令撤退。现马、刘两部撤驻独石口，黄部撤驻延庆羊房子一带。军分会令刘桂堂仍驻赤城，暂不移防。又二十一日北平电：张垣电：侵入察东之日伪军二千余，大部队则仍盘据喜峰寨一带，有侵扰赤城势。惟前、昨尚无积极行动。刘桂堂部准备西移，赤城防务将调省军接防。另电：察东形势仍紧。二十日察省府接报告后，当饬察东各部队严防，拟将防务从新布置。沽源仍由张允荣防守，赤城刘桂堂部将暂调驻□□①，另派有力部队接防。宋有亲往察东视察讯。闻日伪军此次西侵，假名剿匪，实则待机而动，别有用心，当喜峰寨战争之初，传日军三路侵察，北路由多伦攻沽源，中路由大阁窥独石口，南路由黑

---

　　①　此处"□□"为原文所有。——整理者注

河攻赤城。赤城驻军刘桂堂部一度将司令部移至县东南之样田堡，迨战争止，仍率部入城驻守。

《中央周报》

中国国民党中央执行委员会宣传部

1933 年 290 期

（刘哲　整理）

在抗日期间如何充实绥省的后方工作

隐夫　撰

血肉横飞，焦头烂额，在前线与日人拼命者固然是抗日，但在后方布置军事、组织民众、严防奸细、剿捕盗匪、筹集食粮、扶植蒙人等工作，也不能说不是抗日声中不应注意的事情。

绥省位居边塞，地接察境。察省之沽源、赤城县等既入战区，则绥省之兴和、陶林等县亦都感到了重大的压迫。就势论事，绥省现在对于战事上的防守与准备的工作不能不加倍努力。今仅将个人管见所及，为绥省当局者早〔指〕出。

一、军事布置方面：

A. 应将大部骑兵调驻兴、陶各县边境。将来日人进绥固要抗战，即前方之义勇军退绥抢劫亦应设法制止。

B. 沿铁路线各车站应多驻步兵，以防敌人凭借交通利器长驱入绥。

C. 各地驻军应确守军纪与风纪，务期不要引起民众的反感。军训部或当地党部能在前方驻军中作政治宣传更善。

二、组织民众方面：

A. 地方党、政、军及民众团体应共同组织人民自卫指导委员会，指导各县民众办理自卫工作。

B. 各县、区、乡之民团，该指委会应派员参加组织与训练，勿推交民政厅单独进行。

C. 民团之组织，上层的建筑应仿效湖南省的保甲运动意义办理，下层的基础应参照广西省的民团组织方法施行。

三、严防奸细方面：

A. 党部当局应严令各县市党部密查各地反动分子，以防其乘机培植反动实力。

B. 政府当局应令各县政府注意借名抗日或假名爱国团体到绥敲诈民众，或刺探军政虚实。

C. 军事当局应密派干员，沿交通路线或热闹商埠中侦查反动奸细。

四、剿捕盗匪方面：

A. 剿匪应以维持地方治安，保卫人民福利为原则。

B. 剿匪应以清查户口，组织民团为手段。

C. 剿匪应以达到绥民安居乐业为目的。

五、筹集食粮方面：

A. 政府应会通地方党、政、军及人民组织战时食粮调节委员会。

B. 遵照战时统制经济意义实行调查民间食粮。

C. 规定食粮征集条例，或奖励输将，或强制征收。

六　扶植蒙人：

A. 党政各当局应迅速派员分赴各旗宣慰蒙民。

B. 党政各当局应延请蒙籍才智之士共同解决内蒙问题。

C. 党政各当局应由〔以〕普及蒙民平民教育与提高蒙民生活为扶植蒙民当前之急务。

绥省现应做的工作很多，上述各项，仅不过是人所共知的荦荦大端。地方当局者既膺任绥远方面之责，当然对于绥省现应举办各事，已有周详的观察，深刻的注意，作者不过尽一尽国民的责任，作一番督促的呼声罢了。

目前，在绥省感到的危险不惟是日人之侵略，而其内部之不调整的矛盾现象——如蒙汉问题，民众痛苦问题，亦皆为绥省心腹之患。望绥省当局急起救之！望中央要人勿轻忽视之！

《塞魂》（不定期）

绥远省立第五小学精一学社

1933 年 1 卷 4 期

（朱宪　整理）

勘绥远驻军

云影　撰

多伦已经失陷了，倭寇的铁蹄不久要践踏到绥远了。看看要成为战区的绥远，现在有什么准备呢？如果倭寇长驱直入，恐怕大好的绥远，不久也要变为热河第二，察哈尔第二。热河的失败，大部是由于民怨沸腾和指挥不统一，察哈尔的失败，大概原于指挥不统一的方面，也居重要的成分；因为那里的驻军太杂乱了，作战方面很难有统一的计划，进退之际，当然也是各不相谋了。

现在回头检查一下绥远的驻军，我们可以得到一个比较乐观的结果。因为现在屯驻绥省的军队并不杂乱，是很整严的一个系统下的队伍，将来到了作战的时候，当然不至于发生指挥不统一的毛病，这对于抗敌的战争，是很重要的一个优点。固然，有的人说晋军本质就很软弱，恐怕不足以抗敌。但是我们要知道驻绥的部队是驰名全国的"三军如铁"的王靖国将军所率领，况且攻击绥远的敌人，大概也是以伪军为主，精锐的倭军恐怕也达不到距离海岸二千来里的所在。以如铁的三军抵抗乌合之众的伪军，谁敢说胜利不是我们的！

抗日的战争，已经持续了一年多天气了，北方各部分的军队大多数已都流过那民族的光明灿烂的鲜血了。只有晋军一向是担任后方工作，还是没有得到洒这光荣之血的机会。现在是时机来临了，希望这中国文化发祥地的三晋所出的健儿，不要把这个机会轻轻的放了过去!

《塞魂》（不定期）

绥远省立第五小学精一学社

1933 年 1 卷 4 期

（李红权　整理）

开鲁大战

作者不详

一　日军侵热之积极

自九国委员会报告书发表以后，日方已深知日内瓦之空气，不利于己；外交政策，着着失败；乃决大举侵犯热河，使势〔事〕变扩大，盖彼在议场上所欲求得之胜利，既不能达其目的，即转而求诸战场之上。以日人之目光观之，日内瓦之议论，终不能敌过大炮、飞机也。或以为日军之攻热，仅为日军阀单独之行动，而非日政府整个之意旨，殊不知日军部对于攻热所发之宣言（见本报第五期）固属荒谬绝伦，而最近外务省发表之声明书，已公然承认日陆军攻击热河问题，为数日来国联空气恶化之一原因；且谓日军于开始行动之际，外务省与军部协议一致；是日军之侵热，完全为日政府所主动，可无疑义。外务省之声明书，狡谓侵热系"满洲国"内问题，而日军之行动，乃根据日"满"协定，与以援助，大意如下：

（一）热河省系满洲之领土；一九三一〔二〕年二月有（二十五日）之"满洲国"建国通电，热河省政府曾参加署名，此为显著之事实。近时因张学良军队及义勇军等侵入各处，图扰乱治安，但"满洲国"为求治安之完璧，决实施扫荡此辈不法之徒。（二）

帝国政府依照《日满议定书》之规定，协同援助"满洲国"之扫荡热河义勇军等。（三）攻讨热河义军，系"满洲国"之国内问题，帝国军队之与以援助，乃根据《日满议定书》，实行条约上之义务，并非行使何等侵略的武力，又非所谓恐有断绝国交之军事行动，全系国内警察行为。故日"满"两国之目的，全在保全热河省，万一中国本部，与集中"满洲国"境之中国军队，公然拥护若辈不法之徒，于攻讨时，如有多大之障碍，则日"满"两国为达到目的起见，不得不出诸杜绝一切祸根之措置亦所难免。故设有如是情况，一切责任，应由援助若辈不法之徒之中国军队负之，兹特于此声明云。

日军既决心积极侵热，唯一先决问题，即为军队之调动与布置。日方原定计划，以四个师团，对付热河及榆关，即为坡本第六，西义第八，广濑第十，松本第十四，以及服部第十四混成旅，高波第一，茂本第四两骑旅，独立守备六大队等等是也。但近因我方在军事上已有相当准备，自知兵力不敷，复调第四、第十六两师团，朝鲜军第十九、第二十两师团前来，以一师团布置后方防务，以一师团沿铁路驻扎，以二师团帮助各旧部队进攻正面。且因朝阳、凌源多山，又调大批飞机，掩护步兵前进；以骑、炮兵掩护张海鹏部及蒙兵，向开鲁、阜新进攻；而开鲁尤为日军攻热之主要目的地，我方对于该地之防守，亦极重视，双方不肯丝毫弛松，就演成此一周来之开鲁大战。

二　开鲁大战之经过

日军之猛攻开鲁，始于九日下午二时。当由川旅团及伪军、蒙匪约二千余人，并以坦克车、铁甲车各十余辆，由大炮、飞机掩护，猛烈向我阵地攻击。我方驻军，奋勇抵抗，战事极为激烈；

同时义军刘震东、冯占海、李海青等部，亦加入应援，并抄袭敌军后部，战事乃成一混沌状态，日军无所逞其锋镝。至十日晨九时，通辽日军一大队联合蒙骑兵千余，以飞机、坦克车掩护，又向我阵地总攻；敌势汹涌，陆空并进；我方乃集合兵力奋勇迎击，急调骑兵迅回喇嘛营子等地，攻敌后路；驻开鲁附近之义勇军刘震东、李芳亭各部增援，联合反抗；而敌之飞机，飞来开鲁轰炸。战至午后四时，敌之腹背，受我三面围攻；我义军并组有决死队，以大刀、手溜弹向敌猛攻；同时鲁北刘桂堂华军一部千余名，亦参加助战，故在大树营子，将敌紧紧困住，毙敌甚多，夺获铁甲车数辆，战马数十架〔匹〕，枪百余枝；至夜十一时，敌乃向通辽狼狈败退。至十一日，日军飞机又往开鲁猛烈轰炸，日机六架，由通辽飞来，盘旋开鲁及附近村庄间，掷弹甚多，内有燃烧弹，以致各处起火；日机空中轰炸后，蒙匪复又袭击，开鲁形势，异常紧急，后由义军加入作战，开鲁始得无恙。惟战事激烈，迄至翌日双方犹在混战之中，而商民死伤枕藉，惨不忍睹，实为开鲁从来未有之浩劫。至外间谣传开鲁曾于十一日一度失守，兹已证明，绝对不确；热主席汤玉麟氏且有正式官电报告，谓十日晨九时，通辽日军大队，联合蒙匪千余，以飞机、重炮突攻我开鲁防地，敌势汹涌，陆空并进，我军集合兵力，奋勇迎击，并调一部骑兵，迂回抄敌后路；义军各部，合力反抗；相持至午后四时，敌部阵地，被我击破，全线溃退，毙敌甚众，我现仍严密扼守。惟东报甚传伪国及东京政府将下哀的美敦书，内容系要求中国政府撤退热河所有之军队，但中国当局，决不屈让；故热河方面，不日将见空前之血战；此项大战，在三月一日左右，即将开始；而开始攻击之地段，殆又为开鲁无疑；故今日之开鲁，一得一失，与我国之关系，至深且巨也。日人曾屡次声明战事不越过长城，惟目前日人之野心，在囊括绥远、察哈尔、河北、山西、甘肃与

新疆、蒙古，而不仅强占热河为知足，其第二步将以黄河为南部
之界线，其目的甚或不止于此也。

《大中国周报》

上海大中国周报社

1933 年 1 卷 6 期

（李红权　整理）

察事解决后的善后问题

古狷　撰

察局自冯玉祥倡言抗日、实行割据以来，谣诼频传，纠纷迭起，中央为巩固国防、将息民生计，对于冯氏此举，曾不惮再三劝告，冀其及早觉悟，免使华北的粗安局面，重陷于万劫不复的境地。但经月余的长期商洽，终以冯氏的执迷不悟，多方狡展，几致中央和平解决的初意，不能贯彻。然仍不忍诉诸武力，蒋委员长与汪院长俭电的发出，即本中央酷爱和平之旨，尽最后正告之义，其所以顾全大局、曲谅冯氏者，可谓至矣尽矣。可是冯氏对此善意的开导，似仍未了解，歌、麻两电之发，虽以归政中央、不问察事为词，然对于民众抗日同盟军总司令的名义，则并未声明取销，此种爱〔暧〕昧态度的表现，其用意何在？殊难预测。

中央对此，虽不能认为满意的解决，但顾念察民久困涂炭，多伦又告危急，不能坐视不救，听其沉沦。于是明令宋哲元率部回察，收拾残局，以便巩固国防，与民更始。似此委曲求全之苦衷，冯氏苟稍具良心，当不至于再萌恶念。然据北平八日电，谓冯氏不取销"总司令"名义，实含有两种用意：一为俟宋部回察后，设法吸收其部属；一为如日军攻陷多伦，彼将委罪于察省当局，并暗中操纵一切，使宋哲元不能行使职权。此种传说，征之近日事实，非决无稽，兹举二事如下：

一、北平十日电：多伦方面日伪军先头部队开入多伦，守多伦吉鸿昌部已向沽源、宝昌一带撤退。

二、北平十日电：冯在张垣引用共产，均系与冯有关系之共产分子张允荣、张慕陶、徐维烈等从中拉拢，刻共产极力进行下层活动，尤注意士兵之煽动，冯嫡系部队孙良诚、高树勋等大起恐慌，于前日秘密会议，将予严厉处置。冯闻之深恐致绝外援，颇感困难。

从这二项电讯看，则多伦已在吉鸿昌不抵抗之下失陷了，孙、高等部，且有被冯氏荫庇、共产吸收的危险，更无所惜于宋部。

在这种情形之下察事之称号〔号称〕和平解决，在事实上仅系冯玉祥认为无关轻重的归政问题而已。其由于冯氏入察以来，所直接或间接造成的危机和难局，并未随冯氏以俱去，且将随冯氏的归政，而俱归之于今后当局。来日方长，我们实不敢作过分的乐观。

此次冯氏经〔轻〕于屏弃争持累月的局面，他的主要动机，决〔非〕有恤于国难，更非有恤于察民，往事彰彰可资印证。其所以竟出此者，实另有不得不出此的原因在。据张家口十日电，对于察局急转直下的原因，分析甚详，举其最著者，计有如下三点；

一、察省地瘠民穷，自冯氏通电擅称总司令后，横征暴敛，搜括殆尽，近以大军云集，饷源枯竭，军民怨声载道，大乱有即将暴发之势。

二、冯氏所组织的同盟军，本系东拉西凑，内部极为复杂，自义军领袖邓文被害后，义军感于免〔兔〕死狐悲，纷纷自动脱离，加以冯部将领均貌合神离，互相火拼，以致同盟军瓦解。

三、日伪大举进攻多伦，形势紧急，张垣当局，应付困难。

有这三个原因的存在，冯氏为预留伺机再起的余地计，见风转舵，自属必要的手段。不过我们不能认冯氏是"知难而退"，因为如果他能够这样大彻大悟，从此撒手，则总司令的名义，决没有保留的必要，其所以恋恋不舍于大好衔头〔头衔〕，正所以自表其不能忘情于割据自雄的旧梦。

即退一步说，冯氏没有旁的野心，然而由于他一月来的乖谬行动所遗留给察省的祸根乱源，已足够后继者处置的困难。略举其要，约有四〔五〕点：

一、赤党分子潜伏各社会层大肆活动，军队有哗变之虞，民众有匪化之患。

二、杂色军队麇集境内，为数达十余万，月需不赀，加成分复杂，派系不一，此辈既无国家观念，更无训练和纪律之可言，留之殊足病民，遣之又恐召变。

三、察省财政，自冯氏割据以来，提取、征发，公私告乏，况值千疮百孔，急待补苴，遣军恤民在在需费，取之于国，则国库早告空虚，取之于民，则救死惟恐不瞻。

四、多伦现已失陷，寇逆进逼不已，察东一带危急万分，以收复多伦自炫的吉鸿昌部且不抵抗而拱手让敌，其他驻防各县的杂军，更难期其效命守土。中央入察部队，在此期间若挺进增防，难免不使这些杂军发生旁的误会，若等待往返商洽，必然贻误戎机。

四〔五〕、冯氏虽然声明不问察事，然总司令的名义既不取销，则其所部各军，自然仍受其统制，今后举凡编遣、调动，难免不为冯氏所掣肘。

现在宋哲元氏，于奉到命令之后，既已抱定决心，不以前途荆棘为意，毅然率部入察，当然是胸有成竹，游刃有余，固无须乎我们为之借着；然察省在地理上当国防的冲要，与北平为唇齿，系于华北安危者甚为重大，因此，我们对于察省的善后——巩固边防，消弭内乱——问题的解决，不能不略抒管见，为政府当局进一言。

目前察省危机所伏，不外军政混乱和社会动摇两端，所以善后之要，首在统一军政与安定社会。倘杂军无法裁遣，则不但民困难苏，省库不给，甚且一般桀契〔骜〕难驯的各部杂军首领，随时有乘机窃发，或引狼入室之可能；社会秩序无计维持，即使没有赤党分子从中煽动，亦难免叛乱事变的自然暴发。前者是有形的障碍，后者是无形的隐患。

从以上各段的叙述中，我们知道无论杂军或赤党分子，均与冯氏有密切关系。可是在这种情形之下，这些杂军与赤党，随时都有单独动作而酿成新的暴乱局面的可能。我们即相信冯氏没有阴行操纵指使的举动，然充其量亦不过勉维过渡时期的秩序，若经若干时期之后，谁也不能保证其不故态复萌，尤难保证其部属与爪牙，不单独发难。因此我们希望政府当局，能以防患未然，除恶务尽之义，责令负有今后察省治安责任的宋哲元氏，对于察省一切统一和平的障碍，应本硬干、实干、快干的精神，务求彻底解决，毋存投鼠忌器之念，作委曲求全之举，庶方庆和解决的察局，不致重为虚伪的和平所误。

《汗血周刊》

上海汗血书店

1933 年 1 卷 7 期

（萨如拉　整理）

欢送回蒙抗日去的同志们

日映　撰

血腥充满了禹域，烟火弥漫了神洲〔州〕。你听，哪里是抗敌的杀声，哪里又是痛苦的呻吟。朋友！这是我们国家的生死关头，这是我们民族存亡的枢纽。为了良心的驱使，事实的需要，环境的逼迫，情感的冲动，不能够再使我们血还在沸腾的青年，很安逸的住在这乐园里过醉梦的生活，毅然的回蒙去抗日，这是我们多么庆幸的事呀！好！你们先出发，我们跟着就来，去干吧！跑到抗敌的最前线，深入民众的最下层，努力！那种的工作才有意义，在那里做成的事业才值得纪念。日本的松冈洋右出席国联的当儿，他的母亲赠以小刀一柄，说是得不到胜利了不要回来。这是她站在大和民族的立场上，以宇宙间至大的母爱说的话。我这个朋友，在你们到民族战争的火线上去的当儿，不能像松冈的母亲般的拿刀子奉赠，只告诉你们两句话，请牢牢的记着就是了。我们为了我们的日〔目〕的，总要"鞠躬尽瘁，死而后已"，我们的企图不成功，我们也得成仁，我们的失地取不回来，我们也得取义回来。我们为了民族而牺牲，我们为了祖国而流血，这是值得的，很光荣的。其实泰山没多重，在晓庄遗留下几座巍峨的铜像，给子孙后人们瞻仰，"哦！这几位是民族英雄，国家的救星"。

我们镇定了心神，以冷静的头脑来仔细的想想，我们究竟为什么要"生"，人生的目的到底在哪里？既有了生，又为什么要死？

请看看，这大地上这许多各式各样的生，与没生有什么不同？悄悄的生活着，然后悄悄的死了，与草木的枯黄有什么两样？要知道草木还有一年一度的复发！人呢？这种无聊的生和悄悄的死还有什么意〈义〉！与其无意义的生死，莫若根本不生，何必在宇宙间作一个无用的消耗物！我恨那投黄浦江、落燕子矶的弱者（不管死的原因如何，他总是弱者），又可恨那为私利的该死鬼，他们死了真是活该，不要说轻于鸿毛，就简直没有分量。倘若为民族而斗争，为祖国而努力，就是因之而死了，那才是长生，那才是不死。尸骸虽然腐了，这样的生为民族，死为国家，才是我们的人生使命，这样才算是做了一个所谓万物之灵的人。

请看看跳舞场上，电影院里，充满了的也不都是和我们一样的青年么？他们何尝不知道国难严重到这种地步，他们也照样会说我们的土地被占了，我们的同胞在如何受苦，但回头来看，地〔他〕们做的什么勾当？丧心病狂，毫无心肝，醉生够〔梦〕死，自促灭亡。像这种人的生，我们〔们〕真为着害羞担忧，哪里还够得上人。其实蚂蚁、蜜蜂还都知道爱他们的群，保护他们的同类，维持他们同种生命的延长而使之不致消灭。还有一般血的热度太高而又冷冷的青年，在过去的时间里，也算得是爱国的呱呱叫，爱国的演说未尝不激昂慷慨，爱国的文章未尝不琳璃〔淋漓〕悲壮，而今呢，我不忍说，心痛的很，微利的惑，却做了日奴的警犬，来危害自己的祖国。他们还唱着什么独立呀、脱离呀的高调，算了吧，请免开尊口，说话也得对〈得〉起自己的祖宗。快去向后转，少给先人脸上贴屎。

本来我们在世界上的任何民族或国家应该要独立，应该要脱离羁绊，在具备相当〈的〉条件〔的〕下，正该如此，但以分裂为独立，以背叛为脱离，这实在是不可的。在今日整个的中华民族里，能不能再分出汉、满……来，可不可以这样分，远一万步说，就是分开了［的］后，能够还单独存在不？若能，那自然是我们所庆欣的。日本［的］与朝鲜就是先例，看吧！如何？中华民族的出路，要从精诚团结的方面去找，若分化了谁也独立不成，与其给帝国主义做奴隶，莫如在平等的精义下共谋生存。我们一致为国家努力着，还怕国的不保，极力防御着，盗贼还要时时来侵掠，我们还敢三心二意的不挽救这危亡的中华民族么？中华民族是由汉、满、蒙、回、藏合成的，犹如一个人身是由四肢、头脑、腹合成的，一个人体不能缺一部分而完全，中华民族也不能分出去一族而还能存在。您看世界有些很小的民族和国家，不是都趋向于合并么？苏联就是一个联合一百九十余种民族之国家，我们哪能再把合拢的分散。朋友！这是请您们在作宣传时，应特别注意的。

义勇军，这差不多是中华民族灵魂的表现，自从"九一八"以来，义勇军给了我们不少的教训，自然义勇军的枪口是对外的，但时时切记着所谓义勇军者，"义""勇"军的也。义勇是站在民族国家观念上的，并不是为了一两个人的地盘而来杀自己同胞的。义勇军是我们老百姓爱戴，所以义勇军也不能作出不义不勇的事来。抗日的义勇军是全国人民作后盾的，为国家争生存为民族争光荣的义勇军，也决不肯作挂羊头卖狗肉的事来。义勇军不是哪个军阀的爪牙，也不是为一两个丧心病狂者争私利的工具。收复失地的前趋〔驱〕责任是义勇军负，而援助义勇军的责，是全国老百姓负的！朋友！去吧！作义勇的军，做义勇的事，义勇的结果是有价值的。您们只是往前干，不必后虑，您们在前线去杀，我们在后方跟着就来。朋友，这样的机会是千载难逢的，我不是常说么，我们何幸而生于现在的中国，这真是我们青年大出风头的时候，功成了，民族国家自然得以永久适存于世界，而我们个人的结论也可想而知了。就是万一不幸而失败，除了自己身殉的

〔以〕外，还有什么损失，反正人是迟早要死的，给民族国家尽了忠，总比活一百二十岁了，像草黄般死去的好。我们御仇敌而死了，这是很占便宜的。只要我们保持住民族的精神，亡国是一件很普〈通〉的事，说不定到一个时候恢复了起来，这在中外古今的历史上，可以找到不少的例子。现在我们最怕的是失了这救国的机会，那真是英雄无用武的地，我们的才能施展不开了。所以这时候我们要努力，杀死一个日本人，那就不亏本，多杀更好，杀了日本人，然后被杀，那也算得过账。我们杀日本人，并不是我们不人道，没理性，惨〔残〕忍，但您看我们不杀日本人，日本人就要杀我们。致其不抵抗而被其杀，不如奋斗而死，其实我们的出路就在奋斗中去找。

在这您们将要出发的当儿，我却说了这些死呀杀呀的不吉祥话，但现在的抗日工作，很明显的放着没必死的决心，得不到最后的胜利，所以也无须乎忌讳了，现在只有虔诚的预祝您们早日成功。去吧！同志们！往前干，您们前行，我们后到，不要怕，头割了，只要碗口大的创疤，廿年后仍然是这样的一个有作敢为英俊青年，还要继续的和他要干，我们救国家救民族的目的达不到，那我们要生生世世子子孙孙继续着，要和仇敌拼命。现在学业的抛弃，没什么可惜，迟早我们终是为民族为国家努力的，请来！浮这一大白，去多杀几个贼。大家欢呼吧！中华民族万岁！朋友加油呀！后会有期。

　　　　　　　　　　　　　　　　　　二，六于南京晓庄

《新青海》（月刊）
南京新青海社
1933 年 1 卷 8 期
（朱宪　整理）

收束华北军事与进攻多伦

铁汉 撰

自从《塘沽协定》签字后，南京政府认为抗日的工作完成了，行政院长汪兆铭以及其他党国要人日常赤脖红脸时高唱的"长期抵抗"主义，早已消声息迹。在党国元勋指挥下的走狗及寄生于要人的群小，乃高呼停战万岁、抗日工作休止万岁、党国要人万岁！中国四万万人的前运就在群小高呼之时注定了危机重重。

长期抵抗的确是党国要人御侮的口号，汪兆铭在逃向洛阳的途中尚且高呼长期抵抗，国人以为南京政府真有决心，任凭日本的军队进到新疆、西藏，只若中国有一隅之地存在，甚至如比利时被德国占领之后，借法国一块地建设政府而实行御侮，不曾想党国要人未摧损一根寒毛，又未因中国关系恶化出一滴急汗，一变日常领导民众的态度。从前不管真的假的，他们叫报馆用特号字登载，政府对日的政策是长期抵抗，小民们便认着了这条道向前跑，预备作长期抵抗的力量！曾几何时，《华北停战协定》签字，大连会议日本成功，华北军事行动在南京政府认为抗日工作已经完竣，于是北平军分会秉承中央的意旨于十二日常会议决战时运输于八月一日起停止，华北各军整理办法（意思是怎样裁减）。

总括言之，自东北祸变发生到现在，南京政府向民众宣示的是由不彻底的"长期抵抗"，到日本进占长城以南地带以后的"收束华北军事"。政府对国家存亡的大问题如此轻易变更其态度，叫四万万老百姓（政府人员除外）怎能赶得上呢！若使我还再深究一下，党国要人的处管国是，从未把中国人民———一群阿斗——放在眼里。不信你看：

一、东北祸变之初，政府诿却责任，不求实际预备自己的力量，解决纠纷，而靠国联。

二、接连不断的把东北丧失，政府只是纸上空谈而题其名曰"长期抵抗"。

三、日本进攻华北，平、津危机，政府希望苟安，与日本妥协，于是《塘沽协定》出现，继之收束华北军事的消息传来！

四、棉麦两万万大借款，人民的意志是不闻不问的；英国大借款正在接恰〔洽〕中！人民也不得干涉过问，那么中国人民只有当奴隶负还债的责任，而政府任便横行了。

五、甘为日人趋〔驱〕使而倾害祖国的伪军尽量收编；国人公认的丑类汉奸郝鹏由政委会取销通缉令，然后令河北省政府公开的释放！

政府是随便行事，任意横行；民意是尽量摧残，国家的威信是全不顾及！中国人民就当像政府看作猪狗不如而不能实行自振吗！

从目下政府的明白表示，对日不想抵抗已丝毫不成问题！我们感觉难过的不但是国仇未复、失地未还！这是须政府及人民长期的努力！而我们最难过的为什么唱长期抵抗是南京政府要人，《塘沽停战协定》是政府的意志，而令收束华北军事也是这群把握国权的人！东北就这样丧失了！有脸有耻的中国人不肯甘心，留难的、受罪的东北人更不甘心！

收束军事与裁减军队是两件事，据我们视察，收束军事是表示战争停止，一切战斗行为泯消了，军分会令战时运输停止是收束军事极好的表示。若把这种行动用具体的话表现出来，是南京政府对于日本的侵略再不抵抗了，而默示东北丧失，"满洲国"的承认。

关于裁减军队虽是别个问题，而与抗日工作也有很大关系。按一般情形及原则，在中国这样的破国家，养了二百多万军队，是不当的，然而军阀为着自己的权力地位、金钱，召集了大批穷民，以作内战！裁减这些军队是国民的公意。

若是全国军队普遍的设〔裁〕减，而拿这笔养兵的钱实行建设事业，我们是极端赞成，而且政府是为全国福利着想，态度是大公无私。不过若单提裁减抗日战争的华北军队，而裁减结晶之所在，表面上是因财政穷窘（内里也许另有把戏），我们禁不住要有话说：我们记得南京政府成立之后，蒋介石等曾唱议编遣，而编遣之目的是把蒋介石势力范围外的军队改编的改编，遣散的遣散；同时蒋介石假借中央名义要添练多少国防军（？）。于是不等编遣会议本着蒋某意思实行工作，冯、阎已在北方举起反蒋旗帜。而究查内乱的动机是因蒋介石的南京政府不考察中国情形，一味想扩充自己的实力，在不公平的状况下造成内乱。现在南京政府不实行抗日，而又想裁减华北军队，若是中国人都是守法的，而政府的行动又都是大公无私的，一切不安问题都不能发生；不过就现在的情形论事，南京政府单想裁减华北军队是否能引起不安自是疑问。就使华北将领明于大义，不肆骚动，而政府则在财政穷困下要裁华北军队，华北将领在拥护中央而又在抗日之后而把忠实部队裁减，明着不问，心里要问，为什么中央军没财政窘困问题？最近的大借款，是用在建设工业上而不为中央军费吗？华北军在已往的抗日战线上，在拥护中央政府的权威上，应被视为早晚必须解除的吗？为什么单裁华北军？若是这些将领在怀疑，中央政府不能大公无私、名正言顺的解答，我们难于看出他们有同床同梦的可能。

南京政府对日是不抵抗了，中央政府不但令华北军队停止战斗行动，同时又要将抗日的将士裁减，裁减对于军官自然是失去忠实的部队，而被裁的士兵，除了当兵以外，又多是身无一技之长，被裁之后，自然是不困于沟濠，便是"上梁山泊去"。而政府之对待士兵，用之敷衍面子，假着抗日时，大招特集，誉之为中国健儿，鼓励着说"好男儿的尸骨应当抛在杀敌的疆场里"，等到士兵的抗敌战争给政府换来交涉妥协机会以后，政府又一脚踢开！狠着说："谁要你这群捣乱的穷民。"我们愿为抗战的兵士一哭，我们愿为政府目为捣乱的穷民一哭！

华北军事收束了！抗日战争停止了！人民感到十分失望与痛惜！不过我们人民尚堪自慰的我们未忘收复失地，最可庆幸的今天（十四日）报载："北平电话，冯方关系昨接张垣来电，冯军已于十二日上午收复多伦，入多伦者为吉鸿昌部。但就北平负责方面探询，不能证实，故确否待证。惟日本电通社东京十三日电，亦称驻多伦之李守忠部有被迫于十日放弃多伦退却之报。"（《大公报》十四日消息）

多伦收复与否尚待证实，而中国人在多伦左近正与日伪军抗战自是不成疑问！我们站在民众的立场上，不管冯玉祥等与蒋介石等个人间的私怨如何，我们也不管谁的口头禅讲的好听，在我们以收复失地、努力抗敌的宗旨下，我们是认为凡是抗日的便是民众的好友，反乎此就是民众和国家的公敌。我们不管冯玉祥的人格如何，我们暂时也不问冯、蒋之对〈错〉在何方以及他们假借的名义如何，我们更不是专心说风凉话，也不是偏爱或嫉恨哪一方。不过三万万多中国人同我们一样的要对抗敌的战士表示好感。我们只希望冯军向前猛进，收复国土，我们在沉闷积恨无能为力之时便含着眼泪要喊："抗日军万岁！"

七月十四日

《自救》（周刊）

北平东北民众自救会

1933 年 1 卷 11 期

（丁冉　整理）

远东大战与蒙古自治

坚锋　撰

　　现今的全世界到处是充满了火的气味，时时是在战祸的恐怖中摸索着前进。而现在各帝国主义间已将这未来的惨酷事变幕幕开演，互相屠杀的惨剧之各种条件已都相继的准备了停当，只要有如塞尔维亚爱国少年炸奥皇太子的一弹小事，也便不可免的会发生更残酷于一九一四年的二次世界大战。最近远东日俄之紧张与严重，美俄之复交以及内蒙德王之自治运动等等事件之发生，使我们在这国际现况之分折〔析〕与观察中，知道二十世纪恐怖之制造者的日本，已投下一颗爆裂的炸弹于这世界大战火药库的远东，他已将这直接通到连环火药库般的世界之引火线开始燃烧了。现在我们为了明显而简略起见，只举出最近国际间所发生的九件令人注目的事件，而这些事件所演地是在远东，他的主要的演角自然是要算日本了。

一　远东大战

　　日本自广田弘毅以军阀之撑腰，取内田而代之之后，虽外树有理外交之幌子，而实行包藏积极备战之祸心。在少壮军人派强硬的压力下，实现荒木的"国防高于一切"的国策，使国防与外交联而为一，将财阀经济的生产与分配完全受军部的统制与支配。

除安定思想与统制生产而外，陆海军都采取了临时组织而加以训练。对俄则集中兵力于"满"疆以备战。对中国则派大批武官（如〔从〕陆军参谋部长梅津中将）与外交人员（如杉村、德川两使）来华说〔游〕历，秘密调查。更暗派新闻记者与考察团（如九月间乘坐欧亚飞机深入甘肃之四日人）深入我国内地考察。并提出华北问题之地方交涉与榆关直接通车事，以及操纵蒙古之自治运动等等，都是日本作战计划中，将以我作粮台而得任意夺取之准备。他一面投美以秋波，一面饲中国以毒药（如还我法权，助我建设以及与我修改税约，对我投资合作暗中进行破坏棉麦借款与合谋"剿共"之阴谋等类之利诱蜜语），一面又以狰狞的面目对着苏俄。在所谓非常时期的国策鼓励之下，唯恐一九三六年美国海军计划之完成，与苏俄二次五年计划之现实〔实现〕，该时日本将陷于劣势、不利之情况中。故有在一九三六年以前解决所谓"危机问题"，企图征俄讨美，大陆政策迷梦之实现，重温一九〇五年日俄战争之好梦，而重赏《朴资第斯条约》胜利的风光。可是今日的苏联远非帝俄时代可比，他有庞大精锐的航空队，共有数千架，中有载重六吨至七吨的炸弹，飞二千五百启罗米达，一千匹马力，可以往来于东京与海参威〔崴〕之间的轰炸机六架，这机可将东京数小时内变成灰烬，有组织完善的铁甲机械化兵团，更有那世界特有的骑兵团与新式化学队，所有的军队也都受过主义的训练，不能不使日本有所丧胆寒心的顾虑。何况其本国内革命危机之加深，物力之极端缺乏，以及财阀、军阀与外交之对立，"满洲国"内十余万反日之义勇军，美俄之合作等等，更使日本未在军机统制一切，消灭内部困难，使美好意的中立，以及在西欧尚未找到反俄的军事同盟以前（德国是有可能），他是不会决心向俄进攻的。在俄国也只要有妥协和平之可能，他不肯走向积极攻日之险途。美国海力之不足，且又是四千多海哩长距离的海哩

〔路〕，也不会步一九〇五年俄波罗的海舰队覆灭之故辙而向日冒险作战，也只不过与俄结交，以政治与外交之法术而威迫着日本之妥协与让步而已。在这等条件之决断中，远东大战虽在重兵临阵、刀出鞘弓上弦的危机紧张中，但在国际之总的因素尚未具备前，目前是不会爆发的。可是这战祸是到了临头而必战的时机了。日本最近（十一月二日）以轰炸机一架与侦察机二架，飞往俄海参威〔崴〕，侦察〈军〉事，与莫洛祇〔托〕夫在十月革命纪念会上（十一月七日）所说的"苏俄对日本突然的进攻，已有充分之准备"等类激烈之言辞，便是可〈看〉出远东大战之迫切与紧张了。

二　蒙古之自治

自从内蒙德王通电要求自由以来，而国难又多了一层。蒙古的经济落后，民智愚暗，一切生产〔杀〕予夺之大权悉操于王公之手，中央对之已〔又〕复鞭长莫及者久矣，遂使日本得以利用少数王公，实行其满蒙合并政策，一则〔因〕可以所谓民族自治之刚刀斩断吾国之手足而控制察、绥，二则可以内蒙作为屏障而抵御独立后外蒙苏俄势力之侵袭，以为将来日俄战争之准备。锡盟德王之自治虽因中央断绝蒙王年俸之供给，不能如以前挥霍，生活感受压迫，羡慕日本对东西盟主的待遇，以及因蒙王代表之蒙蔽中央、欺压蒙王招惹而起，得趁机利用各盟旗不满中央的心理而发生，但以内蒙王公头脑之简单、财〔才〕智之浅薄，而欲左右开弓，拒俄抗日，实行自治，而独自生存，是不待著卜而可主断其不可能。这不过〈是〉日本支解中国之阴谋与〈对付〉苏俄之方法，以实现他一箭双雕的目的。近来日俄关系的紧张，与中日直接交涉之酝酿，是造成了内蒙独立之客观条件。我们为了证明这事之确实，举出下列的事实。蒙古各王公府第有日人的出入，喇嘛寺内有日人的混迹，更有日人"蒙古通"的菊竹奔走于满蒙之间，组织所谓兴安省，将内蒙分为东、南、北三区，从政治上解体我国民族之统一。一面以日人松林总教练官积极的编练二万余人的蒙人（它有骑兵师团六、狙击师团二、航空队二、重炮师团一、铁甲汽车三十六架）。日本在长春会议后便进行西蒙独立之计划，令满洲伪国充分援助德王，并将东蒙三监〔盟〕划旧〔归〕其管理，不属伪国。这次内蒙德王之自治运动，都是田中义一对内蒙侵略路线历年来执行的最后效果与表现，只不过以德王作傀儡式的一出滑稽剧而已。

国人们！东四省与热河相继沦亡，今对内蒙谋自治，英人之进窥西藏、川边，法人之谋取滇、贵，新疆回、汉之争，盛、马之称兵等等，国危矣，战急矣，我们将被人瓜分乎？抑独竟〔立〕自强乎？望国人醒目察之而后群起以救国。

《朔望半月刊》

上海朔望半月刊社

1933 年 1 卷 14 期

（萨茹拉　整理）

多伦又陷落了

朝晖　撰

　　我们不是不愿相信政府，实则政府的种种作为大使我们不相信了。记得热河未失之前，以堂堂的行政院长宋子文亲到前线视察一周，回来尚告诉我们说：热汤如何有准备，我方兵力如何雄厚，热河防务如何巩固，但开战不到数日，而热河竟告失陷了。然而巧妙的宋部长又发表谈话，说是热河之失，早在意料中，自己虽不嫌打自己的嘴巴，我们民众可把政府的威信看得一文不值了。

　　政府屡次失信于民众，因此越引起民众对政府的怀疑，于是反政府的高潮，遂如狂涛澎湃。热河失后，长城各口、滦东一带又同时告急，政府此时虽也曾派遣几师北来，蒋委员长尚不惜亲身出马，此时民众满以为政府决心抗日，然而不然，除迫走张学良之外，长城各口亦只令抵抗，不许反攻，于是妥协之谣，又乘时而起，我们的政府虽竭全力而辟之，无奈"无信不立"，终无法启释民众的疑虑。

　　暴日的野心，是不止要亡我东四省，且将侵占平、津，及我整个华北，——整个国家，这是三尺童子都能了解的事，政府当局亦非不知，特以无决心抗日，不愿作彻底的准备，而斤斤计较的，反是攘外必先安内的论调高唱入云，此无他，一则可以借此口号以消灭异己，二则可以解决杂牌的军队，完成定于一的大业。前者不说，我们举其后者事实最为显然的例证来说：阻挠压迫方振

武氏所率抗日救国军北上杀敌，对抗日非嫡系部队不予补充，对
义军不予接济，对保持热西国土的孙殿英部则迫令其退出。像这
种种事实，无形中都表现政府对抗日的诚意了。

热河及长城各口、滦东一带既尽于敌人之手，察东的情况又告
紧张，本来孙殿英部的驻扎热西各县，正足以牵制敌军对察省的
活动，无如当局反欲调之他移，而且察东多伦一带明知形势险恶，
亦不遣一二有力能战部队前往，一令不大可靠的赵承绶部及义勇
军当其冲，虽是这样，当局又不予该部等以实力的补充，和械弹
的接济，其结果，又使多伦沦入敌手。刻闻敌已分路越多伦南进，
察省又势在必后，唉！如此办法，岂不是将国土为儿戏，当局谓
有决心抗日，谁能相信。因闻多伦又告失陷，不停〔禁〕感触万
端，深觉当局如此作为，实自绝于民众啦！

《民风》（旬刊）

天津民风社

1933 年 2 卷 1 期

（朱宪 整理）

察哈尔勿再失去

铁民　撰

我们读日本前首相田中义一的奏折，知道日本帝国主义者的"满蒙政策"，不仅仅是占领辽、吉、黑、热四省而止的，其预定的计划，是进侵察哈尔与绥远，以为其吞并中国、威胁列强的基础！

所以，当他们很快地占领了热河之后，遂又集大军，一方面进攻滦东，一方面进攻多伦。日本的进攻滦东，或者是声东击西的办法，我们已有了充分地准备，正与他们抵抗，我们姑且不去说他，现在来说说日本进攻多伦。

日本进攻多伦，是占领察哈尔的序幕，也是希图建设满蒙帝国的始基，因为，察哈尔这地方，是绥远与蒙古的屏蔽，南挹〔扼〕张家口，是入平、冀的孔道，如果他们把察哈尔占领了去，那末绥远以及蒙古都归他们所有，黄河以北，更是为所欲为了！

日军进攻察哈尔的重要性，既已如上述，看看我们有什么准备呢？

（一）在察边之军队，除了英勇的孙殿英军外，其余是热河的溃军，与吉、黑各部义勇军，指挥既不统一，良莠又都不齐，以此而期抵抗那有组织、有训练之日军，岂能得胜，前此热河之失，此即为一大原因。愿我当局，对于察省军队予以统一指挥，更应加以选择，其稍差之军队即调后方再行训练，以兵精将勇之军队充作前线，而免摇动全局，再蹈热河之覆辙。

（二）察哈尔多山，道路失修，对军队运输极感不便，而我政府似未曾注意及此，以骆驼、大车运输弹药，而希抵抗以汽车、飞〈机〉运输之日本军，实难战胜，愿我当局对军队之运输事项特别注意才好。

（三）察边一带人口稀少，对于军队给养，实感缺乏，此政府当局极宜筹划多量食粮，俾免有挨饿之虞。

总之，现在察哈尔之一切情况，均与热河相同，尤其是政府对之毫［要］不注意更是相同；特为文唤醒勿踏热河之覆辙为幸。

四月八日

《铁血》（周刊）

北平中国铁血社

1933 年 2 卷 2 期

（丁冉　整理）

扎兰诺尔、满洲里之战

作者不详

最近日俄风云紧迫，在我东北边境且有交绥之耗，在扎兰诺尔与满洲里一带行将再度沦为日俄战场，固意中事。回忆民十八中俄之役，亦系衅起东铁，致遭强俄内犯，沿边数千里，悉被蹂躏，我三省防军，奋起抵抗，尤以扎兰诺尔、满洲里两役最为壮烈，为关东健儿生色不少。乃曾几何时，山河不改，人事全非，昔以苦战而保边疆，今竟以未抗而亡三省，昔我健儿奋身报国之地，今竟将沦为两大敌国交战之区，使是役阵亡将士地下有知，亦当忍恨无穷，不亦良可慨乎？

犹忆梁志文代东北最高当局撰《扎兰诺尔、满洲里战俄阵亡将士昭忠碑》一文，对是役曾慨乎言之，在今日读之尤耐。其言曰：

> 海通以来，中外交绥，胜负之数，盖可哀已。天发杀机，使我神明裔胄，屈伏于坚船利炮之下。自道光中叶，以迄于今，情见势绌，覆辙相寻，未之能抗也。然肇事之初，而有虎门一提督，定海三总兵，名闻天下。至光绪甲午，而有丁汝昌、邓世昌，庚子而有李秉衡、聂士成，虽彼炮雷弹雨，鬼藏神抠〔枢〕，而亦莫之能屈也。呜呼，岂不伟哉！然固未有若我东北抗俄今日之壮且烈者也。去秋，东铁衅起，俄师内犯，中原多事，未遑东顾。我以偏隅而当大国，保持《非战公

约》，坚垒自守。三省绵亘，布防二千余里，备多力分。俄人以最强烈之武器，集中兵力，择肥噬我，蹈瑕击我，焚我市镇，虏我人民，芟夷我农功，虔刘我边陲，遂陷同江，毁东宁，所过残灭，四塞震动。而我三省防军，将领部曲，一志同仇，前亡后继，东覆西起。若扎兰诺尔、满洲里两役，并率孤军临大敌，惊雷骇霆，汹波怒潮，血战三日夜，天地为昏。卒以攻守异势，众寡异形，利钝异器，远道无援，全师殉焉。守将若韩光第，衔命誓死，登壁捐躯。若梁忠甲，遇救生还，积劳长逝。出师未捷，英雄泪襟，其临事之壮，死事之烈，为我三省光荣，先后一百年间未尝有也。……呜呼，国耻勿忘，人心不死，昭告来祀，以感以兴。铭曰：关东健儿天下英，防秋万里都护营。大敌当前闻笑声，忠义为重性命轻。我有广壤无长城，我有勇士无利兵，风雨凄凄南北陵，非战之罪尤可矜……

嗟嗟！此昭忠之碑立未一载，而"广壤"与"长城"俱失，"勇士"与"利兵"皆无，是果真"非战之罪"耶？呜呼！"国耻勿忘，人心不死，昭告来祀，以感以兴"！愿三复斯言，以告我东北之健儿！

《行健月刊》

北平东北行健学会

1933 年 3 卷 5 期

（李红权　整理）

日伪军向察东侵略之观察

木央　撰

自《塘沽停战协定》签字后，政府诸人以为依所谓条约的限制，信义的保障，华北局势可以相安几日，日本之野心将从此敛迹。孰知国内多故，国际情势又变化莫测，丧权辱国之协定，日方尚未丝毫履行，而破坏条约之侵略行为，又在日伪军侵略察省之形式下出现矣。吾人抚今追昔，知所谓条约者，实等诸具文，而言及国际信义，更不过狗屁而已！

据连日报载："热边日伪军共约千余，十五日突由大滩、大阁向喜峰岩、龙门移动。""日伪军七八百名，装用〔甲〕车十余辆，并日飞机等，于十一日、十二日、十三日先后到达丰宁十七道沟，有三四百名，于十二日进据沽源第二区军营子、天坪，向围城沟移动，风闻日伪军有企图沽源及喜峰岩之势。十二日晚，与刘震东、马金梁两部，在三道川、红石岔冲突，刘部死三名，伤多名，撤至明横滩云。"至十八日，"侵入察东日伪军，尚驻喜峰岩一带"，"携带×钢炮×门、机关枪数架"，且曾以"飞机两架由承德飞至沽源、独石口、石头城子一带侦察"。至二十日，虽有一部撤回，"余则仍驻该处，有进占赤城企图"。此日来日伪军侵略察东之大概情形也。同时，又据日本武官先后宣称："此次关东军及张海鹏近日在热边行动，完成〔全〕以剿匪为目的，绝无其他企图。""热河边境土匪甚多，日方为确保热省安宁起见，于喜峰岩附近，留有一部武装驻守之必要，但于土匪肃清后，即可撤退，并无侵入察境企图。"我们看了这些横暴无理的事实和此种冠冕堂皇而又强词夺理的话，真令人气忿欲绝。夫日伪既认热河为自己领土，则于土匪侵入热境时，剿之可也。为保热河安宁，而进兵察东，这岂非为自己之安宁而侵及他人之安宁么？依《塘沽协定》，察东既未划归日伪所有，则主权属诸中国，他人又何能擅自进兵，破坏领土之完整，自主之主权乎？这不是破坏条约而何？且进军占地，乃大事也，既称追剿土匪，事前何以不通知当地政府及驻军，要求许可，然后再进？既谓剿除土匪，何以与驻军发生冲突？此种擅自进兵之举，谓非侵略领土，又谁能置信？日武官既谓土匪肃清后，日伪军方能撤退，此土匪系指在热河边境者，抑指在察省者？又若土匪无肃清之日，则军队永无撤退之期，是又与长期占领察东有何分别？今既为追剿热边土匪而进兵察东，将来自亦可为剿除察东土匪而进兵察西，或热边土匪逃至何处，日伪军亦可追至何处。既如是，中国何责乎有《塘沽协定》之"协定"，而日军在中国领土内既可横行无阻，则主权全失，与对待朝鲜、台湾之日本领土何异！其所谓追剿土匪云者，吾人可知纯系为掩饰横暴行为之借口，而侵略中国领土以扩大伪国，则系真实之用意。此与借口"中村事件"而侵占东省之"九一八"暴行，前后如出一辙。

日伪军之侵略察东，其用意可由两方面观察之：

第一，因日伪与苏俄间风云日紧，在对俄作军事准备。伪国近受日本之策动，擅派东铁局长，逮捕苏俄重要职员，搜查并封锁中东路之苏俄机关，此等事实颇使俄方不满。兼以日军在吉林剿匪，苏俄认为系日本之挑战行为，除第一次直接与伪国以警告外，已将驻黑龙江下游之军队，集结于黑河对岸。俄、伪之东部国境，俄方已着手修筑第四道防线，工人达数万名。据伦敦方面确信，俄国有兵廿五万人，驻于阿穆尔边界，并有飞机五十架，在海参崴与双城子，这种准备无疑的是为对付日伪。同时，自美俄复交后，日伪均感不安，使俄、伪边境纠纷层出不穷，日方积极向北满增兵，满洲里及绥芬河一带，有大部伪军驻扎，日机则每日飞往俄境侦察。在此种日伪与苏俄的关系恶化之下，日方为了使伪国巩固，为了获得军事上广大的大陆根据地，更为长久支持战争的食粮、木材、金属原料之获得，便不惜以剿匪为借口，拿着试探的手段，来逐渐向中国北部侵略。因地理上的接近，第一步便是向察东进攻。与此有关系的，便是苏俄当局近来变更其对伪国之政策，在必要时可以牺牲其伪国境内之经济权利，而专致力于政治的策动之方针。这一点也是日本所焦虑的。假如苏俄将满洲"赤化"或且更进而"赤化"了中国，则日本之命运恐将立刻完结。日本有见于此，以前便有指使伪国夺取中东路的行为，而今之占据察东，在某种意义上，则是想更为有效的割断苏俄与中国赤色势力的联络勾通。又因为苏俄已与波兰订立互不侵犯条约，并与法国力谋亲善，势将无西顾之忧而对东方放手进攻，更使日本不得不谋捷足先得之法。在此种种情势下，日伪军便借口剿匪，以武力侵占察东了。

第二，是因为中国南有闽变，无暇北顾，同时，西欧情势紧张，无力西〔东〕顾，便想乘机得渔人之利，以完成其满蒙政策。查日本之满蒙侵略政策，是包含了东三省及热河、察合〔哈〕尔、内蒙古全部的。这种政策是要利用中国及国际情势之许可，在或缓或急之情形下，以求达到目的。在目前，中国因了闽变，中央的势力已全集中于"剿匪"和防闽，华北局势亦因此在动摇之中，日本知道即施以武力侵略，至少总不至引起中国的武力抵抗，至多亦不过提抗议，办交涉而已。况中国的军阀是自私自利，各守防地，永不能一致对外呢！一方因欧洲的军缩问题、改组国联问题，使各列强忙于应付，无暇东顾，又有法国支持其在东方之行动，故敢大胆的出以武力侵略。日本在此种试探式的侵略之下，各国虽极端注意，但亦不过"有人主张，现势取镇静态度，将来如有必要时，拟组织类似视察团性质之团体，赴察边视察"而已。这与日伪之侵略又有什么妨碍呢。至中国方面，宋哲元氏与某军事家已一再宣称，日伪军在察东行动，全系追剿土匪，不至扩大，更无其他重要意义。至于抵抗云者，恐永远难以谈到。似此情形，恐日本之满蒙政策将迅速的顺利达到也。美报所谓"且中国现值福建多事之秋，日本欲乘此时机，利用欧洲时间〔局〕之紧张，使苏俄利益与英美利益相对立，以坐渔人之利"，诚切中事实之论。

综观上述，日伪之野心昭然若揭，剿匪云者，乃系侵略之手段而已。然国人对于此事，今仍淡漠视之，未闻能有何种适当方法处置之，察省之继东省而亡作伪国，恐指顾闻〔间〕事耳。兴言及此，吾人对所谓军政当道，诚不能不大大失望，而目彼辈为日人之"奴才"也！

《监政》（周刊）

太原山西民众监政运动会

1933 年 4 卷 7、8 期合刊

（朱宪　整理）

内蒙自治与中国边防

《社会新闻》社论

作者不详

在日本以武力侵占我东北四省之后，忽然间又有内蒙自治问题随之而起，由锡林郭勒盟之副盟长德王为领袖，召集东〔西〕蒙各盟旗王公会议，居然向政府提出自治之要求。际此边圉多故之秋，这不是一件单纯的内政问题，而完全是外患的一种。国府因事关重要，特派内政部长黄绍雄、蒙藏会副委员长赵丕廉前往宣抚，希望能达到团结一致，固我藩篱之目的。盖内蒙之为华北屏蔽，因外蒙"赤化"而见其重要，今东北丧失，热河沦亡，东蒙四盟之乌昭〔昭乌〕达、卓索图二部，及向属辽宁之哲里木盟及科尔沁旗，已入日人掌握，而察哈尔亦岌岌可危，即敌人不作乘势进掠之图，我在防御上亦应加紧殖边，塞其西进南窥之路，则整理东〔西〕蒙，实为今日国防上最急之务，固不仅抚绥可已，亦并非因自治问题之生，而为挽救之计也。

且日人之侵华计划，向来满蒙并提，盖仅有满洲只能完成日本之建国基础，尚不足为帝国主义最高度之发展。蒙古虽地处寒瘠，物产不丰，但在形势上则为亚洲大陆之中枢，昔蒙古帝国之勃兴，即由于此种形势上之便利，而满清之得进占中土，亦由于先有内蒙，因此在日人心目中，重视内蒙并不下于满洲，此可断言者。吾人于九一八事变发生后，始憬悟日人准备之充足周密，其统治满洲计议都出自宿构，两年来并未遭逢足以阻止其前进之重大打击，而自感平时之粗疏，远违戒备强邻之道矣。今满洲已失，收复固有待于万分之努力，而内蒙则尚在我手，宜如何戮力同心，戒惧边患，充实此最后之国防者。

内蒙在三特区改制为行省后，始就长城南北建立城市，兴筑道路，而离省稍远之区，固一仍其盟旗旧制，以王公为统辖，因地旷人稀之故，非仅不能与近代都市相比拟，且由于沙漠水草关系，人民以游牧为主业，迁徙毫无定所，根本无自治制度施行于此之可能。则所谓自治者，无异于少数王公欲脱离母体而独立之谓。际此日军虎据热河，而内蒙忽以自治为要求，其为日本暗地蚕侵之技，以蛊惑溥仪者蛊惑内蒙王公，以培养傀儡如溥仪者再作制造内蒙傀儡之图，此又不待言者。在日本侵占满洲之前，初非不欲先造傀儡，再借口于种族问题，特以东北久已无满洲遗族，乃不得不先以武力强夺，再行觅取傀儡为过渡。而内蒙则三百年来袭用王公制，王公既多，部落分立，固不患夫不得傀儡。因此华北协定甫经签订，察哈尔军事初告结束，即有所谓内蒙自治问题随之而起，其图我之急，实有应接不暇不遑喘息之势。

今自治问题已起，虽因倡和者寡，尚未至十分危急程度，而内蒙之祸根已伏，隐忧已生，宜如何安定边围者，为最有商讨价值之问题矣。我国向来对付蒙藏方策，只有怀柔一道，如内蒙以部落之伍，而其领袖能荣膺王公之尊，优其待遇，俨如国宾；在国势盛时，此等部落之长，固莫不怀德畏威，不敢叛贰，及其衰也，则感于鞭长不及，怀柔非易，强邻乘之，边患由是来矣。因此数年来中央之力愈弱，边患亦重叠而生，非不欲重视边防，奈政治之效力已短，柔而不威，势已不济；外蒙"赤化"，西藏内侵，新乱方殷，而内蒙又要求自治，莫不由此。所以今日而欲安定边围，怀柔政策已失其效力，惟有建立强固之国防区，择精兵良将长期戍守，在平时则修缮要塞，兴筑道路，教化人民，开发产业；在一旦有事，则捍御国门，防卫疆土，强寇且不敢轻进，遑论部落之长，敢不知所畏戒。西北如皋兰、西宁，蒙边则张〈家〉口、大同，皆为今日建立国防之冲要地点。但此种国防区域之设置，先须造成统一而强力的政治、军事中心，如仍沿分立旧习，如今日之西南国防会者，则东北之前车不远，分立即促成部分灭亡之机，畸形割据尚其次焉者也。

此言对蒙藏之所以怀柔，自有其历史的根源者。内蒙王公封建形式之深，人民知识之愚黯，恐不宜操之太急，更促其反感。此虽亦有理由，但怀柔而缺乏威力，终且柔而无用，况图内蒙者方挟其甚强之武力而来，亦非仅恃怀柔，使内蒙王公知所感激不叛不离为已足。且敌人之制造傀儡，正为投合封建形式之深及人民知识愚黯而来，我又何能使内蒙王公全数忠于祖国，不欣羡于傀儡之诱惑？则但恃怀柔之终必无济，固不待于忆〔臆〕断也。吾人以为宣抚之举，充其量仅能使自治运动暂告消弭，并非实质上可以安定边圉之策。欲图保全华北，应该从建立强力的政治、军事中心做起，急速完成健全的国防区。或以为今日之华北在军事建设上已成形格势禁，但吾人为保全疆土之故，亦应知所努力，终不能因其形格势禁而遂废弃，听其造成所谓华北亲日政权，以扩大国家民族之危害也。

《社会新闻》（半月刊）

南京社会新闻周刊社

1933 年 5 卷 7 期

（李红权　整理）

察哈尔之整军安民

作者不详

　　刘桂堂通电反正，为察省时局之最大发展，冯方问题，转成次要。刘事果布置妥贴，则察局即应为大体已定。所余者，整军安民之问题而已。关于冯之接洽，旬日之前，相传已有谅解。察主席宋哲元，回任有期矣，而有方振武等之通电。冯取销名号事，亦有变更，宋遂迟不回任。平、张道上，虽使者络绎其间，而问题之未决如故也。冯称民众抗日，以收复察北为号召，方振武等声明出兵张北，然未几而刘桂堂以全师反正闻，就察省而言，不血刃而失地复矣。冯氏起兵之最近的对象，与平当局所虑因冯起兵而招日伪之侵者，至是皆告解决。是以刘部之来归，就对外对内言，皆有重大意义也。

　　冯方抗日，凡在国民，原则上无人不表赞佩，然于其里面之政治的动机，则希望其单简而纯诚。倘以为在抗日名义之下，便可无限的得到全国精神的援助，则亦为对社会之误解。何也？自热战以来，以数十万军队，不能保长城，固平、津，此种耻痛事实，记忆方新，无能为讳。中国自身之如何改革政治，纠弹责任，乃另一问题，然若以更劣弱之少数部队，号召抗日复土，而谓便能取得国民之信任，此亦必无之事也。冯之起兵，在塘沽停战以前，察东被占以后。当其时，张口危殆，人心皇皇，冯在仓卒之间，挺身负责，以御非常，无论方式若何，其志固属可敬。

然其后休战议成，各军撤退，国民宜如何诘问政府责任，乃另一问题，然同时固无人相信冯方少数部队，能进而负抗日复土之责者，此事实问题，无可如何者也。两旬之前，一时有派兵入察之议，吾人深恐惹起自身之冲突，尝力主宜平和解决，迄今依然。惟同时不得不望冯氏自省，勿以为标榜对外，便可运用无穷。盖国民此后所需要之政治家，为真诚坦白切实负责之人，而国家所需要之改革，为自基础上唤起民众，养成国力。凡此皆实做的问题，非只标榜一名义，便谓能事已尽也。吾人不反对就内政上公开的作政争，苟不形成内战，政争固属无碍。如粤、桂，如冯，争政则争政，勿只以对外为题，反使国民认之为不诚也。以察哈尔省论，刘桂堂来归之后，亟应从速整军安民。盖依现状，瘠土众兵，顷刻难支，个人问题小，而兵民问题大。迁延旬月，给养将穷，冯氏何以善其后？吾诚恐久且自崩，更遑论对外也。现在伪军李际春，尚未解决，滦东西数十县，未能收回，当此危局，国府对察省，以理以势，皆须贯彻和平。是以无论谅解之难易，应不至有冲突之发生。虽然，为大局计，为地方计，此事皆不堪久悬。其症结即在兵多且杂，必须从速收束。盖并孙殿英等部合计，察省现有各式部队，不下十余万，而其中大抵为新募之兵，或乍抚之匪，愈迁延则愈膨胀，财政上亦愈难支持。假令军分会不闻问，宋哲元不主持，居庸以北，听凭冯等长期自由处理，吾恐不出数旬，将至一筹莫展。此地方之危机，尚不必论个人之成败荣辱也。然则宜如何？曰：平、张接洽要点，应侧重军队善后之实际问题。即冯主必留者几何，而军分会所能承认者多少，此或为一切问题之前提。吾人希望军分会公平主持，亦盼冯氏赞成收束军队之原则。此点能解决，则冯将来职务或住居问题，似皆不需争论，而军事善后，经商定，则宜使宋哲元氏负责执行之。目下时机紧迫，深望日内之能实际解决也。

（录六月二十九日天津《大公报》）

《国闻周报》

上海国闻周报社

1933 年 10 卷 26 期

（朱宪　整理）

赤峰之战

这是我到前方去工作的第一天。

在不曾到这壕堑来的两星期前，我还是一个在后防自由行动的战事新闻访员。我穿着整洁的中山服，和中级军官们来往，高兴的谈话。每逢下午，我从十一团参谋处将公布出来的战事新闻摘录下来，或将它加以详细叙述，渗杂一些伤兵们由实地得来的印象，用快邮或电报寄往新闻社去发表。

和我最熟谂的唐营长，非常羡艳我的生活。我知道他们在任何时间都得受支配的，而我，却是在任何时间都有自由的，只要我们能替公众的抱负说话。有一天，参谋长忽将我招唤了去，问我对于自己的工作发现过错误没有。

这参谋长是一个和蔼的人；我当时听了这话，以为没有若何用意。"丁先生，"我立即这样带滑稽的口吻说，"如果我们曾做错事，就不会受公众的信任，不会到前方来负责。先生，你知道这责任多么大呀！多么重要呀！——一个战地记者！"

"你说错了话，"沉默了一会，参谋长闲情逸致的说。接着他从案头拿出一份公文和一段剪截下来的报，在我面前放下。这是一段战地新闻，篇末署名辛，便是我的职名。我看着，呆了。……那公文信是……呵，我的上帝！就因为这段记事不符军情，有败戎机，着令将此记者处以惩罚……等语，是指挥处长官拍来的。

　　我痴呆了，我心中极不安……因为我知道自己过于真实，将战地的实情露布得过甚，受了军事长官的疑忌……我正有所辩白时，参谋长说：

　　"你不能不依军事条律处治一下。你得知道在军事区域内，你们神圣的责任也得受军队的约束。这里不能有任何人的自由……犹如我们，也不能在你们民治的区域有任何自由一样……否则我们的工作必得受阻碍……"

　　"那么怎样处置我呢？"

　　我声音带颤抖的说。参谋官沉郁的笑了，说：

　　"有两条路，由你选择。一条是依法禁闭，一条是到火线上去，将功赎罪……"

　　我是毫无犹豫的选择第二条了……因〔是〕这不但是我的选择的目的，而且是我的志愿。我厌恶而恐怖了禁闭的刑罚……我曾尝试过半年以上的牢狱生活，我曾受过绝望，疾病，恶生活的磨折，成了一个半死的人，直到出狱为止。自然，我立即指定第二条罚则了……

　　我被两个兵士和一个军曹送到军法处，由那里的长官签署了名，立即被带到补充队的营里。

　　这营长是一个面容黝黑的中年，声音洪亮，坐在几个下级军官围聚着的案上方。军曹对他行了行礼，说明了来意。这营长看了我一眼，大声道：

　　"你拿得起枪吗？"

　　我记得有人对我说过行军的经验，首先是要免除懦怯，无论在举止或言语上。我鼓起了勇气，几乎是叫着：

　　"那自然能够，长官。"

　　营长笑了，说：

"你能打靶吗？"

"一学便会，长官！"我略一思索，叫着。

这黝黑的中年对旁坐者睁了一眼，点了点头。接着一个下级伍长将我的年纪、志愿写下来，立即给了一张军符，将我编在他的一连第末排里。他又叫来两个士兵和一个班长，将我带到连部去……第二天，我便由这三人的指挥，作了士兵的基本练习……一天内，我学会了背枪、排队、起伏、瞄准、射击……我又知道了手榴弹和刺刀的紧要用处，知道了守壕的经验，知道了怎样躲避敌人射击的方法……知道自己决不是一个笨人，我要信任我的能力，我的志愿……

这三个士兵成了我的相得的好友。那班长年较长，名姜在云，是锦县的一个铁路工人，退职后便在军营中生活了；他高大，有腕力，满面冻疮，声音和播沙一样。他有些佩服我的敏捷而又轻视我年稚无知似的，说：

"这小子还不错，有出息！"

那矮的，面目黄瘦而躯体轻捷的——张白，睁了我一眼；我知道是受侮辱了，便叫着：

"小子？得了！谁和你一样……"

张白和那沉滞而善良的高帮子一同笑着。

我不得不受一点委屈，因为他们都是我的教导者。但我不能在他们面前太驯服，太示弱了；我得保全我自己那较好的印象，但我也应当向他们有感情上的联合……一个士兵在军伍里不能缺少同情和自信，否则必受遗弃，如在战争的紧要时际。

高帮子是一个小商人出身的，他食得多，睡得充足，从不和同僚们吵嘴，也不荒懒工作。张白却没有什么长处；他好弄机巧，好讽刺那无用而软弱的士兵，好冒险。他能使用机关枪，——在极危险的时机——敌人的冲击队来到二百码远的地点还能沉静的守候着他的功劳的勇士……这是高帮子告诉我的；如果他没有那些好捉弄别人的习惯，他早已超升到连长的地位……

这连部是扎在一处回回的管〔营〕帐附近，一到天早，便听到回子们，扬抑在沙风里的叫卖食物声……我们有时趁着早操还未排队前，暗地买着一些馎馎和羊肉充饥。我的袋里较任何人为充足；我从北平带来的二十余元，到现在，还可预计着能支持一月。我请他们三人吃羊肉饺和油大饼——这都是军营里没有的——姜在云因为口腹好，便渐渐的示好于我。黄白也因为我的大量，替我报复了姜在云从前对我的恶意——有一次，姜在云多吃了我两张饼，他说：

"老乡！别让腿招不起你的肚皮啦！咱们还得冲锋哩。"

姜在云不自在的笑着说：

"咱们都有成大哥保镖……"

我们便都欢快的笑着。

我们在回回人的帐篷里的集会很不自由，时常要逃避那狞厉的排长的视线；甚至一个别的排长，一个副官也能阻止我们行动！自然，他们吃得比我们好，工作比我们舒服。如果我和他们一样有，也可以做得出那么一种严厉的脸子。

排长王武七真是一个可怕的高大人物；他在早操时，无时不在我身上注意。他和一个极严厉的体育教员似的，当立正时，他从后面用脚敲我的膝弯；当向左看时，便跑到我面前来，将我的头使劲一拨说：

"你得向右〔左〕看呀！谁叫你低着脸子，怕见人似的——怎么啦？"

这便引起同排的人哄声的笑了。

我们三人所住的士兵营里，另一个班长睡在我的上方——他是一个改藉〔籍〕的蒙古人——也是一个不好惹的强手。他甚至嫉

视那些长得比他好看而举动敏捷的同伙，如其不受他的指挥和斥
责时，他一定看破你的错处而加以"呈报长官"的惩罚的。我们
在闲暇时，都有不安和一些仇视心理，但一到操演时，便都以发
令者为视听了。

　　我记得六十天以前，我曾读过的一本西洋小说《西线无战
事》，许多印象在这时渐渐引起了。我不曾过军营生活；我能与士
兵们谈得上，能一块生活，这都是我的中学生生活的同一纪念。
我觉得兵营和学校并没有多大差异；如果我们不是为国土去打仗、
捐躯，谁都会把我们看作一群捣乱的小丑。

　　自然，我的知识比同僚们甚至有许多长官们都高多了。我能在
任何地方批评他们的不聪明和错误；但我得谨慎我的批评才能——
否则我为什么会由一个自由的战事记者一罚而为一个处处受人支
配的二等兵呢。如其我要批评我们哪高大的排长指挥不灵敏时，
他一定会忿怒的批我的颊了！自然……我们哪能不绝对的服从呢。
我只好保存我个人的能力到前方去实验……也许，在个人的功劳
的表现，才能剖白我的长处啊……

　　我在这几天内，只觉得有许多军营生活切合我读过的那小说的
印象；但我不能断定这生活便是不正。我还不曾效过勇力——正如
一个普通的市民他有什么资格来批评一个能够耐劳苦的为国牺牲
者呢？……我记得在看过那部小说后，只觉得为了一个国家观念，
叫无数的青年同胞们辗转在死神下面，这是何等可悲的事——但现
在，我不这样想了。我觉得如做一个亡国者的悲痛，受蹂躏，不
能生活的苦处将胜于一颗枪弹在我的额上穿过。而且，敌人的屠
杀、凶恶，已经给我们一种预感了。

　　同僚们毫不觉得战争的可怕。他们曾时常和许多同国境的敌人
对垒过，对于凶横的东洋兵——谁能有迎合的感想。呵，中国的国
民，若不把士兵生活看作非人的生活，若不把战争看作毫无意义，

谁都乐于捐弃躯体了！谁甘愿把自己的土地让出来给敌人哩！在这连部里，无论黄白、高帮子，谁都把"东洋人"加上一个极不干净的形容词，挂在嘴上。他们毫不害怕，而且轻蔑着。……如果中国的政治者、军事长官来得没有那么软弱，把放任主义添在帝国主义的侵略之下，中国哪能没有勇敢的抗争呢。

我能任我的知识批评谁的不对，但我得应受姜在云一句奚落："你这样的个子，能到火线上去喝北风吗？"好在我回答得好："如果为了喝北风才到前线去，八十岁的老太太也能试试——"……我这样委屈的应着。同僚们也都同情的看着我……是啊，我说话的机巧就表示我不是一个弱者。

年青——没有疾病，头脑清醒——这便是勇士。我行了整两星期的操，没有间断——没有半句钟的间断，不期然把我的精神疲弱完全医愈。我得承认我这缺点是在半夜的新闻事务下得来的；这是我一个返到健康的机会；我所怕的是胃弱；否则只要是洁净的东西，我便应当饱吃，我们要想像中国在有一个时期内连高粱粥也没有吃的程度。大地主们觉得中国不可居留了，把土地全种烟土，预备卖到了银钱乔迁到外国去；甚至一些小小的官吏，也可以霸占一个地盘，将不缺少的收款存放在银行里，预备作逃亡的用费……我们的阔人哪会缺少机智呢？……

我们在寒风和沙土中抵到了赤峰附近的驴营子。前线的士兵非常沉静……只听见马幽幽的嘶喊。……一带壕线，连贯了这一带。赤顶的山峰，镇压着我们的视线……

二十二号早上，我便被派到第一线第十六壕堑作补充兵士；因为旬日前的一战，这里被敌方的炮火毁了一角，留下十余个殉战者……

我们一连人不到五分之一分驻在这壕堑里。幸而高帮子、姜在云、黄白仍然成了我的伙伴。我们被命令一星期之久停驻在壕内；

原驻的士兵都热烈的欢迎我们的参加……

我和黄白占着壕的基角。壕岸异常高——黄白尝试着伏上去，因为身矮，不得不搬来一只沙袋垫着。再右于我们的是原驻在壕垫的指挥官唐连长；他对于新来的士兵表示一种慰藉。他的站处很高爽，后面连着两个很深的卧垫；里面整理得和一间坐室一般，两张番布床摆着。军用品、食物满布在壕的基处；较广的空隙，都给倦怠的士兵卧了……

壕的前面是一带低高不平的空地，再远两百码，一条干涸的沙河展露着……唐连长说四天以前，敌人作了三次冲击，但他们的坦克车在河对面停了；一整天的呐喊……

"如果没有这条河，"一个排长说，"我们得退到第二防线……"

"还在说？"唐连长应着。"如果他们没有这种把戏，我们也用不着据河而守呵。"

还有，据一个排长说，敌人的飞机也是守壕者的禁避物……不是怕他们的轰炸而是忌惮他们的侦察……一个精明的战地测量者，可以在飞机半分钟的巡视下，将炮攻的距离一毫也不差的估计去了……这真是守垒者没有高射炮的忧虑……

我初次开始战壕生活，自然，心旌时常摇荡……不健康的身体也每每使我不能在烈风中长时按耐。所幸战争还没有临到，我可以较自由的休息。我要勉力驱赶我不时临降的睡魔……我还要鼓起精神应酬我两旁的士兵及时的诙谐、戏谑。我知道我们的生活单调——几乎单调到连可看的事物也没有；除了谈话外，只有听到沙风的呼啸。

据说这里的树木要到夏初才萌芽，秋风刚起，落叶便随着沙风飘走了。常看到的乌鸦、山鹰也稀少了，当这朔天继续的时候。一个蒙古藉〔籍〕的士兵告诉黄白说，这里的生活，除开做梦以外，没有什么可取。他们的幸福、乐趣，大半都得在荒唐的梦里去讨。

"不做梦，我们怎么可以回家去瞧瞧哩，"一个士兵应着。

"咱们只要打胜仗，怕见不到爷娘吗……"黄白说。

有一个军曹声辩我们的战争不是打胜仗，却在为守土而负责。

"什么！"我不由的大声说。"世上哪有不分胜败的仗！我们不胜，得让敌人胜！"

姜在云也是个不服气的雄辩者。他承认中国的士兵较哪一国都勇，只是长官们多半过于畏缩。他说敌人用铁来攻，我们用肉来搏；结果将死亡博得胜利也值得，只是不要让地盘给他们轻易的占领了……

"轻易的占领？"黄白找着缺点说。"干脆不能让他们动一下！那才是话……"

"是啊，"唐连长喊道。"要打仗就得打胜仗……"

第二天下午，我们听到四百码远山岗的前哨连响了几声枪。有两个中级长官，乘着马，吹着口哨，在我们背后急驰起来。唐连长在那壁发着口令……士兵匆忙的在壕线上伏了……

前面没有动静。哨兵乘着马急驰回来……有两处炮声震着……接着，一阵沉郁的呼啸声——只见五六架敌人的飞机在山岗上飞翔。

邻近的堑壕里安着一尊高射炮，已经预备着它们在飞近时的瞄准。……十分钟内，连发出七八声猛锐的响，接着当先的飞机急促在空间盘绕起来。它们兜了一圈，仿佛有所警觉，徐徐退回去了……

"老乡，"沉静了许久，黄连长说。"一只高射炮吓退了六架飞机……这未免太叫人摸不着头脑了。"

但有一辆飞机朝着我们的壕堑直翔过来……沿着这条线起伏着……七八处土坡上发出猛烈的爆炸。

"他们只好示示威，"黄白说。

"自然，"我不禁应声说。"不然怎么回去报账！少几颗炸弹也能表示他们不是白飞一趟啦。"

我们正预备松散起来……但一阵枪声从壕线的东端震着……连长大声的叫我们息伏了。在我们的前面，没有见到什么。往东向望过去，沙河的对岸，三四辆坦克车，引渡了一帮黑魆魆的冲击队。微弱的阳光下面，可见到闪烁着的金属的碎光……

"参谋长，"后面骑在马上的营长大声说，"我们这时包抄过去！"

"慢着，"又一道声音。"等等，我们再候候西北向的动静……他们能在一处方向进攻吗？"

这语声随着马的急驰声莛过去了……

参谋官的思虑居然没有错——不到十分钟，当敌在东岸列成阵线时，西北角的呼喊起了。约有七八百余的骑兵从对面山岗旁斜驶了出来，立即将我们的视线填满了。

我们的枪，轻炮，机关炮同时响震着。我觉得自己的面部完全灼热了，两手不时发颤，若不是我的强顽的意志力指挥着放射，我将要因心悸而致僵动。我没有一刻时间预计我们一分钟后的情形……没有一毫空罅会，将自身意识着。谁都希望——自然我也不在外呀——能把发射加速，能颗颗子弹有命中的可能……但是，那一片黑影愈迫愈近了……他们将近要莛过这一带沙河，来填塞我们的壕堑……

地雷在对面的河边沙土里爆发了……

枪柄从我的腕间跳下地去……我真失了一切自持力，不知将它怎样拾起。我仅仅带着恶毒的心思看住那沙土飞扬处……我发现许多敌人的尸骸滚落到河基上来……他们的进行线完全纷动〔乱〕了……半分钟内，我们阵线内略形静寂的枪声仍复而且加倍震荡了……

敌人后退。他们的影消逝在我们快愉的欢呼里面……

但在一星期后，我们吃了败仗。我们的接济短少，时常没有粮食，长官的精神也不振作。这一天下午敌人的坦克车队的方向正朝着我们，在我们不断的弹火下，冲击队跟随着这群无畏的巨兽踏过这阵线。邻壕的指挥官马团长受了重伤；两方士兵在前仆后继的相搏，直到我们因阵线纷乱不得不退往第二防线的时候。

在混乱状态下，我觉得忽然全身灼热，右腿僵木，倚在壕边不能动。我任着敌人在我的肩上，头部踏了过去……

冲击队过去后，在一堆倒卧着的尸体中，姜在云扒起来，那双机敏的眼只〔止〕不住四面转动——他发现我倚在壕上，便走过来说：

"成大哥，成大哥……我拉你走……赶快！……我们还没完全吃败仗……退远了……我们不早早回后防去……冲击队回来时……可没有活路了……"

我不能回他的话，只觉得全身软弱，不能举步。姜在云把我牵起来，叫我将右臂紧缠着他的头膊……我们走了二十里地，憩在一处农民家里，这样四天，我们到了后防医院……

（附志）这篇作品是由作者和一个由前方回来的伤兵成贵的谈话的改录。这伤兵从前是一个战事访员，后来才加入火线。他有较充足的知识和感想。他的谈话由作者略加改制，便成为此篇。

七，三，一九三三

《东方杂志》（月刊）

上海商务印书馆东方杂志社

1933 年 30 卷 11 期

（李红权　整理）

绥远整顿保卫团之经过

作者不祥

查绥远各县治有给制之保卫团，前于民廿二年间，业经该省民政厅遵照整理保卫团方案改编，并派员点验。惟上年改编时，各县尚有乡团，因情形复杂，未尽编并。此种乡团，平日组织，既属散漫，剿匪指挥，尤感困难。且其纪律废弛，保民不足，殃民有余。该厅为充实地方自卫力量起见，已令饬各县严加整顿，以安地方。兹将整顿之原则及步骤，分别述之如左。

甲、原则

使各县之乡团，成为有组织、有系统、有训练之自卫武力。就各县之区、乡、镇原有乡团之人数、枪械改编之。各县乡团改编后，由各县县长酌量实际情形，得仍饬各驻原防，不必集合居住，以免食宿发生困难，及妨害农作。但调集训练时，不在此限。各乡团改编后，须绝对服从各县县长之监督、指挥、训练，以明系统，期收指臂之效。

乙、步骤

先使明了改编之意义，在养成团结一致之精神，遇事得以协同动作。采保证制，实行乡镇武力登记，检验民间自卫枪枝。逐渐按户抽丁，以为平民训练之基础。

进行　　（子）拟定整理乡团办法，颁发各县遵行。（丑）限令各县奉到整理乡团办法后，立即实行，并将着手编制日期，呈报备查。

各县奉令后，尚属努力实行。惟以各县情形复杂，兼以实行日期尚短，故现在编竣者，仅有东胜、归胜〔绥〕、托克托等县云。

《内政消息》（半月刊）

南京内政部总务司

1934 年 3 期

（朱宪　整理）

日俄战争之暴发与察省之危机

雷风　撰

日俄战争行将暴发之伦调，自九一八迄于今日，甚嚣尘上，盖日本自明治维新后，一跃而为现代资本帝国主义之国家，本国领土狭小，出产硗薄，向外发展，为其立国一贯之政策，故积极侵略压迫落后弱小的民族，如朝鲜、台湾等殖民地，更扩展其海外势力于南洋群岛、印度、南美，实行大陆政策，强占东北，染指内外蒙，囊括华北，南下称霸亚州〔洲〕，其野心之大，气焰之高，真〈有〉不可一世之慨！

苏俄为赤色社会主义之国家，与日本白色帝国主义，实如冰炭之不相容，且时有南下实行其社会主义政策，更自第一五年计划完成以后，努力经营西伯利亚，其在满州〔洲〕、外蒙、新疆之经济利益，已根深蒂固，自不免与日本之大陆政策相龃龉，在九一八事变发生后，越发露骨的表现出来，日俄冲突的声浪，日胜一日，最近表面之纠纷，几无日无之。

日本虽然气焰万丈，但不能不顾虑一下客观的环境，和国际间之空气，决不是无计划的莽干，有缜密稳健的步骤，善于运用外交的手段，和静观国际环境的演变，于是在国际间竭尽雌黄之能事，以欺骗蒙昧世人之耳目，并组织伪国，开发东北，消灭义勇军，奖励殖民，发展实业，便利交通，以及兴筑兵工厂，无一不次第实行。故照目前现状，似乎日本黩武政策已经停动，骨子里早在进行骇人听闻的大规模的作战计划了！

　　我们细推究日本强占东北，和威胁华北的政策，前者可资解救无数日本失业的群众，畅销剩余的生产品，并准备世界二次大战，和酝酿中之日俄、日美之战，而后者为牵制中国，免有后顾之忧；日本国于军需重工业的原料品，全仰给于外国，且国土四面环海，大战暴发后，时有被围袭封锁的可能，惟有和大陆相沟通，可免于孤悬大洋之中，及作战上军需之恐惶，由此促成，日本进占东北，甚至认东北为第二生命线，可知日本侵占东北，宿愿已久矣。

　　唯其有日本现在的强胜，才大言不惭的说东北为日本第二生命线，何以中国不说日本的三岛，是唯一生命线？以中国的领土，为外人之生命线，其阴险毒辣可知也。如此说来，内外蒙，华北，华南，全亚州〔洲〕，又何常〔尝〕不是日本第三、第四生命线，思之再三，令人不寒而栗。

　　睡梦中的同胞啊！她们灭我们的论调，已经响彻云霄，仍旧旁若无闻，销声匿迹的做着安乐梦，莫非是事实不允许过问吗？原因固然复杂，但吾人的无远大的眼光，和奋斗的勇气，是无可否认的，保守着中庸的大道理，得过且过，受人欺骗播弄而不知，其可怜也殊甚。

　　至于威胁华北，是日本进攻苏俄的缓冲地，换句话说为免后顾之忧，前面已经说过，因此日俄战争进展愈激烈，华北之垂危愈迫切，尤以察省更首当其冲，其地理上、军事上之重要性颇大，详细述之如下：

　　很明显的察省仅处于苟安的局面下，前途的危机，正不堪设想，天然障蔽，已尽入日手，察东、察北更为一片大草原，目前察东仍在日人威胁之下，所以整个察省的命运，仅时间之问题耳。

　　日本侵略政策，正为饿犬之得食，现方咀嚼之不暇，何暇兼吞旁边的美食，俟东北完全消化后，把的自己营养的肥胖起来，乘她的邻人不注意之时，自然毫无踌躇的，继续狼吞虎咽下去，因此日人口边的察省，既不能自保，哪能不再让人越俎代庖，希望高枕无忧，其可能乎？

归根结蒂谈到察省在军事上之重要，多伦为通库伦之要道，苏俄在远东国防上之准备，又以多伦为大本营，建有大规模之军火制造厂和飞机厂，日本由多伦出兵，可以直抵腹心，且可截断西伯利亚大铁路在军事上之重要性，以及苏俄军队东进之锋头，所以现在日本仍占据多伦，并屯积粮糈，驻扎重兵，以事准备，由此可知日俄战争之暴发性。其次张家口亦为通多伦、库伦之重镇，又为察省之省会，地势扼要，握平绥路之枢纽，东连平、津，西达绥、新、山西，更有居庸关、南口之险，可控制华军，西可防苏俄之侧击，其重要性，无可谅〔讳〕言。况察北、绥远为有名之产马地，水草丰富，又无大山，为良好之练兵场，其对于军事上之便利颇多。总而言之，察省为日俄战争之重地，及角逐场，更为日本捷足先登必占之地，换言之，也就是省察之前途不容乐观。

中国现在有国无防，虽东北四省已丢，而政府对国防其未注意也如故，固然对剿匪、救灾（救灾尚谈不到）为大事，但国防实不容长此忽视。

前察省行政人员至平，报告日本浪人，急极在察、绥等地，诱引无知蒙人和王公之活动甚烈，寻思政府、国人对国防毫不关心，虽蒙人内倾心深，终必为日人所乘，政府至今一仍满清治蒙之故计，仅取悦于少数王公，对教育、交通、实业及国防等重要工作反置诸脑后，这简直是舍本逐末，决不是长治久安的办法，只是无能的表现而已。

全国同胞以及察省父老们，远东之风云，是日趋险恶，华北之危机较九一八前之东北有过之而无不及，察省焉能幸免，可怕的悲惨的命运，已逼于眉睫，惟有团结起来，组织起来，应付未来的浩怯〔劫〕，靠政府和政府之靠国联如出同辙，只有失望而已，当时喊过的空头口号，如果不忘的话，想可以回忆起来的吧！长期抵抗，一面抵抗、一面交涉等花言巧语，到现在九一八又复三周年了，失地如旧，国难益深，且不耻与帝国主义者携手，向仇敌屈膝，对于激烈抗日的青年，极力压迫，一切的一切都很明显的摆在眼前。再就苏联加入国联对远东之影响加以进一步的说明。□来咸以苏俄之加入国联为最煊人耳目之事，要人们以及新闻界皆□□□□的加以评论，以为世界和平指日可待，侵略者之野心从此□屈，于是举国上下莫不额手称庆起来。

这和前之期待国联制□，及美俄携手之□□无异，国人不自知努力奋斗，迄今仍被依赖之劣根性蒙蔽了整个的身心，既无远大之眼光，更少埋头苦干的精神；希望不劳而获，垂手可成，天下决无如此便宜事，前车之鉴尚不远，岂肯忍心害理的再作那些迷梦吗？

实际苏俄之加入国联固然是外交运用之胜利，但更是环境之所促成，在苏俄之立场，正当建设时期，亟愿和平，决不欲动干戈，英、法是由于本国年来经济恐惶及内在之矛盾，亦盼和平来稳定国基，徐图复兴。德自希特拉执政以来，国势澎涨，德、法之新仇旧恨日渐恶劣。意□德势之南下，及至奥京事变，夫运多夫斯被刺后，全欧震惊，大战的黑幕，阴森森的炽照了全欧，所幸事变得以平息，而大战之恐怖未容消减。至法、俄之携手，更邀请苏俄加入国联，以事牵制，借维和平，法并对各小协约国疏通。英意为了和平，亦无异议，所以与世孤傲的苏俄，得以加入帝国主义之集团，真令人惊叹者再！可是法之帮忙甚多，并界以常任理事，而我们中国在这次国联席上只有望洋兴叹而已！

由此知苏俄之加入国联，仅欧陆的和平得以暂时维持，远东之风雪，恐日益激化，中国俎上之肉，讵容乐观！因苏俄既无西顾之忧，必集其全力于远东之国防，日本必因欧陆各强之互相牵制，不暇东顾，自然肆无忌惮的不惜与俄、美作战，疯狂的准备，更乘苏俄第二五年计划未完成，远东之国防未充实，以先发制人之手段与以挑衅。因此今冬明春，至迟在一九三六年都是极危险的关头，在火坑的国人将何以应付未来之恶运，抑仍依赖乎！

有为的青年，劳苦的群众，目睹世界风云的险恶，国事的日非，身处颠连生活，走头〔投〕无路，弱者自杀悲观，强者挺而走险，其可叹可悲也殊甚。可是现在说乐观是不可能，但悲观更属无用；我们的灾难，我们的痛苦，我们的国家，以及全人类都惟有我们自己来释〔解〕救吧！勿庸依赖畏缩，踌躇不前，肩起伟大的责任，不要为恶势力所包围，胜力〔利〕之神，光明之路，在前面等着我们这些人类的救星。

《塞外人语》（半月刊）

北平察声社

1934 年 4 期

（李红权　整理）

察东告警

张碧笙　撰

在《塘沽停战协定》签字以后，中日间的战争，告一段落；华北局面，也总算得到了暂时的苟安。在这仅仅的五六个月中，虽然有冯玉祥的张家口事变，有方、吉的进扰平北，有滦东土匪之攻陷抚宁；但始终没有牵动大局，不久便告平靖。虽然其中有几件事显然由日本人从中策动，而日人自己，总还绝对否认。最近十五日，日伪军侵犯察东，要算是《塘沽协定》后，日本向中国明目张胆实行侵略的第一次。

报载：热边日伪军，自十五日起，开始向赤东扰乱，将独石口外之喜峰寨占据，并由多伦大阁向沽源大滩一带推进。日本柴山武官声明：日军行动，系因察、热交界处，近有大批土匪发现，特往抄剿，但始终在热河境内，并未侵入察省，且无论如何决不至影响中日现有关系云。

柴山的声明，当然是一种无理的强颜饰词。明明日军七八百人，伪军三四百人，向沽源大滩推近，将喜峰寨占领。沽源大滩、喜峰寨，是不是察哈尔的地方？如果照柴山所讲，则热河领域，已经扩张到察东了。反过来讲，在这些地方，纵使发现了土匪，又何劳日伪军越俎代谋？本来自从《塘沽协定》的城下之盟缔结以后，华北早已在日本任意宰割之下；日本要怎样便怎样，中国已毫无反抗之余地，只好俯首听命。所谓《塘沽协定》，只不过规定了中国的行动，却不必日本也去遵守。所谓非武装区域，只是限制了中国的武装，而日本的军队，却可以任意进出。由于半年以来日本人的任意横行，而中国当局之噤若寒蝉，则这次察东告警，原无足怪。本来自察哈尔至平、津一带接连伪国的地方，早已名存实亡了。

但是这次的举动，拿过去日本的举措看起来，绝对不是一种无意识的举动，都有其用意，有其目的在。

在本刊首期里，我们曾经提到：西北各省，自从外蒙独立，已与苏俄接壤，自从热河失守，又与日本成为紧邻，成为日俄两大势力交错之冲。一旦日俄间发生了冲突，则西北各省，尤其是与日本紧邻的察省，必定首先牺牲，变成她们作战的根据地。数月以来，日俄间的关系，已经走到了极端恶化的途径上去。从中东路出售谈判破裂以后，苏俄在沿满洲一带地方，积极配置军备。日本在北满方面的经营，亦不遗余力。莫洛托夫的演说，露骨的表示出来，日俄间不免一战。美俄复交后，更加强了俄国对日无畏的自信。最近中东路的纠纷，愈益激化；日俄间的对立冲突，已是箭在弦上，战争有一触即发之势。在这时候，发生了日军侵入察东的事件，其与对俄策略有关，自是意料中事。

不过，国际间的战争，除非像对付中国这样无国防的国家，决不是一件简单的事。尤其是现代的战争，以日俄这样强大的角色，一定在内部要准备好一切部门；在外面，要多方联络与国，结成巩固的阵线，始敢发动。如果这种准备工作还没成熟，战争的爆发，毕竟不是容易的事。但是现在情形怎么样呢？显然的，这种种工作，尚在准备之中，还不到成熟时期。大战之爆发，似乎总还须要相当的期间。日本进扰察东，虽然说不无这种意义，但就目前的情形而论，似乎为期过早。对于这件事的观察，与其从日俄关系上着眼，毋宁从中日关系上着眼，或者更要确当些。

　　日本之侵略中国，本是其帝国主义发展的必然的结果。惟其因为其内在的矛盾日益激化，故不得不夺取东北四省，以缓和其矛盾。惟其因为她的帝国主义的发展，引起了其他帝国主义者的敌对与苏俄的冲突，故不得不夺取我东北四省，以增强其在斗争中的力量。结果虽然在国内相当的减少了她的经济恐慌，但是对外呢？却愈益加甚了她的孤立和她们的敌对。在这种情形下，她不得不找一个与国。然而谁会是她的与国？在西方，只能有个法国。可是法国是离她太远了，不能够切实的给她什么助力。在东方，谁都是她的敌国。惟有中国，一则可以对于她供给多量资料，一则可以利诱威胁使其就范；因而哪怕是掠夺了中国的领土，却又希望以中国为与国。在中国举国上下含痛忍辱签订了《塘沽协定》之后，居然又腼颜无耻的高唱其中日亲善的肉麻调子。在这里，她有两种希望与企图：第一，使中国事实上承认了"满洲国"；第二，使中国政府，整个的投入了日本的怀抱里。

　　日本这种企图，居然着着成功。由于国内亲日派人物的上升，和亲美派人物的没落，可以表现出日本政策的成功。她所采取的手段，无非是威胁与利诱同时并进。在利诱方面，有帮助现在统治者统一中国的传闻。在威胁方面，则有平北的骚乱与滦东匪患的事实。这次滦东的警讯，也只是威胁之一种方式而已。因为日人虽然占领了东北，建立了伪满洲国，但是不曾得到了列国的承认，相反的，反而有国联议决的不承认案。所以日本便向中国要求，使中国承认。中国无人敢明目张胆的承认伪国，这是事实，日人也深知中国当局的苦衷，因而退一步求中国事实上的承认。于是在策动并收束平北和滦东乱事当中，使中国亲日派人物抬头，提出平、沈通车，中、"满"通邮，长城设关的要求。自然，这三项要求，如果见诸实行，当然就是变象的事实上承认了伪国。不过中国政府，究竟还不是亲日派的天下，所以在华北当局所已经谈判好了的案子，在中政会竟然会不予通过。我们主张通车最力的北宁路殷同局长，到了南京，会受到如擅自交涉，即撤职查办的警告。为了促通车、通邮的实现，为了替亲日派的大人们撑腰，再给中国来一次威胁，遂成了必要的事。但是再玩弄方、吉老耗子那一套吧，工具已经失掉了，不合时宜了。进兵平、津吧，又有点对《停战协定》不起，而且事情也太大了，容易酿成意外。于是进扰察东，便成为她最好的出路。

那么，这件事将怎样结果呢？当然日本要从中国得到些什么东西，才会撤兵。不见报载中国应付的办法吗？第一是由平政整会负责，询明日方军事行动意义所在，并根据《停战协定》，对日交涉。第二是在《停战协定》所限之非武装区域外，严加戒备。记得在冯玉祥收复多伦的时候，日本并不曾加所谓"膺惩"；而这次却无故的进兵察东，当然有她的要价，政整会之对日交涉，不过是要价还价的一番功夫。至于严加戒备一层，也不过说说而已。难道现在一团糟的中国，还想与日本决战一场不成：如果要价还价能够说合的来，我想这个问题不久便会解决。

不过纵然这次事件暂时告一解决，察东之患，仍然是不会减除的。日本为对俄而取察省是不可避免的事。日本不肯放松多伦一步，岂非用以察省的根据地之明证？单就中日关系而论，政府始终无确定的立场、一贯的政策，以至中央、地方，对外发生矛盾的对策，这样迁延苟且，终必使察省牺牲。

《西北论衡》（月刊）

西安西北论衡社

1934 年 5 期

（李红权　整理）

晋绥裁军

韶仙　撰

　　晋绥军高级将领在并集议，决自七月一日起，实行自动裁军，每师缩编一旅。在今日国家积极趋于统一的时候，传出这个讯息来，是何等教人鼓舞的事！

　　查世界各国，若按陆军的数额而论，中国居第一位。若按国力讲起来，以中国为极弱。此无他，中国的军队，缺乏国家意识，且不能强干作战故。

　　晋绥军队，一向在阎锡山氏的统领之下。其中将领，历年来因为与外界接解〔触〕的缘故，甚多眼光远大、精明强干、以国家为念之士。但是少数的军官，也有脱不掉旧军人的习气的。旧军人的习气为何？意识中无国家观念，可以括之。这次晋绥军将领，皆能放眼远视，自动裁编无用军队，更以所节省的军费，用诸建设事业，这是我们最庆幸之点。

　　我们于庆幸之余，更有望于晋绥将领者，就是自今日以后对于兵士的训练，时时要以国家观念为前提。九一八事变的教训，使我们得到"无国家即无生存"的信念。军队意识中如无国家的信念，等于一盘散沙之缺乏士敏土！

　　最后，晋绥的军队，带朝气的十之三四，带暮气的十之六七。对于体格与战术的应切实训练，也是刻不容缓的事。此外军官中于化学战争一科，尤宜特别研究。因为现代的国际战争，不是斗勇，而是斗智斗术！我们于切盼晋绥军早日实现裁军计划外，谨为数语以勉明达诸将领！

《西北春秋》（半月刊）

北平西北春秋社

1934 年 6、7 期

（李红权　整理）